U0922270

CHINA REAL ESTATE YEARBOOK 2019

2019年
中国房地产
人物年鉴

乐居财经 主编

中国经济出版社
CHINA ECONOMIC PUBLISHING HOUSE
·北京·

图书在版编目（CIP）数据

2019年中国房地产人物年鉴／乐居财经 主编．
—北京：中国经济出版社，2020.6
ISBN 978-7-5136-6096-9

Ⅰ.①2… Ⅱ.①乐… Ⅲ.①房地产业—经纪人—中国—2019—年鉴 Ⅳ.①F299.233.55-54

中国版本图书馆CIP数据核字（2020）第046102号

责任编辑 郭国玺
责任印制 巢新强
封面设计 任燕飞工作室

出版发行 中国经济出版社
印 刷 者 北京力信诚印刷有限公司
经 销 者 各地新华书店
开　　本 880mm×1230mm 1/16
印　　张 25.25
字　　数 670千字
版　　次 2020年6月第1版
印　　次 2020年6月第1次
定　　价 398.00元
广告经营许可证 京西工商广字第8179号

中国经济出版社 **网址** www.economyph.com **社址** 北京市东城区安定门外大街58号 **邮编** 100011

本版图书如存在印装质量问题，请与本社销售中心联系调换（联系电话：010-57512564）

《2019年中国房地产人物年鉴》编委会

编写说明

一、《2019 年中国房地产人物年鉴》（以下简称《年鉴》）是中国房地产业协会指导，由乐居财经编委会具体编撰，记录地产行业权威年度影响力人物的首部大型工具书。本版《年鉴》旨在记录中国地产人奋斗足迹，展现时代人物精神风貌，为记载房地产企业发展轨迹提供依据，也为续修中国房地产历史积累资料。

二、本版《年鉴》提供 2019 年行业大数据、地产高管从业大数据报告、中国房地产开发企业的公司高管名录及“中国地产经理人年度评选”全榜单等权威数据查询。其中，综述篇以数据图表为主，企业和高管篇以文字和图表叙述为主，“中国地产经理人年度评选”以图片和文字为主。

三、本版《年鉴》主要收录 2019 年 1 月 1 日至 12 月 31 日期间的 510 家房地产开发企业，其中绝大多数被机构授予“500 强”荣誉称号。收录截至 2020 年 1 月 13 日，地产开发企业官网和公告、市场公认权威机构以及媒体公开报道，本版中所指的“目前”，指的是近一年的官方数据。

四、本版《年鉴》按照企业简称和人物姓名首字母排序法进行编辑，共收录 2019 年地产影响力人物 1879 人，其中包括创始人及董事长、首席执行官、高级经理人等人物类别。与此同时，经过数据采集、科学分析、大众票选、权威评审后，中国地产经理人评选中产生的“中国十大地产年度 CEO”和“中国地产经理人 100 强”也收录于内。

五、本版《年鉴》刊用的文稿由乐居财经多个部门协力提供，由专人撰写，经领导审阅，事实、数据都经过反复核对，各部门主要审稿人姓名统一列在编纂机构和编审人员中。统计资料查阅来源于统计机构和行业专业研究机构。

六、本版《年鉴》使用的各类数据，因统计范围不同稍有差别，凡属统计部门所发布数据，以统计局提供的为准；统计局未做统计的数据，以主管部门提供的为准。本书所使用的各大企业数据，因收录时间点不同稍有差别，以企业最终更新数据为准。

七、本版《年鉴》的编写工作得到中国房地产业协会、行业专家和资深媒体人、乐居控股各部门和有关单位的热情支持，在此深表谢意。由于编辑水平所限，疏漏错误在所难免，欢迎提出宝贵意见，并希望继续得到社会各界的关心和帮助。

《2019 年中国房地产人物年鉴》编委会

2020 年 1 月

CONTENTS 目录

第一篇

地产行业综述

2019年中国房地产行业发展综述

政策篇

2019年，在“房住不炒”定位下，国内楼市迎来政策和融资层面双双收紧的局面。中央聚焦房地产金融风险，坚持住房居住属性，不将房地产作为短期刺激经济的手段；地方因城、因区、因势施策保持房地产市场稳定。

一、政策落实房住不炒定位贯彻全年

2019年1月，在防范化解重大风险专题研讨班上，中央提出要稳妥实施房地产市场平稳健康发展长效机制方案。

3月，两会政府工作报告强调要落实城市主体责任，促进房地产市场平稳健康发展。两会前后，各省市陆续表态要稳妥实施“一城一策”方案，“一城一策”逐步成为更多地方政府落实主体责任的主要方式。第一季度整体政策基调相对宽松，市场预期向好。

4月，中央政治局会议重申坚持“房子是用来住的，不是用来炒的”定位，落实好一城一策、因城施策、城市政府主体责任的长效调控机制，会议对“房住不炒”的再次强调对向好的市场预期起到了“收”的作用。

7月，中央政治局会议在重申坚持“房子是用来住的，不是用来炒的”定位的同时，提出要落实房地产长效管理机制，不将房地产作为短期刺激经济的手段。此次政治局会议确定了第三季度的政策趋严基调，第三季度市场整体调整预期进一步强化。

10月，十九届四中全会在论述中国特色社会主义制度、国家治理体系和治理能力现代化时明确提出，要加快建立多主体供给、多渠道保障、租购并举的住房制度。

12月，中央经济工作会重申坚持“房住不炒”，强调全面落实因城施策，稳地价、稳房价、稳预期的长效管理调控机制。同月，全国住房和城乡建设工作会议进一步强调2020年要着力稳地价稳房价稳预期，保持房地产市场平稳健康发展（上次会议的提法是促进房地产市场平稳健康发展），并明确指出将长期坚持“房子是用来住的，不是用来炒的”定位。

二、各部委轮番出台政策严控房地产融资

2019年全年，中央政府针对房地产市场调控明确表态或出台相关政策的次数为57次左右（2017年为9次，2018年为33次），较前两年有所增加。而从政策出台的部门来看，中国人民银行达到18次，中国银行保险监督管理委员会为9次，两大金融部门政策出台或表态的次数占比接近总数的五成。这表明，2019年的中国房地产金融政策完全符合年初定下的“整体总方针不变”的政策基调，金融政策收紧是全年房地产市场调控的核心。

具体来看，第一、第二季度，住房和城乡建设部适时预警地方房价波动、中国人民银行加强房地产金融审慎管理、中国银行保险监督管理委员会及国家发展和改革委员会分别对资金流向和企业发债用途进行了监管，共同构建房地产市场的风险防范机制。第三季度以来，宏观经济下行压力加大，在宏观逆周期调节背景下整体资金环境有所宽松。然而，相关部门针对房地产行业的资金监管并未弱化，特别是数次降准、房贷利率挂钩LPR改革、地方专项债资金使用用途上更加强调金融监管、用途管控、预期引导，从而确保资金流向、房贷利率变化符合调控方向。

三、地方因城、因区、因势施策保持房地产市场稳定

2016—2019年：累计超过128个地级以上城市（出台约550项）和73个县市（出台约73项）出台紧缩政策。2016、2017、2018、2019年

各地紧缩性政策出台数量分别为74项、245项、185项、116项，从月均政策出台数量看整体以下降为主。

单就2019年政策调控变化来看，第一季度地方政策适度进行结构性优化，但整体以“稳”为主。与第一季度相比，第二季度、第三季度政策明显趋紧，紧缩程度自4月以来明显加强，政策数量前低后高、前稳后严。

第二季度全国部分城市利率上浮水平止降回升、公积金贷款政策有所收紧，西安、苏州分别升级了限购、限售政策，合肥、苏州、东莞等地由于地市升温也及时收紧土拍政策。

第三季度，在各地政策整体收紧的同时，上海、长沙、武汉、贵阳、东莞、株洲、徐州、扬州、嘉兴、任丘等地也适时优化公积金信贷政策及限购政策以更好满足部分自住群体的购房需求。

与第二、第三季度相比，第四季度政策强度有所减弱，部分定向优化政策延续第三季度末趋势，粤港澳大湾区、深圳、广州（广州南沙、广州黄埔、广州花都）、佛山、天津、南京六合、南京溧水、成都高新南区、三亚、徐州、扬州、清远等地适时针对特定居民优化购房政策、信贷政策、税收政策支持合理自住需求。

四、继续强化住房保障体系建设

第一，住房制度成为国家制度建设框架内容。十九届四中全会在论述中国特色社会主义制度、国家治理体系和治理能力现代化时明确提出要加快建立多主体供给、多渠道保障、租购并举的住房制度。

第二，加快推动住房保障立法。2019年初，两会政府工作报告提出要改革完善住房市场体系和保障体系。2019年末，住建部明确将推动住房保障立法，目的在于明确国家层面住房保障顶层设计和基本制度框架，为规范保障房准入使用和退出提供法律依据。

第三，继续因地制宜发展共有产权住房。2019年，是共有产权住房在供给上取得重大突破的一年，共有产权住房已成为部分大中城市地方政府解决夹心层住房问题的重要途径，特别是以北京为代表的共有产权住房集中供应区将对市场的刚性需求形成明显的“引流”。住建部也再次强调要总结北京、上海共有产权住房试点的经验，鼓励人口流入量大、房价较高的大中城市，结合本地实际发展共有产权住房。

第四，保障住房租赁房源供给。截至2019年，针对租赁住房市场建设已经在土地供应、房源转化、财税激励、融资保障等方面逐步形成了体系化的支持机制。财税激励方面，财政部、住建部两部门公示了2019年中央财政支持住房租赁市场发展试点入围城市名单；房源转化方面，自国务院于2016年出台“允许将商业用房等按规定改建为租赁住房，土地使用年限和容积率不变，土地用途调整为居住用地，水电气执行民用价格”的相关规定后，“商改租”的城市名单进一步扩围。

五、允许集体经营性建设用地直接入市

2019年以来，中央“一号文件”、两会政府工作报告均指出将全面推进农村集体经营性建设用地入市改革，加快建立城乡统一的建设用地市场。最大的突破在于修改后的《土地管理法》删除了原《土地管理法》第四十三条“任何单位和个人建设，需要使用土地的，必须依法申请使用国有土地”的规定，这意味着我国正式从全国层面打通了农村集体经营性建设用地直接进入市场的法律障碍。

六、调节土地一级市场供地节奏，提高土地二级市场再配置效率

土地一级市场方面，自然资源部已于2019年初印发通知要求各地加快批而未供土地处置。4月份，又要求各地2019年要根据商品住房库存消化周期调节宅地供应节奏（库存消化周期6个月以下要显著增加并加快供地；12—6个月要增加供地；18—12个月要维持供地持平水平；36—18个月要适当减少供地；36个月以上应停止供地）。

土地二级市场方面，经过两年的试点实践，2019年国务院在原国土资源部印发的《关于完善建设用地使用权转让、出租、抵押二级市场的试点方案》的基础上，正式发布《关于完善

建设用地使用权转让、出租、抵押二级市场的指导意见》。意见提出，要建立产权明晰、市场定价、信息集聚、交易安全、监管有效的土地二级市场，推动一、二级土地市场协调发展。

七、推进优势区域、优势城市特色化发展

区域层面，中央经济工作会议强调要加快落实区域发展战略，完善区域政策和空间布局，发挥各地比较优势，构建全国高质量发展的新动力源。2019 年初，国家发展和改革委员会已就培育发展现代化都市圈出台指导意见，指出城市群已成为中国新型城镇化主体形态，是支撑全国经济增长、促进区域协调发展、参与国际竞争合作的重要平台。

各城市群加速出台规划、实施方案，《粤港澳大湾区规划纲要》《关于贯彻落实〈粤港澳大湾区发展规划纲要〉的实施意见》《广东省推进粤港澳大湾区建设三年行动计划（2018—2020 年）》《河北雄安新区总体规划（2018—2035 年）》《长江三角洲区域一体化发展规划纲要》陆续印发。

长三角一体化发展上升为国家战略并召开协调会，城市名单进一步扩围。中国自由贸易试验区新增上海临港新片区，并在山东、江苏、广西、河北、云南、黑龙江六省设立自由贸易试验区。截至目前，中国自由贸易试验区已增至 18 个。此外，湖北、江西、北京、上海、武汉、长沙、青岛、嘉兴等省市乡村振兴战略规划已于 2019 年陆续发布，城乡协同发展加速推进。

重点城市发展方面，国务院支持深圳建设中国特色社会主义先行示范区，明确提出到 21 世纪中叶将深圳建设成为竞争力、创新力、影响力卓著的全球标杆城市。

八、逐步放开落户，人口迁移进入新一轮活跃期

2019 年，具有全国统筹、顶层设计性质的落户方案正式出台，政策放开放宽除个别超大城市外的城市落户限制。一是将重点推进已经在城镇就业的农业转移人口的落户；二是全面放开省会及以下城市对高校毕业生、职业院校毕业生、留学归国人员的落户限制；三是基于中央政策导向，海南、山西、石家庄、兰州、重庆、郑州、西安、常州、宿州、洛阳等省市基本全面取消或放宽落户限制。

总体来看，近期房地产市场保持以稳为主正是基于 2019 年保持楼市调控定力、各地因城施策取得的积极效果。一方面，房地产金融抑制政策贯穿全年，这为部分城市实施定向微调、保障合理住房需求提供了坚实的基础。另一方面，相较于 2018 年，随着各地市场形势的分化，2019 年因城施策进一步深化，这在一定程度上保障了市场的整体稳定。

土地篇

2019 年的土地市场总体上延续了上一年的低迷态势，低溢价、高流拍依然是市场上的主流。这样的整体环境下，土地市场亦表现出不同的分化。2019 年一季度，由于延续 2018 年底的土拍行情，土地供求同比下滑，出让金额和均价方面也出现缩水，调控持续，加之房企在土地投资方面愈加谨慎，土拍持续趋冷。

情况在第二季度有所改变，土地市场出现回暖，甚至在 3、4 月份出现一波拿地的“小阳春”。具体来看，一些热点二线城市像厦门、南京、杭州、成都、武汉和重庆等地价反弹明显。究其原因，第一季度房企发展融资增多，手头宽裕使得房企补仓意愿加强。

另一方面，棚改等政策利好消失，房企拿地回归一、二线。数据显示，2019 年 1—11 月，全国棚改开工 315 万套，相比 2018 年大幅减少。但一线城市供地减少，开发商拿地需求被挤压到了二线城市。

进入第三、第四季度，调控政策趋严、融资渠道收紧，房企拿地态度越发谨慎，土地市场再一次回到低点。特别在 2019 年上半年住房和城乡建设部对佛山、苏州、大连、南宁等房价指数涨幅较大的城市进行点名后，土地市场也回归了低溢价、底价成交的主流，地价涨幅收窄，土地流拍现象也明显增多。这形成了 2019 年土地市场整体的低气压。

一、土地市场供求平稳，一二线、三四线城市有所分化

2019年，全国土地市场供求关系基本保持平稳，楼市“稳字当头”调控政策效果也体现在土地市场上。全国土地市场供应微增，特别一、二线城市土地供应意愿明显，三、四线城市有所下滑。

受楼市调控影响，房地产企业对土地投资全年表现了较为理性和谨慎的态度，土地成交稍有下降，但经历了2018年以来的拿地“空窗期”，房企还是有较大的拿地意愿，一定程度上又对土地市场形成支撑，土地成交下降幅度不大，土地市场基本保持平稳运行。但值得一提的是，无论是供应还是成交方面，一二线、三四线城市都表现出了一定的分化趋势。

具体数据上看，中国指数研究院数据显示，2019年，全国300个城市共推出土地31116宗，同比增加2%；推出土地面积129816万平方米，同比增加1%。其中，住宅类用地（含住宅用地及包含住宅用地的综合性用地）10992宗，同比增加6%，推出土地面积53417万平方米，同比增加5%；商办类用地5050宗，同比增加7%，推出土地面积13693万平方米，同比增加3%。

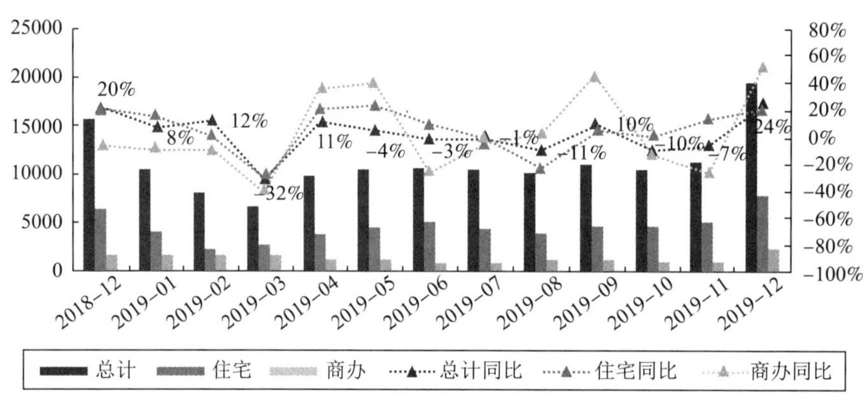

图1-1 2019年1—12月全国300城市月度供应情况（单位：万平方米）

数据来源：CREIS中指数据，fdc. fang. com。

分城市看，2019年，一线城市共推出土地726宗，推出土地面积3622万平方米，同比增加27%；二线城市共推出土地10590宗，推出土地面积46771万平方米，同比增加5%；三、四线城市共推出土地19800宗，推出土地面积79422万平方米，同比下滑3%。

2019年，全国300个城市共成交土地25899宗，同比减少1%；成交面积106568万平方米，同比减少1%。其中，住宅用地（含住宅用地及包含住宅用地的综合性用地）8799宗，同比增加6%，成交面积42557万平方米，同比增加7%；商办类用地4037宗，同比增加5%，成交土地面积10699万平方米，同比增加2%。

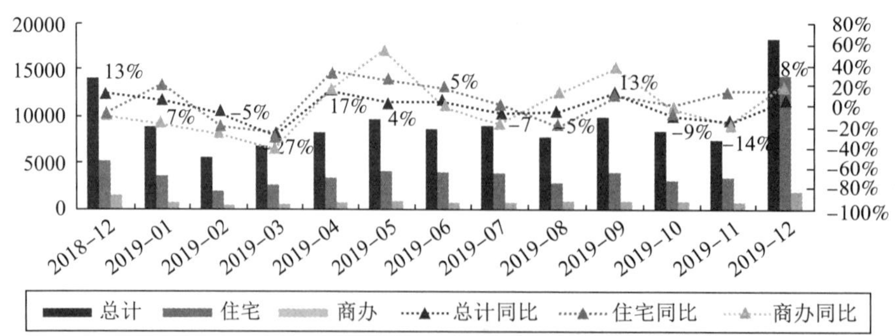

图1-2 2019年1—12月全国300城市月度出让金情况（单位：万平方米）

数据来源：CREIS中指数据，fdc. fang. com。

分城市看，2019 年，一线城市共成交土地 657 宗，成交土地面积 3292 万平方米，同比增加 20%；二线城市共成交土地 9206 宗，成交土地面积 40390 万平方米，同比增加 6%；三、四线共成交土地 16036 宗，成交土地面积 62886 万平方米，同比减少 6%。

二、土地成交溢价下降，出让金、均价受二线城市带动增长

2019 年，土地市场总体出让金有所增加，当中，住宅用地出让仍成为土地出让金的主要来源。土地成交楼面均价呈现增加趋势，在土地市场整体处于低迷期的环境下，究其原因，是二线城市的土地收金和均价有所走高。

这与最近一年来，房地产开发商拿地从以往的下沉三四线，回归到一、二线的策略相符。实际上，随着棚改等利好三、四线的政策减弱，为规避拿地下沉对经营产生的风险，回归一、二线拿地成为房企近一段时间以来的共识。

据中国指数研究院披露的数据，全国 300 个城市 2019 年的土地出让金总额为 50294 亿元，同比增加 19%。其中，住宅用地（含住宅用地及包含住宅用地的综合性用地）出让金总额为 42342 亿元，同比增加 23%；商办类用地出让金总额为 5108 亿元，同比减少 0.4%。

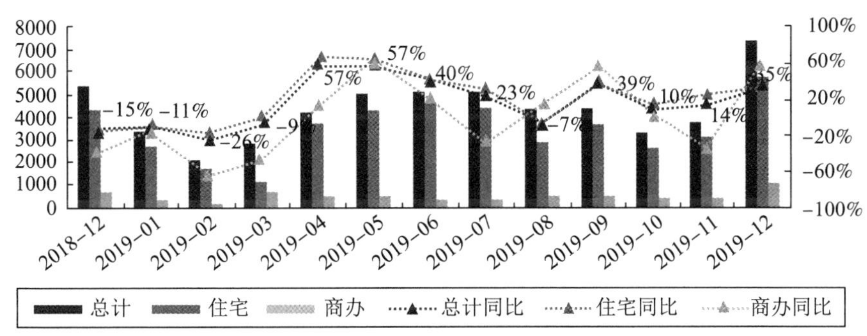

图 1-3 2019 年 1—12 月全国 300 城市月度出让金情况（单位：亿元）

数据来源：CREIS 中指数据，fdc. fang. com。

2019 年，全国 300 个城市成交楼面均价为 2507 元/平方米，同比增加 17%。其中住宅类用地（含住宅用地及包含住宅用地的综合性用地）成交楼面均价为 4363 元/平方米，同比增加 16%；商办类用地成交楼面均价为 2289 元/平方米，同比下滑 0.2%。

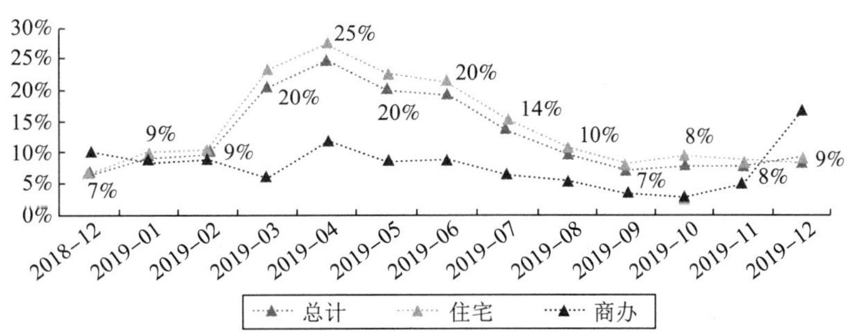

图 1-4 2019 年 1—12 月全国 300 城市月度溢价情况

数据来源：CREIS 中指数据，fdc. fang. com。

另一方面，土地成交的溢价率，也从侧面印证了房企“进一二线、退三四线”的拿地策略。过去一年，国内土地整体溢价率有所下降，其中，一线城市出现微降，三线城市降幅最大，但除此以外，二线城市的土地成交溢价率却实现了增长。从不同能级城市的土地出让金上看，二线城市成交的土地出让金也最多。

2019 年，全国 300 个城市土地平均溢价率

13%，较2018年下滑0.02个百分点。其中住宅类用地（含住宅用地及包含住宅用地的综合性用地）平均溢价率为15%，较2018年下滑0.23个百分点；商办类用地平均溢价率8%，较2018年增加0.8个百分点。

分城市看，一线城市土地出让金为6075亿元，同比增加10%；楼面均价7734元/平方米，同比下跌12%；平均溢价率为6%，较去年增加0.1个百分点。二线城市土地出让金26504亿元，同比增加28%；土地成交楼面均价3296元/平方米，同比增加18%；土地平均溢价率为14%，较2018年增加1个百分点。三、四线城市土地出让金17716亿元，同比增加10%；土地成交楼面均价为1576元/平方米，同比增加15%；土地平均溢价率为15%，较2018年下降2个百分点。

典型城市的土地成交上，上海易居房地产研究院发布的报告指出，2019年，40个典型城市土地成交建筑面积57783.5万平方米，同比增长1.7%，由负转正；2019年，40个典型城市土地出让金收入28609.1亿元，同比增长18.6%，增速扩大3.2个百分点，2019年土地出让金收入相比2018年总体增长较明显。

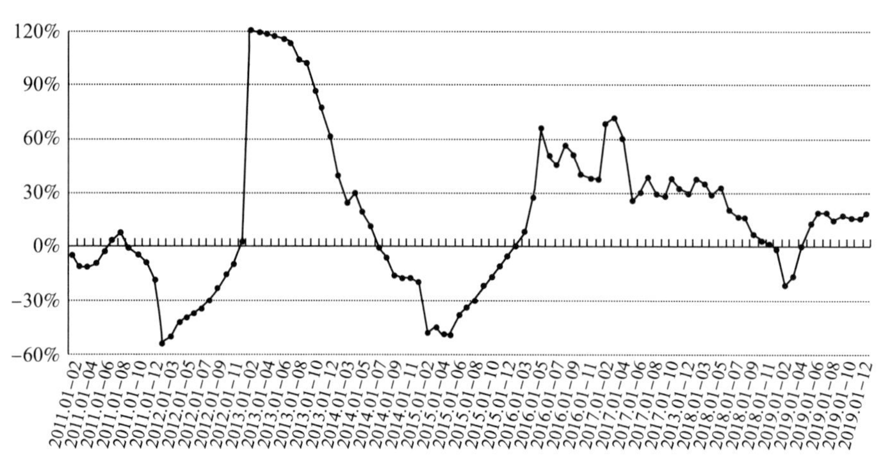

图1-5 40城2019年初累计土地出让金收入同比增速

此外，2019年全年，40城土地出让金排名前5的城市分别为杭州、上海、广州、北京和南京。这5个城市的土地出让金总额分别为2646.4亿元、1794.2亿元、1694.6亿元、1672.1亿元和1626.8亿元。其中，南京土地出让金同比增速较大，达到了79.8%；杭州土地出让金最高。

市场篇

2019年楼市在下行压力中韧性前行，虽然部分城市购房需求尚未充实，但在核心城市新房销售稳定，三、四线城市体量犹存的支撑下，整体行业规模仍较2018年微增；在土地购置面积增速持续回升下，房企开发投资额增速维持两位数的高增速，并具有一定韧性。然而新开工面积增速保持低位，办公类库存不降反升，这一系列现象都表明楼市依旧处于下行阶段。

2019年，商品住宅成交规模与去年同期相比大体持平，不过月度变化呈现出“先扬后抑”的趋势，上半年成交热度持续，随着调控政策的逐步传导，下半年市场明显降温。“因城施政、分类调控”逐步实施后，呈现出城市分化、热点轮动的势头：一线城市市场韧性较强，二线供求维稳，分化加剧；三、四线小幅下行。目前成交表现良好的主要聚集在一线、强二线和长三角、珠三角经济实力较强的三、四线城市。

新房成交：先升后降

2019年全国商品住宅月度成交量呈现先升后降的走势，事实上，成交量同比增速在5月已由正转负，但“小阳春”热度延续、网签备案时滞等原因使得成交量自7月起才表现出逐步走低态势。

从能级来看，一线城市市场韧性十足，成交

量同比尚保持可观的正增长；二线城市整体成交量与去年同期持平之余，依旧维持城市间分化格局，沈阳、昆明等成交表现相对抢眼，而合肥、西安等城市第二季度后市场热度明显下降；三、四线城市总成交量同比微跌，但部分基本面向好的强三线城市成交表现仍旧不俗。

新房均价：同比涨幅收窄

2019 年以来，在“因城施策”的方针下全国整体房价增速收敛、趋于稳定。各能级城市房价指数同比涨幅收窄、环比波动趋平，“遏制房价大涨大跌”已基本收效。具体来说，一线城市明显持稳，市场热点所在的二线城市则小有增长，部分高价城市涨势基本得到抑制；三、四线城市分化持续，强市房价补涨的同时一部分经济弱市房价隐有失去支撑。

（1）70 城房价同比增速下降，仍处于健康区间

从国家统计局公布的 70 个大中城市房价指数同比月度变化规律来看，整体上全国房价的平均同比增速水平在 2019 年稳步下降。由于 2019 年全国楼市依旧处于下行周期中，房价在整体销售稳中有降的背景下同比涨幅自然收窄。但是有两点需要注意的是：首先，当前房价增速仍处于健康区间，可以看到 2019 年 11 月房价同比增速虽以降至年内低点，但相比于 2018 年初 5.3%的历史低速仍然有一定距离；其次，2019 年房价虽增速收窄但仍不乏“闪光点”，例如，在“金三银四”销售旺季全国整体房价同比涨幅升至新高，3—5 月同比增速均在 10%以上。

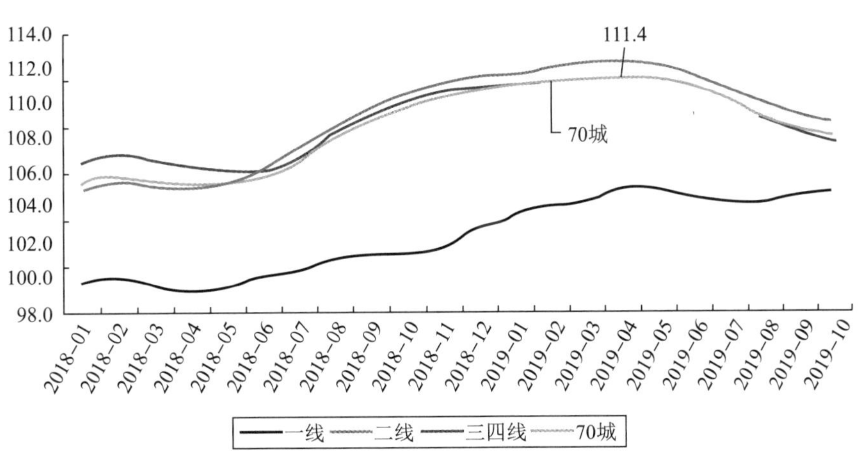

图 1-6　2018 年 1 月—2019 年 11 月 70 个大中城市房价指数同比变化

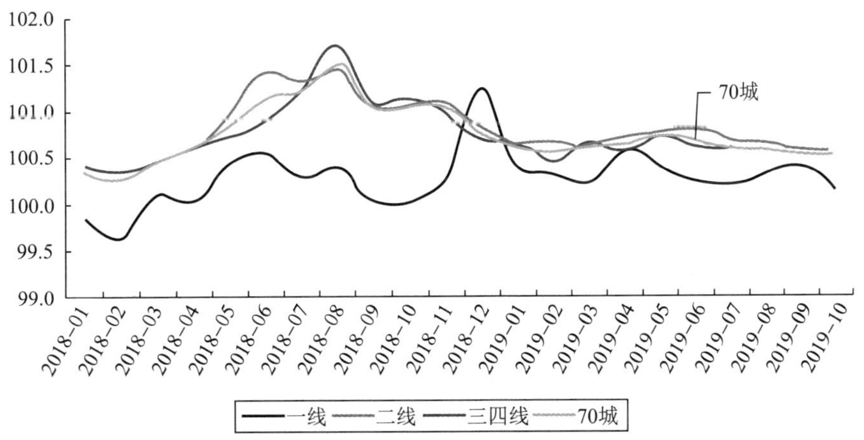

图 1-7　2018 年 1 月—2019 年 11 月 70 个大中城市房价指数环比变化

（2）“遏制房价大涨大跌”初见成效

70城及各能级城市新建商品住宅价格指数环比走势来看，各能级城市尤其是二、三线城市房价明显增速放缓波动趋稳。二、三线城市房价环比月度增速稳定在0.6%左右，与2018年波动起伏的房价环比变化相比已大有改观。

（3）高房价城市涨势基本抑制，部分城市补涨

从CRIC监测的2019年133个重点城市新建商品住宅成交统计均价看，高房价城市在限价政策的调控下城市整体房价涨势已得到抑制。沿海城市依旧是房价高点，其中深圳以5.7万元/平方米位居房价绝对值榜首。但值得关注的是，房价排名前10位的城市房价除广州外同比涨幅均不大，其中北京、三亚甚至分别同比下跌1%和3%。

在同比涨幅上，部分内陆二线城市及沿海三、四线强市房价出现补涨。对比2018年全年均价来看，涨幅最高的前10个城市房价增速均在20%以上。房价涨幅最大的城市是武汉、南昌、太原等内陆二线城市以及以南通、台州、江阴、烟台为代表的沿海三、四线经济强市，在轮动效应的作用下这一类城市房价出现了较明显的补涨行情。需要注意的是，这一类城市相比其同能级城市而言房价仍处于健康水平，房价补涨并未使得城市房价过分虚高。

表1-1　70城及各能级城市新建商品住宅价格统计　　单位：元/平方米

均价排名	能级	城市	2019年前11月底成交均价	同比增速	涨幅排名	能级	城市	同比增速	2019年前11月成交均价
1	一线	深圳	56856	2%	1	三、四线	盐城	39%	10266
2	一线	上海	54543	2%	2	二线	南昌	33%	14646
3	一线	北京	47111	-3%	3	二线	太原	32%	13121
4	二线	厦门	37130	1%	4	二线	武汉	31%	12856
5	一线	广州	26487	26%	5	三、四线	南通	31%	18014
6	三、四线	三亚	28785	-8%	6	三、四线	台州	24%	15426
7	二线	杭州	27667	5%	7	三、四线	江阴	24%	10664
8	二线	南京	24518	2%	8	三、四线	东营	24%	9650
9	二线	福州	22443	10%	9	三、四线	烟台	22%	10864
10	三、四线	珠海	22232	6%	10	三、四线	中山	22%	13593

新房库存：近七成城市较年初上升

2019年整体的库存变化趋势可以用“先抑后扬”来形容，一季度小幅下行，而后随着下半年房地产市场成交热度逐步转淡，库存量开始波动上行，截至2019年11月末CRIC监测的59个重点城市库存量达到了32994万平方米，较2018年末小幅上升了6%，其中近七成城市库存较年初上升，59个城市中有10个库存消化周期高于24个月，大部分为缺乏基本面支撑的三、四线城市，库存风险浮出水面。

二手房市场：重回调整周期，北上或率先筑底

2019年二手房市场逐步进入平稳运行周期，年初市场价格经历了从2018年年末低基数的逐步回升，第二季度后市场价格逐步趋于稳定。在以“稳”为主的基调下，城市结构性差异明显：按城市等级来看，一、二线城市市场价格由于受政策调控压力较大，表现不如对市场敏感度较低的三、四线城市；按区域来看，“因区施策”下受区域战略规划和调控政策影响显著，如长三角经济圈市场价格全年表现最为稳健，珠三角经济圈市场价格也在不断加码的利好政策下逆势回升。

（1）百城二手住宅价格上半年先抑后扬

2019年全国二手房市场在“房住不炒”、以“稳”为主的基调下，基本实现了平稳运行。从

全年市场价格波动的趋势来看，年初时短暂延续2018年年末下跌趋势，但跌幅持续收窄；3月份止跌转涨。随后，第二季度以来价格环比波动变化逐步趋于温和，波幅基本稳定在0-0.3%。

从市场均价水平来看，2019年第四季度百城二手住宅市场均价为15068元/平方米，较2018年同期同比下跌了0.96%，市场价格不如往年，但同比跌幅收窄明显。从全年及各季度累计涨跌幅来看，2019年百城二手住宅市场价格累计上涨0.03%，第一季度累计跌幅为1.13%，第二季度累计上涨0.95%，第三、第四季度累计涨幅逐步收窄，分别为0.21%和0.01%。

从百城涨降价城市数量及平均涨跌幅月度数据来看，2019全年上涨城市数量超过下跌城市数量月份过半。第二、第三季度百城上涨城市数量均超过下跌城市数量，涨幅逐步趋于平稳，第四季度受市场进入淡季影响，价格下跌城市数量增多，跌幅略有扩大，价格上涨城市数量有所减少，但涨幅基本保持稳定。

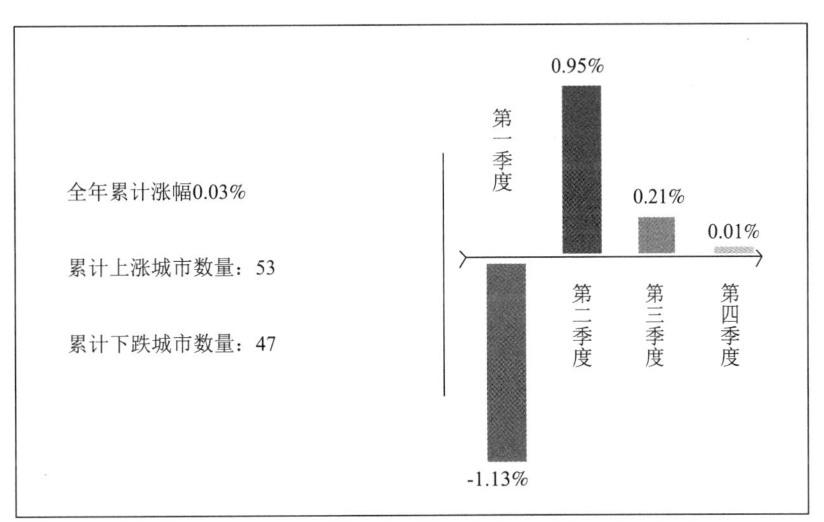

图1-8　2019年百城全年及各季度累计涨跌幅情况

（2）全年先升后降、总量增长9%，一线城市增19%

据CRIC数据统计显示，整体市场在3、4月迎来年内小高峰，后体量保持微降趋势。15个典型城市2019年前11个月二手房累计成交面积12078万平方米，比2018年同比上涨了9%。一、二线城市成交同比均上涨，一线涨幅更大，同比分别上涨19%和4%。

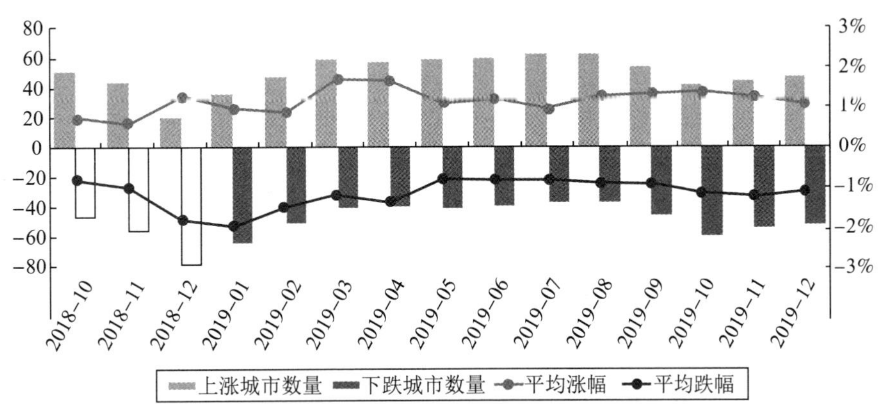

图1-9　百城二手住宅市场均价涨跌城市数量（单位：个）

企业篇

2019年1—11月，百强房企各梯队权益销售金额门槛与去年同期相比都略有提升。其中，“10强”房企权益金额门槛达到1559.1亿元，同比增幅最高达15.1%。“20强”和“30强”房企权益金额门槛分别为977.9亿元和673.9亿元，门槛增幅分别为8.3%和4.3%。“50强”房企竞争格局加剧，权益金额门槛较去年同期大幅提升12.8%至458.2亿元。

在融资、市场情况均不及2018年的情况下，企业2019年主要精力仍集中在“促销售，抓回款，稳现金流”上。整体来看，融资以及自身规模的先天优势，导致土地资源倾向规模房企，百强房企的新增货值愈发集中，强者恒强的格局未变。

2019年，对于房地产企业而言，是充满挑战的一年，“收敛聚焦”被房企们践行得彻底。金融监管使融资问题成为悬在房企头上的一把利剑，面对“钱荒”，有的房企开源节流、断臂求生；有的宣告破产，被兼并收购。此外，抢滩大湾区、人事变动、物业分拆上市等，也是2019年房地产行业的关键词。

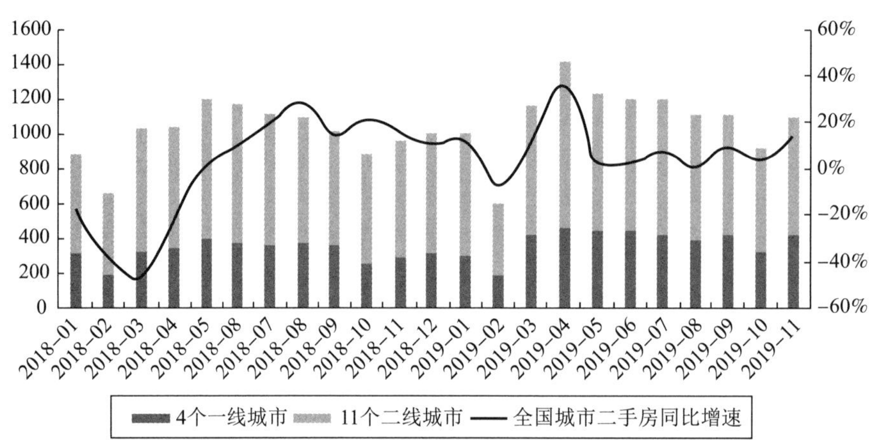

图1-10　2018年1月至2019年11月一、二线城市二手房月度成效面积（单位：万平方米）

备注：一线城市包括北京、上海、广州、深圳；

二线城市包括合肥、重庆、郑州、南京、杭州、青岛、成都、厦门、苏州、武汉、天津。

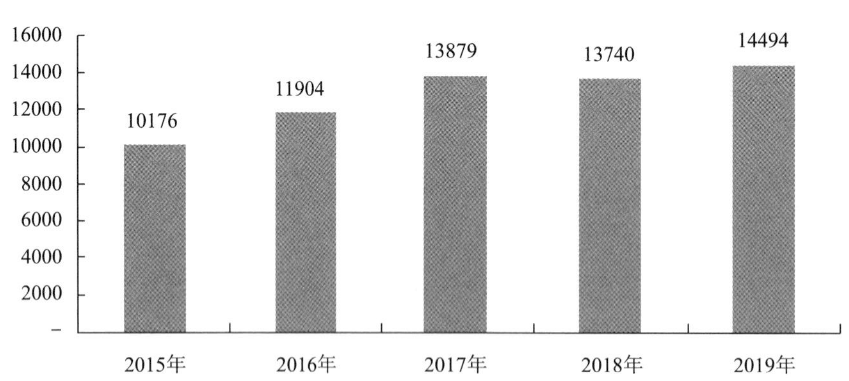

图1-11　2015—2019年房企融资总量情况（单位：亿元）

备注：1. 外币融资统一融资当月月末汇率换算为人民币，监测数据不含开发贷和一般银行贷款；

2. 2019年数据截至12月20日（下同）。

数据来源：企业公告、CRIC整理。

一、花样融资术

2019年初，房企融资延续了去年底的回暖态势，出现一波小阳春，但是从第二季度开始又迎来了新一轮更加严峻的融资调控。5月17日，银保监会发布了“23号文”，明确要求商业银行、信托、租赁等金融机构不得违规进行房地产融资，开启了2019年房地产融资调控。此后，7、8月份连续对房地产信托、银行机构进行整治约谈，同时对开发贷、境外债等多种融资方式进行进一步限制。

在这个背景之下，房企融资规模也呈现先扬后抑的趋势。据监测数据不完全统计，2019年95家典型房企融资总额为14494亿元，同比增加5.5%。

2019年，在信托监管加强之外，海外债务也开始强监管，房企面临资金面的多重管制与收紧。在融资收紧的背景下，房企纷纷施展多样融资术，挖掘创新的融资模式。

目前房地产行业已经形成了较为庞大的融资体系，包含至少48个细项，既有银行贷款、非标融资，也有股权融资（IPO、增发等）、债权融资（公司债、企业债、私募债、中票等）、资产证券化等。这其中的多个融资工具，2019年房企均有运用。

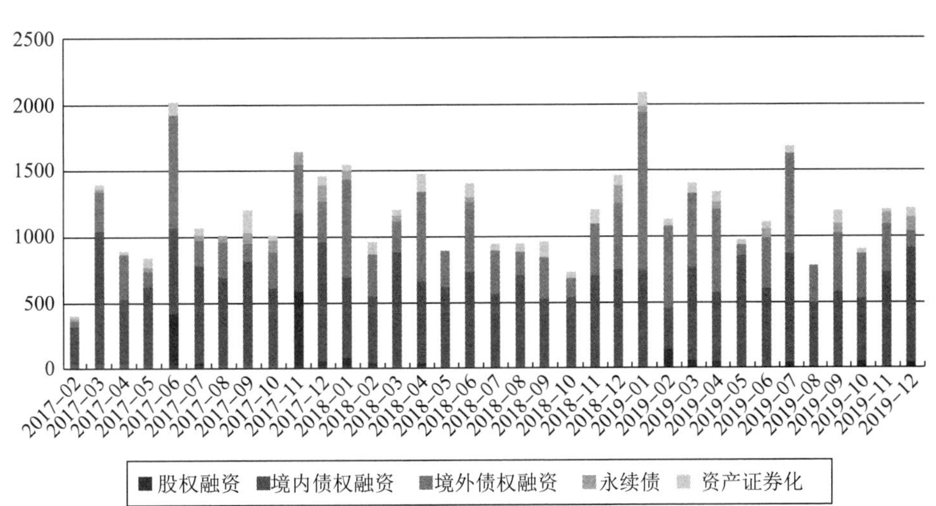

图1-12　2017年1月—2019年95家监测企业融资额统计图（单位：亿元）

备注：外币融资统一按当月月末汇率换算为人民币，监测数据不含开发贷、一般银行贷款。

数据来源：CRIC中国房地产决策咨询系统。

据克而瑞统计数据显示，2019年95家典型房企共募集金额15010亿元，同比增长9.2%，股权融资同比增长91.18%至498.15亿元。

2019年德信中国、银城控股、中梁控股、天保集团、新力控股、景业名邦等先后登陆港交所；除IPO之外，增发股份、配股等融资方式也进入房企的视线，如万科发行H股募资78.1亿港元，宝龙地产、华润置地采用先旧后新的方式进行配股融资。

债权融资方面，克而瑞监测，2019年境内债权融资7647.39亿元，境外债权融资5723.81亿元。据了解，众多还外债中，利率超过10%的不在少数，有房企发行一笔2021年到期的美元优先票据，利率甚至高达14%。

此外，永续债及资产证券化也是房企常用融资手段。据乐居财经不完全统计，2019年十余家房企购房尾款ABS、应收账款ABS、供应链ABS等陆续通过审核，金额超过475亿元。在商业地产领域，首创钜大以奥特莱斯为底层资产，计划成立一项35.79亿元的资产支持证券计划；而招商局商业房托基金作为首只央企REITs在港交所上市。

从历年房企的境内外融资成本情况来看，2019年境内债券的平均成本为5.21%，较2018年略有下降0.67个百分点；而境外债券的平均成本为8.13%，较2018年全年上涨0.86个百分点。这主要是由于境内外债发债主体变化，2019年在境内监管严格的背景下，高杠杆企业更多采用了海外债的融资方式。

2019年排名前11-30位梯队房企的境内发债规模同比大幅下降46%，占比从2018年境内债总量的40%下滑至29%；境外债规模则同比上升了80%，占比从2018年的25%上升至32%。由于前11-30位梯队企业大多具有高杠杆特征，历来融资成本较高，从而使境内外融资成本的差距拉大。

表1-2　2016—2019年房企境外债券融资成本

单位:%

分类	2016年	2017年	2018年	2019年
境内债券	4.73%	5.59%	5.87%	5.21%
境外债券	5.61%	6.79%	7.27%	8.13%
合计	4.81%	6.27%	6.53%	7.07%

二、中小房企太难了

融资环境的收紧，不少企业都出现了资金链困难的现象。由于企业短期内有偿债压力，在市场上进行融资又困难重重，再加上企业经营回款方面的无力，因此，在偿债高潮到来时有不少中小企业出现了债务“爆雷”。

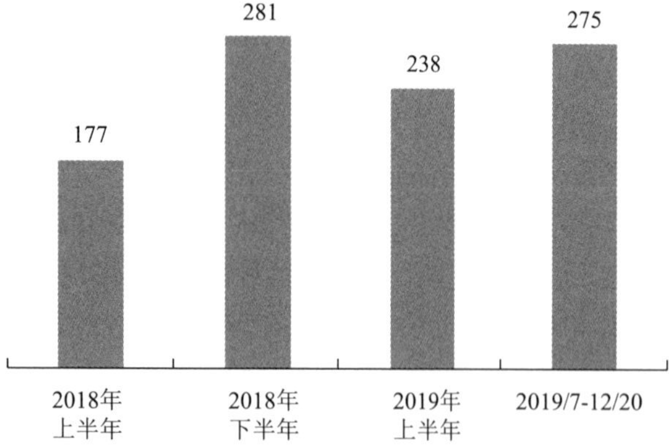

图1-13　2018年以来房企破产数量情况（单位：个）

数据来源：人民法院、CRIC整理。

2019年出现比较重大的债务违约的房企有银亿股份、三盛宏业、颐和地产以及国购投资等。这些企业的共同点在于在2015、2016年房地产“黄金时代”时融资较多，而在进行严格调控之后企业的盈利能力较为落后，因此，2019年出现了大面积的债务违约。

中小房企的债务危机也导致了部分企业的破产倒闭。据人民法院公告网显示，截至2019年12月20日，房地产企业的破产数量已经达513家，已经超过2018年全年的458家破产数量。随着房地产调控持续、房企集中度上升、融资环境不断收紧，房企的生存压力持续加大，破产数量明显增多。值得注意的是，2019年至今破产的房企已经开始出现一些曾经规模较大的企业，如银亿股份、新光集团等。

三、收敛聚焦

银根持续紧缩，2019年众多房企选择“收敛聚焦”，对经营策略进行调整。与之前全面出击多元化不同，房企普遍表达要收缩多元化业务，聚焦主业的意愿。

万科最先提出“收敛聚焦”，郁亮强调，要不断巩固和提升基本盘；中国恒大已经形成以地产为基础，旅游、健康为两翼，新能源汽车为龙头的产业布局，近5年内不会有其他多元化业务布局；碧桂园将精心构建地产、农业、机器人“三驾马车”的业务布局。朗诗则剥离旗下非房地产开发业务，聚焦绿色科技地产开发核心业务。

整体来看，房企的“收敛聚焦”并不意味着对多元化全面收缩，而是侧重发展部分前景较好以及盈利模式清晰的业务。

2019年，房企在三个多元化业务上动作较多。

（1）拆分物业管理公司上市，扩大管理规模。目前的物业管理行业正处在跑马圈地的阶段，根据物业企业上市募集资金使用规划来看，几乎超过五成资金将用于扩大企业规模，未来行业集中度行业集中度将持续攀升。

（2）制定商业地产战略目标，地产商业协同发展。2019年多家房企表达了要保持地产开发与商业投资双轮驱动的发展战略，如龙湖商业，其于发展规划中明确2019—2020年龙湖商业将提速发展，预计平均每年再开业超过10家购物中心，相较于之前每年2—4座商场开业数量有大幅提升。

（3）跨界科技。2019年1月21日，碧桂园主席杨国强首次提出转型成为“高科技综合型企业”，碧桂园先后在惠州潼湖、广州增城、佛山顺德布局科技小镇。与此同时，碧桂园还宣布进军机器人领域；截至2019年12月，碧桂园在研建筑机器人59款，其中29款产已进入施工现场测试应用。而恒大则将跨界科技的目标瞄准新能源汽车产业，投入近3000亿元，打造汽车重要基地，并购国际知名的新能源汽车企业。此外，万科、绿地控股、世茂、蓝光等房企也跻身于科技领域，令“科技+地产”成为房地产行业的发展趋势。

四、抢占大湾区

早在《粤港澳大湾区发展规划纲要》出台前，众多房企已抢先布局大湾区九市。克而瑞数据显示，截至2018年底，在粤港澳大湾区内，“30强”房企的土地储备货值达5.73万亿元。

2019年以来，各房企加大在大湾区的投资力度，“50强”房企几乎都加入了“战局”。

据乐居不完全统计，2019年大湾区九市成交涉住宅用地（含商住）352宗，揽金3818.5亿元，保利、中海和时代中国包揽大湾区拿地前三名。保利在大湾区拿地金额达448.49亿元，竞得18宗地块，总面积超130万平方米，触角延伸至广州、佛山、中山、东莞、江门和惠州；中海和时代中国分别以203.22亿元及166.4亿元拿下大湾区内6宗和10宗地块。除上述三家房企外，2019年在大湾区内投资金额超100亿元的还包括龙光地产、万科、越秀地产和融创中国。

按照当前的战局来看，湾区的格局基本呈现“三足鼎立”态势：第一，老牌龙头房企“幅员辽阔”；第二，本土房企防御扩张；第三，新进房企不断进击。

整个梯队中，老牌房企实力最强，土储充裕布局广，土储货值充足，以碧桂园、恒大、万科为代表。湾区总土储货值30强中，这些广东起家的龙头房企货值占30强总货值比例接近40%。其中碧桂园、恒大的货值突破3000亿元，远领先其他企业。

本土房企凭借地利优势，手握优质土储，在深耕区域频频落子，以大本营为核心，向周边城市辐射发展。例如，龙光、佳兆业等湾区货值超过2500亿元，领跑本土房企，合生创展、越秀地产、中国奥园等也是“本土派”的优秀代表。

而新进房企则是高歌猛进，强势分羹。其中，包括全国化房企融创、龙湖、世茂等，在广州、深圳、佛山等地频频拿地。

五、高管变动频繁

2019年从年初开始，地产行业的高管流动一直没有停过，每个月至少有10名高层人员出走或卸任。据不完全统计，2019年有26家企业总裁职位发生变动，超过150名职业经理人发生人事变动，有中小企业，也不乏知名房企，如华润置地、鸿坤地产、天润集团、正荣地产等。仅第四季度，就有超50位房企高管出现职务变动，离职的高管人数逾20位。

在离职的高管团队中，营销、财务等岗位是重灾区，比如原新力集团副总裁兼首席财务官王炎、原宝龙集团副总经理张岩、原奥山副总经理谈铭恒、原云南城投副总经理袁浩、李向何等，均在原企业经营、财务等岗位担任职务。

若探究这些职业经理人的离职或卸任理由，大多是“个人原因”，但剖开表面看深层，除去因贪腐、退休等因素离职外，集中离职潮更多是市场环境变化下的连带效应。“不将房地产作为短期刺激经济的手段”的政策指向，让以房地产为主业的房企四处寻找活下去的有效路径。人民法院公告网显示，2019年宣告破产的房地产相关企业数量多达525家，超过2018年全年的破产企业数量，且进入2019年下半年后，破产房企数量增加，12月创下全年最高点。

而高管离职之后的去向也成为行业关注的焦点。从已知职业经理人的去向来看，大致可以分为几类：退休、创业、跨界、房企间流转，其中在房企之间流转占比较高。如原华润置地首席执行官吴向东，投身华夏幸福；前鸿坤集团有限公司总裁袁春加入弘阳地产；前万达集团董事长曲德君，现任新城发展执行董事兼副董事长；从天润离职的张晋元履新金地商置等。

六、分拆物业上市

随着房地产行业由“黄金时代”转向“白金时代”，未来竞争的跑道从增量市场转向存量市场。2019 年，房企继续把眼光聚焦到“后方”，物业分拆上市迎来小高潮。据统计，2019 年共有 10 家物业股登陆资本市场，其中港股 9 家,分别是滨江服务、奥园健康、和泓服务、鑫苑物业、蓝光嘉宝、银城生活服务、保利物业、时代邻里、宝龙商业以及一家在 A 股上市的新大正物业。

表 1-3　物业企业 2019 年上市时间一览

上市地点	企业名称	上市时间
港股	滨江服务（03316. HK）	3 月 15 日
	奥园健康（03883. HK）	3 月 18 日
	和泓服务（06093. HK）	7 月 12 日
	鑫苑物业（01895. HK）	10 月 11 日
	蓝光嘉宝（02606. HK）	10 月 18 日
	银城生活服务（0192. HK）	11 月 6 日
	保利物业（06049. HK）	12 月 19 日
	时代邻里（09928. HK）	12 月 19 日
	宝龙商业（09909. HK）	12 月 30 日
A 股	新大正物业（02968. SZ）	12 月 3 日

而 2018 年年内，共有 6 家成功上市。其中，南都物业在 A 股上市，H 股则有雅生活服务、碧桂园服务、新城悦、佳兆业物业、永升生活服务 5 家登陆港股。

从数量上看，2019 年物业企业上市数量同比增加了 80%，是物业公司上市的高峰年。而且可以预见的是，这种态势会在下一年延续。目前，兴业物联、建业新生活、烨星控股、时时服务、华发物业等 6 家企业正在排队当中。

有了资本加持，行业整体营收规模已破 7000 亿元。值得注意的是，整体规模提升的同时，行业集中度正在提高，呈现强者恒强的趋势。据克而瑞发布的《2019 年度物业服务企业发展指数测评报告》，4‰的企业贡献全行业超过 40%的营收和在管面积。具体来看，2018 年“中国 500 强企业”物业服务企业营业收入 2831. 76 亿元，占物业管理行业营业总收入的 40. 2%；在管面积上，2018 年“中国 500 强企业”物业管理项目 70403 个，管理面积 118. 87 亿平方米，占 2018 年物业行业管理总面积的 42. 56%。

在具体业态上，住宅物业是物业服务企业主要的布局业态，“中国 500 强企业”中 95. 6%的企业布局了该业态，紧随其后的是写字楼物业和商业物业，“中国 500 强企业”中分别有 93%和 74%的企业布局。

资本对物业市场的看好也反映在股价上。据统计，2019 年企业股价翻倍以上的物业股达 6 家之多。

（本文参考以下机构报告：克而瑞研究院、诸葛找房、中指研究院）

第二篇

2019中国地产人报告

2019年中国地产经理人发展状况调查报告

2019年，是我国职业经理人发展的第26个年头。

1993年颁布的《中华人民共和国公司法》，对公司的治理结构、内部管理体制都作出了清晰的规定，也对经理的产生方式以及职权进行了明确的规定，首次赋予了经理较为明确和完整的管理权。

这一时期，在一些中外合资企业和中外合作企业中，出现了一批职业经理人。

2019年，职业经理人制度首次写入政府工作报告，说明国有企业领导人员管理体制机制将发生重大改变。这也使得"职业经理人"这一角色再一次受到了社会的广泛关注和讨论。

一、职业定义

职业经理人，从定义上看，是指在一个所有权、法人财产权和经营权分离的企业中承担法人财产的保值增值责任，全面负责企业经营管理，对法人财产拥有绝对经营权和管理权的职业。

在地产行业中，职业经理人被定义为房企老板的左膀右臂，陪老板打下一片江山。不过，在陪跑一段时间后，职业经理人的事业生涯也多现波折。

二、地产行业经理人发展现状

2019年，房企人事变动频繁。据乐居财经研究院数据显示，截至2019年10月22日，共有63家房企发生101起高管变动，涉及150人、34个岗位。在房企官方发布的公告中，对于经理人的变动，大多解释为"个人原因"。

频繁的变动是地产行业覆巢之下还是经理人个人能力的施展受限？为了深入了解中国地产经理人的发展现状，乐居财经发起为期22天的网络和私访问卷调查。此次调查，在全国60城同步进行，最终收到有效问卷反馈总计639份。

2019年六成经理人因业绩产生跳槽念头

面对政策面、资金面趋紧的行业现状，很多职业经理人表面风光，背后却承受着巨大的压力和无处不在的焦虑。调查结果显示，59.35%的经理人认为目前职业经理人跳槽频繁的原因主要来自行业下行，业绩压力剧增。

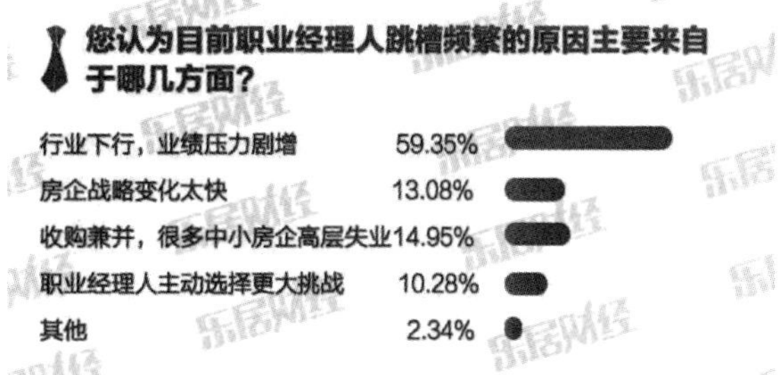

图2-1 职业经理人跳槽原因调查结果

在乐居财经对来自全国60个城市、70位地产城市总经理及区域总经理在2019年度的发展状况的私访匿名调查中，仅有57%的经理人完成了年度销售目标，这些经理人虽然完成了目标，但是都纷纷表示完成的过程比较困难。有一位经理人表示："已经完成今年的业绩，过程相对来说还是比较艰难。主要是下半年市场急转直下，好在我们上半年把控较好，节点一直在往上赶，对于全年的业绩完成奠定了基础。"

不难看出，2019年的房地产销售下半年明显不如上半年，其原因是外部市场环境的变化。

2019年经理人主要压力 来自市场下行

在职业经理人看来，高薪的标签往往伴随着高压和高强度，他们在被委以重任、缔造地产神话的同时，也面临着业绩下行带来的巨大压力。

对于职业中最大压力，61.68%的经理人认为主要是市场下行带来的压力，55.61%认为更多的是业绩压力，另外，管理团队压力、激励不足、产品竞争和政府关系也是职业经理人在工作中主要的压力来源。

图 2-2 职业经理人工作压力来源调查结果

在乐居财经为期两个月的私访调查中，一位百强房企经理人明确表示，在下半年市场竞争中取得了优势，月均去化 50 套左右，但由于政策限定了售价，因此并未实现量价齐升。由此看来，2019 年房地产行业的发展不仅市场竞争激烈，同时也受到宏观政策影响。在 43%未完成的年度销售任务的经理人中，有一位地产经理人表示："从目前的进展看，完成业绩比较困难。"

三、主要矛盾与解决办法

超三成经理人与老板信任度欠佳

在谈到职业经理人与老板的关系时，信任永远是一个绕不开的话题。老板总是强调员工的忠诚，但老板是否对员工忠诚？调查结果显示，34.58%的职业经理人在与老板沟通时存在信任度问题；29.91%的经理人与老板沟通的主要障碍是权限问题；还有 17.29%认为层级受限是与老板沟通的主要矛盾；13.55%则认为与老板存在素质差异，从而产生沟通障碍。

企业之间的竞争，通常我们都讲是人才之间的竞争，而人才竞争的核心则是职业经理人。如何引进人才，凝聚人才、稳定人才是每个企业的必修课，公司对职业经理人的信任度也是亟待解决的重要课题。

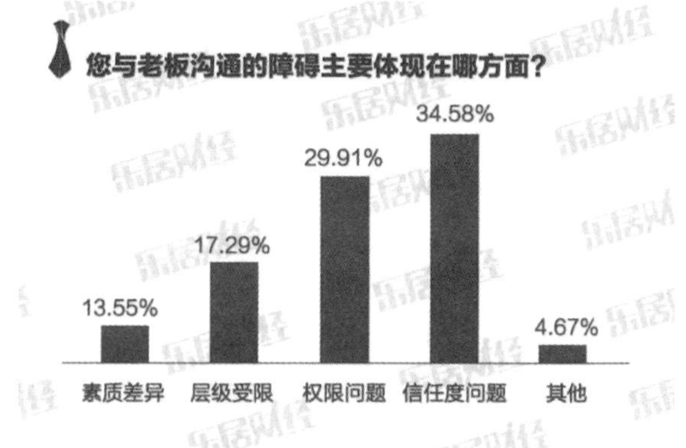

图 2-3 职业经理人与老板信任度调查结果

跳槽不是经理人唯一选择

面对压力和与老板的信任危机，有的人选择默默承受，成为资本支配下的一颗螺丝钉，也有的经理人在和老板的博弈失败后，选择离开。但跳槽并不是职业经理人离职后的唯一选择。

在离职的经理人中，33.64%的人选择转型，在其他领域开拓新方向；28.97%选择创业，在房地产领域另辟蹊径；28.5%决定跳槽，在其他公司寻找新的价值；还有 3.27%经理人选择继续读书深造，充实自己。

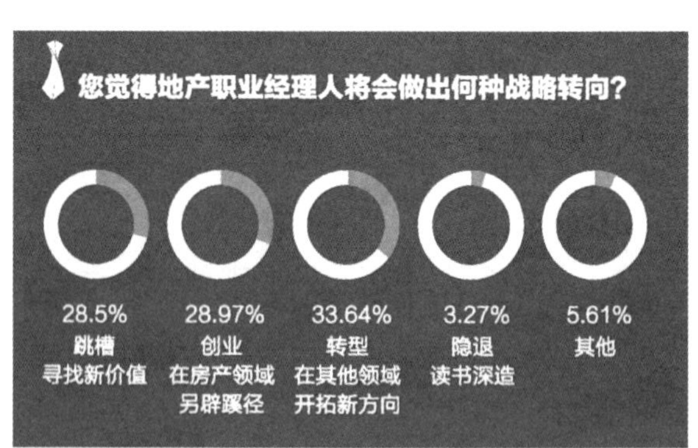

图 2-4 地产职业经理人转型调查结果

在跳槽的房企高管中，大房企明星经理人下沉到二三线小房企又成为一个新的趋势，比如鸿坤孙霞转战长城、正荣肖春和转战康桥集团、华夏幸福傅明磊加盟龙光地产。这种现象从某种程度上反映出中小房企想加速发展，对人才的迫切需求。一般情况，会给明星经理人带来高预期回报、更高的职位以及更广阔的发挥空间。

原旭辉集团副总裁、北京区域事业部总裁孔鹏在离职后就曾表示，“房地产行业本来就不需要那么多职业经理人，职业经理人在大企业必然遇到天花板，可能只能干个区域总裁，如果想在集团里有话语权，就得去小企业，去作出新的改变，这个格局的变化是必然的”。

个人品牌更有利于职业发展

个人品牌是指某人被相关者持有的较一致的印象或口碑。美国管理学者彼得斯曾说，21 世纪的工作生存法则就是建立个人品牌。调查结果也显示，在行业巨变大背景下，70.48%的经理人认为形成个人品牌和行业人脉更有利于个人职业发展；也有 16.67%的人认为个人职业发展更重要的是做强业绩，实现企业内晋升；另外的12.86%选择内部转岗完成跨界整合。

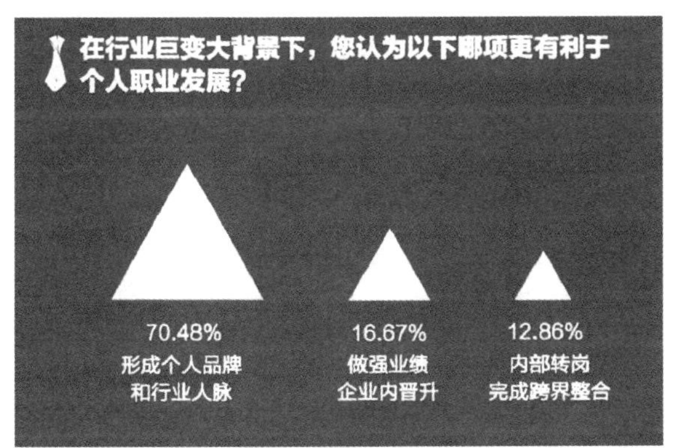

图 2-5 职业经理人的个人品牌观

“酒香也怕巷子深”，在自媒体时代下，个人品牌的塑造不但可以输出流量，也能提升自己的价值。对房企职业经理人来说，个人品牌是其技能、素养、经历和个性的集中体现，是不可替代的行业沉淀和软实力。相对于创始人和“房二代”，地产职业经理人的上位纯粹靠业绩说话、靠个人能力服众。在创始人退居幕后及房企“继承者们”未能独当一面前，职业经理人往往要承担起公司领航人的角色，地产经理人的变动一定程度上也折射了地产行业的变动和整个市场的暗流涌动。大房企不断扩张，寻求转型，中小房企开发资金承压，在拿地和融资的双重困境下举步维艰，职业地产经理人们也要为自己找出路，房企高管的动荡或许还会持续下去，但不管行业及人事如何变化，职业经理人们仍需修炼内功，提升个人品牌，机会总会留给有准备的人。

备注：地产职业经理人发展状况调查报告是运用科学的方法，有目的地、有系统地搜集、记录、整理有关地产职业经理人发展状况信息和资料，分析地产职业经理人发展现状，了解地产职业经理人变动趋势，为地产职业经理人行业动态提供客观的、正确的资料。

地产职业经理人发展状况调查报告采用网络问卷调查与私访调查两种方法，调查过程完全匿名，但样本真实可靠，可供行业借鉴。

第三篇

2019中国房地产企业及高管

500强房地产企业及高管

上海爱家集团
（A 爱家）

上海爱家集团是一家有着36年发展历程的现代化企业集团，以地产开发、物业资产经营、产业新城综合运营、优质资产盘活为主营业务，并向金融、教育、养老等多领域全面发展，致力于成为最值得尊崇和信赖的“美好生活服务商”。

爱家基于“地产+”的战略布局，以上海为中心辐射长三角、中三角、环渤海延伸至中西部区域，并逐步由全国向海外拓展。

爱家以国家城市发展战略为导向，以稳健的步伐迈入公众的视野，以卓越的品质赢得专业机构的认可，更以用心的服务获得用户的信赖。同时，爱家承载社会责任，与企业发展相融合，努力在教育、文化等公益慈善事业上奉献自己的力量，担当社会责任，热心公益事业。

未来，上海爱家集团将继续以稳如磐石的坚韧力和锐意进取的责任感，传承对产品品质的追求与生活品位的执着，建设幸福人居社区，践行“从心·发现爱”。

2018年爱家集团销售额高达122亿元，销售面积约为126万平方米，成功进入“中国房地产销售金额百亿榜”；2019年上半年爱家销售额达到25.77亿元，销售面积约28.07万平方米。

上海爱家连续11年荣膺“中国房地产100强企业”，连续8年获评“上海市著名商标”。

表3-1　2019年爱家部分高管名录

姓名	职位
李笙安	董事长

上海爱建股份有限公司
（A 爱建）

爱建集团（SH600643）前身上海市工商界爱国建设公司，是1979年9月22日创建的中国改革开放后首家民营企业。1992年改制为上海爱建股份有限公司，并于1993年在上交所上市。经过多年发展，爱建集团逐渐成为一家同时拥有信托、证券两张金融执照，并拥有房地产、实业、进出口等业务板块，颇具知名度的综合类上市公司，曾先后入选“道·琼斯中国88指数”“上证30指数”等样本股。

改制上市以后，爱建集团业务得到快速发展，经济效益大幅增长。其中，爱建信托成功发行了国内首个规范的资金信托产品——上海外环隧道项目集合资金信托计划；爱建房产开发建设的“田林爱建园”项目荣获代表中国土木工程界最高荣誉的“詹天佑奖”——“优秀住宅小区金奖”等。

公司致力于成为一家以金融业为主体、专注于提供财富管理和资产管理综合服务的成长性上市公司。围绕公司战略定位，结合公司自身特点与优势，已经形成爱建信托、爱建证券、爱建租赁、爱建资产、爱建产业、爱建资本、爱建财富、爱建香港等核心子公司。

表3-2　2019年爱建部分高管名录

姓名	职位
王均金	董事长
周伟忠	总经理
马　金	常务副总经理
侯学东	副总经理、董事会秘书

重庆爱普地产（集团）有限公司
（A 爱普）

爱普地产前身为2002年在重庆创建的隆鑫地产，多年来，已发展成为集城市住宅、城市综合体、旅游地产三大业务于一体的房地产全产业链战略格局，定位“城市中心地标运营商”，坚持“深耕重庆，布局全国”的发展战略。

除继续深耕重庆之外，区域辐射四川、海南、贵州、云南、福建等省，聚焦重庆、成都、三亚、昆明、遵义、福州、宁波、温州等核心城市，在建和已建项目30余个，全年房地产合同销售收入超过250亿元，同比增长幅度超过25%，销售业绩稳健上升。新增土地建筑面积约587万平方米，同比增长27%，为企业规模扩张提供了充足的土地储备。

爱普始终秉承“创新无限，温暖一生”的企业宗旨，追求卓越、专注品质和细节，产品涵盖普通住宅、旅游度假产品、酒店、写字楼、公寓、花园洋房、别墅、综合商业及大型城市综合体等多种业态。项目多次获评国家级“广厦奖”“詹天佑奖”“重庆十佳住宅小区”等产品奖项。连续8届被中房协等机构联合评定为“中国房地产企业100强企业”，2019年位列“中国房地产开发企业500强”第92位。

表3-3 2019年爱普部分高管名录

姓名	职位
何才有	董事长兼总经理
田杰佳	副总裁

安徽置地投资有限公司
（A 安徽置地）

安徽置地成立于1997年，主营房地产开发，现为国家房地产开发一级资质。公司地产业务现已打造出品质住宅、商务办公、特色商业三条成熟的产品线。

在商务办公领域，安徽置地潜心研究21年，在业界率先提出“写字楼专业制造”的理念，以专业选址、专业设计、专业施工、专业运营、专业服务问鼎专业写字楼缔造者；在品质住宅领域，公司形成栢景系列、栢悦系列、双玺系列，受到市场的肯定，掀起销售热潮。安徽置地坚守对中国传统文化的传承，在特色商业领域，建设的黎阳in巷比肩“中国历史文化名街”屯溪老街，成为黄山的新名片。在各地开发的特色商业综合体也成为当地的一道风景。

具有徽骆驼精神的安徽置地积极推行“根植合肥，建树安徽，东进江浙沪”的区域发展战略，公司已完成以安徽合肥、黄山、铜陵、安庆、阜阳、芜湖、六安、浙江杭州、海宁等多个城市为重点的战略布局，成长为长三角地区具有影响力的房地产公司。公司开发的安徽邮电大厦、置地投资广场项目先后获评中国建筑行业工程质量最高荣誉奖——“鲁班奖”。

表3-4 2019年安徽置地部分高管名录

姓名	职位
严张应	创始人、副董事长
周　琦	董事长
王庆扬	董事兼总经理

安联集团有限公司
（A 安联）

安联集团创立于2002年，发轫于教育地产，专注精品住宅开发。

2005年以来，以国家城市群发展战略为导向，紧密围绕重点城市群进行区域战略布局，先后进入北京、上海、天津、河北、河南、山东、江苏、浙江、广东、海南等区域，布局二十余座城市。业务涉及地产开发、建筑设计、社区及资产管理、特色小镇、全龄教育等领域，逐步形成集地产、教育产业和文旅产业开发运营为一体的跨区域、跨行业的全产业链城市综合配套服务商。集团在全国范围开发水晶、洋房、蓝海、印象四大系列产品。

2019年，安联集团荣获河北省房协颁发的“2019河北省房地产开发企业推荐品牌”；邢台安联德国印象项目获得河北省房协颁发的“燕赵广厦杯”奖项。2019年3月19日，在“2019中国房地产百强企业研究成果发布会暨第十六届中国房地产百强企业家峰会”上，安联集团荣膺“2019 年度河北省房地产公司 10 强”。

2019 年 11 月 1 日，安联集团以 4.88 亿元成功斩获［2019］055 号地块，为安联生态城 O 区。

安联以“美好与富足生活创造者”为愿景，以“让快乐、健康、教育带给每一个家庭”为使命，打造健康城市、快乐城市。深耕教育、快乐、健康领域，积极推动产品创新、模式创新，从人居需求出发，以“地产+服务”连接用户，重点围绕“地产+教育”“地产+快乐”“地产+健康”，践行健康快乐主张，打造优质生活方式。

表 3-5　2019 年安联部分高管名录

姓名	职位
曹哲明	安联集团董事长
黄金龙	安联集团总裁

安徽安粮控股股份有限公司（A　安粮控股）

安徽安粮控股股份有限公司（以下简称公司）成立于 2010 年，是经安徽省国资委批准，由 1976 年成立的安徽省安粮集团有限公司改制设立的大型国有企业集团。公司注册资本为 6 亿元。

公司主营业务为进出口与国内贸易、农产品深加工、房地产开发、金融投资等。2018 年，公司销售收入 243 亿元，进出口总额 16.4 亿美元，资产总额 187 亿元。公司名列“2018 年度安徽省 100 强企业”第 21 位、“2019 年度中国服务业企业 500 强”第 211 位，公司品牌（安粮）价值 33.56 亿元。

公司全资拥有安徽安粮国际发展有限公司、安徽安粮实业发展有限公司、安徽安粮地产有限公司、安徽安粮兴业有限公司，控股安徽安粮小额贷款有限公司、安徽安粮明太新能源科技股份有限公司、重庆安粮网络科技有限公司，并在美国、日本、阿联酋、肯尼亚、乌干达等国家设立十多个境外机构。

公司以“打造和谐共生、基业长青的国际化新徽商”为愿景，以“粮安天下，普惠民生”为使命，奉行“诚信、务实、和谐、创新”的核心价值观，着力实施 2014—2020 年战略规划，为实现新时期转型升级、创新发展而不懈努力。

表 3-6　2019 年安粮控股部分高管名录

姓名	职位
曹训立	安粮集团党委书记、董事长

奥宸地产（集团）有限公司（A　奥宸）

奥宸集团创立于 1996 年，是一家以房地产开发为龙头，集商业运营、物业管理于一体的大型民营企业集团。集团总部设于深圳，深圳、北京、昆明、洛杉矶等地皆设立区域公司，拥有美国加州奥宸、深圳奥宸地产、北京奥宸地产、云南奥宸地产等多家城市专业地产公司。

作为国内知名房地产开发企业，奥宸集团拥有国家一级房地产开发资质，并连续 7 年荣获“中国房地产 100 强企业”称号。奥宸集团已完成从“单一房地产开发商”向“城市运营商”的定位转变。在未来，奥宸集团将依据房地产开发趋势及城市化进程要求，形成“旅游地产+商业地产+住宅地产”的开发模式，重点致力于旅游文化小镇与旧城旧村改造、城市土地一级开发两方面，不断创新经营理念，打造全国知名地产品牌。

自进入地产领域以来，奥宸集团在产品开发和服务上就树立了“以人为本，打造世界人居精品”的品牌理念，在设计、工程、营销等方面时刻注入精品管理意识，倾力打造世界人居典范。这一品牌管理理念，贯穿产品开发、建设始终，成就了奥宸集团的辉煌，引领着企业未来的快速发展。

表 3-7　2019 年奥宸部分高管名录

姓名	职位
邹建民	董事长
庾健仁	董事、总经理

宁波奥克斯置业有限公司
（A　奥克斯）

奥克斯地产是奥克斯集团核心产业板块之一，成立于2000年，历经19年的发展和积淀，地产、产城、商管、物业、代建“五位一体”的业务模块日趋成熟，其中，奥克斯物业已在香港上市。奥克斯地产已逐步成长为国内多业态、综合型地产商，涉及精品住宅、产业园区地产、城市综合体、超高层建筑等多业态的开发和运营，连续多年荣获“中国房地产百强企业”“中国商业地产10强”“中国房地产成长性10强”等殊荣。

根据克而瑞机构统计，2019年公司销售额达76亿元。

奥克斯地产提出“7+X”布局战略，以宁波、杭州、南京、郑州、天津、南昌、长沙为支点向其周边重要城市辐射，并积极开拓澳洲、加拿大等海外地产。奥克斯以人为本，对城市社区生活提出全龄化“Hi生活”主张，营造“妙趣园、智慧家、创优居”三大主题场景配套服务体系。筑造符合城市特性、市场需求及客户属性的住宅产品系列“文华”“玖和”“锦域”“天一晓著”和产业园系列“奥克斯创智园”、商业MALL系列“奥克斯广场”、超高层系列“奥克斯中心”，为业主提供最优质的产品与服务。

奥克斯地产构建产业与城市发展相结合的产城融合新模式，发挥在项目开发建设、产业资源导入、城市运营维护和资源优化配置等方面的综合优势，提供宜居、宜业、宜商的城市可持续发展解决方案。

未来的奥克斯地产，将继续以“筑就生活理想”为宗旨，整固现有综合业态的结构优势，矢志成为以产城为引擎、住宅和综合体为两翼的多元地产领导品牌。

表3-8　2019年奥克斯部分高管名录

姓名	职位
郑坚江	董事长
俞国勤	总裁

奥山控股
（A　奥山）

奥山控股是集地产、冰雪、商业三大产业于一体的多元化企业。企业实施“冰雪+住宅”双轮驱动发展模式，坚持“1+3+X”的战略布局，立足湖北，深耕长三角、成渝、长江中游城市群，辐射全国，获得“中国房地产100强企业”“中国房地产企业综合实力50强”“中国房地产企业品牌价值50强”等荣誉。一路走来，奥山控股的品牌成长历程，正是中国品牌不断向前的缩影与见证。

历经23年发展，奥山控股始终秉承“让生活充满阳光”的品牌理念，让客户从多维度的产业及产品中，感受到阳光般的美好生活。奥山控股坚守“和谐、廉洁、责任、品格、奋斗”的核心价值观，以“产业报国，服务社会”为指引，以人民幸福为己任，为实现中国梦而努力奋斗。

在聚焦产品力和服务力的过程中，奥山控股积极响应国家“3亿人上冰雪”号召、助力冰雪运动南展西扩东进战略的实施，全力探索和构建冰雪产业链开发，成立阳光冰球俱乐部，引入国际化冰雪运动培训体系，为国家输送、培养冰雪人才。

表3-9　2019年奥山部分高管名录

姓名	职位
邬剑刚	董事长、董事局主席
邬剑强	联席总裁
周凤学	联席总裁

奥园集团有限公司
（A　奥园）

中国奥园1996年在广州成立，2007年在香港联合交易所主板上市（股票代码：03883），为

MSCI中国指数、恒生综合大中型股指数、恒生沪深港股通指数及恒生沪深港通大湾区综合指数成分股。2019年3月18日，旗下奥园健康生活集团上市（股票代码：HK03662）。

秉承“构筑健康生活”品牌理念，深化“一业为主，纵向发展”的战略布局，中国奥园集团以房地产开发为核心主业，纵向发展相关产业，聚焦国内，深耕粤港澳大湾区，匠心打造230个精品项目，覆盖华南、华东、中西部核心区与环渤海区域四大经济核心区，中国香港、澳门特别行政区以及澳大利亚、加拿大等国家，布局医美大健康、跨境电商、科技孵化等新兴产业，2019年集团整体销售额突破1330亿元。作为广州本土成长起来的千亿级跨国企业集团，中国奥园集团先后荣登《福布斯》“亚洲最佳上市公司50强”，跻身《财富》“中国最佳董事会50强”及“中国500强”，稳居“中国房地产开发企业24强”“商业地产综合实力8强”。

表3-10　2019年奥园部分高管名录

姓名	职位
郭梓文	执行董事、主席
郭梓宁	执行董事、行政总裁
马　军	执行董事、营运总裁
陈嘉扬	执行董事、集团高级副总裁
陈志斌	集团副总裁、首席财务官

杭州澳海控股有限公司
（A　澳海）

澳海控股1998年创建于杭州，是以房地产开发为主业，集建筑施工、材料贸易、生态农业、红酒产业、文化旅游、装修智能化、园林景观、物业管理、社区电商、金融投资等多产业于一体的综合性集团，年产值逾100亿元，信用评级AA，具有房地产开发一级资质。

根据克而瑞机构统计，2019年公司销售额达119.7亿元，位列中国全国房地产开发企业第109名，荣获“2019年中国房地产企业成长速度10强”。

在国内，澳海控股充分适应中国经济梯次发展，以区域为单位集中布局增长迅速的新兴城市周边具有潜力的地段，以高周转、高运营、高去化助力集团发展。现已布局4大区域17个城市，总计86座品质建筑。

东北区域作为全国重点发展市场，以长春为中心，辐射抚顺、沈阳、锦州等多个城市，全面拓展大东北市场，并逐渐成为集团业绩重要增长极。

西部区域城市以重庆为核心，发展银川、涪陵、奉节，形成住宅地产与旅游地产并行的产品线。

南征北拓已成为澳海布局全国的主步调，以长沙作为新兴生点城市，集中布局多块土地，同时以中南地区市场为基点，辐射怀化及武广高铁线附近城市。

澳海起步于富春江畔，以杭州为大本营，先后进入金华、嘉善、嘉兴、苏州等地，并于2017年进入山东市场，形成华东区域的布局态势。

表3-11　2019年澳海部分高管名录

姓名	职位
何平平	董事长
喻鸣谦	副董事长
何江丰	总经理
章秀苗	副总经理

柏庄控股集团有限公司
（B　柏庄）

柏庄集团以经营创业投资与证券投资起步，经过三年的探索式发展，2006年确立了“以房地产行业为龙头，创业、证券投资为两翼，共同发展”的宏伟战略。

柏庄地产秉承“居住改变生活”的开发理念，以安徽为战略基地，拓展全国市场，力争成为省内领先、国内一流的房地产开发企业。柏庄地产开发足迹遍布安徽、浙江、江苏等多个长三角城市，投资开发区域包括：安徽芜湖、宣城、铜陵、蚌埠、合肥、黄山，以及浙江嘉兴、江苏无锡等。柏庄始终坚持“求真、诚信、稳健、发展”的核心经营理念，经过多年探索发展，柏庄已成为地产界的一股新兴力量，作为一支地产新军正在迅速崛起。

创业、证券投资作为柏庄发展战略的两翼，柏庄坚持“投资以服务为先”的原则，致力于为中国优质企业提供成长性资本，与企业家共同成长。柏庄已与超过40家的客户建立了长期的诚信合作关系，旗下的合肥高科、世纪方舟、合肥科创等投资公司，已成功运作广济药业、科大创新、传化股份和长信科技等项目上市。

商业方面，柏庄旗下安徽柏庄商业管理有限公司主要从事商业项目的前期策划、市场定位、总体规划、招商推广、营运管理等，努力打造一流水准的商业巨舰，目前已成功运作芜湖时代广场、柏庄儿童王国等项目。

2005年7月13日，成立安徽柏庄物业管理有限公司。物业管理正式成为柏庄四大产业之一。同时，柏庄还积极发展关联产业，集团所属的安徽上河图贸易有限公司专业从事建材等贸易业务；2014年12月，集团收购了安徽省京鹏生态农业科技有限公司，该项目对柏庄地产业态形成有益的补充和丰富。

在追求企业发展、员工进步的同时，柏庄致力于成为客户满意、投资者放心、员工忠诚、合作伙伴欢迎、社会尊重的现代企业。

表3-12　2019年柏庄部分高管名录

姓名	职位
孙业群	总裁

四川邦泰集团
（B　邦泰）

邦泰集团创建于2007年3月，总部位于成都，业务领域涉及房地产开发、园林景观建设、旅游商业运营及物业服务等四大板块，业务覆盖西南13个城市，开发和运营了近50个精品项目。邦泰集团是集房地产项目开发、设计、建设、销售、物业服务等房地产全产业链集成服务的企业，现有员工3500余人。

根据克而瑞机构统计，2019年公司销售额达127.6亿元。

2019年，邦泰集团战略正式升级为“砥砺同行，共创共赢”。以客户为中心，秉承严谨的专业精神和超强的责任感，精心研发三大产品系列：礼遇城市新贵的品位华府的“府台系”、中央繁华之上的人文名邸“天字系”、屹立城市巅峰的传世大宅“院子系”。

邦泰集团作为“中国服务业500强”企业，连续5年上榜“中国房地产销售100强”，位列“2019年度成都企业100强”第72位、“2019年度成都民营企业100强”第30位、“2019年度成都服务业100强”第34位，并凭借诚信经营、良好的信誉体系获得“四川省诚信民营企业”荣誉称号。由邦泰所开发和管理的商住项目多次荣获省市优秀小区及“四川省绿色住区”称号。

表3-13　2019年邦泰部分高管名录

姓名	职位
罗　勇	董事长
王智勇	总经理
何　流	副总经理

中国宝安集团股份有限公司
（B　宝安）

中国宝安（SZ000009）成立于1983年7月，是新中国第一批上市公司。在资本市场上曾连创成立新中国第一家股份制企业，发行新中国第一张股票、第一张可转换债券、第一张中长期认股权证等九项“新中国第一”。

经过三十多年的发展，作为广东省和深圳市重点发展的大型企业集团之一，中国宝安在产业经营与资本经营领域均取得了非凡的业绩，形成了以高科技产业为主导，以股权投资、生物科技、城市运营开发等为辅的产业集群，拥有A股中国宝安（000009. SZ）、马应龙（600993. SH），H股国际精密（0929. HK），新三板贝特瑞（835185. OC）、大地和（831385. OC）、友诚科技（873087. OC）、大佛药业（836649. OC）、成都绿金（870415. OC）等多家上市公司以及二十多家全资、控股企业。

在世界品牌实验室最新发布的“中国500个

最具价值品牌”排行榜中，中国宝安集团连续十年入围百强，品牌价值达到了591.52亿元，被评为“广东新材料科技产业10强企业”，并连续多年入围广东上市公司“综合实力10强”“最具核心竞争力10强”“最具投资价值10强”等荣誉榜单。

中国宝安正朝着新的战略目标——“建设一个以新材料为主的高科技产业集团”稳步迈进。

表3-14 2019年宝安部分高管名录

姓名	职位
陈政立	董事局主席、总裁
陈　平	董事副总裁
贺德华	高级副总裁、财务总监
钟征宇	高级副总裁
张　渠	副总裁

上海宝华企业集团有限公司
（B　宝华）

宝华企业集团成立于2002年，是一家具有中国国家一级房地产开发资质，以房地产投资、开发、经营为主业兼营建筑设计、建筑工程施工、房地产营销代理、酒店投资管理、物业管理、商务咨询服务、建筑建材贸易等业务领域的集团公司。旗下拥有国家一级资质的建筑施工企业、国家甲级资质的建筑设计事务所、国家一级资质的物业管理公司和排名上海前10位的房地产经济人公司等30余家具有独立法人资格的经济实体。

集团以“建一流项目，树一流品牌，创一流优质企业”为战略目标，相继投资开发了各类房地产项目计43个，累计完成开发总建筑面积近600万平方米。项目产品涵盖了各类中高端住宅公寓和别墅、甲级写字楼、星级酒店和各类商业设施，并跨出国门投资澳洲房地产市场，在悉尼、墨尔本等地相继投资开发了7个地产项目，取得了不俗的业绩。集团拥有各类经营性不动产项目11个，总面积达85万平方米，市值逾350亿元。

集团以精致、高端、优质的产品形象享誉业界，其开发的21个项目均获得了各类行业奖项，其中宝华西郊紫薇花园、宝华源墅、宝华栎庭等经典案例均获评行业最高荣誉；多次荣膺“中国房地产开发企业200强”，蝉联“上海房地产开发企业50强”，获评“上海市房地产十大品牌”。

表3-15 2019年宝华部分高管名录

姓名	职位
傅　平	董事兼总经理
高　华	董事长
王志高	副董事长

宝龙集团
（B　宝龙）

宝龙集团1990年成立于澳门。秉承“让空间有爱”的企业使命，宝龙产业经营不断拓展，形成地产、商业、酒店、文化艺术等多元产业协同发展的格局，致力于成为受人尊敬的百年企业，全球领先的城市空间运营商。截至目前，宝龙集团总资产超千亿元，有万余名员工活跃在海内外200多家公司，累计慈善捐赠逾7亿元。

宝龙地产自2003年起专注开发运营综合性商业地产项目，2009年在香港主板成功上市（股票代码：HK.1238），并连续15年获得“中国房地产百强企业”、连续9年获“中国商业地产公司品牌价值10强”等荣誉，目前已在长三角、环渤海经济区、海西经济区、海南国际旅游岛及中西部地区的逾40个城市打造了超130个高品质物业项目。商业项目涵盖四大产品系列，住宅项目涵盖从中高档商品房到别墅等各类业态，加之服务配套齐全、高标准定位的办公楼、酒店项目，宝龙正以立体多元的业态，满足国内不断增长的复合型房地产需求。

宝龙商业于2007年开始向零售商业物业的开发商、租户及业主提供商业运营服务，并于2019年在港交所主板挂牌交易（股票代码：HK.9909）。截至2019年底，宝龙商业有51处在管零售商业物业，总在管委托管理面积为700万平方米，在中国商业运营服务供应商中排名第四位。作为国内为数不多的拥有管理多元化零售商业物业组合专长及能力的商业运营服务供应商，旗下主要有宝龙一城、宝龙城、宝龙广场及宝龙天地四个品牌，经营团队超4000人，合作品牌超过7100家，战略合作伙伴逾140家，并成功实现品牌管理输出。

宝龙酒店与多家国际著名酒店集团合作，根据各地市场情况差异，推出了宝龙冠名的艾美、铂尔曼、丽笙、丽筠、福朋喜来登和雅乐轩等品牌形象。同时，自创品牌连锁酒店，推出艺术主题模式的“艺珺”“艺悦·精选”和“艺悦”等自营品牌连锁酒店。

宝龙文化艺术目前已成立宝龙美术馆、书藏楼、宝龙画院、宝龙艺术中心和言午画廊等文化艺术机构，形成了包括公益文化事业、收藏与艺术品创作、艺术品经营在内的立体式、全方位文化产业链。

表3-16　2019年宝龙部分高管名录

姓名	职位
许健康	董事局主席
许华芳	总裁
肖清平	执行董事
施思妮	执行董事
张洪峰	执行董事兼执行副总裁兼事业二部总经理
华立冲	执行副总裁
王亚军	执行副总裁兼人力行政中心总经理
廖明舜	副总裁兼首席财务官
洪群峰	副总裁兼广东事业部总经理
林峰利	执行副总裁兼人力行政中心总经理
吕翠华	副总裁兼广东事业部总经理
张　俊	副总裁兼宝龙置地总经理
徐天明	副总裁兼事业一部总经理
沈建政	副总裁兼浙江事业部总经理
黄耀明	副总裁兼事业三部总经理
黄文钟	副总裁兼资本中心总经理

深圳市宝能投资集团有限公司
（B　宝能）

宝能集团成立于1992年，总部位于深圳。27年来，宝能始终坚持实业报国理想，全面推进制造宝能、科技宝能、民生宝能三大战略，现已发展成为涵盖高端制造、国际物流、综合开发、民生服务四大核心业务板块的大型现代化企业集团，业务遍布全国30多个省市自治区、300多个城市。

根据克而瑞机构统计，2019年公司销售额达84.9亿元。

宝能深度布局以前瞻性研究和科技创新驱动的先进制造业，矩阵包含宝能汽车、南玻集团、中炬高新、韶能集团等。同时，以科技园区为平台，助力项目孵化成长，储备科技创新力量，并持续优化布局民生产业，打造全产业链服务生态圈。

宝能秉持“共融、共创、共享”的企业文化，广纳海内外精英，共铸辉煌。在精准扶贫、慈善助学、环境保护等公益领域不断投入，积极践行企业社会责任，获得“中华慈善突出贡献奖”等荣誉，得到行业、市场和社会各界的高度肯定和一致认可。

宝能综合开发业务聚焦科技园区、城市综合体和国际商务区三大产品线，形成开发、经营、管理于一体的集约运营模式，致力于为业主提供高品质的生活服务，为企业提供全周期、全方位的平台服务。凭借前海金融中心、深圳宝能城、深圳宝能中心、广州宝能金融中心、北京金融中心、上海虹桥绿谷E栋、沈阳宝能环球金融中心、合肥宝能环球金融中心、宝能·郑州中心、新疆宝能城，以及在全国重点城市开发的系列优质项目，连续多年荣获“中国房地产开发企业100强”“中国房地产开发企业品牌价值50强”等称号。

未来，宝能将继续坚持“发展产业，回报社会”的企业使命，向“建一流企业，树百年品牌”的宏伟愿景奋进。

表 3-17 2019 年宝能部分高管名录

姓名	职位
姚振华	董事长

保集控股集团
（B 保集）

保集控股集团成立于 1996 年，总部设在上海，是集地产、贸易、金融、产业为一体的多元化集团企业并在中国香港、日本、澳洲、法国、美国设有分（子）公司。集团以开发建设为基础，以运营和资本运作为两翼，以贸易和金融为驱动的“一体两翼”+金融助推的发展战略，致力于地产、大健康和智能制造产业的开发及运营，成为最值得信赖的城市服务运营商。

地产开发区域以上海、浙江等长三角城市为中心，深耕金华、南昌等城市，并辐射京津冀，中三角并向全中国拓展。集团正围绕产城融合、产融结合，专注于城市更新和文旅、大健康、智能科技产业一体化的特色小镇建设。浙江武义 PK 竞艺小镇、云南腾冲文旅项目已经落地。

集团连续荣获“中国房地产百强企业”称号，通过“做强住宅地产，培育创新模式，联合产业地产与养老地产”的发展路径，在确保三年战略目标实现的基础上，布局由“传统地产开发商”向“大地产商”的转变，最终实现“城市服务运营商”的升华。

表 3-18 2019 年保集部分高管名录

姓名	职位
裘东方	董事长、总裁
袁光华	常务副总裁
陈诚忠	副总裁

保利发展控股集团股份有限公司
（B 保利发展）

保利发展（SH600048），简称“保利发展”，是中国保利集团控股的大型中央企业，福布斯世界 500 强第 245 位。

根据克而瑞机构统计，2019 年公司销售额达 4702 亿元。

公司致力于打造“不动产生态发展平台”，以扎实的不动产投资、开发、运营、资本运作能力为基础，提供基于行业生态系统的综合服务，与客户美好生活同行。

公司是国内较早从事不动产投资开发的企业之一，旗下有“保利地产”品牌。公司的不动产投资、开发、运营业务，已实现国际化规模经营，业务遍布全球一百多个城市。通过延展不动产的全产业链，保利发展有效整合行业生态系统资源，旗下的建筑、物业、代理、资产经营等业务，已达百亿量级。结合拉动内需、消费升级的国家战略导向，从客户与社区需求出发，在文旅、会展、康养、教育、金服等领域形成精品服务体系，为人民美好生活提供一站式综合解决方案。

以产融结合为经营理念，保利发展重视资本对产业的赋能，是国内较早设立不动产私募基金的公司之一，拥有不动产基金管理机构。通过资本与产业的对接，保利发展将对标国际知名投资机构，致力于打造产融结合的新型行业生态。

2019 年，保利发展荣膺“房地产 100 强企业”第 4 名，并荣获“2019 中国房地产 100 强企业—综合实力 10 强”“2019 中国房地产 100 强企业——盈利性 10 强”“2019 中国房地产 100 强企业——稳健性 10 强”“2019 中国房地产 100 强企业——规模性 10 强”“2019 中国房地产 100 强企业——融资能力 10 强”“2018—2019 中国房地产年度社会责任感企业”等荣誉。

表 3-19 2019 年保利发展部分高管名录

姓名	职位
宋广菊	董事长
刘 平	董事、总经理
陈冬桔	副总经理
张 伟	副总经理
孔峻峰	副总经理
潘志华	副总经理
刘文生	副总经理
张艳华	副总经理
邱武钊	集团公司产品研发中心助理总经理（负责人）

保利置业集团有限公司
(B 保利置业)

保利置业集团（HK00119）是国资委监管的大型中央企业中国保利集团唯一的境外上市房企，于香港主板上市。

根据克而瑞机构统计，2019年公司销售额达468.1亿元。

保利置业集团传承中国保利集团的文化经营资源，精筑中国20年30城，秉持“专筑文化地产”的企业经营理念，坚持以“文化、和谐、自然、高端”为核心，精耕房地产开发、房地产投资及物业管理三大业务板块。

通过不断发展，保利置业集团有限公司业务遍及北京、香港、上海、苏州、宁波、余姚、德清、广州、佛山、深圳、惠州、贵阳、遵义、南宁、柳州、昆明、重庆、武汉、哈尔滨、济南、烟台、威海、万宁等城市。伴随着经营业绩的逐年提高，保利置业集团有限公司融资能力持续增强，股票市值大幅提升，全球战略步伐的迈进，保利置业被列为摩根士丹利资本国际（MSCI）指数成分股，成为中国高品质文化地产领跑者。

表3-20　2019年保利置业部分高管名录

姓名	职位
张炳南	董事会主席
叶黎闻	副总经理
潘治平	财务总监、总经理助理

保亿集团股份有限公司
(B 保亿)

保亿集团创立于1991年，前身为浙江华荣集团有限公司，2009年9月16日荣升为全国无区域企业集团，是一家以地产开发为核心、物业管理、贸易流通与产业投资为一体的整合型发展的集团企业。

根据克而瑞机构统计，2019年公司销售额达88.5亿元。

历经26年跨越发展，保亿集团已拥有35家下属子公司、9家参股公司，1500多名员工。自2000年起，保亿集团连续被评为信用AAA企业，并先后获得“中国房地产浙江公司品牌10强”“浙商对外投资典范”“浙江房地产品牌三十强”“浙商全国500强”，四度蝉联“中国房地产百强”等多项荣誉。

保亿置业是集团利润中心、核心产业，深耕九大城市，已形成三大产业基地、五大产品体系，累计已开发规模逾800万平方米；保亿物业是集团品牌的重要载体，定位为非营利产业，拥有国家一级物业管理资质，在管理项目超25个之余，已形成荣御、尊荣、铂金三大保亿物管品牌；保亿贸易是集团传统产业，是浙江省内最早从事专业电器贸易的机构之一，已全面向商业空调、设备材料等领域转型发展；保亿投资是集团的整合产业、稳健型发展产业，先后通过控股、参股地产项目300万平方米，积极稳健参与资本市场运作。同时，通过基金运作、产品发行，积极探索互联网金融。

展望未来，保亿集团将继续以房地产开发与服务、商业贸易、实业投资三大行业为主体，形成可持续发展的多元化集团公司。

表3-21　2019年保亿部分高管名录

姓名	职位
莫剑荣	执行董事兼总经理

北京北辰实业股份有限公司
(B 北辰)

北辰实业1997年4月2日由北京北辰实业集团有限责任公司独家发起设立，同年5月在香港上市。2006年10月在上交所上市。公司主营业务包括发展物业、投资物业（含酒店）。

发展物业以立足北京、拓展京外为方针，近年来持续推进区域深耕和新城市拓展，逐步形成多区域多层级的全国规模化发展布局，其中包括住宅、公寓、别墅、写字楼、商业在内的多元化、多档次的物业开发和销售。开发项目覆盖了华北、华中、华东、西南等14个热点区域的重点城市，共有拟建、在建项目29个，开发规模和市场占有率不断提升。

根据克而瑞机构统计，2019年公司销售额达236.2亿元。

公司持有并经营的物业包括会展、酒店、写字楼、公寓等业态，面积逾127万平方米，其中120万平方米位于北京亚奥核心区。在做优做强传统持有型物业的同时，加强资源整合，以北辰会展集团为依托，不断强化会展产业新业务、新技术的外延扩张。会展集团受托管理的会展与酒店项目累计达21个，实现受托管理会展场馆总面积258万平方米，"北辰会展"品牌影响力持续升温。

2019年，北辰实业连续13年获评"中国复合地产专业领先品牌"，成功入选"2019中国地产风尚大奖"；北京北辰洲际酒店荣获猫途鹰2019年卓越奖以及"最佳会议会展酒店"；五洲大酒店获评"住客满意度奖"；"五洲皇冠"荣获"中国（行业）十大创新力品牌"。

表3-22 2019年北辰部分高管名录

姓名	职位
贺江川	董事长
李伟东	总经理
杜敬明	副总经理
张文雷	副总经理
刘铁林	副总经理
陈德启	副总经理
郭　川	副总经理、董事会秘书、总法律顾问
孙东樊	副总经理
崔　薇	财务总监、北辰会展董事长

北大资源集团
（B　北大资源）

北大资源集团1992年创立于北京，依托百年学府的深厚底蕴，历经20余载，逐渐形成特色产业、精工产品、价值服务三大核心业务版块，发展成为一家资产规模超过1000亿元的国有控股集团公司。

根据克而瑞机构统计，2019年公司销售额达217.8亿元。

北大资源定位为"科创产业服务商"，以打造产学研创一体化发展平台为核心，聚焦"科技"和"大健康"两大发展主轴，以产城融合构建魅力城市，为客户提供美好生活场景，为城市开创产业共荣、智慧共创、健康共生的可持续发展模式，让"产业连接美好生活"。

北大资源已形成环渤海、长三角、粤港澳大湾区、西南经济带、华中经济带五大区域的战略布局，业务版图覆盖20余个中心城市，开发运营面积超过2000万平方米，全面打造科创园区、特色产城、美好社区、璀璨商办、全龄教育、至诚服务六大系列组成的"丛林产品体系"。

2019年，北大资源处于跨越发展期，成为行业领先的科创产业服务商，位列《财富》中国500强、"中国房地产开发企业创新能力10强""中国房地产百强企业稳健性10强""中国产业地产运营商30强""2019年全国产城发展运营商30强"，荣登"2019中国房地产卓越100榜"，获评为"2019中国年度影响力科创产业服务商""中国房地产年度扶贫标杆企业""2019年度美好城市运营商"以及"中国产业园区运营优秀企业"。

表3-23 2019年北大资源部分高管名录

姓名	职位
曾　刚	首席执行官
王　涛	副总裁
王　亮	副总裁兼首席财务官

北京城建投资发展股份有限公司
（B　北京城建）

北京城建（SH600266）是由北京城建集团有限责任公司1998年独家发起，向社会公开发行A股股票募集的、以房地产为主业的大型专业品牌地产商，注册资本6亿元。集团是以城建工程、城建地产、城建设计、城建园林、城建置业、城建资本为六大产业的大型综合性建筑企业集团，从前期投资规划至后期服务经营，拥有上下游联动的完整产业链。

根据克而瑞机构统计，2019年公司销售额达163.2亿元。

北京城建地产开发业务秉承“品质·人生”理念，在全国多个省市拥有地产开发项目。城建设计拥有全国轨道交通创新平台，形成了设计引领、产品研发，市场推广的一体化发展模式。北京城建集团优质高效完成了国家体育场、国家大剧院、国家博物馆、国家体育馆、中国国学中心、北京奥运会篮球馆、奥运村、首都国际机场3号航站楼、银泰中心等国家和北京市重点工程，以及国内外多个城市的地铁和高速公路等重大工程。正在建设的有北京新机场主航站楼、北京城市副中心、北京世园会、北京冬奥会等重大工程。

北京城建先后跻身于“中国企业500强”“ENR全球及国际工程大承包商”行列，荣获“中国最具影响力企业”“北京最具影响力十大企业”“全国优秀施工企业”“全国思想政治工作先进单位”“全国建设系统企业文化建设先进企业”等荣誉称号。

表3-24　2019年北京城建部分高管名录

姓名	职位
陈代华	党委书记、董事长
李卫红	党委副书记
史育斌	副总经理
张晋勋	副总经理、总工程师
李　莉	副总经理、总会计师
吴继华	副总经理
王志文	副总经理

北京建工集团有限责任公司
（B　北京建工）

北京建工是新中国成立最早的建筑企业之一，是房屋建筑工程施工总承包特级企业。从1953年成立至今，北京建工始终保持着中国建筑业的领先地位，并逐步发展成为一家跨行业、跨所有制、跨地区、跨国发展的工程建设与综合服务集团，跻身全球250家最大国际工程承包商、中国500强企业。

北京建工始终秉承工匠精神和“建德立业，工于品质”的不懈追求，在国家和首都城市建设中发挥着主力军的作用。在“神州第一街”长安街两侧，北京建工打造了以天安门建筑群为代表的80%的现代建筑；在北京亚运会中，北京建工承担了60%以上的建设任务；在第二十九届奥运会中，北京建工奉献了29项场馆和配套项目；如今，在如火如荼建设的北京大兴国际机场、北京城市副中心、北京冬奥会、北京世园会等重大工程中，在首都“四个中心”功能建设、京津冀协同发展、长江经济带建设、粤港澳大湾区建设以及一带一路建设等国家和首都重大战略中，北京建工努力创建更多精品！至今，出自北京建工之手的各类建筑累计超过2亿平方米，所获各类奖项数量之多、级别之高，位居北京第一、行业前列。

表3-25　2019年北京建工部分高管名录

姓名	职位
樊　军	党委书记、董事长

北京科技园建设（集团）股份有限公司
（B　北科建）

北科建集团是1999年北京市政府落实《国务院关于建设中关村科技园区有关问题的批复》精神而成立的，是北京国资公司在城市开发领域的重要平台。

集团始终坚持“服务区域经济、助推产业升级、促进创新创业、提升社会贡献”的企业使命，成功运营了中关村核心区、中关村软件园、中关村生命科学园、嘉兴智富城、无锡中关村科技创新园、青岛蓝色生物医药产业园、长春北湖科技园、中关村·虹桥创新中心和天津中加生态示范区为代表的全国十个城市十二个科技新城品牌项目，以及领秀慧谷、领秀翡翠山、领秀雁栖翡翠花园、北科建泰禾·丽春湖院子等为代表的15个知名住宅项目。

按照“做优科技地产，做精住宅地产，做实金融业务，做强城市运营”的发展战略和路径，形成了以科技地产为特色的智慧宜居城市开发运营综合业务体系。集团先后被授予中关村科技园区建设二十年、中关村创新发展四十年突出贡献奖、中国自主创中关村创新发展四十年新杰出贡献奖、中国产业园区品牌影响力企业、中国科技地产领军企业。

表 3-26 2019 年北科建部分高管名录

姓名	职位
朱　捷	党委书记
赵志雄	董事长
李广生	党委副书记
文振华	纪委书记
李大勇	副总经理
郭　利	副总经理
高佳卿	副总经理
袁　泉	副总经理
王　粿	副总经理
徐　刚	副总经理

碧桂园控股有限公司
（B　碧桂园）

碧桂园（HK02007）成立于 1992 年，总部位于广东顺德，是中国最大的新型城镇化住宅开发商，致力于为追求美好生活的人提供好房子、好社区。

二十多年来，作为新型城镇化的身体力行者，以打造民生地产为己任，已为超过 1200 个城镇带来现代化的城市面貌。高科技的应用让公司成为绿色生态智慧建筑的建造者，首创立体分层现代都市建筑——森林城市，被《福布斯》评为“影响世界未来的 5 座城市”之首。如今，有超过 400 万业主选择在碧桂园安居乐业。

2019 年，碧桂园归属公司股东权益的合同销售金额约 5522 亿元。

作为一家拥有近 20 万名员工、1000 多名博士的企业，碧桂园投巨资建机器人谷，延请顶尖人才，做好孵化器，成立研发团队，把最先进的科研成果转化成实用又物美价廉的高科技产品，让人们的生活更美好，助力国家科技进步，造福全人类。

公司发展现代农业，振兴乡村。引入世界一流的农业生产技术、设备，同时利用机器人研发优势，布局农业全产业链，并通过对碧桂园的社区及全社会进行零售，与农民共享现代农业发展的红利，帮助农民增收致富，同时以较低的价格为每一个家庭生产和提供安全、好吃、实惠、丰富的农产品及常用生活用品。

精准扶贫和乡村振兴也是公司的主业之一。为此，公司不懈创造社会价值和经济价值。立业至今，碧桂园创始人及集团累计参与社会慈善捐款已超 55 亿元，并主动承担起全国 9 省 14 县的精准扶贫和乡村振兴工作，正帮助 33.6 万农村贫困人口脱贫致富。

表 3-27 2019 年碧桂园部分高管名录

姓名	职位
杨国强	联席主席
杨惠妍	联席主席
莫　斌	执行董事、总裁
杨志成	区域总裁
程光煜	常务副总裁、品牌营销中心总经理、投资策划中心总经理
伍碧君	副总裁、首席财务官
黄宇奘	副总裁，成本管理中心总经理
彭志斌	副总裁
杨翠珑	副总裁、总设计师
杨丽兴	副总裁
陈　斌	副总裁
刘　宁	副总裁、产城融合中心总经理
王少军	副总裁、运营中心总经理
朱剑敏	副总裁

合肥滨湖投资控股集团有限公司
（B　滨湖）

合肥滨湖投资控股集团有限公司是包河区大型综合性国有独资集团公司，成立于 2007 年 4 月，注册资本 8.88 亿元。

集团拥有 12 家全资子公司，集团总部设行政人事部、工程管理部、财务管理部、审计部、资金管理部、纪检办公室等 7 个部室。

成立 12 年来，集团已从最初的房地产开发、国有资产管理和公益性项目代建等业务，逐步扩展成为拥有住宅地产开发、特色商业街区、文旅街区运营、创新金融服务、现代物业管理等多板块、多元化发展的大型集团企业。集团已成功打造了罍街、黉街、半边街等一批具有影响力的项目。

表 3-28　2019 年滨湖部分高管名录

姓名	职位
黄广勇	董事长

杭州滨江房产集团股份有限公司
（B　滨江）

滨江集团（SZ002244）成立于 1992 年，2008 年在深圳上市，具有建设部一级开发资质，是“全国民营企业 500 强”“中国房地产企业 50 强”、长三角房地产领军企业。公司秉承“创造生活，建筑家”的专业理念，形成了“品牌为基础、战略为导向、品质为中心、精干高效为手段”的企业核心竞争力。

根据克而瑞机构统计，2019 年公司销售额达 1120. 6 亿元。

在区域布局方面，滨江集团形成了“聚焦杭州、深耕浙江、辐射华东，关注珠三角大湾区、京津冀、中西部重点城市”的发展战略，未来直指千亿销售宏图。在产品研发方面，公司已成功建立“A+定制、A+豪华、A+经典、A 豪华、A 经典、B 豪华、B 经典、B 基本、C 豪华、C 经典、C 基本”等一套完整的产品标准化体系，并将标准化体系进一步延伸到物业服务、小区配套及专业服务等房产各相关行业。

在房地产新常态下，滨江集团积极转型升级，布局小镇建设和长租公寓，开拓海外市场、对外多元投资，全面开启了“以房地产为主体、金融、服务为两翼”的多元发展新蓝图。

26 年的发展，铸就了滨江集团“产品、配套、服务”三张金名片。在今后的发展中，将不断提高社会的认可度、行业的影响力、业主的美誉度和员工的满意度，为千家万户创造安居乐业的理想栖息地和成为“行业品牌领跑者、高端品质标准制订者”的著名房地产企业而努力。

表 3-29　2019 年滨江部分高管名录

姓名	职位
戚金兴	董事长、董事
朱慧明	总裁、董事
李　渊	副总裁、董事会秘书、董事
莫建华	董事
余忠祥	执行总裁
张洪力	执行总裁
沈伟东	副总裁、财务总监
郭　清	副总裁、投资发展部总监、总工程师

深圳市博林房地产开发有限公司
（B　博林）

1997 年，博林集团创立于深圳，前身为深圳市创意实业发展有限公司。经历二十多年的快速成长，已经发展成为多元化的综合性集团企业，拥有控股、参股企业 30 余家。从成立初期至今，博林集团一直以在行业不断做强、做大为企业发展目标，以不断的创新和超越铸造了现在的蓬勃发展。

博林集团以深圳为基地，投资遍布深圳、广州、南京、芜湖、滁州、池州、黄山、长沙、惠州等主流发展城市及热点区域。从 20 世纪 90 年代的旧城改造到 2005 年前的单一住宅地产开发再到 2005 年后的住宅、商业、酒店和物业管理多业并举，博林集团横跨广东、江苏、安徽和湖南数省，如今已成功布局深圳、广州、岳阳、南京、芜湖、黄山、滁州、池州等十余座城市。

在发展过程中，博林集团形成了博林地产、博林金融、博林文化三大板块的战略格局。博林集团不断以大手毛、高质量的实力杰作，推动中国城市化发展的现代化进程，提升城市的内涵价值。

表 3-30　2019 年博林部分高管名录

姓名	职位
彭思远	董事长兼总经理

续表

姓名	职位
林友华	董事

长沙房产（集团）有限公司
（C 长房）

长房集团始创于2004年3月，是一家由长沙市人民政府授权组建的国有独资企业。截至2018年底，企业总资产309亿元，总开发面积超1000万平方米，已开发项目60余个。未来，长房集团将瞄准千亿战略目标，砥砺奋进，将企业发展为区域领先的城市综合运营商。

长房集团经营业务范围涉足城市建设综合开发、房地产开发、金融投资、资产管理、物业管理、信用担保投资、建筑施工、项目代建管理等多个领域，形成了以房地产开发为核心的全产业链、全价值链、多元化发展格局。

作为一家责任国企，长房集团始终坚守品牌与品质，以改革创新为驱动，不断优化升级产品品质及开发运营模式，开发建设了系列高端精品项目，长房产品覆盖高层住宅、公寓、商业街、写字楼、别墅等多种业态，以高品质、优服务为更美生活创造无限可能，赢得了市场和客户的高度认可。

2019年上半年，长房集团持续发力，在竞争激烈的土拍市场频频亮相，除了以长沙为核心之外，还布局宁乡、株洲、郴州、常德等地，进一步深耕湖湘，位居湖南省拿地金额榜首。与此同时，长房集团还取得了长沙市场上半年销售金额与成交面积“双冠王”的佳绩。

凭借销售业绩的稳步增长与社会责任的践行，长房集团连续四年荣膺“中国房地产百强企业”和“中国房地产年度十大社会责任感企业”。

表3-31 2019年长房部分高管名录

姓名	职位
李建国	党委书记、董事长
易学良	董事、副总经理
田　丰	董事、副总经理
潘彩炼	董事、副总经理

续表

姓名	职位
兰　萍	董事、常务副总经理

长江实业集团有限公司
（C 长实）

长实集团（HK01113）是一家位居领导地位的跨国企业，以推动业务长期持续发展及增长为目标，一直致力强化地产本业，并按审慎投资策略稳步加强固定收入基础。集团多元化业务涵盖物业发展及投资、酒店及服务套房业务、物业及项目管理、投资基建及实用资产业务、酿酒厂及英式酒馆营运和飞机租赁。

根据克而瑞机构统计，2019年公司销售额达211.4亿元。

集团为香港最具规模的地产发展商之一，在香港市场居领导地位，在中国内地亦拥有广泛业务组合，并在新加坡及英国建立了稳固的市场基础。集团具备丰富的物业发展经验，不少香港瞩目地标及大型发展项目均由长实集团策划兴建，其中部分项目为集团核心资产。

长江实业秉承放眼全球、积极开拓的既定策略，除原有地产业务之外，已成功开拓全球多元化固定收入业务，经营领域拓展至基建及实用资产业务、酿酒厂及英式酒馆营运以及飞机租赁，相关投资及营运现已遍及欧洲、澳洲、加拿大、英国及爱尔兰共和国。

表3-32 2019年长实部分高管名录

姓名	职位
李泽钜	董事会主席、董事总经理
甘庆林	副董事、总经理
叶德全	副董事、总经理

昌建控股集团有限公司
（C 昌建）

昌建控股（原双汇地产）自创立以来，已发展成为拥有50多家控股子公司，年销售额超百亿的企业集团，连续6年位居河南省民营企业百强。

根据克而瑞机构统计，2019年公司销售额达126.1亿元。

集团业务涵盖房地产开发、金融投资、资产管理、健康养老、建筑装饰、园林绿化、商业商贸、物业管理8大领域，形成了以房地产开发为核心的完整上下游产业生态链。

房地产开发业务已布局郑州、洛阳、信阳、漯河、海口、成都、扬州、泰兴、芜湖、镇江等省内外二十多个城市。同时，集团在上海陆家嘴发起成立了上海华坤建和股权投资基金管理有限公司，开启了地产与产业相结合、开发与经营相结合、实业与资本相结合的全新发展之路。

在企业发展的同时，昌建集团始终坚持企业公民建设，累计向社会公益事业捐赠4000多万元，被中华慈善总会授予“中华慈善突出贡献奖”。

如今，昌建正式提出“二次创业”的战略构想，不断夯实业务基础，优化顶层设计。以河南省为主战场，以长三角城市群为新战场，深耕成渝、海南城市群，进驻全国有发展潜力的核心城市，将集团打造成一个稳健、强悍、卓越的企业，向着百强和更高的目标不断前行。

表3-33　2019年昌建部分高管名录

姓名	职位
赵建生	董事长
刘建国	总裁
崔新华	常务副总裁
尹　坤	副总裁

江苏常发地产集团有限公司
（C　常发）

常发地产是中国知名的房地产开发商之一，是集房地产开发、商业运营、物业服务于一体的大型企业集团，具有国家一级房地产开发资质，总部位于江苏常州。

经过十余年精心耕耘布局，常发地产已在上海、南京、镇江、常州、无锡、苏州、昆山等长三角核心城市开发经营项目20余个，年开发量超200万平方米。

常发地产以“传承经典，创新生活”为品牌理念，坚持可持续、节能、低碳和绿色发展方向，专注于提高人文关怀，以品质生活为经营使命，产品涉及大型城市综合体、别墅、高端住宅、写字楼、国际品牌酒店等多种物业开发形态。

“坦坦荡荡做人，踏踏实实做事”是常发地产的企业精神，常发地产倡导员工个人价值认同为文化内涵，更好地担负起优秀企业的社会责任。

常发地产坚持产品标准化、物业品牌化，全面实施国际精品战略，实现“立足长三角，发展全国”的战略布局，为筑建“百年常发”而努力。

表3-34　2019年常发部分高管名录

姓名	职位
黄小平	董事长

辰兴房地产发展有限公司
（C　辰兴）

辰兴发展（股票代码2286.HK）是山西省领先的物业开发商，具有中国房地产开发企业一级资质。公司自1997年从山西晋中起步，已成功开发18个房地产项目，产品涵盖高端住宅、联排别墅、商场、写字楼等多种物业类型。目前，公司年开发规模达100万平方米，公司总资产规模近100亿元，现拥有总建筑面积近300万平方米的土地储备。

过去20年来，辰兴发展秉承“以诚信创品牌，以品牌增效益”的原则，实施了“立足晋中，向太原扩展”的区域发展战略，并成功扩展版图至四川、海南及云南等地。

辰兴发展凭借优异的业务表现和坚实的开发实力，2012年荣获中国房地产研究会、中国房地产业协会、中国房地产测评中心选评的“中国房地产开发企业西部10强”荣誉，先后8年入围“中国房地产开发企业500强”。辰兴发展2015年在港交所成功上市，实现了山西本土企业在港交所主板IPO上市零的突破及山西本土房企上市零的突破。

表 3-35 2019 年辰兴部分高管名录

姓名	职位
白选奎	董事长
白国华	总经理

骋望集团
（C 骋望）

骋望集团是以房地产开发为主导的大型综合性投资集团公司，凭借雄厚的实力广泛致力于地产、建筑、装潢、设计、基础设施投资等领域，核心企业包括上海骋望置地有限公司（总部）、广东骋望地产集团有限公司、南京骋望置业有限公司、南宁市骋望地产有限公司、广西德泰置业有限公司、广西骋润置地有限公司、上海嘉定骋望置地有限公司、汕头市百得建筑装饰设计公司、粤港高速公路投资有限公司等。

骋望集团在 2019 年中国房地产开发企业 500 强排名中晋升至 248 名。成立 20 多年来，骋望集团秉承“追求卓越，开拓新世界”的理念，从广东到广西到江苏，并将总部定位上海，进军长三角地区。骋望集团先后打造了一系列质量好、信誉佳的城市人居代表作品，赢得了社会各界的普遍赞誉。

骋望集团倡导“锐意进取，开拓创新，关注细节，追求卓越，诚实勤勉，高效快速，理性务实，坚韧不拔”的理念，以高度的责任感、使命感，持续地塑造具有严格执行标准及品质和价值为先的房地产品牌。

表 3-36 2019 年骋望部分高管名录

姓名	职位
马伟强	董事长

翠屏国际控股有限公司
（C 翠屏国际）

翠屏国际控股有限公司前身为香港中惠集团，成立于 1994 年，1995 年正式开拓进入房地产行业。经过二十多年的发展，翠屏集团业务涉及房地产开发、投资、建筑、装饰、园林、市政、幕墙等多个行业，形成了以独资经营房地产开发为主业、以合资经营房地产全产业链为保障、以金融投资为后盾的业务构架。

自成立以来，翠屏集团累计在大陆注册企业 88 家，注册资本折合美元 8.19 亿元，拥有资产总额 325 亿元，净资产 120 亿元。翠屏基于雄厚的实力，多次强势跻身“中国房地产 100 强企业”行列，并凭借精研的建筑品质和服务品质，以 9.84 亿元的品牌价值，获选“2012 年中国华东房地产公司品牌价值 10 强”，目前业务覆盖江苏、广东、海南三大区域 10 个大中城市。

近年来，翠屏集团基于战略发展和产业布局，始终坚持“资本以产业为基础，产业与资本相结合”的核心经营理念，秉持真诚、感恩、创新、完美的核心价值观，多元化开创了资本+产业共荣的发展新模式。2014 年投资银城地产，实现强强联手，连续 3 年地产销售超 100 亿元。2016 年完成对广州宏晟光电科技有限公司、上海中惠思艾文化传播有限公司等企业收购，进一步实现做强、做大的发展战略。

表 3-37 2019 年翠屏国际部分高管名录

姓名	职位
杨 敏	董事会主席兼执行董事

广西大都投资有限公司
（D 大都）

广西大都投资有限公司成立于 2010 年，是广西建工集团重点打造的以房地产开发为主业的多元化国有控股投资企业。成立以来，在广西建工集团的正确领导和社会各界的关怀支持下，大都投资紧紧把握时代脉搏，在房地产市场开疆扩土，不断铸就新的辉煌。公司目前资产总额超过 240 亿元，开发总投资额超过 235 亿元，经营规模和综合实力居广西房地产行业前列，2017 年、2018 年连续两年蝉联“广西本土国企房地产销售冠军”，名列“广西服务业企业 50 强”第 32 位，到 2022 年，公司立志成为营业收入突破 100 亿元的广西房地产标杆企业。

表 3-38　2019 年大都部分高管名录

姓名	职位
邓少新	党总支书记、董事长
罗　涛	党委副书记、总经理、副董事长

上海大发房地产集团有限公司（D　大发）

大发地产（HK06111）创始人葛和凯先生，成立于 1996 年，总部设在上海。所辖房地产开发业务涉足长三角城市群、粤港澳大湾区、中部城市群、成渝城市群等。

根据克而瑞机构统计，2019 年公司销售额达 210.17 亿元。

大发地产践行“为生活而创造”的品牌理念，秉承“诚信创新，追求卓越”的经营理念，通过开发高端项目、打造精品楼盘、在客户心目中建立了良好的口碑及优质的品牌形象。董事会主席葛一旸率领的大发地产核心团队，基于对新生代生活需求的切身洞察，倡导“情景地产”概念。

大发地产以用户思维进行生活场景的设计和运营，以此为基础将情景体验融入居住、工作等新生代工作的多个领域，促进人与人、人与空间的交流互动。时至今日，大发地产已经获得“中国房地产 100 强”“中国房地产百强之星”“中国华东房地产公司品牌价值 10 强”“中国特色地产运营优秀企业——情景地产”等称号。

2019 年，大发地产获国际信用主体评级 B2（穆迪）/B（标普），建银国际首予“跑赢大市”评级，安信国际首予“买入”评级，西证国际首予“增持”评级，尚乘首予“买入”评级。

表 3-39　2019 年大发部分高管名录

姓名	职位
葛一旸	董事会主席、执行董事
廖鲁江	执行董事兼首席执行官
池净勇	执行董事
杨永武	执行董事
冷俊峰	产品运营中心高级副总裁
葛　律	副总裁

续表

姓名	职位
张　健	营销中心副总裁

大华（集团）有限公司（D　大华）

大华集团成立于 1988 年，总部位于中国上海，是国内第一批拥有房地产开发国家一级资质的房地产开发企业，也是中国最早开始全国化布局的房地产企业之一。大华集团是一家以房地产开发为主，集房地产投资、开发、建设、物业管理等业务为一体的，兼及投资管理和商业运营等多元化经营的企业集团，业务发展遍布中国最具发展潜力的 10 余座城市以及澳大利亚的悉尼、墨尔本两大都市。

根据克而瑞机构统计，2019 年公司销售额达 347.6 亿元。

大华集团以“城市化进程的探索者和实践者”为目标，秉承“全心全力为人居服务”的企业宗旨，以专业化的城市投资、建设和运营商作为发展方向，不断改善城市化进程中的居住品质和配套服务，逐步形成了大型社区的总体投资运营能力，包括城市更新、城中村改造、新农村建设等综合开发运营模式。

2019 年，大华集团再次荣登“上海企业 100 强榜”，排名第 69 位，“民营企业 100 强”第 25 位，“服务业 100 强企业”第 40 位，“民营服务业百强”第 19 位，入选“2019 中国房地产开发企业发展潜力 10 强”“2019 中国房地产开发企业 100 强”。

表 3-40　2019 年大华部分高管名录

姓名	职位
金惠明	董事长、总经理
朱录松	副总裁

大家房产有限公司（杭州市城建开发集团）（D　大家）

公司创建于 1982 年，1990 年经建设部批准为具有城市综合开发一级资质的开发企业，1999年经国家工商行政管理总局注册创立“大家房产”品牌。主要从事住宅开发、金融投资、商业开发运营、市政公建、物业服务等业务。

根据克而瑞机构统计，2019年公司销售额达249.1亿元。

大家房产已多维拓局杭州、湖州、绍兴、台州、温州、金华、上海、安徽、湖北等多个省市，已建设住宅小区110余个，建筑面积逾1350万平方米。同时，集团承担了建筑面积约133万平方米、总投资约85亿元的杭州师范大学仓前新校区、杭州市委党校、杭州市之江第二小学、杭州中东河综合治理、清泰立交桥、中河立交桥、江南大道、紫金港路、古墩路、西溪路、上海大宁灵石公园、安吉县生态广场、黄山甘芙大道等40余个重大市政公建项目的建设，为“长三角”都市发展留下了浓墨重彩的一笔。

37年实干之路，37年荣耀大家。杭州市城建开发集团（大家房产）先后荣获国家建筑工程鲁班奖、国家市政金杯示范工程、国家工程建设优质工程奖，以及钱江杯、白玉兰杯、西湖杯、美国LEED绿色建筑金奖认证等市级以上质量奖项120余个。同时，被中国房地产业协会授予首批房地产行业“企业信用评价AAA级信用企业”，并获得“浙江省文明单位”“杭州市文明单位”以及“杭州市模范集体”等称号。自2015年以来，连续5年蝉联“中国房地产100强企业”殊荣。

表3-41　2019年大家部分高管名录

姓名	职位
吴旭东	董事长
顾　飞	总经理
陈海振	副总经理

北京市大龙伟业房地产开发股份有限公司（D　大龙）

北京大龙控股有限公司成立于2015年11月，由原北京市顺义大龙城乡建设开发总公司与原北京天竺房地产开发公司重组整合而成，为顺义区国资委一级监管企业。

公司资产总额150亿元，在职职工2500多人，现有开发项目26个。重组整合后设立所属二级企业14家，构建起土地一级开发、房地产二级开发、建筑工程、生态园林、服务、金融、科技、文化传媒8大业务板块，形成了一个综合性产业集团。

旗下北京市大龙伟业房地产开发股份有限公司，2005年在沪成功上市（简称“大龙地产”，股票代码“600159”），具有房地产开发一级资质，先后在北京顺义、广东中山、内蒙古满洲里开发了数百万平方米的精品商住项目，多次荣获“中国房地产企业500强”“北京市百强企业”等荣誉称号。

旗下的北京天竺房地产开发公司具有丰富的土地一级开发经验，先后承担了顺义区天竺镇、后沙峪镇多个村的拆迁安置任务以及多处回迁房、定向安置房项目的开发建设。

旗下北京大龙顺发建筑工程有限公司，注册资本1.5亿元，具有房屋建筑施工总承包一级资质，年施工能力超过100万平方米，多次荣获“全国建筑业先进企业”“北京市结构长城杯金质奖”等荣誉称号。

旗下的北京市天房绿茵园林绿化公司为顺义区第一家城市园林绿化一级资质企业，年施工能力超过80万平方米，多次荣获“全国城市园林绿化企业50强”“北京市园林绿化优质工程”等荣誉称号。

表3-42　2019年大龙部分高管名录

姓名	职位
马云虎	董事长
范学朋	总经理

上海大名城企业股份有限公司（D　大名城）

大名城（SH600094）隶属于名城企业集团，于2011年在上交所上市，注册资本24.75亿元，拥有房地产一级开发资质。秉持“扎根福建本土，深耕一线城市”的发展战略，以“布局城镇化，打造城市综合功能开发的城市运营商”为战略目标，构建“产业+资本”双轮驱动发展模式，业务涵盖房地产综合开发、商业地产运营、产业地产运营、物业服务管理、金融投资等领域。

根据克而瑞机构统计，2019年公司销售额达206.5亿元。

成立以来，大名城运用“一次性规模开发、全过程品牌建设”的开发模式，坚持“为城市创造精品”的开发理念，契合“一带一路”“自贸区”等国家战略，布局长三角、大福建、大西北、大湾区四大区域。

大名城已拓展上海、福州、兰州、南京、杭州等17个城市，相继开发高尚住宅、城市综合体、5A写字楼、星级酒店、旅游文化园区等多种物业业态，成功打造“福州大名城”“名城港湾”“东方名城”“上海大名城紫金九号”等数十个精品项目，累计建设面积超1000万平方米，土地储备超4万亩。

公司先后荣获“沪深上市房地产公司财务稳健性10强”“中国房地产百强企业成长性10强”“中国房地产上市公司综合实力百强”“中国华东房地产公司品牌价值10强”“国家优质工程奖”“福建省纳税100强企业”“热心公益事业大奖”“上海住宅设计奖”金奖等诸多荣誉。

未来，大名城将紧紧把握新的发展机遇，以产业为基础，以资本为推手，构建产城融合一体化良性发展格局，继续助力中国经济发展。

表3-43　2019年大名城部分高管名录

姓名	职位
俞培俤	董事局主席
俞　锦	董事局副主席、总经理
蒋冬森	执行总经理
冷文斌	常务副总经理
郑国强	副总经理、财务总监
鲍金林	副总经理
林振文	副总经理
陈　峰	副总经理、西北区域总裁

大唐房地产集团有限公司
（D　大唐）

大唐地产成立于2004年，前身是清远首家房地产营销策划及二手中介公司，经过多年的发展相继成立了清远市佳源投资置业有限公司、清远市嘉盛房地产开发有限公司、清远市龙泰房地产开发有限公司、大顺装饰设计有限公司、爱琴海主题民宿、爱琴海物业管理有限公司。

同时，大唐地产也是一个多元化企业，它是集地产营销策划、房地产开发、房地产信息咨询服务、装饰设计、工程施工与品牌经营管理于一体的服务公司。

根据克而瑞机构统计，公司2019年销售额达339.5亿元。

大唐地产主要以一手房地产开发为核心，大唐地产将“用心、品位、感动清远”作为一手楼盘的开发理念；大唐地产引进台湾新的开发理念、新的物业管家服务、新的空间规划、新的园林设计等，立志打造21世纪新型住宅小区。

一流的规划、一流的设计、一流施工、一流管理、一流的服务、一流的公建与配套设施，将成为公司稳步发展的坚实基础。体现人与自然的完美结合，为居民提供绿色生态、智能安全、健康文明的温馨家园，争取为城市建设和经济发展做出更大贡献。

表3-44　2019年大唐部分高管名录

姓名	职位
陈　超	董事长
郝胜春	总裁

中山市大信控股有限公司
（D　大信）

大信控股创立于1984年，是一家拥有商业、地产、建筑、物业服务、零售、餐饮、酒店、科技、教育、文化、金融、医疗、出行等实业生态链的大型民营企业，以“更好地满足客户及城市发展的需求”为使命，致力于成为以卓越商业地产实业为基础、具有领先商业投资运营能力、拥有完整商业生态链的多元化产业集团。

大信控股凭借一贯优质的产品及专业的服务，在所涉行业均已牢固树立了“大信”系列品牌的知名度：大信·新都汇、大信置业、盛兴幕墙、力信建筑、格林装饰、新思维设计、大信物业、大信通、信和超市、信轩酒楼、大信酒店、大信食品、大信学校、大信文化、大信医疗等。

35年以来，大信控股秉承“大爱筑基，信行天下”的理念稳健经营，根植于粤港澳大湾区中心城市发展并逐步辐射内陆经济发达区域，正迈向全国化布局，位列“中国房地产开发企业商业地产运营10强”“中国房地产开发企业200强”，大信新都汇获评为“中国房地产开发企业典型商业项目”。

表3-45　2019年大信部分高管名录

姓名	职位
张就成	董事长
张钟明	董事

大悦城控股集团股份有限公司（D　大悦城）

大悦城（SZ000031）是中粮集团旗下唯一的地产投资和管理平台，前身深圳宝恒1993年在深交所上市，2005年被中粮集团收购，更名为中粮地产（集团）股份有限公司，并于2019年初完成重大资产重组，形成“A控红筹”架构，旗下拥有在香港上市的大悦城地产（HK00207）。

根据克而瑞机构统计，2019年公司销售额达619.9亿元。

大悦城控股坚持“双轮双核”的发展模式，以“持有+销售”双轮驱动，稳健发展；以“产品+服务”双核赋能，不断创造新的价值增长点。大悦城控股定位“城市运营商与美好生活服务商”的战略方向，肩负“创造城市永续价值，追求可持续性幸福”的企业使命，力争成为更具持续发展能力的城市美好生活创造者。

大悦城控股持续驱动多业态立体联动，助力城市升级与服务，业务覆盖商业、住宅、产业地产、酒店、写字楼、长租公寓、物业服务等领域，布局北京、上海、深圳、成都、杭州、西安等近30个一、二线核心城市，总资产超1700亿元，构建起了业态类型丰富、城市布局完善、资产结构均衡、集人民美好生活场景于一体的“大悦城”生态圈。

2019年，凭借优异的业绩表现和品牌影响力，荣膺“中国房地产100强企业”第41位，相较2018年的第44位继续上升3个名次，维持“行业50强”；并荣获“中国房地产100强企业——融资能力10强”“2018—2019中国房地产年度社会责任感企业”。大悦城地产荣获“2019中国商业地产10强企业”“2019中国购物中心运营优秀企业”。

表3-46　2019年大悦城部分高管名录

姓名	职位
周　政	集团副总裁，大悦城控股董事长、地产董事会主席
曹荣根	总经理
姚长林	副总经理
李晋扬	常务副总经理
叶　雄	副总经理
张建国	总会计师
曹　洪	总建筑师
宋冰心	总法律顾问、董事会秘书
周　鹏	总经理助理
余巨川	总经理助理
郭锋锐	总经理助理

吉林大众置业集团有限公司（D　大众置业）

大众置业于2007年6月成立，它的成立标志着大众卓越控股集团正式进军房地产开发业。大众卓越控股集团是一家经营范围涉及商业、住宅地产开发、城市综合体运营、出租汽车营运、城市供热、金融业、游乐业、酒店业、体育事业等多个产业的多元化、规模化、跨越式发展的大型投资控股集团。

大众置业自成立之初便积极投身于棚户区改造工程，参与开发了长春华邦、长春奥城等棚户区改造项目，为迅速发展的春城地产业锦上添花。2009年，大众置业集团顺利购入位于长春市黄金地段的“长春公交集团”地块，规划投资15亿元建造10万平方米的大型城市综合体项目——活力城Village。同时，大众置业依托大众卓越控股集团雄厚的经济实力，投资建设了长春总部基地项目。大众置业集团在短短的几年内迅速成长，成为长春地产行业新的生力军。

长春总部基地的建成是“大众置业”打造的第一个具有独特性、前瞻性、可复制性的商业地产产品。在后续的像素公园、长春活力城、活力城Village、像素公馆等精品项目的打造过程中，大众置业集团以优秀的团队配置及非凡的创造力，使“让建筑成就梦想”的企业理念融入拔地而起的建筑，融入大众的百年梦想。

表3-47　2019年大众置业部分高管名录

姓名	职位
朱海峰	董事长
苏天娇	执行董事兼总经理

当代置业（中国）有限公司
（D　当代）

当代置业（中国）有限公司成立于2000年，总部位于北京，简称“当代置业”，2013年在香港联合交易所上市，股票代码1107.HK。集团具有一级房地产开发资质，自主研发运营十大绿色科技系统，打造中国绿色科技地产领域的标志性品牌——“MOMΛ”，当代MOMΛ项目曾荣获“世界十大建筑奇迹”。

20年来，当代置业秉承“科技建筑，绿色家园，城市向美”的企业使命，下设近20个区域公司/城市公司，在国内外50余城市成功开发近200个优质项目。作为中国领先的绿色科技产业家园运营商，当代置业始终致力于打造“绿色科技+舒适节能+数字互联的全生命周期生活家园”的核心竞争力。

表3-48　2019年当代部分高管名录

姓名	职位
张　雷	执行董事兼董事局主席
张　鹏	执行董事兼总裁
陈　音	执行董事、首席技术官
王　强	副总裁
殷峻岩	副总裁
张世红	副总裁
杨　光	副总裁
涂礼军	副总裁
韩飞宇	副总裁
孙　帆	总裁助理
谢　鑫	总裁助理
雷志鑫	总裁助理

浙江得力房地产开发有限公司
（D　得力）

浙江得力房地产开发有限公司隶属于中国民营企业500强的兴惠化纤集团，公司成立于2002年，注册资本1.2亿元，现有员工80余名。得力房产从2006年5月第一个楼盘破土动工起，短短几年，相继开发和在建了得力·高第府、得力·新和人家、得力·半岛花园、得力·名门世家等精品楼盘，累计开发面积45万平方米。

得力房产坚持“细节成就完美，品质决定成败”的发展理念，在楼盘的规划设计、建筑施工、设备引进、后续服务等各个环节，孜孜追求产品品质，竭尽诠释全新生活理念，开发在建的得力·高第府、得力·新和人家、得力·半岛花园等楼盘，赢得了萧山市民的普遍认可及业界的良好口碑。得力·高第府荣膺“萧山区最具性价比楼盘”及“萧山区市民最喜爱的十佳楼盘”称号；得力·半岛花园荣获“萧山区2008市民最值得期待的楼盘”称号。

得力房产一直坚持走打造品质楼盘的开发之路，在日益激烈的市场竞争中，始终围绕品质与服务两个核心，聆听客户需求，定制个性化服务，以创造高品质的人居典范为己任。通过不断的探索与不懈的努力，今天的得力已以稳固的姿态坐享于萧山房产开发行业的前列，成为萧山房产业的一匹“黑马”，不断书写着现代城市的人居标准。

表 3-49 2019 年得力部分高管名录

姓名	职位
张建军	总经理

江苏德惠建设集团有限公司
（D 德惠建设）

德惠集团是卓越城市服务者、江苏优质诚信企业，下辖城市建设集团（晟功建设——建筑工程施工总承包一级资质、市政公用总承包一级资质、江苏省第一批工程总承包试点企业；晟功筑工——省级建筑、市政装配式预制混凝土构件生产基地）和城市运营集团（德惠地产——房地产开发一级资质，开发范围包括高端住宅、酒店公寓、商业综合体、文旅综合体等多种项目类型；德惠物业——物业服务一级资质，服务于高端案场、住宅、写字楼、商业综合体等多种业态）。

近年来，德惠集团不断强化品牌的战略升级，向“建设+运营”的模式变革，在专注于项目品质和人文传统打造的同时，将产城规划、建设、孵化与运营进行无缝对接，充分发挥集团投资商、建造商、运营商、服务商“四商一体”的全产业链优势，实现真正的产城融合、宜居宜业。

表 3-50 2019 年德惠建设部分高管名录

姓名	职位
朱文亮	董事长
陈爱梅	监事

德信控股集团有限公司
（D 德信）

德信集团成立于 1995 年，历经二十余年的稳健发展，现已成为一家覆盖五大产业群、具有中国元素和全球视野的泛房地产全产业链整合服务的跨国集团。总部位于中国杭州，同时，在北京、上海、香港和纽约设有子公司，全球员工万余名。拥有房地产开发和物业管理国家双一级资质，是中国房地产开发和物业管理百强企业，拥有多个浙江省知名商号和多家国家高新技术企业。

根据克而瑞机构统计，2019 年公司销售额达 450.8 亿元。

2019 年，德信集团旗下地产开发公司德信中国控股（HK02019）在香港上市。德信以住宅开发为主业，以商业和产城为两翼，并依托“一体两翼”的发展策略，不断完善公司的业务结构。德信商业系列包括区域型购物中心、邻里生活中心和产业结合体；产城系列包括办公楼、科研大楼、文旅小镇等。

在战略布局上，德信中国坚持“立足浙江，深耕长三角，布局全国中心城市”，持续拓展有发展潜力的城市和优质土地资源。依托丰富的开发管理经验和能力，开发 100 余个精品项目，多个建筑项目获得浙江省优质工程表彰。

表 3-51 2019 年德信部分高管名录

姓名	职位
胡一平	董事长
费忠敏	执行董事兼总裁
方 静	常务副总裁
冯 霞	副总裁
张 策	副总裁

福建德兴集团
（D 德兴）

福建德兴集团（前身为福建省龙岩德兴房地产开发有限公司）创建于 1998 年 9 月 21 日，是一家以房地产综合开发与运营为核心业务，集房地产开发、投资、租赁、酒店为一体的企业集团，注册资本 1.808 亿元，具有房地产开发二级资质。集团注重以人为本，以信待人，人尽其才，充分发挥人才优势，拥有一支素质优良、团结的专业化团队。

德兴集团旗下有福建德兴集团房地产开发有限公司、福建德兴投资有限公司、福建德兴租赁有限公司、德兴龙岩国际大酒店等全资企业；还有10家控股企业：龙岩市德荣房地产开发有限公司、福建中发置业有限公司、龙岩市匀升房地产开发有限公司、龙岩融兴房地产开发有限公司、龙岩融禾房地产开发有限公司、龙岩融升房地产开发有限公司、龙岩融骏房地产开发有限公司、龙岩世茂新领航置业有限公司、龙岩融祺房地产开发有限公司、龙岩融汇房地产开发有限公司。

表3-52　2019年德兴部分高管名录

姓名	职位
吴华德	董事长

中国电建地产集团有限公司
（D　电建）

电建地产重组成立于2005年11月，是国务院国资委核定的首批16家主营房地产开发与经营业务的中央企业之一。拥有房地产开发企业壹级资质，资信等级AAA级，注册资本80亿元。公司业务范围涉及土地开发、房地产开发、物业管理。产品覆盖住宅、写字楼、商业、酒店等多种类型。

根据克而瑞机构统计，2019年公司销售额达441.2亿元。目前，已在北京、上海、广州、深圳、佛山、天津、重庆、南京、杭州、武汉、长沙、成都、郑州、太仓、三亚、林芝等26个城市共90余个项目进行了房地产开发，并控股上市公司南国置业（股票代码002305）。

借助母公司中国电力建设股份有限公司在规划、设计、施工、制造一体化的能力，在资源资信、工程建设及开发领域具有良好的市场竞争力。公司总部设有19个部门，成立了华北、华中、华南、华东、西南及中南6大区域总部。确立了公司总部—区域总部/城市公司—项目公司三级管控体系，公司董事会为决策层，定位为战略中心；公司总部为管理层，定位为利润中心；区域总部为运营管控层，定位为营销中心；项目公司为操作执行层，定位为成本中心。

表3-53　2019年电建部分高管名录

姓名	职位
夏　进	党委书记、董事长
薛志勇	党委副书记、董事、总经理
秦普高	副总经理兼总会计师
李　贵	党委副书记、纪委书记、工会主席
李　端	副总经理
王劲松	副总经理兼总工程师
朱成林	副总经理
耿晓林	副总经理

东渡国际集团有限公司
（D　东渡国际）

东渡国际成立于1989年，集团总部位于上海，是一家大型多元化投资集团。旗下拥有房地产开发与运营、俱乐部发展、全球投资、金融四大业务内容，矢志以文化凝聚人群、以科技服务生活、以国际化走向世界，成为国际化美好生活服务商。

东渡国际在中国的上海、杭州、南京、苏州、无锡、常州、宁波、成都、香港及美国、加拿大、日本等国家和地区拥有全资子公司和合资公司，位列“上海房地产企业38强”。

以地产为载体，满足社区美好生活需求为目标，打造多样的服务业态，通过自身的服务运营，为中国社区提供美好生活。专注于消费升级与高新科技领域，通过投资优秀的成长型企业，寻找与自身业务的结合点，不断创新，落地应用。

东渡国际对社会责任履行、精神文明建设非常重视，不仅制定了全面的规章制度，参与各类社会活动，更把相应精神和思想在月度经营分析会、半年经营分析会、年度经营分析会等重要会议上单独、着重提出和强调，作为集团平时运营的一个重点项目来建设。2019年，东渡国际集团连续5年受邀参加“春晖”专项基金捐赠仪式。

表 3-54 2019 年东渡国际部分高管名录

姓名	职位
李海林	董事长
浦福如	执行总裁
李 祥	董事长助理、地产板块副总裁

东海地产股份有限公司
（D 东海）

东海地产股份有限公司成立于 1992 年，公司注册资本 11197.2 万元。已拥有房地产开发二级资质，并已通过了 ISO9002 质量管理体系认证，是浙江省工商企业信用登记 AA 级企业。总部所在地为浙江省省会杭州。

一直以来，东海地产始终秉持缔造城市的光荣为开发使命，立足杭州城市发展，产品不断融入自然性和文化性，15 年来为实现众多家庭美好生活而实践。必须承认，时代瞬息万变，不断推动人的需求，推动企业创新发展，对于一个企业来说，做顺应时代的产品重要，做经典永恒的项目更重要。

近年来，对于东海地产来说抓住巨大发展契机的同时，肩负更多客户的期待，与中国一流的开发集团交流共享，增进企业专业与价值,责任与努力正是企业源源不断的发展动力。东海地产形象悄然发生改变。一个更加注重品质与人本温馨的企业正在走来……

杭州市是著名的江南文化代表，精致、富庶、人文的气质感染了建筑，改造着人们的生活。作为杭州房地产开发商，对城市本身人文与人的生活情趣进行研究至关重要，它决定着企业的最终产品高度与内涵。东海地产相信，不断引入的更高层次合作团队也是建立在对这种文化的理解基础上，一座城市的精致与品味不应时间发生改变。

追求丰盛人生是每个人的权利，一座房子不仅是居住容身，还承载着中国人的心灵归属与家庭的财富安全与梦想。所以，品质对于企业来说就具有特殊的意义，美丽高雅的外在，舒适合理的空间，自然和谐的环境，精细打磨的细节……品质是东海地产一直以来最执着的追求。

表 3-55 2019 年东海部分高管名录

姓名	职位
邵柏泉	董事长

武汉东湖高新集团股份有限公司
（D 东湖高新）

武汉东湖高新集团股份有限公司（以下简称“东湖高新集团”）成立于 1993 年，1998 年作为国家科技部推荐企业在上海证券交易所上市（证券代码 600133）；2011 年 6 月，湖北省联合发展投资集团有限公司控股东湖高新集团，东湖高新集团企业实力和规模迅速增强，逐渐发展成为一家以园区运营、环保科技、工程建设为三大主营业务板块的高新技术产业投资控股公司。

截至 2017 年底，东湖高新集团总资产达到 236 亿元，员工人数 2500 余人，业务广泛分布于湖北、湖南、安徽、浙江、广东、新疆等 17 个省、市、自治区，社会知名度不断提升，连续多年荣获“湖北企业 100 强”“武汉企业 100 强”“中国园区开发上市公司竞争力 10 强”“中国产业地产 30 强”等多个荣誉称号。

表 3-56 2019 年东湖高新部分高管名录

姓名	职位
杨 涛	董事长、总经理（2019 年 8 月 30 日提交离职）
李宜孝	党委书记
王 玮	总经理（接棒杨涛担任总经理）

东建集团
（D 东建）

佛山市东建集团有限公司创建于 1985 年，多年来凭借房地产为龙头产业，实施多元化经营，现已发展成为佛山市最具规模和品牌知名度的大型综合性企业集团之一。现在员工 2500 多人，下属企业 16 家，2001 年 6 月集团公司由原集体企业成功转制成为股份制企业。

东建集团在中国房地产业协会、上海易居房地产研究院中国房地产测评中心联合发布的

"2018中国房地产开发企业500强"榜单中排名303名，已形成了以房地产开发为龙头、商业物业经营为核心，以工程管理、装饰工程、物业管理、混凝土制品、塑料制品、陶瓷等为辅助业务的专业化房地产集团。

东建集团以"创造精品，打造品牌"为经营理念，以"创造美好家园"为己任，在佛山先后东建大厦、世纪广场、同济广场、升平广场、金沙新城、东方广场世纪嘉园等一批有影响力的楼盘，同时，走出佛山开发了长春科技城、江门灏景园、广州尚领时代等项目，全国累计开发430多万平方米住宅、50多万平方米商业物业。

此外，东建集团还是佛山市旧城改造的主力军，多年来先后改造了建新路、市东下路、卫国路、长兴街、松风路、高基街、永安路、锦华路、上沙、普君南等旧区，并承担了许多市政工程的拆迁任务，为佛山市旧城改造作出了较大的贡献。

表3-57　2019年东建部分高管名录

姓名	职位
钟流汉	党委书记、董事长

浙江东日股份有限公司
（D　东日股份）

浙江东日股份有限公司1997年10月21日在上海证券交易所上市挂牌交易（股票代码：600113），是温州市第一家上市公司，也是国有控股的唯一一家上市公司，其中，温州市人民政府国有资产监督管理委员会持有48.97%的股份。

在20年的发展历程中，浙江东日秉承"规范经营，稳健发展"的企业宗旨，把握住改革发展的重大机遇，持续推动改革创新，将公司发展成为以灯具市场和农产品批发交易市场运营为主业，旗下各大市场总交易额超200亿元，同时涉及工业气体生产、农副产品配送、运输及金融投资等领域。2016年年末，公司市值超70亿元，实现利润总额1.31亿元，加权平均净资产收益率达到19.03%。

表3-58　2019年东日股份部分高管名录

姓名	职位
杨作军	董事长
杨澄宇	总经理

东旭蓝天新能源股份有限公司
（D　东旭蓝天）

东旭蓝天新能源股份有限公司（原名：宝安鸿基地产集团股份有限公司，以下简称"东旭蓝天"或"公司"）1994年8月在深圳证券交易所上市，是国内老牌上市企业（原股票名：宝安地产，现股票名：东旭蓝天，股票代码：000040）。

2011年5月，公司名称由"深圳市鸿基（集团）股份有限公司"变更为"宝安鸿基地产集团股份有限公司"。公司转型为一家具有成熟房地产开发经验和较高品牌知名度的专业房地产上市公司。2015年，公司再次完成股权结构的调整，东旭集团成为公司控股股东，公司收购东旭新能源投资有限公司100%股权，同时承接东旭集团光伏发电业务板块。这标志着公司在原有的房地产业务以外，正式进军太阳能光伏发电领域，形成了房地产与新能源双轮驱动的主业格局。

经过业务优化后，东旭蓝天焕发出新的活力，并逐渐发展成为以光电显示、新能源两大产业为核心，集高端装备制造、金融、证券、地产、新型城镇化建设于一体的多产业投资集团，拥有两家上市公司（东旭光电000413、东旭蓝天000040）和四十余家全资及控股子公司。

表3-59　2019年东旭蓝天部分高管名录

姓名	职位
卢召义	董事长
邓新贵	执行副总裁
邹德育	执行副总裁
李　非	执行副总裁

东亚新华投资有限公司
（D 东亚新华）

北京东亚新华投资集团有限公司作为一家以房地产开发为主要投资方向的大型民营企业集团，自2005年成立至今，历经芳华，以“开启您的新生活”为使命，与时俱进，砥砺前行。现旗下已拥有59家具有房地产开发资质的子公司、一家专业物业管理公司和一家专业养老产业开发、运营管理公司。未来，北京东亚新华投资集团有限公司将投身于更多行业领域的建设，努力从多方面推动社会进步，力求做开创性的多元化企业。

北京东亚新华投资集团有限公司开发足迹遍布北京、包头、鞍山、沈阳、宿迁、江阴、仪征、南昌、东营、天津、上海、杭州、深圳、珠海、南京、高碑店、郑州、重庆、秦皇岛、保定、济南、惠州、嘉兴、石家庄、广州、温州等多个城市，总开发面积1371万平方米，投资总额630亿元，核心员工达2800余人。

北京东亚新华投资集团有限公司将永远秉持“开启您的新生活”这一公司使命，以“做开创性的多元化企业”为目标，使公司保持强大的核心竞争力。北京东亚新华投资集团有限公司遵循企业核心价值观，诚信、专业、团队、学习、创新，以求做开创性的多元化企业，为客户提供满意的产品和服务，为股东创造满意的回报，吸引和培养最优秀的员工，获得行业内的尊重和敬佩，为推动社会进步作出自己的最大努力。

表3-60 2019年东亚新华部分高管名录

姓名	职位
张志铭	董事长
李世新	总经理

东原集团
（D 东原）

东原集团隶属于迪马股份（SH600565），2004年成立于重庆，总部现位于上海，是一家以地产开发、商业开发、物业服务为核心业务的大型综合企业，拥有房地产一级开发资质。

根据克而瑞机构统计，2019年公司销售额达540.1亿元。

强势入驻昆明、西安、郑州、长沙、贵阳等全国核心城市，进一步深化城市深耕布局，跻身“综合实力50强”房企。

随着全国战略化布局的扩张，东原已覆盖全国一线与准一线核心城市凭借童梦童享、原·聚场等社区运营标杆产品，奠定社区运营领导者地位，打造印系列、阅系列，两大产品品牌，从细节着眼，焕新生活质感。

东原凭借迅猛有力的全国化扩张、稳健的现金流，以及卓越战略的有效落地，连续9年稳居“中国房企100强”，实力荣膺“2019年中国房企综合实力100强”第40名、“2019年中国房企品牌价值100强”第28名以及“价值创造力10强”“十大营销铁军”“西南区域竞争力10强”“房地产品牌运营能力20强”“印长江产品品牌15强”“客户满意度50强”“物业综合100强”第32名、“社区文化建设第1名”等多项殊荣。

表3-61 2019年东原部分高管名录

姓名	职位
罗韶颖	董事长
杨永席	总裁

泛海控股股份有限公司
（F 泛海）

泛海控股（SZ000046）成立于1989年，1994年在深圳证券交易所挂牌上市，面对中国经济结构转型的历史性机遇，泛海控股敏锐感知宏观经济和行业市场的变化，重新规划了产业发展方向，在继续发挥房地产业务优势的基础上，融合具有较大发展潜力的金融、战略投资等业务板块，将公司打造成涵盖金融、房地产、战略投资等业务的综合性控股上市公司。

在金融业务领域，泛海控股围绕构筑完整的金融服务体系，形成了以民生证券、民生信托、亚太财险为核心的金融布局和业态分布，提供金融增值服务的能力持续提升。

在地产业务领域，泛海控股涉及规划设计、开发建设、商业管理及物业服务等，具备大体量、多业态综合开发能力，在国内外多个重点城市核心地段实现了布局，并已逐步实现从以开发建设为主向投资、开发、运营三位一体的转变。

在战略投资领域，泛海控股持续打造以泛海投资、中泛集团、中泛控股为核心的境内外投资体系，围绕公司整体战略进行投资布局，以期与现有业务形成互补和平衡。

未来，公司将以多元化金融服务切实服务实体经济，强化风险控制能力建设，加快综合金融服务体系建设，驱动企业价值快速增长。公司还将统筹对金融、地产等产业的战略布局，将更多的资源和精力集中于优势项目，持续优化业务结构、资产结构和投资结构，严格把控海外投资方向和规模，审慎决策、理性投资，确保海外投资规范有序地开展。

泛海控股努力完善公司治理结构，全面提升公司治理水平，曾多次荣膺“最具投资价值上市公司”“最佳投资者关系上市公司”等殊荣。

表 3-62　2019 年泛海部分高管名录

姓名	职位
卢志强	董事长
宋宏谋	总裁
潘瑞平	副总裁
舒高勇	副总裁、董事会秘书
武　晨	副总裁

北京方恒置业股份有限公司
（F　方恒）

方恒集团是北京时尚控股有限责任公司的全资企业，成立于2000年10月，先后在京内外开发建设了近20个项目，总建筑面积达200万平方米。公司开发产品业态涵盖了购物中心、星级酒店、5A级写字楼、酒店式公寓、商品住宅和保障性住房，具备大体量、多业态综合开发能力；能够提供酒店管理、商业管理、物业管理等星级服务，形成“地产开发+自持经营”的综合运营优势。方恒集团下设12家子公司、1家分公司，其中京内企业9家、京外企业4家。

表 3-63　2019 年方恒部分高管名录

姓名	职位
刘明杰	党委书记、董事长

广州市方圆房地产发展有限公司
（F　方圆）

方圆集团1997年在广州成立，是东方文化地产的践行者和现代东方人居生活全产业链运营服务的集成者，为客户提供全生命周期的高质量服务。截至2018年，已连续12年跻身“中国房地产百强企业”，荣获“广东省百强民营企业”的称号。

根据克而瑞机构统计，2019年公司销售额达238.8亿元。

经过二十多年的发展，方圆集团已进驻广州、珠海、深圳、海南、成都、常州、昆山、苏州、惠州、佛山、江门、肇庆、湛江、清远及海外市场，打造院子系、月岛系、云山系三大产品系列，逾50处成为人居典范。

方圆坚持以房地产开发经营为核心主营业务，规模不断扩大，综合实力日益提升。方圆将触角延伸到了金融、教育、医养、海外投资等众多领域，其中方圆现代生活于2015年挂牌新三板，股票代码为834381。2017年11月，方圆房服集团（HK08376）登陆港交所，成为国内第4家上市的房地产综合服务商。

方圆秉承“东方人居智慧，现代生活匠心”的品牌理念，致力于对东方建筑、文化、居住与体验关系的深入研究，不断研发出适合中国人居住的人性化产品，始终走在行业发展的前列。2019年，方圆集团再度蝉联“中国房地产开发企业100强”，位列第79名，并荣膺“2019年度中国房地产开发企业运营效率10强”，被评定为“广东省房地产行业（开发企业）AAA级信用企业”。

表 3-64　2019 年方圆部分高管名录

姓名	职位
方　明	董事局主席
徐　珺	总裁
容海明	副总裁
陈　曦	首席财务官

重庆飞洋控股（集团）有限公司
（F　飞洋）

飞洋控股成立于 1998 年，是一家以地产投资开发、小镇产业运营为双核主业，以建筑施工、物业后服、酒店管理、百货新零售为辅多元化发展的企业集团。集团注册资本 10000 万元，拥有国家一级房地产开发资质，截至 2019 年底集团总资产达 68 亿元，关联公司 18 家，员工总人数为 2059 人。

飞洋小镇是飞洋控股集团着力拓展的主业方向。努力成为全国领先的“小镇产业运营商”是飞洋小镇产业的战略目标。“文旅”和“康养”是飞洋小镇产业的两大主题。飞洋小镇布局四川、贵州、湖北三省，已规划项目 3 个，致力于打造集文化娱乐、休闲度假、观光体验、康养身心为一体的文旅康养小镇。未来 3 年，小镇产业的总投资规模将达 100 亿元。

飞洋地产是飞洋控股集团的核心主业，是飞洋旗下房地产业务的品牌统称。截至2019年，飞洋地产已在川、渝、黔、鄂 4 省 12 城开发项目 18 个，开发面积 617.25 万平方米，物业 52389 套，为 20 多万人提供品质人居生活。

“建筑、生活、梦想”是飞洋地产的开发理念，“健康社区创建者”是飞洋地产始终坚守的开发定位，“健康”和“智慧”是飞洋地产的开发项目的两大主题。历经世纪城、天地、华府、尚院、时光、梦想城六大产品系列的开发实践，飞洋地产始终致力于将“5i 梦想生活体系”传入其所开发的每一个项目当中，为广大飞洋业主创建幸福的梦想社区。

2019 年，集团将“有质量的发展”确定为品牌战略，朝着“中国房企 500 强”果敢前行。

表 3-65　2019 年飞洋部分高管名录

姓名	职位
杨必全	董事长
吴　健	执行董事

浙江飞耀建设集团
（F　飞耀建设）

浙江飞耀建设集团有限公司总部位于杭州市。坚持以人为本，艰苦奋斗，共同创业，共享成果。严格的质量管理是企业在激烈的市场竞争条件下生存立足与发展壮大的决定因素。我们积累了丰富的管理经验，凝聚了大批专业技术力量，重视行业内部的职能管理与专业素质提升，加强同行业的横向交流与学习，使企业管理更规范，工作效率更高。励精图治才换来今天的骄人业绩，然而成绩属于历史，肩负社会大众和投资人的重托，做大做强，到全球经济舞台上独领风骚，这才是公司矢志不渝的追求目标。

表 3-66　2019 年飞耀建设部分高管名录

姓名	职位
张跃飞	董事长

江苏凤凰置业投资股份有限公司
（F　凤凰）

江苏凤凰置业投资股份有限公司系凤凰出版传媒集团控股上市公司（股票代码 600716），注册资本 74060 万元，主要从事房地产投资、实业投资、房屋租赁及物业管理。其所属的江苏凤凰置业有限公司专业从事房地产开发、经营等，房地产开发一级资质。公司将国有文化企业的优势引入地产领域，结合文化产业开发房地产，打造文化地产品牌。

公司是以文化产业基础设施建设和文化街区开发为依托，同时推进周边商、住项目开发的房地产开发企业。目前已建成和在开发的项目有 12 个：凤凰和鸣、凤凰和熙、凤凰和美、凤凰山庄、凤凰和睿、苏州凤凰文化广场、南通凤凰文化广场、合肥凤凰文化广场、镇江凤凰文化广场、泰兴凤凰文化广场、宜兴养老项目，开发总建筑面积约260万平方米。

凤凰置业以“筑造城市文化标杆”为目标，将文化主题落实到地产开发中，加强“文化地产”发展战略，积极探索新的产业发展方向，创立独特的文化地产开发模式，立足南京，发展江苏，辐射华东，打造一流的文化地产开发项目。

表3-67　2019年凤凰部分高管名录

姓名	职位
汪维宏	董事长

福建汇泉投资有限公司
（F　福建汇泉）

福建汇泉是致力于房地产开发的专业企业，1998年成立于福建，总部位于福州市。集团秉承“锐意进取，创新超越”的经营理念，以前瞻性的战略布局发展于全国，形成了地产开发、建筑工程、商业管理、星级酒店、物业管理等多个战略事业单元。

根据克而瑞机构统计，2019年公司地产销售额达75.5亿元。

集团以福州、郑州为双核，深耕一线城市稳步布局全国，品牌形象深入人心。开发有福州新侨联广场、澳门商业广场、福州锦江花园、福州西洋公寓、贵阳青云都汇、郑州汇泉西悦城、郑州盛泉景悦城、郑州汇泉博澳东悦城、郑州万和城、芜湖融汇锦江等品质项目。

集团热心参与社会公益事业，累计捐款捐物达数千万元，受到各方高度赞誉。从1998年至今，汇泉集团实现一年一个台阶的高速发展。集团将不断前行，将汇泉打造成一家持续成长、效益卓著、全国经营、多元发展、不断创新、受人尊重的集团化公司，全面完成从“福建汇泉”向“中国汇泉”的重大转变。

表3-68　2019年福建汇泉部分高管名录

姓名	职位
邹学文	董事长兼总经理

福来国际（上海）有限公司
（F　福来国际）

福来国际（上海）有限公司隶属于上海龙峰企业集团有限公司，在虹桥镇95号地块内从事房地产开发、经营、物业管理并提供相关咨询服务；家具、建筑材料、家用电器、厨房用具及五金交电的批发、佣金代理（拍卖除外）、进出口；酒店式公寓、咖啡馆、餐饮服务、健身房（含游泳池）。公司系国家施工总承包特级企业浙江舜杰建筑集团股份有限公司关联企业。

公司始终以“信誉第一，用户至上”为宗旨，秉承“美化城市，让更多人享受美好生活”的企业使命，以“承诺担任，共同发展”的企业核心价值观指导各项工作，立志成为客户首选的综合开发商。公司以适应多项运作为前提，以全面降低成本，加强风险控制为主导，以产品创新研究和建设、销售为主线，以财物、人力和行政等管理为支持，建立了体系化的公司管理机制，着力打造以土地资本、团队为重心的核心竞争力，确保公司快速发展。

福来国际以“缔造完美居住体验”为唯一信条，开发的古北壹号位于上海最纯正的国际社区——古北国际社区以古典意境与海派风格完美融合的建筑风格，展示出摩登而极富韵律的形体，蕴含着隽雅悠久的贵族气质。

表3-69　2019年福来国际部分高管名录

姓名	职位
任国龙	法定代表人

福晟集团有限公司
（F　福晟）

福晟集团创建于1993年，是一家地产、建筑两翼协同，涉足金融贸易、物业管理等多元化领域的大型综合性企业集团。旗下拥有福建福晟集团、深圳福晟集团、福建六建集团等百余家下属子公司，员工达六千多人。

根据克而瑞机构统计，2019年公司销售额达630.2亿元，位列中国地产100强。

2019年，福晟集团坚持“H+4”（一区两湾四核心）聚集、深耕的城市布局战略，以粤港澳大湾区和环杭州湾大湾区为战略支撑、以海西经济区为战略衔接，以中原城市群、长江中游城市群、京津冀城市群+山东半岛、成渝城市群+昆明等四大核心城市群为战略支点。项目遍布全国20多个省市，以“福和、福悦、福颐、福臻、福泰”的“五福”住宅产品为研发核心，打造钱隆系、府第系、美墅系、云樾系、美悦系等住宅产品线。

作为首家推出 Officetree 商务智慧体的地产企业，福晟商业致力于成为国内领先的商业投资运营服务商，先后开发了“福晟·钱隆广场”“福晟金融中心”“福晟 MALL”“福晟里”“福街”的“五福”商业产品线。

二十余年来，福晟集团始终坚持务实、稳健，追求有质量的增长，已连续8年稳居“中国房地产100强企业”，蝉联“中国房地产开发企业成长速度第2位”。跻身“中国企业500强”第194位、“中国民营企业500强”第56位、“中国房地产36强”“中国建筑业20强”，品牌价值达150亿元。

表 3-70 2019 年福晟部分高管名录

姓名	职位
潘伟明	董事长兼总经理
童文涛	副董事长
林　栋	副董事长

福星惠誉房地产有限公司
（F 福星惠誉）

福星惠誉成立于2001年，是福星股份（SZ000926）的全资子公司。公司核心业务涵盖住宅开发、商业及物业经营管理、产城融合、生态农业、文旅产业和装配式建筑等领域。

根据克而瑞机构统计，2019年公司销售额达137亿元。

创立以来，福星惠誉秉承“先做人，后做事”的经营理念和“为政府分忧，为百姓造福”的开发宗旨，逐步成长为中国一流的“城市更新与幸福生活服务商”。近年，公司开始了以“强化核心优势，聚焦重点区域，深化全国布局，完善产业生态，做大资本平台”为核心的战略转型，标志着公司发展迈入新阶段。

城市更新领域聚焦中国经济最具活力的核心经济圈及中西部重点城市群，在规划设计、土地整理、基础设施、商业配套、物业服务、产城融合等领域全方位为中国的城市更新提供科学系统的解决方案。相继推出了福星惠誉·国际城、福星惠誉·水岸星城、福星惠誉·东湖城等一批标志性的品牌项目。在商业开发和产城融合领域，打造出群星城、福莱中心、光谷总部国际等一批标杆项目，实现了创新成长。公司已在“京津冀都市圈”“长三角经济圈”“珠三角经济圈”“成渝经济圈”“中原城市群”等区域完成了全国化的布局构架，并成功开拓了美国、澳大利亚等海外市场。

公司从2005年起，连续入选“中国房地产100强企业”，位列武汉市房地产企业综合实力前茅；先后被评为“中国房地产城中村旧城改造专业领先品牌价值10强”“中国房地产城市更新综合开发专业领先品牌价值10强”。

表 3-71 2019 年福星惠誉部分高管名录

姓名	职位
谭少群	董事长
冯东兴	总经理、副董事长
刘慧芳	副总经理
姚泽春	副总经理

复地（集团）股份有限公司
（F 复地）

复地集团为复星旗下地产业务平台，1994年起涉足房地产业务，1998年公司成立，为国家建设部一级开发资质企业，公司总部设于中国上海。2004年2月在香港联交上市，是内地第二家在港上市房企，2011年以22亿元的代价完成私有化退市。

复地集团私有化后，定位于房地产领域的投资及管理平台，经营范围包括房地产开发、经营、房地产投资、物业管理及以上相关行业的咨询服务。开发领域遍及住宅、商办综合体、产业地产等多元化业态，业务覆盖上海、北京、武汉、成都、西安等多个城市。

根据克而瑞机构统计，2019 年公司销售额达 228.3 亿元。

经过多年的努力与积累，复地在房地产业界逐步形成了自身独特的核心竞争力：准确的产品定位能力、成熟的多项目管理能力、周转快速的资金运作能力以及完善的销售及服务体系。旗下的复地商业借助“蜂巢城市”的布局开发，在商业地产投资、开发、运营管理规模快速攀升，项目数量持续增加，已扩展至北京、上海、广州、武汉等全国 13 个一、二线城市，操盘 25 个商业和办公项目，管理总面积近 200 万平方米的资产规模。四条商业产品线“复地·活力 plus”“复地·活力城”“复地·活力广场”和“复地·活力荟”，分别对应城市级商业综合体、区域级商业综合体、街区型商业和专业消费市场。

2019，复地集团位列“中国房地产开发企业 500 强”第 54 位，同时荣获“2019 年度中国房地产开发企业运营效率 10 强”等荣誉。

表 3-72　2019 年复地部分高管名录

姓名	职位
王基平	董事长

广州富力地产股份有限公司
（F　富力）

富力地产（HK02777）成立于 1994 年，总部位于广州，经过 20 余年高速发展，已成为以房地产开发为主营业务，同时在酒店发展、商业运营、文体旅游、互联网产贸、医养健康、物业服务、设计建造及创新服务平台等领域多元发展的综合性集团。2005 年在香港上市，成为首家纳入恒生中国企业指数的内地房地产企业。

2019 年，富力地产实现权益合约销售金额 1381.9 亿元，同比增长 5%。截至 2019 年上半年，富力集团拥有权益土地储备可售面积超 6100 万平方米，企业总资产达 4055 亿元，2018 年销售规模逾 1300 亿元，为超过 100 万人提供了高品质产品和服务。

从广州起步，富力的业务已拓展至北京、上海、天津、海南、太原等全国各核心城市及潜力地区，并自 2013 年走向世界，拉开了布局全球的序幕。

至今，已进驻国内外超过 140 个城市和地区，累计拥有超过 420 个标杆精品项目，连续 9 年被行业协会授予“中国房地产开发企业综合实力 10 强”“中国房地产开发企业 10 强”荣誉称号，综合实力持续位居国内房地产开发企业排名前列。

富力秉承“紧贴城市脉搏，构筑美好生活”的发展战略，用心创造美好和谐人居，致力成为国际领先的美好生活运营商。从选址、质量控制到项目周边配套、物业管理等过程上进行严格考虑，制定一套完整管理程序。通过对资源的整合，富力形成一条完整的产业链，能够做到每一个环节层层把关，确保旗下每一个项目都流畅稳定。

富力不遗余力地推进社会慈善公益事业，各类慈善捐款累计超过 4.9 亿元。

表 3-73　2019 年富力部分高管名录

姓名	职位
李思廉	董事长、执行董事
张　力	联席董事长、执行董事、行政总裁
吕　劲	执行董事、副总经理
周耀南	执行董事、副总裁
刘　臻	副总裁兼华南区总经理
赵　沨	副总经理兼海南富力房地产开发有限公司董事长
相立军	西北区域董事长
杨　晔	副总裁、华东区总经理兼上海富力房地产开发有限公司董事长
胡　杰	副总经理董事会秘书兼资本运营中心总经理
谢　威	副总裁、中南区域董事长
朱　玲	首席财务官
张　辉	副总裁、大北方区董事长兼富力（北京）地产开发有限公司董事长

沈阳富禹房屋开发有限公司
（F 富禹）

沈阳富禹房屋开发有限公司是一家集开发、建筑、物管于一体的企业。2004 年 05 月 21 日成立，经营范围包括房地产开发、商品房销售，等等。

表 3-74 2019 年富禹部分高管名录

姓名	职位
鲍晓龙	董事长
鲍大鹏	副董事长兼执行总裁

江苏富园集团有限公司
（F 富园）

江苏富园集团有限公司始建于 20 世纪 90 年代，注册资本 3.2 亿元，全国质量诚信 AAAA 级品牌企业，“江苏省房地产开发 50 强”企业，是一家集房地产开发销售、建筑安装、园林景观设计施工、物业管理、商业管理、农村小额贷款于一体多元化发展的集团公司。公司下辖宿迁市富园房地产开发有限公司（注册资本 1.1 亿元）、连云港市富园房地产开发有限公司（注册资本 3200 万元）、盐城市富园房地产开发有限公司（注册资本 8200 万元）、射阳县富园房地产开发有限公司（注册资本 800 万元）、江苏富园建设有限公司（国家建筑施工总承包一级资质，注册资本 1.5 亿元）、江苏富园园林景观工程有限公司（注册资本 1000 万元）、江苏富园物业管理有限公司（注册资本 500 万元）、泗洪县富园农村小额贷款有限公司（注册资本 2 亿元）、江苏富园设备安装有限公司（注册资本 1000 万元）、宿迁商业管理有限公司（注册资本 500 万元）10 个子公司。

公司在董事长兼总经理姜道志的带领下，秉承“团结、拼搏、务实、创新”的企业精神，奉行“以人为本，诚信立业”的经营理念，坚持“每天进一步，踏上成功路”的发展思路，以房地产开发为主业，以建筑安装施工为支撑，以园林景观工程、物业管理相配套，以农村小额贷款为补充，多业并举，综合发展，力创品牌，不断超越。目前，公司已累计投资约 150 亿元，开发建筑面积 500 多万平方米，综合产值约 180 亿元，缴纳税收约 10 亿元。

集团公司先后荣获“全国十佳文明施工单位”“全国质量安全管理优秀施工企业”“全国工程建设用户满意施工企业”“全国质量管理 100 强企业”“全国质量诚信 AAAA 级品牌企业”5 项国家级荣誉、“江苏省房地产开发 50 强企业”“江苏省房地产开发诚信企业”“江苏省建筑业企业安全生产单位”3 项省级荣誉称号，还荣获省优工程“扬子杯”5 项、“省文明工地”12 项、“市优工程”83 项、“市文明工地”98 项等奖项，连续多年被省、市、县评为“重合同守信用企业”。

表 3-75 2019 年富园部分高管名录

姓名	职位
姜道志	董事长兼总经理

港龙控股集团有限公司
（G 港龙）

港龙集团创建于 1995 年，是一家以商业地产投资、开发与运营为核心，融合金融、建筑、投资、贸易、咨询等跨行业、多元化于一体的全国综合性集团公司，综合实力位居“中国商业地产 10 强”之列。集团拥有港龙、恒龙两大开发运营体系，下辖 26 家投资开发企业、18 个配套公司，注册资本 26 亿元，总资产规模 200 亿元。

根据克而瑞机构统计，2019 年公司销售额达 299.4 亿元。

经过二十余年不懈努力与深厚沉淀，港龙集团已先后在苏州、昆山、无锡、杭州、温州、淮安、鞍山等数十座城市开发 30 余个商业项目，并成功打造“港龙城市综合体”“港龙专业市场”“港龙总部经济园”“港龙电子商务产业园”四大核心品牌，成为促进商业繁荣、引领城市未来的核心力量。

港龙集团以“务实、进取、守信、高效”的企业精神、精益求精的态度、专业的技术能力和勇于开拓的精神，不断追求卓越，持续改进与创新，为社会创造一个又一个品质优良的产品。港龙集团的每一段历程都凝聚着创业者的艰辛和智慧，得到了社会各界的广泛认可，公司荣获的“中国民营企业 500 强”“中国民营服务业 100 强”“中国商业地产综合实力 10 强”“全国百强商品市场”“中国优秀市场管理机构”等多项殊荣。

表 3-76　2019 年港龙部分高管名录

姓名	职位
陈小杰	董事长兼总经理
蔡侃祥	执行总裁

福州高佳房地产开发有限公司
（G　高佳）

福州高佳隶属于郭氏集团，创建于 1989 年，以房地产开发产业为主，集商业、住宅、酒店、能源、物业、贸易等多元化经营于一体的国际化综合性集团。秉承“人才为本、恪守诚信、超越自我、持续创新”的经营理念，始终以先进的建筑理念、高品质开发与运营打造城市新地标，引领城市新方向。

福州高佳已先后荣获“2019 年度中国房地产开发企业 100 强”“2019 年度中国房地产开发企业商业地产综合实力 50 强”“2019 年度中国房地产开发企业稳健经营 10 强”等荣誉称号。

集团制定“双轮驱动”的战略目标，以“把握机遇兼顾风险控制”为战略指导原则，开拓特色的发展模式。2019 年正值郭氏集团成立 30 周年，全集团以现代化大型综合性集团姿态向新时代迈进，聚焦城市发展、运用欧美地产运营多年经验和国际化团队资源，以“国际视野、品质筑家”的开发理念，领创高端住宅、酒店、顶级写字楼、商业地产、养生地产等诸多领域。在中国上海、陕西、福建、吉林等多地布局，历经数年努力，旗下高佳地产迅速跻身全国一线品牌之列。

表 3-77　2019 年高佳部分高管名录

姓名	职位
郭加迪	董事长

安徽高速地产集团有限公司
（G　高速地产）

高速地产集团成立于 2009 年 7 月，是安徽省交通控股集团有限公司旗下从事房地产开发经营的大型企业集团，是安徽省具有较高品牌影响力的省属国有房企，注册资本金 33.67 亿元，经营范围包括房地产开发经营、房地产销售代理、物业管理、资产管理、酒店管理、房地产咨询服务等。

高速地产集团资产总额逾 200 亿元，下辖 25 家全资子公司、2 家控股公司、1 家参股公司，其中项目公司 25 家，专业公司 3 家（物业公司、资产公司、酒店公司），已在上海、合肥、六安、巢湖、铜陵、滁州、池州、阜阳、亳州、黄山、芜湖、安庆等地开发建设高档住宅、写字楼、高星级酒店、高端商业、旅游度假、养老养生地产等多个高品质项目，总开发面积近 1000 万平方米，旗下的高速房产公司具备国家房地产开发企业一级资质、高速物业公司具备国家物业管理一级资质。

表 3-78　2019 年高速地产部分高管名录

姓名	职位
陶文胜	董事长

格力地产股份有限公司
（G　格力）

格力地产（SH600185）是一家集房地产业、口岸经济产业、海洋经济产业以及现代金融业、现代服务业于一体的集团化企业，2009 年 9 月上市，同时，受珠海市政府委托，负责港珠澳大桥珠澳口岸人工岛项目的建设和融资工作，打开全新发展空间，从多元角度筑造立体城市和理想生活。

在深耕珠海的同时，格力地产加快布局全国

重点区域的步伐，2012 年进军重庆，2014 年抢滩上海，逐步确定了拓围珠三角、长三角以及中西部等区域的重要支点。格力地产旗下拥有格力广场、格力海岸、平沙九号、上海前滩项目、上海泗泾项目、重庆两江项目等楼盘项目。

“潜心研究产品，狠抓工程质量”是格力地产在项目建设中最本质的追求。品质，是格力地产创建品质生活的首要工序。在房地产业的发展中，格力地产秉承“精工细作、标准严谨、控制有序、追求创新”的精神，打造了一批城市人居标杆工程，确立了格力地产在行业内“引领品质人居”的品牌优势，赢得市场的广泛认同。

格力地产先后荣获“詹天佑奖”“全国优秀示范小区”等行业最高荣誉以及“广东省最具社会责任感企业”称号以及“年度创新发展实践奖”“中国社会责任特别大奖”“2019 年中国年度诚信价值品牌”等多项殊荣。

表 3-79　2019 年格力部分高管名录

姓名	职位
鲁君驷	董事长
林　强	总裁
周琴琴	副总裁
苏锡雄	总经理
邹　超	董事会秘书、法务总监

沈阳格林豪森房地产开发有限公司（G　格林豪森）

沈阳格林豪森（Green House）房地产开发有限公司，是一家以房地产开发为主的专业性公司。公司秉承“务实、探索、创新、成功”的经营理念，坚持“开发一个工程、创一项优质、留一处信誉、树一座丰碑”的经营方针，在辽宁沈阳成功运作了“格林豪森”“格林梦夏”“格林自由成”“格林 SOHO”“格林生活坊”等项目，它们都以领先的概念、独具风格的户型设计、优美的环境、过硬的建筑质量和完善的物业管理得到各界赞誉。在不断发展壮大中，企业也逐步树立了“格林豪森地产，百年品质保证”的企业品牌形象。公司及项目多次获得国家、省市有关部门颁发的多个奖项，包括：“沈阳房地产开发企业信誉等级 AAA 级企业”“沈阳市商品房销售质量信得过单位”“全国城市物业管理示范住宅小区”“辽宁省优质样板工程”“中国大众住宅范例”，等等。

表 3-80　2019 年格林豪森部分高管名录

姓名	职位
陈广生	董事长

中国葛洲坝集团房地产开发有限公司（G　葛洲坝）

中国葛洲坝集团房地产开发有限公司（英文全称：China Gezhouba Group Real Estate Corportion），简称“中国葛洲坝地产”，是国务院国有资产监督管理委员会首批确定以房地产为主业的 16 家央企之一秉承“高价值地产引领者”的企业愿景，坚持给业主、股东、合作伙伴创造高价值，坚持为社会贡献高价值，实现企业发展与社会进步的共融共赢。

公司荣登由中国房地产 TOP10 研究组评选的“2020 中国房地产 100 强企业”，位列第 54 名；并荣获“2020 中国房地产百强之星”荣誉。

公司专业从事高端物业的开发与管理，产品形态包括精品住宅、城市综合体、旅游地产、高端写字楼等。立足于海内外投资开发运营的经验和优势，坚持创新驱动，首家成功研发“5G 科技”体系。“5G 科技”体系倾注国匠之心，集建筑、互联网、绿色科技等领域重大成果于一身，将中国房地产行业引向新的“绿色、健康、智慧”时代。

公司积极融入环渤海长江经济带、粤港澳大湾区等国家战略，重点布局国内一线城市及二线核心城市和具有较好发展潜力的三线城市，推进持续滚动发展。

公司先后蝉联“中国房地产公司品牌价值 10 强”“中国房地产 100 强企业”，荣获“中国品牌地产企业”“中国房地产诚信企业”“最具战略聚焦的实力央企”等荣誉；开发项目荣获“精瑞科学技术奖·绿色人居奖”“国家优质工程奖”“全国人居经典综合大奖”“最期待中国文化旅游商业新地标大奖”等荣誉。

经过不懈的努力，企业的高价值将引领与社会的高价值认同形成深度契合。

表 3-81　2019 年葛洲坝部分高管名录

姓名	职位
何金钢	董事长
周军华	董事
王　宁	董事
姚卫星	董事
贾向前	董事
陈　萍	董事
王　良	董事
张向华	监事会主席
张朝阳	专职监事
尹志鹏	专职监事
黄　铖	专职监事
赵　明	职工监事
王连宇	职工监事

冠城大通股份有限公司（G　冠城大通）

冠城大通股份有限公司是一家历史悠久、实力雄厚的综合性上市集团，股票代码 SH600067，公司主营业务为房地产开 发和特种漆包线制造与销售，并涉足金融和新能源领域。截至 2014 年 12 月 31 日，公司注册资本 11.9 亿元，总资产 198 亿元，全年实现营业收入 75.64 亿元，实现利润总额 12.32 亿元。房地产业务是公司的支柱产业。冠城大通的房地产业务经过 20 余年的淬炼，以北京、南京为主要发展区域，项目分布于北京、南京、福州、苏州、南通、桂林等经济较为发达、人口较为密集的地区，并逐步向全国拓展。年开复工面积超过 100 万平方米，并呈逐年递增的态势。

表 3-82　2019 年冠城大通部分高管名录

姓名	职位
韩孝煌	董事长

东莞市光大房地产开发有限公司（G　光大）

光大地产是广东光大企业集团下属核心子公司，成立于 2002 年 8 月，具有独立的法人资格，属国家一级房地产开发资质企业。公司总部设在东莞东城，是东莞市综合实力最强、发展规模最大的民营企业之一。

根据克而瑞机构统计，2019 年公司销售额达 75.2 亿元。

光大地产自成立以来，坚持以诚信为荣耀，以品质为生命，夯实百年基业，是一家重品质、负责任的现代企业。除深耕东莞之外，已走出珠三角，逐步迈向全国。土地储备总量逾万亩，相继开发了以“景湖系列”“天骄系列”“锦绣山河系列”“城市综合体系列”为主的 20 多个大型房地产项目，成功连片开发并建造了东莞市东城新城、东莞松山湖新城以及肇庆端州区龟顶新城。

光大地产致力于为业主提供了优质、舒适的人居环境，所开发产品得到社会各界的一致好评，获得国家、广东省、东莞市、住房和城乡建设部的高度赞誉。多项房地产项目的成功开发，使光大地产积累了丰富的市场经验，奠定了其在东莞房地产市场的龙头地位，在同行业中享有较高声誉，品牌影响力覆盖珠三角地区。多次蝉联“广东地产资信 20 强”，并获“年度中国房地产企业 500 强”等称号。

表 3-83　2019 年光大部分高管名录

姓名	职位
刘　展	董事长

武汉光谷联合股份有限公司（G　光谷联合）

武汉光谷联合股份公司总部位于武汉东湖高

新区。公司现下辖全资子公司15家，控股公司7家，员工4000人。公司坚持“产城一体”的规划理念、“产业集群”的发展理念和“产业运营”的服务理念，积极创新房地产发展形态，系统构建开发投资，设计建造、品牌招商、综合服务四种能力，以塑造城市性格，激发城市活力为目标，致力于“主题产业园”的开发和运营，围绕新兴产业发展和传统产业转型升级的城市课题开展规划、建设、招商和服务，打造完整的开发、运营价值链。

在武汉，已完成光谷软件园、光谷金融港、武汉研创中心、武汉创意天地、光谷生物城创新基地、医疗器械园、武汉未来科技城起步区、节能科技园等大型项目。此外，集团在青岛、沈阳、合肥、黄石、鄂州等地建有青岛光谷软件园、青岛研创中心、青岛海洋科技园、沈阳国际金融港、合肥金融港、光谷联合科技城（黄石）、光谷联合科技城（鄂州）等主题产业园，各类主题产业园项目超过20个，总开发面积超过1500万平方米，总投资超过200亿元，服务企业及各类技术创新机构逾1000家，实现园区年产值超过300亿元，实际新增就业60000人。光谷联合的所有主题产业园项目都成为所在地重点建设项目和城市名片，成为技术创新和产业发展的窗口。多位中央主要领导及多位外国政要都曾参观考察过这些项目。光谷联合服务的企业中有“世界500强”企业12家、国内知名企业（或机构）超过100家，客户资源雄厚，服务经验丰富。

表3-84 2019年光谷联合部分高管名录

姓名	职位
黄立平	董事长、总裁
胡　斌	执行总裁

光明房地产集团股份有限公司（G 光明）

光明地产（SZ600708）成立于1993年，是光明食品集团旗下支柱企业，上海市五星级诚信创建企业。成立以来，光明地产依循“立足精耕上海，深耕城市能级高、发展潜力大的城市，积极拓展符合企业特点的新模式、新业务、新市场，坚持多元化发展转型之路”的发展战略。公司开发足迹遍布江苏、江西、浙江、山东、安徽等十余省，累计开发各类住宅、商业办公面积6000多万平方米。拥有下属企业160多家，其中房地产产业链企业140多家，从业人员5000多人。

根据克而瑞机构统计，2019年公司销售额达273.3亿元。

推进业务创新升级，融合房产、投资、产业、金融、服务等综合属性，内部服务集团的项目建设，外部服务社会的发展态势，向社区居住、商业地产、物业物流服务为一体的系统运营商转型，建设绩优上市公司，成为城市新生活、新地标的开拓者，成为具有光明食品基因，以房地产为底板的综合性产业集团。阶段性重点实施“1+7+5+X”模式：1：房地产业务；7：殷实农场建设、历史名镇建设、租赁住宅建设、城中村建设、城市更新、保障房建设、冷链物流；5：打造协同发展五大平台底板：商业平台、物流平台、服务平台、建设平台、供应链平台；X：转型创新商业模式，培育新的经济增长点。

公司开发的房地产项目曾获得中国土木工程最高奖项——“詹天佑奖”；中国建筑工程最高奖——“鲁班奖”；上海市建筑工程最高奖——“白玉兰奖”。

表3-85 2019年光明部分高管名录

姓名	职位
沈宏泽	董事长、总裁
盛雪群	财务总监
李　艳	副总裁
何为群	副总裁
刘权平	副总裁
董文俊	副总裁
黄　峻	副总裁、运营副总监
袁小忠	总工程师

广汇置业服务有限公司
（G 广汇）

广汇置业作为广汇集团旗下的重要产业之一，1993年涉足房地产开发产业，2017年，在传统房产开发的基础上，整合物业、热力、销售、二手经纪等，并新设立智慧社区、商业运管、投资建设于一体的全国性、综合型大型置业服务集团公司。

截至2018年末，公司总资产359亿元，净资产153亿元，已在新疆、广西、四川、陕西、江苏、宁夏6省11市累计开发了150多个住宅小区和商业地产项目，累计开发建设房地产项目2575万平方米。

2019年，广汇置业荣获由中国房地产管理协会评选的“中国房地产开发优秀企业”，位列“2019中国房地产开发企业500强”第128位，较上年提升11个名次，三年累计提升92个名次；同时荣获“2019年中国房地产开发企业成长速度第6名”。

未来，广汇置业将秉持“房子是用来住的”的服务理念，积极响应城镇居民对美好生活的需求，以刚需和改善为主，坚持全链条开发、多业态服务，不断提供优质人居产品和宜居人性化环境，致力于成为全国一流的城镇居民全生命周期不动产运营商、优质生活服务商。

表3-86 2019年广汇部分高管名录

姓名	职位
蒙科良	董事长
倪卓斐	副董事长
郭 勇	总经理

广东广物房地产（集团）有限公司
（G 广物）

广东广物房地产（集团）有限公司，是国内领先的房地产开发及销售，房地产信息咨询；物业管理，房地产中介服务。广东广物房地产（集团）有限公司位于广东省广州市增城区，交通便利。

表3-87 2019年广物部分高管名录

姓名	职位
方启超	党委书记、董事长
梁谋有	副总裁
吴寿伟	总裁助理

广西中鼎世纪投资集团有限责任公司
（G 广西中鼎）

广西中鼎集团前身为成立于2010年8月17日的广西丽晶投资有限责任公司，总部注册在南宁，先后以商贸业、娱乐业、装饰装修业、酒店业、园林花木、金融业、房地产等产业逐渐发展壮大。2012年起确立了以房地产开发及传统商业及社区电子商务、星级酒店、商业贸易、互联网金融业、文化旅游、园林绿化为主的产业发展战略。

根据克而瑞机构统计，2019年公司地产销售额达71.3亿元。

中鼎集团在玉林投资三家酒店项目和十三个地产项目，项目包括中鼎·索菲特酒店、丽晶国际大酒店、锦源大酒店、中鼎·公园假日、中鼎·智慧森林城、中鼎·华景园、中鼎·绿城中心、皇庭世家、盛东国际、东方一品、中鼎·和鑫苑、中鼎·缤纷城、中鼎·公园学府、中鼎·万商汇等，总投资额累计已超过120亿元。

2019年，中鼎集团力压全国一线品牌房企南宁拿地，正式启动进军广西房地产的战略布局，并专注于“公园文化地产”的开发，九盘齐发，全面布局广西。位列广西房地产企业第4名、“广西房地产企业销售额50强”第14名，获得“2019年广西企业100强”称号。

表3-88 2019年广西中鼎部分高管名录

姓名	职位
吴永勤	董事长

天津广宇发展股份有限公司
（G 广宇发展）

广宇发展（SZ000537）前身为天津立达国际

商场股份有限公司，成立于1986年3月，1993年在深圳上市。控股股东为山东鲁能集团，占公司总股本的76.13%。公司主要从事房地产开发、商品房销售、物业管理以及对住宿酒店及餐饮酒店投资等业务。

根据克而瑞机构统计，2019年公司销售额达77.6亿元。

公司拥有丰富的房地产开发经验和稳定有创造力的项目开发团队，市场定位清晰明确。公司主要业务分布于北京、济南、南京、苏州、重庆、成都和宜宾等城市，着力从社区景观、配套服务等方面改善居住品质，从建筑质量方面提升产品美誉度，顺应各项目区域整体规划，不断提升市场形象和项目品质，为社会提供更加优质的住宅产品，拥有全生命周期覆盖的星城、领秀城、鲁能城、鲁能泰山7号、鲁能公馆等产品系列，并已渐成规模和体系，所开发项目大部分位于当地区域核心地段，具有绿色生态、人气汇集、教育配套等综合价值。

公司进一步专注于房地产开发行业，重视战略管理，逐步形成以专业化、标准化和规范化为主要特征的开发管理模式，同时，公司积极响应国家号召，在保障性住房及PPP模式方面开展相应探索和研究。

表3-89 2019年广宇发展部分高管名录

姓名	职位
周悦刚	董事长
王晓成	总经理

广宇集团股份有限公司
(G 广宇集团)

广宇集团股份有限公司（股票代码：002133）成立于1984年，是一家具有一级房地产开发资质的房地产企业。公司于2007年4月27日在深圳证券交易所上市，是全国首家在国内A股IPO上市的民营房地产企业。在30年深耕房地产开发的过程中，先后荣获“中国房地产100强企业”“中国房地产企业纳税50强”“中国房地产诚信企业”等多项荣誉。

广宇集团秉承“求实、开拓、创新”的宗旨，建立了以杭州为中心，二、三线城市为重点的开发局面；在产品定位及设计理念方面，以开发高性价比的中小户型普通住宅为主导产品，保留一定比例的高端住宅产品，不断加强设计研发实力，将积累的高端产品的设计理念和经验优势引入到普通住宅的户型设计中，全面提高产品品质量；在企业文化及人才战略方面，致力于成为学者型、研究型和实践型相结合的地产公司，通过人才培养，有力支持公司的异地扩张，实现管理模式和盈利模式的快速复制。

30年来，广宇集团成功开发包括元华公寓、元华广场、吴山鸣翠苑、河滨公寓、广复大厦、绍兴康郡高尔夫别墅、西城年华、西城美墅、上东城在内的等近二十个项目；在建包括东承府、鼎悦府、武林外滩、锦润公寓、锦绣桃源、舟山锦澜公寓、安徽黄山江南新城、广东肇庆星湖名郡在内的近十个项目。

表3-90 2019年广宇集团部分高管名录

姓名	职位
王轶磊	董事长

广源房地产开发集团有限公司
(G 广源)

广源集团有限公司总部设于广西首府南宁，集团旗下拥有广西中泰商贸有限公司、广西中恒伟业商贸有限公司、广西中恒泰富商贸有限公司、广西中恒源鹏商贸有限公司、广西中恒汇润商贸有限公司、桂林市广源房地产开发有限公司、桂林市恒润物业服务有限公司、桂林市润泰装饰工程有限公司、桂林市恒鹏纸业有限公司、桂林市恒润广告有限公司等十家控股子公司。广源集团一贯秉承“服务城市建设，提高居民生活品质”的开发理念，以“品质生活缔造者”为己任，专注于中高端住宅物业的开发，不断提升产品质量，为客户提供了高水准的舒适生活，传播精致生活理念。同时，以高瞻远瞩的战略高度规划未来，不断拓展国际贸易、能源、金融、服务等产业，力争2020年成为一家国际知名、实力雄厚、跨行业经营、具有品牌力影响和可持续发展的特大型企业集团。

表 3-91　2019 年广源部分高管名录

姓名	职位
高忠鹏	董事长
覃小帆	营销总监

浙江国都房产集团有限公司（G　国都）

浙江国都房产集团有限公司是国都控股旗下的核心企业，创建于 1997 年。国都房产连续 10 年被评为“信用 AAA 级企业”，2003 年当选“（杭州）城市运营商”，2004 年当选“城市运营商五”，2005 年至今连续 14 年被评为“浙江省住宅产业领军企业”。

国都在杭州房地产界素以“创新进取、精益求精”而闻名，国都是最早把高层住宅和板式高层住宅引入杭州的房地产企业之一，并在杭州首先推出了单人个性化空间（SOLO）户型。国都是杭州“高档住宅精装修化”浪潮的首创者和实施者，所开发的凤起都市花园是当时浙江省规模的精装修楼盘。2003 年 7 月，枫华府（原计量学院地块）以 10.55 亿元的总价被国都房产摘得，成为浙江省首个地价款超过 10 亿元的房地产开发项目，其首创两层高露台的建筑形式成为杭州市住宅创新的典范和消费者关注的焦点。

现已成功开发和正在开发的项目有：杭州市中心楼盘“国都公寓”、紧邻西湖文化广场的“国都·发展大厦”，市中心的花园式住宅“凤起·都市花园”、位于杭州风景区“云栖竹径”南面、滨江大道梅岭路入口东头的“云栖蝶谷别墅”“西湖·阳明谷度假村”、市中心文教区的“枫华府”。

从 2006 年开始国都集团实施走出去战略，分别在三亚、海口、长沙、芜湖、南京、昆明等地开发项目面积累计可达 300 万平方米左右。轰动全国的三亚凤凰岛项目的开发建设取得了巨大的成功，并获得了多项和全国酒店式度假公寓建设项目等荣誉十多项。

国都集团向来坚持稳健的步伐、雄厚的资金实力、超前的理念设计规划、超精良的建设装修，在做成大项目的同时，做好每一个精品大项目，履行对品质的追求！

表 3-92　2019 年国都部分高管名录

姓名	职位
柴慧京	董事长

国购投资有限公司（G　国购）

国购集团成立于 1993 年，经过二十多年的发展，现已成为以健康医疗、智能制造、产业地产、现代农业四大产业板块为主体，拥有 40 多家子公司的综合性、国际化企业集团。2018 年，集团位列“中国房地产开发企业 69 强”“中国民营企业 243 强”“企业联合信用评级 AA”。

健康医疗产业中，集团致力于以精准医疗、康复为核心，打造医养结合为特色的多层次、多维度的大健康产业；将医疗服务机构的小综合大专科、心血管、骨科康复等特色专科确定为发展方向。智能制造产业涵盖服务机器人、工业机器人等新兴高新技术产业，机器人研发生产技术已领先全国，并已形成研、产、销为一体的完整产业链。产业地产业涉及住宅地产、商业广场、现代服务业集聚区、产业园等业态，特别是现代服务业集聚区规模较大，具有产业链、服务链自主延伸的功能。2016 年，集团控股上市公司复合肥企业司尔特（代码：002538），涉足现代农业领域。在继续稳健发展上述产业的同时，集团通过加速实施资本化运作、资产化管理、专业化经营、国际化布局，进一步加快并深化产业的转型升级。

国购集团坚持“创新、和谐”的核心价值观，倡导“诚信、阳光”的企业精神，秉承“生动你的生活”为使命，以满足及引领社会大众的现代生活方式为企业发展目标，开拓创新、奋力前行。

表 3-93 2019 年国购部分高管名录

姓名	职位
袁启宏	国购集团董事长

浙江国鸿新瑞房地产集团有限公司
（G 国鸿新瑞）

国鸿新瑞创立于温州，是一家主营住宅物业开发并涉足商办产城、建筑施工、金融投资、建筑设计、园林景观及物业服务等多领域的结合性房地产集团。

根据克而瑞机构统计，2019 年公司销售额达 101.2 亿元。

集团成立至今，投资项目遍及全国 5 省 30 余城共计 80 余个，其中自操盘项目累计总货值超 400 亿元，累计服务家庭超 10 万家。旗下开发的龙港智造新城、龙港中央城、龙港锦悦府、灵溪柏悦府、国鸿大发清水湾、温州 1 号等多个项目不仅成为当地的明星项目，亦成为国鸿新瑞“品质”的代言。

立足长远发展，国鸿新瑞聚集地产主业，已形在“深耕浙江，立足华东，面向全国”的大战略布局，筑京了诸多城市荣耀与传奇。国鸿新瑞坚持多元化发展，以实现持续、稳定的增长为目标，以提升产品品质和服务质量为内核，为进军地产百强企业而不断砥砺前行。

表 3-94 2019 年国鸿新瑞部分高管名录

姓名	职位
李柏瑞	董事长

北京国华置业有限公司
（G 国华）

北京国华置业有限公司是一家具有国家房地产开发一级资质的大型地产商，是国内最高端建筑综合体品牌——华贸中心的开发商。持有华贸 SKP、北京丽思卡尔顿酒店、北京 JW 万豪酒店、北京华贸写字楼、北京华贸购物中心、北京华贸天地商业街、惠州华贸天地购物中心、惠州华贸大厦等优质物业。

由于坚持主流地产的理念，缔造精品工程，勇于承担社会责任，国华置业的公信力和社会美誉度逐日提升，先后获得来自政府部门、主流媒体、社会机构颁发的 200 余项荣誉，成为高端商业地产的领军企业，公司董事长房超担任中国房地产业协会商业专业委员会主任委员。公司连续 10 年蝉联“北京地产资信 20 强”称号。2007 年至 2010 年，荣获中国房地产业协会颁发的“中国房地产诚信企业”。

北京国华置业立足北京总部，布局环渤海、长三角、珠三角重点城市，正在实施集团化发展战略，已全部建成并投入运营的北京华贸中心，可提供超过 4 万个就业岗位，每年可提供数十亿元利税税源，有力推动和促进了区域经济发展；正在开发建设的项目有北京华贸城、惠州华贸中心、上海华贸东滩花园和北戴河华贸蔚蓝海岸等，致力于“设计生活方式，缔造传世精品”。

表 3-95 2019 年国华部分高管名录

姓名	职位
房 超	董事长
刘 军	总经理

国贸地产集团有限公司
（G 国贸）

国贸地产成立于 1987 年，作为厦门国贸（SH 600755）的核心产业之一，致力于高品质住宅、城市综合体、旅游地产等多元化开发建设，秉承“建筑从心开始”的理念，把对城市的责任融入厦门城市发展脉络之中，经过多年的开拓与创新，从“城市的建筑者”跨越发展为“城市的思考者”，见证了中国最宜居城市厦门的成长与变迁。

根据克而瑞机构统计，2019 年公司销售额达 154.5 亿元。

2007 年开始，国贸地产集团先后走进上海、杭州、宁波、南京、合肥、芜湖、南昌、福州、龙岩、漳州等城市，不断深化以福建区域、长三角区域为主导，辐射长江经济带、中西部、粤港澳大湾区的全国化战略布局；在建及储备项目达数百万平方米，形成多条明星产品线，为客户提供优质住宅、城市综合体、高品质商业街区、高端写字楼等多元化精品，不断引领、推进区域运营与城市发展，成长为“中国房地产百强企业”和“中国值得尊敬的房地产品牌企业”。

未来，国贸地产在国贸控股“世界500强”的雄厚实力及多元化经营背景下，通过融合、跨界、联动，以特有资源及宏观视角，迭代运营规划，聚焦“特色产业”和“特色文旅”，双核驱动，打造精品人居、产业集群、城市更新、休闲文旅、物业管理、长租公寓、大健康产业等多元生态链条。

表3-96　2019年国贸部分高管名录

姓名	职位
高少镛	董事长、总裁
吴韵璇	常务副总裁、财务总监
熊之舟	副总裁、国贸地产总经理
吴江榕	副总裁
朱大昕	副总裁
王象红	副总裁

国锐地产有限公司
（G　国锐）

北京国锐企业管理集团有限公司，简称“国锐集团”，是专业从事房地产投资、开发、经营及其相关产业的集团公司。业务覆盖国内外、多板块、多城市、多领域。凭借国际化的视野及理念，以高效的管理手段，在短时间内迅速发展壮大，现已成为专业化、产业化、规模化、品牌化的大型综合企业。国锐集团开发的总建筑面积超过400万平方米，总投资规模超过300亿元。其中包括自有资金、自持物业以及正在开发的土地和项目等。快速增长的业绩及规范化的企业结构使公司赢得投资者及合作方的广泛认可。

国锐集团自成立以来，致力于不断创造卓越的产品品质，联袂众多世界优秀合作单位打造智能化生活服务产品。凭借领先的行业水准创造了多个影响和带动区域发展的精品项目。在多年的经营中，不断完善发展战略，优化资产结构，立足城市的发展，逐步成长为行业内专业突出、专注精品的佼佼者。

表3-97　2019年国锐部分高管名录

姓名	职位
李　畅	董事长兼总经理

国瑞置业有限公司
（G　国瑞）

国瑞置业（HK 02329）成立于1994年，2014年在香港上市，起步于广东汕头，壮大于北京，阔步于全国的大型房地产开发商和运营商。拥有房地产开发国家一级资质、物业管理国家一级资质。国瑞置业专注于开发大型城市综合体及精品住宅，并长期持有部分优质商业物业，住宅类物业包括中高层公寓、多层花园洋房、联排住宅、独栋住宅及四合院；商业物业包括购物中心、写字楼、酒店及SOHO公寓、商铺、专业市场等。

根据克而瑞机构统计，2019年公司销售额达239.1亿元。

国瑞置业成功打造“国瑞城”系列口碑项目，奠定了布局全国的优势地位，实现在全国20个经济高速发展城市，拥有逾50个不同开发阶段的房地产项目，已形成以京津冀、珠三角、长三角及长江经济带为中心，辐射全国主要经济增长区域的战略布局。国瑞置业不断完善在住宅产品线精细化布局，覆盖高端住宅、刚需及首改住宅，不断提升市场竞争力及盈利能力。投资物业方面建立了稳固的投资物业组合，并选择性地保留大部分自主开发且具有战略价值的优质商业物业，公司持有北京国瑞购物中心、北京哈德门广场、佛山升平商业中心、汕头国瑞建材博览中心、深圳南山项目等一系列优质物业，获得了持续稳定的租金收入。

国瑞置业凭借良好的业绩表现和优秀的综合实力，斩获“中国房地产在港上市企业10强”奖项，位列“2019年度中国房地产企业100强”。

表 3-98 2019 年国瑞部分高管名录

姓名	职位
张章笋	董事局主席、总裁
阮文娟	执行董事、副总裁
张 瑾	执行董事、副总裁
林耀泉	执行董事、副总裁
李 斌	执行董事、副总裁
董雪儿	执行董事、财务总监
葛伟光	副总裁
戴 杰	副总裁
郝振河	副总裁
林建飞	副总裁
孙晓东	副总裁

长春国信投资集团有限公司（G 国信）

长春国信投资集团有限公司创立于 1998 年，是在改革开放和东北振兴的大潮中，按照现代企业制度、顺应中国特色社会主义市场经济发展需要而成长起来的吉林省民营企业集团。国信集团秉持“办企为公”的企业大义，采用“共有民营”的企业体制，以“利他”为企业核心价值观，持续“投资健康产业，创造幸福生活”。经过 20 年的健康发展，国信集团集地产、健康、农业、酒店旅游、公用事业、资本六大产业板块于一体，建立起了多元化、复合型的新型城镇建设、运营与生活服务的成熟模式与产业生态，形成了全价值链生活服务、新型城镇建设运营、新农村建设与乡村振兴三大核心能力。面向未来，国信集团以“创中国服务品牌”为目标，以“为员工创造幸福，为客户创造价值，为社会做出贡献”为目的，旨在让人们的生活更美好。

国信地产作为集团发展的重要根基，布局全国，现已成为最具品牌影响力的地产服务商，拥有开发公司十余家，累计开发住宅及商业项目 20 余个，开发面积超 500 万平方米，服务业主超 6 万人，位列“中国房地产 500 强”名录第 264 位。国信地产率先于 2014 年开创并实施墅级精装战略，积极整合塑钢、铁艺、房屋装饰装修，整体家居定制等服务领域，致力于以全价值链服务体系，为客户提供舒适、便捷、安全的高品质居住生活服务，所有开发项目均已实现全精装（或全成品）精工交付，国信地产各服务板块均在行业处于领先地位，面向未来，国信地产以“创中国服务品牌”为目标，做“受人尊重的美好生活服务商”。

表 3-99 2019 年国信部分高管名录

姓名	职位
王 岩	创始人、董事长
杨 冬	营销总监

青岛海尔产城创集团有限公司（H 海尔）

海尔产城创隶属于海尔集团，成立于 2002 年，前身为海尔地产。2019 年，公司战略升级为海尔产城创集团有限公司。全维度覆盖工业地产、住宅地产、商业地产、文化地产、养生地产，遍布中国智能家居体验店亲触零缺陷服务，逾百家物流基地，构建配送零库存终端一公里。

根据克而瑞机构统计，2019 年公司销售额达 179.7 亿元。

海尔产城创集团作为海尔集团旗下五大创新版块之一，通过打造“产业聚集生态圈”“智慧生活生态圈”“双创资源生态圈”，为解锁城市产业升级、消费升级和城市发展提供新经验、新启发，打造物联网时代生态品牌，以“全生态圈发展”助力青岛“现代活力时尚之城”建设，以打硬仗攻山头之磅礴力量参与大青岛国际化大都市建设的攻坚战。

2019 年，海尔产城创集团响应青岛市高质量发展之全新目标，承接海尔集团物联网时代转型，进行品质焕新，发布“产城创生态圈”战略，集合海尔集团工业互联网平台及自身的产业链资源优势，引入 COSMOPlat、大顺逛、U+、日日顺等强大的产业平台支撑力量，通过“以产兴城，以城促产，产城融合”，在智慧园区、特色小镇、物联商业和康养产业等领域硕果累累。

以产业升级、消费升级和创业升级持续助推城市升级，实现同用户、城市的融合发展与和谐共赢。2019 年，公司荣获“2019 中国房地产开发企业 500 强”，位列第 87 位。同时，还荣获“2019 中国房地产开发企业创新能力 10 强”等荣誉。

表 3-100　2019 年海尔部分高管名录

姓名	职位
盛中华	董事长
赵风存	总经理
金志伟	副总裁

海航地产控股（集团）有限公司（H　海航）

海航基础设施投资集团股份有限公司（SH600515），原名为“第一投资招商股份有限公司”，1993 年 5 月成立，2002 年 8 月在上交所上市，是海航集团旗下专注于临空产业基础设施投资建设运营的大型企业集团，致力于成为中国领先的临空产业综合服务商。业务范围包括：临空产业园开发、机场管理、工程建设、物业管理、免税业务等。

海航基础充分发挥海南建设自贸区（港）体制机制优势，拥有海口大英山 CBD、南海明珠生态岛、武汉临空产业园、宜昌临空产业园等重点项目逾百个，同时拓展天津东丽临空产业园、成都双流航空基地等项目，积极构建促进区域经济发展的临空特色产品体系；海航基础拥有专业资质 16 项，实现 EPC 业务在全国 20 余个城市落地，累计管理 EPC 项目 70 余个。管理包含海口美兰机场、北京航空基地在内的物业项目 150 余个，管理面积近 2000 万平方米，拥有 20 年空港物业管理经验，形成以空港物业为核心的特色物业管理品牌；海航基础参股海口美兰机场免税店、海南海航中免免税品有限公司。此外，还涉足自主经营的酒店业务，由上市公司委派团队负责酒店日常的经营和管理。

海航基础获得“海南省企业 100 强”“中国品牌影响力 100 强”以及“中国品牌影响力十大社会责任典范”等荣誉称号，海航地产获评“中国蓝筹地产杰出影响力地产品牌企业”。

表 3-101　2019 年海航部分高管名录

姓名	职位
鲁晓明	董事长
陈德辉	总裁
杨惟尧	副总裁

海蓝控股有限公司（H　海蓝控股）

海蓝控股有限公司是一家房地产发展商，主要专注于在海南省开发住宅物业，发展项目主要包括高层公寓、中高层公寓、低层公寓、多层公寓及相关配套设施等。根据戴德梁行报告，以 2014 年及 2015 年的销售额计算，海蓝控股有限公司是三亚排名第 10 位的房地产发展商，公司的发展项目拥有总地盘面积 1173199. 9 平方米及总建筑面积约 160 万平方米的土地使用权。

海蓝控股通过健全的公司治理结构，规范的运行机制与业务流程，秉持专业的精神和敬业的作风，认真履行一个企业公民的社会责任，赢得市场的肯定。公司力求通过创新，追求更高的价值。

海蓝控股乐于营造互利合作、共享成果的环境，与股东共赢，共享收获；与合作伙伴共赢，共同成长；与客户共赢，共同实现理想；与员工共赢，共同提升价值，不断提高生活品质。

海蓝控股致力于打造富有远见、超越自我、卓越不凡的团队。

在海蓝控股有限公司所开发的房产项目中，凤凰水城南岸荣获“2011 年中国最美楼盘”，三亚凤凰水韵获得“三亚市 2014 年度优秀房地产企业”“2014 年海南城市新地标”“2014 年海南最具性价比楼盘”“2015 年三亚最具人气楼盘”等多项品牌荣誉。

表 3-102 2019 年海蓝控股部分高管名录

姓名	职位
杨 敏	创始人
周 莉	行政总裁

海亮地产控股集团有限公司 (H 海亮)

海亮地产隶属于“世界500强企业”海亮集团，2003年初正式进入房地产行业，总部设于上海。截至 2015 年底，海亮地产拥有总资产398.44亿元，在上海、重庆、浙江、江苏、安徽、四川、江西、山东、河南、陕西、内蒙古、甘肃、青海、宁夏、西藏等十多个省市自治区，拥有70余个项目。同时，公司逐步实施国际化战略，成功布局澳大利亚等海外市场。

海亮地产始终坚持“居住改变生活，创造地产精品，服务社会大众”的开发理念，其产品线以品质住宅为主，涵盖城市综合体、写字楼、星级酒店、专业市场等。不断加深全国化布局，通过以客户为导向的产品及服务创新，凭借高周转及成本领先、高品质为核心目标的全面精细化管理，打造具有海亮地产自身特色的生意模式，追求有质量的稳健增长。

凭借雄厚的开发实力及持续增长的经营业绩，海亮地产荣登“2019 年度中国房地产 500强”榜单，同时获评为“2019 年度中国房地产业综合实力 100 强”企业。

表 3-103 2019 年海亮部分高管名录

姓名	职位
冯海良	海亮集团董事局主席
周迪永	董事长
周巧利	董事
胡世华	董事

海伦堡中国控股有限公司 (H 海伦堡)

海伦堡成立于 1998 年，是一家不断发展的中国房地产开发商，坚持全国布局、区域深耕发展战略，主要开发住宅物业，以及少量商业物业和创意科技园。

根据克而瑞机构统计，2019 年公司销售额达532.5 亿元，成功布局珠三角、长三角、京津冀、华西和华北 5 大核心城市群 33 座城市，开发 31个房地产项目，服务 25 余万业主。

在新的时代背景和“成为中国领先的房地产开发商”愿景下，海伦堡在首创健康+居住体系的基础之上，打造全新的居住体系——“健康+2.0”，重新定义健康智慧美好生活，给客户创造更加符合人居理想的作品，让践行美好的初心与改善人居环境更好地相融，更为地产行业带来价值的再创新。

海伦堡专注于住宅物业的开发与销售。根据公司的业务策略，现已扩张至开发商物业及创意科技园，以增加收入来源的广度及稳定性。海伦堡开发商业物业供出售或持有作长期投资及资本增值目的。商业物业主要包括购物商场、办公单位及住宅物业附带的零售单位。此外，海伦堡还根据地方政府的开发规划在城郊设计、开发及经营综合创意科技园。

凭借强劲的竞争力，海伦堡荣获“2019 年度中国房地产开发企业品牌价值50强”，企业品牌价值高达 78 亿元，荣膺“年度价值城市运营商”“中国地产金砖奖——2019 年度品质地产综合企业”。海伦堡商业集团荣获“2019 年度购物中心——优秀管理公司奖”。

表 3-104 2019 年海伦堡部分高管名录

姓名	职位
黄炽恒	创始人、董事长
叶 峻	控股集团常务副总裁
代晓辉	地产集团常务副总裁
林德祥	地产集团副总裁
王建平	金控集团总裁
李 江	华东区域总裁
严惠雄	深圳区域总裁
罗志平	产业集团总经理

海盟（中国）投资控股集团股份有限公司（H 海盟）

海盟中国由湖南海盟投资有限公司重组而来，公司前身永州海盟投资有限公司成立于1999年3月17日，2009年3月重组更名为湖南海盟投资有限公司，旗下全资及参股公司十余家，总注册资本超6亿元。公司具有房地产开发国家二级资质，主营业务由“大建设、大健康”两个板块组成，“大建设”是指城市基础设施投资建设及房地产开发管理，“大健康”是指综合医院和专科医院投资运营。

公司现有员工和高级管理人员463人，内设运营管理中心、工程管理中心、财务管理中心、营销管理中心、成本管理中心、招采中心、投资拓展中心、资金中心、客户关系中心、综合管理中心等十大部门，对项目公司进行规范管理和专业支持，具备跨区域、多项目同时开发管理运营能力。公司具备国家二级综合医院投资运营资质，并以每年80%的复合增长率稳步扩张。

公司成立以来获得社会各界好评，为湖南省首批向消费者承诺销售放心房发起单位之一、湖南省农行系统AA级信用等级单位，获得“湖南省十大行业私营企业500强企业”、湖南省房地产协会“诚信单位”，连续多年被评为重合同守信用单位和纳税先进单位。2019年，荣膺“中国房地产开发企业200强”第158位以及“2019年度中国房地产开发企业成长速度10强”第7位。

表3-105 2019年海盟部分高管名录

姓名	职位
翟岗巍	董事长、总裁
倪华芬	常务副总裁

厦门海投房地产有限公司（H 海投）

厦门海投房地产有限公司成立于1997年11月，系厦门海沧投资集团有限公司下属子公司，国有一级房地产资质开发企业，中国城市房地产开发商策略联盟成员。

海投房产自成立以来，即以城市运营商的姿态，秉承“上善，不争，厚天下”的企业文化理念，积极参与海沧新城的规划和建设，1997年成立之初，即为海沧台商投资区配套建设了第一批住宅项目。同时，在经营中坚持以专业化、规模经营的策略在激烈的市场竞争中稳健发展，按公司规划逐步实现三年一跨越的发展目标，力争打造厦门市房地产龙头企业。

2008年，海投房产顺应海沧区委区政府提出的“国企整合”要求，统合了“海投房产”“海投物业”两大公司品牌和“未来海岸系”“绿苑”两大项目品牌，成为厦门第一大房地产企业，大大提升了公司土地储备量，为公司健康持续发展奠定良好基础。

海投房产良好的开发品质为企业赢得公众口碑，使企业享有较高的知名度及美誉度。从1999年起海投房产连续被评为“福建省利税300强”和“海沧区纳税大户”；2000年起连续被评为省、市级“重合同守信用企业”；2001年起连续被厦门市金融咨询评信公司评为银行资信AAA信用等级企业；2003年被建行评为全国首批建行总行级重点客户、2005年被评为中国建设银行总行全国24家房地产“守信与稳健”企业之一、2006年被中国农业银行评为总行“优质客户”。同时，还多次获评“福建第三产业300强”“福建房地产业100强”“厦门市服务业100强”和“中国房地产开发企业500强”等荣誉称号，其中2009年获评“福建省房地产企业100强”首位。2011年被中国房地产研究会、中国房地产业协会、中国房地产测评中心评为“2011中国房地产开发企业100强”“2011中国房地产开发企业区域运营十强”。

表3-106 2019年海投部分高管名录

姓名	职位
苏勇民	董事长、党委书记
张昌基	执行董事兼总经理

海信房地产股份有限公司（H 海信）

海信地产成立于1995年6月，一直致力于中高端住宅产品的开发和建设，已建成110余个精品项目，拥有逾18万名优秀业主，年开发量达500万平方米，业务遍及青岛、济南、烟台、威海、潍坊、东营等省内城市，并转战南京、深圳、扬州等国内一线热点城市房地产开发市场，形成一套具有自身特色的高端产品开发及运营模式。

根据克而瑞机构统计，2019年公司销售额达79.1亿元。

在高端住宅开发的基础上，海信地产还成功开发了高级百货商场、旅游度假项目及高端商业地产，这标志着海信地产正在由单纯的住宅开发企业向综合性高端物业开发运营企业的方向稳步迈进。

海信地产自成立之初就在城市改造建设中扮演着重要角色，先后参与旧城旧村改造、烂尾楼整治、安居保障工程建设等工作，改善城市面貌，提升城市形象，促进社会和谐发展。

海信地产在绿色低碳建筑领域作出了积极的探索和实践，成熟应用太阳能、中水利用、水源热泵、地源热泵等多种节能技术，尤其是污水源热泵技术在麦岛金岸的应用，成为国内采用污水源热泵系统的绿色节能住宅社区。未来，海信地产将在麦岛C区建设三星绿色建筑，在青岛依云小镇建设“海水源+污水源”热泵项目。

2019年，海信地产以国际化产品标准为参照走出国门，全面开启“创新及国际化战略阶段”，并勇于探索互联网和新技术方面的应用，以海信集团为依托全面推进“智慧社区”的实施和落地，以绿色建筑、智能化、清洁能源等技术为核心，打造互联网时代企业新的竞争力。

表3-107 2019年海信部分高管名录

姓名	职位
刘 浩	董事长
王 惠	总经理

广西瀚德集团有限公司
（H 瀚德）

广西瀚德集团有限公司成立于广西南宁，是一家以专业房地产建设为主导，城市基础设施建设、矿产资源开发、旅游产业投资等为辅的综合型投资公司。经过数年经营，公司培养出一支完全市场化的精英团队，具有敏锐的市场运营经验和成熟完善的房地产操盘能力。地产项目开发形成了集市场运营、项目设计、施工建设、产品销售、物业管理一体化的综合型管理运营体系，为公司后续项目开发提供了强有力的保障。集团公司拥有总资产93亿元，净资产60亿元，员工近千人，下辖19个子公司，涉足多个投资领域。

表3-108 2019年瀚德部分高管名录

姓名	职位
鄢仁云	董事长
汪忠文	总经理

杭州市房地产开发集团有限公司
（H 杭房）

杭州市房地产开发集团有限公司前身创建于1976年，是杭州市乃至浙江省最早成立的房地产综合开发公司之一，具有国家城市综合开发一级资质和特级信用企业，是省、市文明单位，市创建和谐劳动关系先进企业，中国房地产诚信企业。

集团公司自2005年转企改制以来，始终秉承“以房产承载价值，以房产促进文明”为企业使命，以“成为具有卓越品牌的专业房地产开发公司”为战略目标，坚持以人为本、科学发展、和谐创业，以雄厚的技术力量、优异的工程质量、良好的售后服务和强烈的社会责任感赢得了社会的赞誉。截至2017年底，共开发建成住宅、办公、商业等各类房屋600余万平方米，先后夺得9个省“钱江杯”、23个市“西湖杯”优质工程。

表3-109 2019年杭房部分高管名录

姓名	职位
刘 强	党委书记、董事长

长春豪邦房地产开发集团有限公司
（H　豪邦）

长春豪邦房地产开发集团有限公司（简称“豪邦集团”），创建于1999年。扎根春城20年，形成了集“房地产开发、建筑施工、塑钢门窗、物业服务”为一体的全过程运作系统和高效的多业态综合开发能力，产品覆盖普通住宅、写字楼、公寓、花园洋房、别墅等多种业态。拥有一支150人的高素质房地产开发经营专业团队，同时拥有一批技术过硬、信誉至上的施工建设技术人才。

豪邦专注春城地产20年，先后开发建设了豪邦·新月花园、四季台北、四季风采、蓝调倾城、四季经典、缇香公馆、四季中央7个花园式小区，总体开发量已经超过100万平方米。豪邦地产在售项目有“四季经典·青青家园组团”和“豪邦·四季中央”项目；其中，青青家园已全面售罄，四季经典城市电梯洋房即将以全新的面貌上市，同时，四季中央公寓产品已全城公开发售，正在热销中。

豪邦集团已发展成为以房地产开发为龙头，业务涵盖建筑、销售、建材、监理、物业管理等相关配套产业，同时涉猎医药、餐饮等多个领域的综合性大型民营企业，固定资产超1亿元。长春豪邦房地产开发集团有限公司位列“中国房地产500强”第374位。

表3-110　2019年豪邦部分高管名录

姓名	职位
舒邦凯	董事长
舒红君	总经理

郑州浩创房地产开发有限公司
（H　浩创）

浩创集团2002年创建于郑州，18年来秉承“诚信为本，创新为魂”的核心价值观，现已发展成为集房地产开发（住宅地产、文旅地产、商业地产）、建筑、装饰、园林、农业、康养、酒店、医疗、物业等为一体的多元化综合性产业集团。

2019年，浩创集团销售面积172.99万平方米，销售额128.35亿元，“深耕中原，布局全国”战略初露峥嵘。重点布局河南、广东、云南、四川、湖南、湖北、海南、福建等20个省市，储备土地近10万亩，形成全国战略格局，迅速成长为中国房企新锐品牌，先后荣获“2019年度中国中部房地产公司品牌价值10强”“2019年度中国值得尊敬的地产品牌企业”。

成立18年来，浩创集团积极实施精品战略，精准化客户定位，先后打造50个精品项目，“梧桐系”“郡系”“优系”等经典产品闪耀中原，为30万业主提供成熟的品质住宅，累计开发面积突破1000万平方米。2013年至2019年，浩创集团年平均增长率50%以上。

2019年1月，浩创集团“武汉会议”将战略目标进一步推进：2020年销售额500亿元；2021年销售额800亿元；2022年浩创集团成立20周年，实现销售额1000亿元，冲刺“全国房企30强”。

表3-111　2019年浩创部分高管名录

姓名	职位
刘建新	董事长
申艳霞	集团副总裁、河南区域总裁
何永泉	集团副总裁
王　广	集团副总裁
王　成	融资中心总经理

合肥城建发展股份有限公司
（H　合肥城建）

合肥城建发展股份有限公司是安徽省第一家房地产上市公司，是最早具有国家一级开发资质和AAA级信用评价等级的房地产企业。2008年1月在深交所成功上市，成为安徽省首家房地产上市企业（股票代码002208）。目前股本51216万股，合肥兴泰控股集团有限公司持股57.9%。公司内设10个部门，下设6个全资子公司（合肥城建蚌埠置业有限公司、合肥城建广德置业有限公司、宣城新天地置业有限公司、合肥城建琥珀置业有限公司、安徽琥珀物业服务有限公司、合肥琥珀扬子资产管理有限公司)、3个控股子公司(合肥城建巢湖置业有限公司、合肥城建东庐置业有限公司、三亚丰乐实业有限公司)、3个分公司(肥东分公司、肥西分公司、蜀山分公司)。

公司成立三十多年来，专注于住宅地产、商业地产及写字楼的开发建设，项目辐射安徽合肥、巢湖、肥东、蚌埠、宣城、广德、海南三亚等地。公司开发的产品曾荣获住建部颁发的“鲁班奖”“广厦奖”“国家康居住宅示范工程”等多项国家级殊荣，位列“中国房地产上市公司综合实力100强”“中国房地产开发企业200强”“中国房地产开发企业运营效率10强”和“首届中国责任地产100强企业”。

合肥城建旗下“琥珀”品牌已在全省绽放，合肥城建也将以更加优质的服务、更加优良的质量朝着全国百强房企的目标锐意拼搏，用品牌赢得市场，凭实力铸造长青基业，为合肥市打造“大湖名城创新高地”及安徽经济社会发展贡献力量!

表3-112 2019年合肥城建部分高管名录

姓名	职位
王晓毅	董事长、党委书记

合景泰富集团控股有限公司
(H 合景泰富)

合景泰富(HK01813)成立于1995年，于2007年在香港上市，现已成为受到广泛认可的国内领先城市综合运营商。

根据克而瑞机构统计，2019年公司销售额达861.1亿元，位列“中国地产50强”。

截至2019年6月30日，合景泰富集团企业总资产达至约2021亿元，共计权益建筑总面积约1772万平方米。

集团秉持“以心筑家·创建未来”的核心理念，在深度发展地产板块的同时，商业、产城、教育、酒店、长租公寓、文旅、大健康等板块与后服务端体系协同发展，面向全体业主和客户提供衣食住行全方位的一站式智慧服务，打造城市生活闭环。

凭借日益增长的品牌实力，合景泰富集团屡获殊荣，被评为“中国民营企业500强”“中国房地产开发企业综合发展10强”“中国大陆在港上市房地产公司综合实力10强”“2019中国物业服务百强服务质量领先企业”“亚洲地区最佳设计项目”“中国新锐酒店品牌”“中国长租公寓品牌创新品牌大奖”“中国慈善榜——慈善榜样”以及“中国房地产公司品牌价值20强”，品牌价值215.7亿元，并获得“中国地产金砖奖”——“年度地产综合实力大奖”。

表3-113 2019年合景泰富部分高管名录

姓名	职位
孔健岷	董事会主席
孔健涛	行政总裁
孔健楠	执行副总裁
蔡风佳	首席执行官
陈杰平	副总经理、营销策划中心总经理
陈广川	副总裁
林凯苹	商业物业管理部总经理
欧　坚	广西区域总经理
许卫国	华南片区总经理、商业地产事业部总经理
金艳龙	华北片区总经理、江苏区域总经理
杨　欢	营销管理中心总经理

香港合能投资有限公司
(H 合能)

合能集团1992年创建于香港，发展于全国，是一家专注地产开发、商业运营、物业服务三大领域的集团化多元发展企业。公司以成都为集团总部核心，管理经营辐射西安、重庆、长沙、宁波、深圳、佛山等核心城市，计划开拓武汉、郑州、昆明、南宁等一、二线城市，旗下部署深圳市合能房地产开发有限公司、成都合能房地产有限公司、西安合能房地产有限公司、成都合能物业管理有限公司、成都盛佳商业经营管理有限公司等10余家分公司。

合能立足城市运营的战略高度，挖掘城市价

值，致力于通过多元的产品与服务，实现客户的居住价值。专业的房地产开发运营团队，为合能的发展注入了强劲的动力，在大时代发展前景下，合能集团本着“高效运营，积极拓展”的原则，最大程度优化团队配置，并根据不同产品的目标客户群建立产品标准化，以精细化的开发模式满足不同置业需求。

2017年，合能将自身企业定位迭代升级为“城市生活梦想家”，在巩固住宅开发和物业服务固有优势的基础上，关照居住的全生命周期及家庭成长的解决方案，搭建更细分的产品形态与更进阶的物业产品，奠定企业可持续发展的良好基础。

作为城市最具影响力的责任房企，合能不只关注产品的质量与品质，在为客户提供完美居住体验的同时，积极参与社会公益活动，践行责任地产的品牌使命，荣膺“2019年度中国房地产住宅开发专业领先品牌价值10强”以及“榜样2019年度最受关注地产品牌奖”。

表3-114　2019年合能部分高管名录

姓名	职位
侯永桥	董事长、总裁

合生创展集团有限公司
（H　合生）

合生创展（HK00754）成立于1992年，1998年在香港上市，现已成为涵盖住宅、商业、酒店、产业投资、物业管理和旅游度假等泛地产行业的大型综合性企业。

根据克而瑞机构统计，2019年公司销售额达204.4亿元。集团以高品质、高规格、高定位的精品风范，在全国成功开发近百个项目，累计开发面积超3000万平方米，深得百万业主的信赖，成就合生品牌辉煌。集团拥有近万名员工，地产板块2000余人，物业集团约5000人，酒店集团约2000人，已成为中国综合实力领先的房地产发展企业之一。

集团实施全国化战略布局，依靠丰富的土地资源储备，以北京、上海、广州三大城市为轴心，积极向二、三线城市拓展，构筑“环渤海”“长三角”“珠三角”三大经济圈为一体的事业版图。深耕14座全国主流城市，逐步发展成为布局全国、多业态纵深发展的旗舰企业。

集团始终秉承“优质生活，完美体现”的品牌理念，将国际级居住理念引入中国，以提升城市生活方式与人居品质为己任，用心构筑优质的产品、服务和配套运营，为业主营造全场景生活体验，致力成为完美生活的缔造者。

2019年，为合生创展UP品牌升级年，公司将保持创新精神，开拓进取，旨在成为以房地产开发为主体，向泛地产、教育、保险、矿业、公路、商业等行业不断延伸的战略性企业。通过创新城市运营模式、多元化业态优化发展的战略定位，最终成长为跨区域、跨行业、国际化的世界级企业。

表3-115　2019年合生部分高管名录

姓名	职位
朱孟依	董事会主席
席荣贵	行政总裁
朱桔榕	董事会副主席、常务副总裁
谢宝鑫	财务总监
鲍文格	副总裁、商业投资事业部总经理

深圳市合正房地产集团有限公司
（H　合正）

成立于1996年的深圳市合正房地产集团有限公司，是一家立足中国华南、布局全球，以“建筑城市，创享未来”为使命，以区域地产运营为己任的大型集团公司。历经20载的磨砺与积淀，逐渐发展成以房地产开发为主，商业运营、金融服务、高端医疗、高端酒店及旅游、国际教育、投资移民、物业服务等多产业发展的格局。

连续10年蝉联“中国房地产100强”的合正集团，拥有良好的跨区域、跨行业的经营能力和完善的资本结构体系。合正中国旗下拥有30余家全资控股企业，地产业务遍布深圳、东莞、惠州、烟台、三亚、延吉等多个城市，并形成城市综合体、城市豪宅、城市精品、滨海度假等四大产品线。

在总部深圳，合正2004年开始涉足旧城改造项目的开发运作，至今已成功改造开发合正星园、合正锦湖逸园、合正汇一城、合正荣悦、合正观澜汇、合正丹郡等多个大型城市更新项目，累计完成城市更新逾100万平方米，积累了丰富的城市更新开发经验。此外，集团在龙华、宝安、龙岗、盐田、大鹏等区域储备了大量城市更新项目，未来将给城市更多改变。

2013年，合正集团确立了“国际化+多元化”的发展战略，已在美国洛杉矶成功收购了洛杉矶机场喜来登酒店、洛杉矶市中心LUXE酒店，并投资建设圣盖博喜来登酒店及合正洛杉矶中心综合体项目，以洛杉矶为中心，积极发展海外房地产开发+投资移民、主题乐园+酒店投资与运营、高端医疗+养老服务、国际教育等业务板块。

表3-116　2019年合正部分高管名录

姓名	职位
袁富儿	董事长
汪志兵	副总裁

和昌地产集团有限公司
（H　和昌）

和昌集团创建于2003年，总部位于深圳，是一家集房地产开发、资产运营、资本金融服务和物业服务等于一体的综合性房地产企业。

根据克而瑞机构统计，2019年公司销售额达197.8亿元。

和昌2019年发布年度品牌主张“至诚不息，心无界”，这是对“和社区”建设全面落地的呼应，更是对2019年集团经营管理主题的品牌赋能。2019年，集团总部正式迁址深圳，和昌由此正式迈入大湾区时代的序幕。

和昌集团坚持“稳健增长，同心同创”的经营理念，近些年在城市布局、产业发展、业绩成长、产品打造、服务提升、品牌影响力等方面均实现了新的突破，连续4年跻身中国房地产协会颁发的“中国房地产开发企业100强”名列和“中国房地产开发企业运营效率10强”、“2019年中国房地产开发企业100强”第80名，连续3年荣获“中国房地产开发企业品牌价值100强”，2019年位列第45名，“中国房企综合实力200强”第67名。

表3-117　2019年和昌部分高管名录

姓名	职位
武　磊	董事长
杜　超	总裁
马　进	副总裁
刘选智	副总裁

杭州和达房地产开发有限公司
（H　和达）

杭州和达房地产开发有限公司成立于1992年，注册资本5亿元，位于浙江省杭州市，是一家国有独资企业。公司所属的杭州经济技术开发区资产经营集团有限公司是和达“HEDA”品牌的持有人，隶属于杭州经济技术开发区管委会。和达房产公司凭着一个城市建设者的热忱、勤奋、敬业、诚信之心，秉承“和而不同，达济天下”的核心价值观；以“追求认真，追求精致，同道共识，方谓同仁”为人才理念；以培养优秀的员工为企业运作的首要目标；走集团化发展道路，紧搭开发区时代发展脉搏。

自成立以来，公司已累计开发的项目包括：金沙湖畔、地铁一号线旁滨水墅式宅邸——和达·御观邸项目；C-MALL嘉年华式的商业中心与多层地铁江景公寓结合的小型综合体——和达·东东城项目；以杭州首席物流信息交易大厦为核心的综合项目——和达·自由港；东杭州首家LEED认证甲级写字楼——IBC项目，成功引进杭州首家希尔顿酒店和世界第二大服务式公寓品牌“莎玛”；集shopping mall、精细化住宅与一站式精装酒店式公寓于一体的地铁上盖纯熟综合体——和达城项目；打造金沙湖畔高度超过100米的一线湖景生态型写字楼及精品酒店——万晶湖畔中心项目等。公司业务涉及商业、精品住宅、地铁上盖综合体、五星级酒店、高端写字楼等多种项目形态。

目前，和达房产公司正在努力实现新一轮跨越式发展，在开发区管委会“三次创业”号角的指引下，在资产经营集团以及和达投资集团的工作领导下，以“做精城市，做优产业，做强资产”为发展愿景，立足当下，巩固核心业务优势，创新发展拓宽业务，为推动开发区实现“三次创业”、打造“双城建设”贡献力量。

表 3-118　2019 年和达部分高管名录

姓名	职位
朱　强	董事长兼总经理

北京和裕房地产开发有限公司
（H　和裕）

北京和裕房地产开发有限公司（简称“和裕地产”）成立于 1999 年，公司始终坚持高端品质战略，持续关注品牌建设，现已成为集高端地产开发、装修装饰、物业经营、商业运营为一体，具有国家一级开发资质的大型房地产企业，公司土地储备和年销售额均在北京名列前茅，产品品质全国最强。

和裕地产以“品质生活，悉心为你”为宗旨，秉持“务实、高效、责任、和谐”的核心价值观，立足北京，为追求高品质生活的业主提供舒适空间。公司倡导用心做事、用心服务，倡导精益求精，超越客户期望，整合优势资源打造核心竞争力，不断为客户提供高附加值的产品和服务。

公司坚持市场化运营模式，开发建设的项目在北京房地产市场上，以超越客户期望的高品质赢得了很高的知名度与美誉度。林肯公园为代表的多个精品项目，凭借极高的产品品质以及五星级的物业管理水平赢得了业界及客户的认同和高度赞誉。

和裕地产以对品质孜孜不倦地追求和高度的责任心、使命感，为更好地满足客户需求和超越客户期望，不断提高经营管理水平，持续提升核心竞争力，致力于打造成为全国综合实力最强的房地产开发企业！

表 3-119　2019 年和裕部分高管名录

姓名	职位
孙绍先	董事长兼总经理

河南置地房地产集团
（H　河南置地）

河南省置地房地产集团有限公司是正华置地旗下专注房地产开发、具有国家一级开发资质的大型集团公司，先后开发 50 个楼盘项目，面积累计达 1000 万平方米，服务业主 50000 户共 25 万人；先后获得“河南省房地产开发优秀企业”“2019 年河南省民营企业 50 强”“全国房地产企业 500 强”等荣誉奖项。

表 3-120　2019 年河南置地部分高管名录

姓名	职位
李万顺	董事长

恒大地产集团有限公司
（H　恒大）

中国恒大（HK03333）是以民生地产为基础，以文化旅游、健康养生为两翼，以新能源汽车为龙头的“世界 500 强”企业集团。总资产 2.1 万亿元，年销售规模超 6000 亿元，累计纳税超 2400 亿元、慈善捐款超 148 亿元，员工 14 万人，每年解决就业 260 多万人。

2019 年公司合约销售金额为 6010.6 亿元，公司正式完成多元化产业布局，世界 500 强排名位列第 138 位。

恒大地产在中国 280 多个城市拥有 810 多个项目，与全球 860 多家知名企业战略合作，实施精品战略，打造高品质、高性价比产品，开创行业“全精装修交楼”和“无理由退房”先河，让 600 多万业主实现宜居梦想。

恒大新能源汽车秉持“核心技术必须世界领先、产品品质必须世界一流”的发展定位，构建覆盖新能源汽车全产业链。未来 3—5 年，力争成为世界规模最大、实力最强的新能源汽车集团，助力中国从“汽车大国”迈向“汽车强国”。

恒大旅游全方位构建文化旅游综合体版图，着重打造填补世界空白的两大拳头产品“恒大童世界”和“恒大水世界”。

恒大健康践行“健康中国”战略，着重打造填补中国空白的养生养老拳头产品“恒大养生谷”，是国内规模最大、档次最高、世界一流的全方位全龄化养生养老胜地。目前，已布局“恒大养生谷”21个，未来3年将布局50个以上并陆续开业。

表3-121 2019年恒大部分高管名录

姓名	职位
许家印	董事局主席
夏海钧	董事局副主席、行政总裁
蒋大龙	董事局副主席兼恒大新能源汽车集团董事长
李 钢	董事局副主席、常务副总裁
王 川	常务副总裁、恒大未来产业集团总经理
潘大荣	首席财务官
何妙玲	副总裁，负责营销及品牌推广
洪昌龙	副总裁、监察中心总经理
孟立林	副总裁、物业管理中心总经理
甄立涛	恒大地产集团总裁
肖 恩	恒大新能源汽车集团总裁
段胜利	恒大旅游集团董事长
时守明	恒大健康集团董事长
刘永灼	恒大新能源科技集团董事长
彭建军	恒大动力科技集团董事长
梁伟康	恒大地产集团常务副总裁

恒盛地产控股有限公司
（H 恒盛）

恒盛地产（HK00845）成立于1996年，是中国经济高增长地区领先的房地产发展商，专注于在上海地区、长三角地区、环渤海地区和东北地区主要经济城市之黄金地段发展大型优质房地产项目。集团在北京、天津、上海、无锡、苏州、南京、南通、合肥、嘉兴、哈尔滨、长春、沈阳及大连13个城市，共有31个发展项目。

凭借“天地之间，创造经典”的开发理念及丰富的产品组合开发模式，恒盛地产坚持走多元化、专业化、品牌化发展道路，不仅打造出众多经典优质项目，更以卓越的高品质服务全面升华客户价值。专属恒盛地产高端业主的恒盛荟高端私人俱乐部，以周到细致的物业服务，充分展现企业“以人为本”的服务理念，引领恒盛地产的高端业主们，尽享高品质生活。

多年来，凭借“建一栋建筑，留一道风景”的创业态度，恒盛地产已成为一家在中国高增长潜力城市发展众多高品质物业的优质房地产发展商，获得“中国杰出房地产商”“2019年度中国房地产上市公司100强”等多项殊荣。

表3-122 2019年恒盛部分高管名录

姓名	职位
丁向阳	董事会主席、行政总裁
夏景华	副总裁、首席财务官
严志荣	副总裁

上海恒实投资集团有限公司
（H 恒实投资）

上海恒实投资集团有限公司成立于2002年，主营房地产、环保、物流地产等领域，打造了“上海泰晤士小镇”等一批社区，投资建设了几十项污水处理工程，与全球知名物流地产运营商合作，打造了普洛斯新津国际物流园区。

2012年以来，集团进行战略转型，确立了以养老产业、环保能源、金融投资为主体的三大战略布局，成长为一家集养老地产开发、养老服务、环保能源、金融投资为一体的跨行业、跨区域的大型多元化集团公司，控股或参股企业已达数十家，产品与服务横跨华东、华北、西南、西北等地区。

集团的养老产业分为重资产和轻资产两大方向。重资产方向是投资开发大型养老社区，轻资产方向是投资与运营高端连锁养老机构。

在环保能源领域，恒实集团在中国西部以BOT、TOT、EPC模式投资建设了多个城市污水治理环保项目，并逐步形成了以设备研发与生产、工程建设与运营管理为一体的完整产业链，从事污水处理委托运营、PPP投资、EPC总承包业务、污泥处理处置项目、合同能源管理EMC业务、德国/欧洲环保、能源技术引进和推广等业务。

在金融投资领域，恒实集团联合国内金融机构，打造国内大健康（养老）产业基金，专注于大型养老社区与综合养老机构的投资、开发和运营；恒实金融服务公司主要是开展创新金融服务，如互联网金融与养老金融；在投资领域，参与复新基金等一批PE基金的投资，先后投资了国泰君安、玉树三江源药业、天楹股份、坦博尔服饰等项目。

表3-123 2019年恒实投资部分高管名录

姓名	职位
聂建明	董事长

恒泰集团
（H 恒泰）

恒泰集团创建于1992年，总部位于上海，是地产、云商产业城、房车特色小镇、物业、金融、教育多板块协同发展的大型民营企业集团，先后获得“中国房地产开发企业100强”“成长速度10强”“品牌价值成长性10强”“住宅开发专业领先品牌价值10强”，拥有房地产开发一级资质，企业评级获AA级，为安徽省房地产商会会长单位、徽商银行十大股东之一。

根据克而瑞机构统计，2019年公司销售额达125.9亿元。

恒泰集团实力版图遍及全国，成功布局长三角、粤港澳大湾区、京津冀三大沿海城市群以及中西部重点省会城市，形成9大区域、30城、40个项目的全国版图。

恒泰立足于城市更新改善民生，致力于成为房地产创新引领者，向社会提供优质的产品和服务，为大众创造高品质的美好生活。以精艺匠心呵护人居理想，全方位打造品质地产，建筑老百姓买得起的好房子，成就普通人的精致生活。坚持把绿水青山和“金山银山”理念贯穿到房地产开发中去，努力建筑更环保、更宜居、更美丽的好房子。

2019年，获评“中国房地产开发企业100强”及“中国房地产开发企业成长速度10强”企业。

表3-124 2019年恒泰部分高管名录

姓名	职位
程　宏	董事长
周成辉	总裁

福建恒亿集团
（H 恒亿）

恒亿集团创立于1958年，前身为龙岩西陂建筑营造厂，1978年更名为龙岩市西陂建筑公司，1996年企业改制为龙岩市西陂建筑工程有限公司。2003年12月，以建筑公司为基础，以房地产开发公司为龙头，按现代企业制度联合组建成立了“福建恒亿建设集团”。2009年3月，经国家工商行政管理总局核准，正式冠名为“恒亿集团”（无行业、地域限制）。企业现有员工5682人，注册资本为22688.8万元，总资产35亿元。

恒亿集团历经半个世纪，已经发展成为拥有恒亿集团有限公司、华创投资（香港）有限公司、厦门恒亿矿业科技有限公司、恒亿置业（厦门）有限公司、龙夏置业（厦门）有限公司、龙岩市龙兴建设开发有限公司和龙岩市龙材贸易有限公司等10家全资企业；Alpha Force Marine Executive World（法国·巴黎）、山东泰安恒亿房地产开发有限公司、福建天媛影视文化有限公司和福建凯业投资发展有限公司等5家控股或主要占股企业；厦门龙圆投资有限公司、龙岩房商投资有限公司、四川泸州安达港口有限公司和泸州宏图航运有限公司等8家参股企业。集团业务已拓展至北京、上海、广东、浙江、江西、四川、云南和河南等二十几个省市，在这些省市设立了分公司和办事处。集团还在香港及巴黎设有分公司，积极开拓海外市场，进入国际化发展轨道。

表 3-125 2019 年恒亿部分高管名录

姓名	职位
郭建平	董事长
黄　芸	总经理

弘阳地产集团有限公司
(H 弘阳)

弘阳集团创立于 1996 年，是一家以实业为本的综合类产业集团，主营业务涵盖商业运营、地产开发、物业服务等行业和领域，旗下弘阳地产（HK01996）2018 年在香港主板上市。

根据克而瑞机构统计，2019 年公司销售额达 653.7 亿元，集团拥有 6000 名员工，签约上万家中小微商户，带动超 10 万人就业，并服务 50 余万名业主，年客流量超亿人次。

弘阳地产拥有国家房地产一级开发资质，坚持做透大江苏，深耕长三角，布局都市圈，已进入全国近 30 个大中城市，累计开发面积近 2000 万平方米。秉承“不完美，不止步”的产品理念，弘阳地产形成了正弘系、昕悦系、时光系三大主力产品线。

弘阳商业是以购物中心、家居建材、主题游乐、社区商业、星级酒店等多元化经营的著名商业品牌，国内首创全时态游乐综合体。基于最佳客户体验、商业价值提升与标准化产品拓展，弘阳商业依托弘阳集团优势资源，构建了两大主力产品线，实现了全国战略布局，致力于提供线上线下全业态、全时态的消费体验，累计持有超 400 万平方米商业管理面积，年销售额超 100 亿元，年客流量超 2000 万人次。

弘生活物业是弘阳集团旗下集物业服务、资产运营、社区服务为一体的综合型、科技型物业服务集团，拥有国家一级资质，累计管理总建筑面积超 1800 万平方米。

2019 年，弘阳集团当选中国地产金砖奖“2019 年度城市服务商”，弘阳地产位列“中国房地产开发企业综合实力 49 强”“发展潜力 6 强”弘阳商业位列“2019 年度中国商业地产 100 强企业”第 14 名。

表 3-126 2019 年弘阳部分高管名录

姓名	职位
曾焕沙	董事会主席
蒋达强	总裁
张　良	执行总裁
何　捷	行政总裁
袁　春	联席总裁
雷伟彬	副总裁

无锡红豆置业有限公司
(H 红豆置业)

无锡红豆置业有限公司 2002 年 4 月 3 日成立于无锡市，法人代表为戴敏君。经营范围包括按一级标准从事房地产开发经营（凭有效的资质证书经营）、装饰装潢服务（不含资质）、自有房屋的租赁。无锡红豆置业有限公司对外投资 5 家公司，拥有 2 处分支机构。

红豆置业是红豆集团实现由资产经营迈向资本经营的战略转型而组建的专业房地产开发企业，是红豆集团四大支柱产业之一。红豆置业依托红豆集团企业知名度和“红豆”品牌美誉度，以“立足沪宁线，放眼长三角”的战略布局，全力打造承载社会进步和文明进化的优质物业。

表 3-127 2019 年红豆置业部分高管名录

姓名	职位
周海江	党委书记、董事局主席、CEO
周耀庭	副董事长

红星地产
(H 红星)

红星地产成立于 2009 年，主营业务范围涵盖商业运营管理、不动产开发，是综合性地产开发特色房企，致力于做地产开发领域里的中国品质地产人。

根据克而瑞机构统计，2019 年公司销售额达 601.1 亿元，跻身中国房地产百强之列，成为行业综合性地产开发商。

红星地产深耕城市，深入区域，凭借优选地块立体化发展，从立足上海到布局全国，已在天津、重庆、苏州、太原、金华、青岛等全国53座城市落子，累积项目百余个。

在商业运营方面，红星倾力打造的“爱琴海购物公园”占据主力城市新兴商圈，创启体验式商业时代。已布局北京、上海、天津、重庆等60余个城市，囊括3000多家品牌资源，打造创新品牌集合，实现消费体验升级。

红星地产秉承了红星美凯龙30余年的品牌精华，致力于为每一座中国城市带来更为美好的高品质生活，并持续创新商业模式，通过创新引擎、精细化运营与整合营销来实现合作伙伴的价值目标，站在城市运营的高度，专注于全国主要城市综合体开发与运营，做品质地产商。

2019年，红星地产位列“中国房地产100强企业”第37位及“房地产100强企业运营效率10强”，并连续7年蝉联“中国商业地产100强企业”第2名。

表3-128　2019年红星部分高管名录

姓名	职位
车建新	董事长
陈志杰	副总裁
张华容	爱琴海CEO兼总裁

沈阳宏发房屋开发有限公司
(H　宏发)

沈阳宏发房屋开发有限公司地处安定和谐的辽宁省省会沈阳市，这里与周边城市交通便利，区位优势明显。宏发公司主要提供房屋开发及销售等相关产品与服务，严格进行质量管理，及时引进先进设备及加强管理，加大投入，立足本地，着眼未来，稳步发展，不断迈向全国，致力于为公众提供可靠、深受信赖的产品和服务。

表3-129　2019年宏发部分高管名录

续表

姓名	职位
孙国财	董事长
孙经龙	总经理

贵州宏立城集团
(H　宏立城)

始创于1998年的贵州宏立城房地产开发有限公司，2006年正式组建贵州宏立城集团。经过二十余年的开拓进取，已发展为涵盖综合地产开发、商业运营、物业管理、智慧城市、教育医疗等领域的多元化集团公司。

宏立城集团开发首个项目山水黔城，规模达223万平方米，在2003年中国住交会上获“中国名盘50强”，服务业主1.25万户3.5万人，成为贵阳高端别墅小区的标杆；2010年，宏立城集团总投资1000亿元，开发了大型城市综合体花果园，项目总开发面积10平方公里，总建筑面积1830万平方米；2012年，宏立城集团成为贵州首家跻身“全国民营500强”的企业；2016年，集团全面启动从房地产开发商向城市运营商的战略转型，打造了涵盖贵阳国际贸易中心（双子塔）、海豚广场等新型商业综合体，成功运营近300万方的商业（含社区商业），近400万平方米的地下停车场；2019年，宏立城集团获“贵州房地产慈善公益企业”殊荣；2019年5月，中国城镇建设发展中心、广东时代传媒共同主办的“2019中国地产时代奥斯卡”榜单中，宏立城集团获得“智慧城市运营商”称号；2019年10月，在美国拉斯维加斯举办的第34届伦敦国际品牌奖评审活动中，主办方授予宏立城集团“2019年度最佳城市运营奖”。

表3-130　2019年宏立城部分高管名录

姓名	职位
肖春红	创始人、董事长、总裁
周振宇	副总裁

东莞宏远工业区股份有限公司
（H 宏远）

东莞宏远工业区股份有限公司（股票代码：000573）成立于1992年，1994年8月在深圳证券交易所挂牌上市，是东莞市第一家上市公司，属下有全资子公司广东宏远集团房地产开发有限公司、东莞市宏远水电工程有限公司及控股公司威宁县结里煤焦有限公司、威宁县煤炭沟煤矿，是一家以房地产开发为主营业务，同时经营煤炭开采与销售、工业区开发及水电工程建设的上市公司。

工业区开发是公司进行的最早业务，随着日本TDK集团属下的新科电子厂、美国史丹夫集团属下的添迪制品厂等一批国际加工企业相继落户宏远工业区，宣告了宏远的创业成功。公司董事会根据国家宏观环境的变化及公司自身发展的不同阶段，依托成功的工业区业务，将宏远工业区与宏远房地产相互配合，不断调整发展战略，使宏远房地产获得持续稳定的发展，先后成功开发了宏远花园、金丰花园、活力康城、江南世家、江南雅筑、江南第一城等多个楼盘。宏远房地产是东莞市首家通过ISO9001：2000国际质量管理认证的房地产企业，并先后获得“东莞市园林式单位”“广东省住宅小区体育示范单位”“东莞市交通安全文明社区”“东莞市无毒小区”“广东省绿色住区”“广东省物业管理示范小区”“东莞市文明社区”等荣誉称号，2002年、2003年连续两年被评为“房地产综合开发先进企业”。

宏远房地产已形成了一个集学校、商务、医院、治安、文化娱乐设施、交通等功能齐全、设施完善的宏远大社区，使宏远房地产在东莞本地形成了独特的竞争优势，宏远房地产也成为东莞市最知名的房地产品牌之一。另外，随着国家对资源行业特别是煤炭行业整合力度的加大，公司在保持主营房地产稳定发展的同时，开始涉足煤炭行业，2009年收购了贵州威宁县结里煤焦有限公司60%股权，2010年收购了威宁县煤炭沟煤矿70%股权，公司将继续结合自身实际情况把握有利时机，紧跟国家相关政策，立足做好已收购的煤矿，巩固发展这项新的利润增长点。

表3-131 2019年宏远部分高管名录

姓名	职位
周明轩	董事长
钟振强	总经理

鸿坤集团
（H 鸿坤）

鸿坤集团2002年创立于北京，多年来坚持以绿色生态为底板，以幸福城市为载体，以创新驱动为内核，以美好产业为抓手，进行城市综合开发运营，目前已发展成为一家拥有鸿坤资本、鸿坤产业、鸿坤文旅和鸿坤地产四大业务板块的复合型控股集团，业务范围涵盖金融投资、地产开发、产业、商业、健康医疗、体育、文化艺术、旅游等领域。

面对时代发展的机遇和挑战，鸿坤集团坚持并深入推进资本、产业、文旅和地产“四轮驱动”的发展模式，以“创新+资源”为驱动，以全产业链服务为支撑，通过资本管理、产业开发及运营、地产开发及运营、价值服务四大核心业务的优化组合与良性互动，使多元化业务板块在独立运营、专业发展的基础上实现产业协同、生态发展，不断赋予城市新的价值，构建可持续化发展的智慧生活新场景。

一直以来，鸿坤始终秉持“善建价值，善见未来”的品牌理念，不断探索如何让城市更具生活的美感与活力，在完善城市配套和生活服务配套的同时，积极为公益生态贡献力量，为人们构建友好、分享、友爱的城市精神和共同家园，致力于实现“让人们住得开心，让城市充满活力”的企业使命。

表3-132 2019年鸿坤部分高管名录

姓名	职位
赵 彬	董事长
朱 灿	执行董事

续表

姓名	职位
赵伟豪	总裁助理、战略投资部总经理
欧立志	总裁助理、运营管理部总经理

鸿荣源房地产开发有限公司
（H　鸿荣源）

鸿荣源创建于1991年，历经近30载的稳健发展，成长为以房地产开发、商业运营、产业发展、金融科技四大版块为核心，多元化经营的大型综合性企业集团。拥有中国房地产开发企业一级资质以及中国物业服务企业一级资质。

在房地产开发领域，鸿荣源在深累计开发项目面积逾1000万平方米，服务家庭逾4万户。在商业运营领域，鸿荣源以自营商业及品牌管理输出双线并举，已形成壹方城、壹方天地、壹方汇、壹方里四大商业品牌线，致力于成为具有国际竞争力的商业增值服务商。

在产业发展领域，历经十余载发展，鸿荣源已运营产业园面积超170万平方米，未来着力打造以4大重点项目为核心的6大园区，整体产业空间体量将达600万平方米，成为中国产业升级的创新力量。

在金融科技领域，以股权投资为核心的博汇源投资和基于区块链技术的链融科技，助力中国企业的发展和壮大，建设契合我国现代化经济体系的新金融生态。

在城市更新领域，鸿荣源立足区域综合开发，以大城运营、产城融合的战略，深耕深莞区域，布局多个中心项目。

鸿荣源秉承对社会负责的诚信态度，主动承担社会责任，推动城市发展。连续多年荣获“中国房地产开发企业百强”“中国民营企业纳税百强”“中国物业服务百强企业”“中国特色产业新城运营优秀企业”“中国商业地产优秀运营商”“广东省民营企业10强”“深圳市知名品牌”等称号。

表3-133　2019年鸿荣源部分高管名录

姓名	职位
赖海民	董事长
赖俊霖	总裁

鸿通集团
（H　鸿通）

鸿通集团成立于2011年，是一家快速成长的大型综合性房地产开发企业及美好品质生活综合服务商。集团业务涉及房地产开发、建筑施工、园林建设施工、物业管理、销售服务等五大板块。总部坐落于成都高新区，在南充、内江、泸州、乐山、眉山等地已打造27个精品项目。现有员工1500余人。

2019年，集团围绕创品牌、立发展、建管控、提升员工幸福感四项战略，在运营流程、组织结构、规章制度、管理控制、信息体系建设等方面进行系列改革，实现企业管理升级。“立足四川，放眼全国”，集团以新时代、大格局的卓越视野，坚持“客户满意，员工幸福，政府欢迎，同行认同”的企业初心，品质筑城，致力于提高城市建设品位和优化人居环境，打造人居舒适最高标准的家园。

集团先后荣获“最具影响力房地产开发企业”“消费者满意的讲诚信负责任示范单位”“中国百强房企”“四川房地产开发企业品牌价值10强”等荣誉。集团始终坚持走精品路线，内养正文化，外树正形象。通过不断深入研究客户需求，打造更高品质、更高性价比的产品，为建筑融入更多品质生活元素，让城市和人们生活更加美好，努力成为美好生活服务商。

表3-134　2019年鸿通部分高管名录

姓名	职位
王　平	董事长、总裁
王元友	行政人事管理中心总经理、物业管理中心副总经理

鸿翔控股集团有限公司
（H 鸿翔）

鸿翔集团由创立于1979年的海宁第二建筑工程公司改制而来，现已拥有建筑业、房地产业、环境产业、服务业（包含金融投资、商贸服务、文化体育、现代工业等多个业务板块）这四大板块涉及企业60多家，鸿翔的建筑业、房地产是企业的核心产业，下辖设计院、房地产开发、市政、装饰、基础建设、幕墙施工、水利、交通、机电等一系列专业公司，形成了多个相关产业的有机组合。

根据克而瑞机构统计，2019年公司地产销售额达72.7亿元。

房地产业作为鸿翔第二大产业，拥有国家壹级房地产开发资质、物业公司二级资质。鸿翔房产抓住经过国家宏观调控之后，从低迷开始逐渐回暖这一机会，下狠力拿下了海宁的众多地块，成功开发及正在运营的经典楼盘有东方都市、万隆府、康桥名城、铜锣湾、东湾、海棠湾、南湾等楼盘，稳稳占据海宁的房地产市场第一位置，2015年在武义开发的万隆城项目上演了一场武义有史以来最壮观、最激动人心的火爆抢房场面，创造了武义楼市的神话。同时，不断向外省扩张，使鸿翔在转型升级的道路上将走得更加稳健。

鸿翔集团先后荣获“全国民营企业500强”“中国建筑纳税500强”“全国五一劳动奖状”“全国建筑业信用AAA级企业”“中国建筑业最具成长性百强企业”“全国建筑业先进企业”等诸多荣誉，企业综合实力始终保持在同行业先进水平，连续6年在嘉兴五县（市）两区中居于龙头地位。

表3-135 2019年鸿翔部分高管名录

姓名	职位
姚岳良	董事长
姚惟秉	总裁兼体育文化产业公司董事长
姚国铭	鸿翔建设集团副董事长
马小平	副总裁兼建设事业群总裁
潘亦波	副总裁兼房产公司总裁

续表

姓名	职位
许晓平	副总裁兼环境产业公司总经理

湖北省联合发展投资集团有限公司
（H 湖北联投）

湖北联投于2008年9月正式成立，诞生于武汉城市圈“两型”社会综合配套试验区获批的历史时刻，肩负着以“政府引导，市场化运作”的经营宗旨，探索城市化发展新模式的历史使命。作为省属大型国有控股公司，湖北联投由湖北省和武汉城市圈九市国资委为主要出资人，东风汽车集团、葛洲坝集团等7家省内央企为股东。

公司注册资本43.3亿元，资产规模近2000亿元，“联投系”4家企业主体信用均为AAA级别，拥有近30家出资公司。

根据克而瑞机构统计，2019年公司销售额达86.8亿元。

湖北联投历经10年发展，形成了以产业新城为主责主业，交通基础设施、城市综合开发、实体产业、数据金融四大辅业协同发展的良好格局。

产业新城依托武汉花山、鄂州梧桐湖、咸宁梓山湖、荆州农高投等9个新型城镇化项目，高位对接湖北省“一芯两带三区”战略布局，实施“配套+产业、金融+产业、数据+产业、运营服务+产业、政策对接+产业”发展，形成“以产定城、以城兴产、产城融合”的良性互动态势。交通板块已建设完成湖北省内武咸、武黄等四条城际铁路，打通黄鄂、青郑、硚孝等7条武汉市快速出口高速通道。金融板块除了先后成立省担保集团、省融资租赁公司、中经资本，还参股天风证券、长江财险、长江产业基金等企业。城市综合开发板块依托联投置业、建筑设计院、商贸物流公司，在建及储备土地资源开发量达千万方，年销售额超100亿元，跃居“湖北省房地产龙头企业”。

表 3-136 2019 年湖北联投部分高管名录

姓名	职位
李军杰	党委副书记、副总经理
丁振国	党委委员、副总经理
周均清	党委委员、副总经理
汪继明	党委委员、副总经理
王嘉良	党委委员、总会计师

花样年集团（中国）有限公司
（H 花样年）

花样年控股（HK01777）起步于 1998 年，2009 年 11 月在香港上市，现已全面完成基于未来移动互联网、客户大数据时代的业务战略布局。通过“地产+社区”双头部战略，轻重并举，致力于打造中国一流的房地产社区智造商和最大的社区 O2O 服务平台，业务覆盖中国内地超过 200 个城市。

根据克而瑞机构统计，2019 年公司销售额达 362.1 亿元。

自 2008 年以来，花样年开始积极转型，探索和研究产业地产，形成了与进出口产品相关的展览产业地产、文化创意产业地产、健康养生养老产业地产、高科技产业基地及孵化园产业地产等与国家转型密切相关的产业地产系列。

在产业地产转型过程中，花样年充分发挥了模式创新能力、客户资源和产业整合能力、敏锐的应变能力及准确的趋势分析能力等多方面的优势，成功地从传统的地产开发商转型为综合的地产营运商，具备完善的产业地产整合能力，包括快速的开发及销售能力、园区运营管理能力、后期物业增值服务等。

在深耕国内市场的同时，花样年国际化战略扩张不断推进，在中国香港和台北、新加坡、东京设立分公司，在新加坡、美国、中国台湾投资多个项目。

2019 年，花样年凭借强大的综合实力，位列“2019 中国房地产上市公司综合实力 100 强”第 66 位，并入选“2019 中国房地产开发企业品牌价值华南 10 强”。

表 3-137 2019 年花样年部分高管名录

姓名	职位
潘 军	花样年控股集团有限公司主席、 彩生活服务集团主席
张惠明	花样年（中国）执行董事、副总裁兼首席财务官
柯卡生	花样年（中国）副总裁
刘宗保	花样年地产集团总裁
李阳春	花样年集团副总裁兼深圳区域总裁
朱莉莉	花样年商旅文副总裁
陈玉忠	花样年城市发展运营公司董事长
许国栋	花样年城市发展运营公司总裁
朱国刚	花样年地产集团副总裁、成都区域总裁

华安发展控股集团
（H 华安）

华安发展 2006 年创立于北京，注册资本 10.1 亿元。多年来，一直致力于开拓地域文化旅游产业，拥有一套完整的文旅产业运营管理体系，同时形成了文旅产业、地产开发、文化教育、金融投资、PE 投资五大主营板块。成立以来，坚持走高端化、精品化的发展战略，以务实的精神取得了骄人的业绩。

华安发展控股集团始终秉承“华安超越华安”的发展理念，坚持理性投资、稳健操作、持续发展的指导思想。历经十余年发展，集团旗下现有控股和参股企业 40 余家，其中金融企业 10 余家。业务遍及北京、天津、河北、上海、山东、香港、陕西、安徽等省市，开发项目包括国家 AAAA 级旅游景区、城市综合体、第九代商业、五星级酒店、AAAAA 级写字楼及高档住宅等。

华安连续荣获“中国行业十大创新力品牌”“中国房地产十佳诚信开发企业”“中华百强徽商”“华东最具人气人文景区”等 30 余项称号以及“2019 年度中国房地产开发企业品牌价值 100 强”“2019 年度中国房地产开发企业安徽省 10 强”“2019 年度中国房地产开发企业文旅地产 10 强”“2019 年度中国房地产开发企业 150 强”等年度殊荣。

表 3-138 2019 年华安部分高管名录

姓名	职位
张怀安	董事长
程　钰	总裁
周　磊	执行总裁
詹　玮	常务副总裁
窦本勇	副总裁、文旅产业研究院院长
吴晓华	副总裁
卢　军	副总裁
王相中	总经济师

合肥华邦投资置业有限公司
（H　华邦投资）

华邦集团，隶属于以上市公司“洽洽食品”闻名中外的国家重点龙头企业——华泰集团。集团采用现代化的企业运营模式，实现多元化经营，涉及房地产开发、商业运营、物业管理、景观施工、金融服务等诸多业态。集团设投资、设计、营销、工程、成本、采购、财务、行政管理、商业运营、海外十大中心，并以项目公司为开发运行载体，形成战略导向、精准定位、科学规划、品质施工、细致服务之开发体系。

集团成立至今 18 载，累计开发及在推进项目遍及安徽、南昌、上海等多个省市，打造了 30 座城市高声誉楼盘，已形成地中海风格“华府系”、ARTDECO 风格“世家系”、城市综合体“世贸系”等诸多成熟产品线，赢得万千赞誉。集团累计开发面积 700 多万平方米，总资产逾百亿，开发项目涵盖城市综合体、写字楼、品质别墅、高尚住宅等。

华邦集团志存高远，以“立足合肥，辐射长三角，布局全国”为战略目标，迅速成长为全国性知名大型房企。2014 年 10 月，华邦凭借雄厚实力一举夺得上海虹桥商务区北部核心地块，倾力打造上海虹桥华泰中心。2015 年 5 月，勇夺合肥政务南优质地块，打造合肥又一人文品质楼盘——华邦·观筑里。2016 年 10 月 28 日，华邦集团成功竞得高新区优质地块，打造别墅项目——蜀山别院。2017 年 5 月 12 日，华邦集团进军南昌，成功竞得南昌市高新区优质地块，打造洪城品质墅区——华邦·观湖别院，布局全国，再下一城！

华邦人深知所应承担的环境责任和社会责任，倍感珍惜每一次的建设机会，并致力于“勇于担当、不断超越、追求卓越”的企业形象，让每一座城市的华邦作品，完美诠释华邦品牌的价值及其内外兼具的与众不同。

表 3-139 2019 年华邦投资部分高管名录

姓名	职位
陈先保	董事长

广东华标创业集团有限公司
（H　华标创业）

广东华标创业集团有限公司是一家以房地产开发为主，集物业管理、高尔夫度假村经营、酒店经营管理等于一体的多元化现代企业，总部位于广州。

表 3-140 2019 年华标创业部分高管名录

姓名	职位
蔡如青	董事长
蔡泽豪	总裁助理

安徽华地置业有限公司
（H　华地）

华地集团成立于 2004 年，拥有国家房地产开发及物业管理双一级资质，是集房产开发及配套服务多位一体的综合性大型房企。“华地置业”荣获安徽省著名商标。

根据克而瑞机构统计，2019 年公司销售额达 121.4 亿元。

近年来，华地集团始终秉承“铸造城市经典，建设健康人居”的开发理念，产品升级换代推陈出新，在关注建筑品质基础上，更为关注人居健康，致力于用科技改变生活，铸造绿色健康人居。2019 年华地集团深耕安徽，布局全国皖、苏、鲁、赣、豫、沪五省一市，成功跻身中国房地产行业销售面积百强行列。

华地集团开发的众多项目皆为行业典范。其

中，斥巨资打造的“智能社区、水净化、空气滤清、地库自然采光、外墙保温、高性能门窗、雨水收集、太阳能热水”八大科技系统为一体的绿色科技住宅，更是以建筑中的人文情怀书写行业内的标杆。

表 3-141　2019 年华地部分高管名录

姓名	职位
吴成柱	董事长
吴守状	执行总裁
李跃宽	副总裁

华董（中国）有限公司
（H　华董）

华董（中国）总部位于上海，是一家以地产开发为主业，集金融投资、不动产投资、产业园区运营、酒店管理、物业服务、国际贸易等于一体的综合性企业集团。

自创立以来，华董（中国）坚持深耕长三角，积极拓展全国城市群，已进入上海、浙江、江苏、江西、云南等省市。在稳健发展的前提下，华董（中国）积极拓展目标城市的土地储备，通过多元化土地获取方式，加大了对不同层级市场的布局，为未来高速发展奠定坚实的基础。通过精研每一块土地属性，深入了解当地人居偏好，打造区域标杆项目；规划建设华董大食堂、城市会客厅等场所，增强住宅区自身配套服务功能；开创会员制华董（中国）会，提供全方位优质服务。

秉承“缔造精致生活”的产品理念，华董（中国）坚持走精品化、专业化、品牌化发展路线，先后获得“中国房地产著名品牌企业”“上海市房地产诚信企业”“中国房地产开发企业品牌价值成长性 10 强”“2019 年度中国房地产开发企业 100 强”“2019 年度中国房地产开发企业稳健经营 10 强”“2019 年度中国房地产开发企业浙江省 10 强”等荣誉。

表 3-142　2019 年华董部分高管名录

姓名	职位
董希北	董事局主席
董国倩	总裁
杨士杰	执行副总裁
徐春红	副总裁
欧阳宝丰	副总裁

珠海华发实业股份有限公司
（H　华发）

华发股份是承接华发集团房地产开发板块的平台公司，成立于 1992 年 8 月，其前身始创于 1980 年，具有国家一级房地产开发资质，2004 年成功在上海证券交易所挂牌上市。

近四十年来，华发股份携手国际顶级大师，打造了华发新城、华发首府、华发四季、华发山庄、华发中央公园等一系列全国知名的楼宇品牌，五度荣膺美国《财富》杂志“中国 500 强企业”，曾荣获“中国房地产十佳诚信开发企业”“中国房地产上市公司 20 强”等多项殊荣以及“广厦奖”“鲁班奖”等多项国家及省市建筑奖。

近年来，华发股份实施“立足珠海，布局全国，开拓海外”的发展战略，依托“优+产品”体系打造核心竞争力，稳步推进对外扩张步伐。截至 2019 年底，华发股份足迹遍及北京、上海、广州、深圳、武汉、成都、长沙、苏州、南京、沈阳、青岛等 40 余座大中城市和中国香港、中国澳门、美国旧金山等地，形成了华南、珠海、华东、华中、山东、北方 6 大核心区域及北京公司的“6+1”战略布局。同时，通过创新战略布局，积极响应“脱虚向实”号召，推动主业转型升级，形成以住宅为主业，商业地产与上下游产业链同步发展的“一核两翼”格局。

未来，华发股份将紧跟华发集团“科技+金融+产业+城市”的发展模式步伐，积极探索“科技+人居”战略，加快住宅及创新人居建设，升级城市美好生活，加快向全国知名的综合性地产企业跨越。

2019 年，凭借在绿色建筑领域的表现，华发股份上榜“2019 年度中国绿色地产运行典范 10 强”，同时荣获“中国美好生活特别贡献企业”和“2019 年度品质房企”等奖项。

表 3-143　2019 年华发部分高管名录

姓名	职位
李光宁	董事局主席
陈　茵	董事局副主席、总裁
郭凌勇	董事局副主席、执行副总裁
汤建军	董事局副主席、副总裁
刘亚非	董事
刘　克	董事
谢　伟	董事、股权投资中心总经理
俞卫国	董事、常务执行副总裁
许继莉	董事
张　延	执行副总裁、党委书记、首席工程官
张　驰	执行副总裁、首席产品官 兼产品研发中心总经理
侯贵明	董事局秘书、证券及投资者关系总监

华鸿嘉信控股集团有限公司
（H　华鸿嘉信）

华鸿嘉信成立于 2012 年，总部位于杭州，是一家主营房地产开发并涉足商办产城、建筑施工、基金、投资、精装、景观、贸易及物业服务等多领域的综合性控股集团，拥有国家房地产开发企业一级资质。

集团深耕浙江，是“浙江房地产业 10 强企业”，在浙江、江苏、福建、湖北、安徽等华东多个省份陆续开发有 80 多个优质项目。

根据克而瑞机构统计，2019 年公司销售额达 343.5 亿元。

华鸿嘉信集团致力于成为“城市优质资产发展商”，践行全面优质、综合超越的产品理念，专注于住宅、商办、产城等物业的研发，共同构建涵盖平层公寓、复式华宅、花园洋房、联排别墅及非住宅产品等综合物业形态的产品格局。

2019 年是华鸿嘉信的品质年，凭借高品质的产品服务与有质量的增长，取得了令人瞩目的规模化跨越式发展成就。连续 4 年蝉联“中国房地产百强”；连续 3 年蝉联“中国房企综合实力百强”，位列“2019 中国房地产开发企业发展潜力 10 强”第 6 位、“2019 中国房地产开发企业 100 强”第 64 位；连续 5 年位列“浙南房地产市场总销前三名”；蝉联 2016—2019 年“温州房地产市场总销冠军”。

表 3-144　2019 年华鸿嘉信部分高管名录

姓名	职位
李金枢	董事长兼总裁

华景川集团有限公司
（H　华景川）

华景川集团发轫于杭州，深耕长三角，战略布局中西部，足迹半个中国，砥砺毅行，稳健发展，业已形成多领域、多元化的现代化发展格局。集团以房地产产业链为主轴，横跨商业管理、物业管理、小镇开发、文化旅游、实体产业、金融投资和互联网科技等多种产业形态，旗下包括嘉丰房产、华川物业、中廉网络、绿嘉投资、酒店公司、华景川旅业、众相资管等数家子公司。

根据克而瑞机构统计，2019 年公司销售额达 72.3 亿元。

2018 年，华景川集团销售额从 45 亿元增至 109 亿元，创造年增长率 142% 的传奇，挺进“中国房地产企业销售金额 200 强”榜单，销售面积第 120 名，权益金额第 148 名，流量金额第 151 名，正式迈入“百亿房企”阵营。

华景川集团始终以建筑高品质住宅产品为使命，逐步建立了一套完整的企业内部价值体系以及产品与服务体系，在不断布局与发展中，集团积极拓展各项业务，帮助推动城市现代化进度，并为客户创造全新的生活方式。

未来，华景川集团将以更开放的心态，与各方紧密合作，坚持匠人精神，求精创新，为居者提供多元化、高品质的生活环境，面对市场风云变幻，华景川集团将坚守战略，快速发展，实现“规模上台阶，品质树标杆”，成为有理想、有信念、有口碑、可传承、可持续发展的受社会尊敬的企业，为社会、城市、客户、员工创造更多的价值，营造更好的生活。

表 3-145　2019 年华景川部分高管名录

姓名	职位
罗相斌	董事长
周泓熹	执行董事兼总经理
纪元明	总裁

华丽家族股份有限公司
（H　华丽家族）

华丽家族（SH600503）成立于 1994 年，是上海著名房地产开发集团之一，拥有国家建设部颁发的一级开发资质。2008 年 6 月，完成对宏智科技的注资更名进而实现上市。公司以地产开发为核心业务，同时涉足建筑装饰、绿化环保等相关产业，并正在拓展商业地产、旅游地产、城市基础设施建设等业务；积极开辟第二主业，涉足金融投资、生物制药、新能源、节能环保等股权运作投资，从而逐步培育公司新的业务增长点。

华丽家族自创立之日起，就一直专注于上海中心城区精品住宅的开发，以“开发的是土地，经营的是艺术，创造的是价值”为经营理念，成功开发了“浦东华丽家族花园”“古北花园”“檀香别墅”等知名精品楼盘。

华丽家族根据自身的优势，将企业发展战略确定为“科技+金融”双轮驱动，即以科技为导向、以金融为支撑，主营业务取得了长足进步，公司已经从单个项目开发、单一的上海城区开发的项目型公司，逐渐发展成多个项目同时开发、跨区域开发的集团化运作的专业房地产开发商，先后获得“上海市房地产销售 50 强企业”“中国城建与房地产科学发展 50 大卓越成就企业”“最佳商业模式上市公司”“年度价值地产企业”等多项殊荣。

表 3-146　2019 年华丽家族部分高管名录

姓名	职位
李荣强	董事长
王励勋	总裁

华联控股股份有限公司
（H　华联）

华联发展集团成立于 1983 年，总部设在深圳，原为纺织工业部直属企业，是 181 家中央直属企业之一，2005 年在中央直属国企改革调整过程中转为国有控股的企业集团。现已发展为以房地产开发为主业、创业投资为辅业、资产逾百亿的股权多元化大型企业集团，拥有上市企业“华联控股”（000036）和三十多家全资、控股企业，产业主要分布在深圳、浙江和上海三地。

集团先后在深圳、上海、杭州等地开发建设了华联大厦、华联城市山林花园、上海新华世纪园、中国（杭州）星光大道、UDC 时代大厦、和全景天地（万豪酒店）等多个大型房地产项目，形成了具有一定知名度和规模的房地产和物业品牌，致力于走具有华联特色的城市综合体开发运营之路。华联先后获评“深圳市百强企业”“广东省最佳诚信企业”“2017 年中国房地产业综合实力 100 强”企业以及“中国地产风尚大奖·2017 中国年度投资价值上市企业”（华联控股）等称号。

面对充满机遇和挑战的未来，集团将不断巩固和发展“专业创新力、人才开发力、文化感召力”三大核心竞争力，秉承“诚信、稳健、创新、超越”的经营理念和“文化、生态、健康”的地产开发理念，为把集团建设成为优秀的城市综合体开发运营商、实现最具创意和责任感的企业愿景而努力奋斗。

表 3-147　2019 年华联部分高管名录

姓名	职位
丁　跃	董事长
李　云	总经理
苏　秦	副总经理、财务负责人

华南城控股有限公司
（H　华南城）

华南城（HK01668）是一家在香港联合交易所上市的综合商贸物流企业，2002 年 5 月在香港注册成立，坚持实业报国，推进区域经济转型升级和新型城镇化建设，铸就中国规划、建设、运营大型综合商贸物流中心领航者地位。

根据克而瑞机构统计，2019 年公司销售额达 76.8 亿元。

华南城积极创新综合商贸物流产业模式，聚合“零售、批发、电商”多种形态，融合“一产、二产、三产”相关要素，形成“产城融合、宜居宜业”的现代化综合商贸新城。

核心业态涵盖专业批发市场、仓储物流配送、综合商业、电子商务、会议展览、生活配套及综合物业管理等。迄今开发建设并运营着深圳、南宁、南昌、西安、哈尔滨、郑州、合肥、重庆等地项目；旗下还拥有第一亚太物业、华盛商业、乾龙物流、好百年家居、华南城网、华南城小额贷款、亚特兰蒂斯等多家品牌专业公司。既做平台又做品牌的全链条生态系统，为华南城开疆拓土提供了有力支撑。

融合发展是现代产业发展趋势。2014 年，腾讯控股有限公司入股华南城，双方以各自的资源优势，开展华南城 O2O 商业模式的新探索；2016 年，华南城与京东集团强强联手，在 B2B 电子商务、仓储物流和金融服务等领域建立长期全面的战略合作关系。强大的品牌优势融合，助推华南城加快商贸物流行业的战略升级和“互联网 +”进程。

表 3-148 2019 年华南城部分高管名录

姓名	职位
郑松兴	主席
赵立东	行政总裁
姜 玲	副总裁
段 斌	副总裁
肖 珲	副总裁

深圳华强新城市发展有限公司
（H 华强）

华强新城市成立于 2005 年，是中国企业 500 强、全国电子行业 100 强企业——华强集团投资设立的专业产业地产开发运营平台。

华强新城市以“构建产业发展平台，助力城市转型升级”为使命，结合华强集团产业优势，开发运营智慧社区、互联网创新中心、城市商业金融中心、产城融合示范区等多个产业地产项目。着力打造开发建设、企业共享、社区服务、运营服务四大平台，立足深圳，放眼全国，初步形成东北、华东、中原、珠三角等重点区域的战略布局，致力于成为最具创新能力的城市综合运营商。

公司利用市场化的机制和手段，创新业态发展模式，实现研、产、商、居、游、购、娱运营一体化，为城市可持续发展提供一体化解决方案，带动城市产业转型升级和区域经济发展，塑造具有华强特色和竞争力的品牌形象。拥有深圳华强商业管理有限公司、深圳华强酒店管理有限公司、深圳华强物业管理有限公司三家运营公司，并在深圳、佛山、芜湖、南通、郑州、安阳、沈阳等地设立了十几家项目开发公司。

表 3-149 2019 年华强部分高管名录

姓名	职位
陆培康	董事长、总经理

深圳华侨城股份有限公司
（H 华侨城）

华侨城 A（SZ000069）成立于 1997 年 9 月 2 日，总部设在深圳市南山区，是华侨城集团旗下旅游及房地产板块的上市公司。公司以“主题公园领导者、旅游产业领军者、城镇化价值实现者”为战略定位，以文化旅游、房地产为主营业务，不断在文化旅游发展新模式、房地产业务差异化构造、旅游与互联网融合等方面进行探索与实践。

公司秉承“优质生活创想家”的品牌定位和“在花园中建城市”的开发理念，以文化内涵融入房地产开发，形成了文化旅游、酒店、住宅和商业类地产业务融合发展的独特优势，以人文社区、花园社区、品质社区为居民提供优质生活及人文体验。

根据克而瑞机构统计，2019 年公司销售额达

795.9亿元。

近年来，公司在业务创新上不断深化，在文化旅游发展新模式、房地产综合业务体系构造、旅游互联网业务研发等方面进行了深入探索与实践，主要经营指标实现了较大幅度的提升。

公司文化旅游业务以“文化+旅游”为内核，采用“旅游+”为载体的协同发展模式，业态上以主题公园、文化主题酒店、旅行社、旅游综合体为核心，涵盖规划、设计、建设、运营全产业链。公司始终坚持创新、坚持品质、坚持特色，视游客为朋友，视员工为亲人，致力于传承、展现、弘扬中国优秀文化，满足人们对美好生活的向往和需求，成为中国文化旅游业的领军企业。

表 3-150　2019 年华侨城部分高管名录

姓名	职位
段先念	董事长
王晓雯	总裁
杨　杰	副总裁
张大帆	副总裁
袁静平	副总裁

华润置地有限公司
（H　华润）

华润置地（HK1109）是“世界500强”企业华润集团旗下负责城市建设与运营的战略业务单元，是内地领先的城市综合投资开发运营商。公司于1994年改组成立，1996年在香港上市，2010年被纳入香港恒生指数成分股。

公司业务包括住宅开发、商业地产、城市更新、物业服务、康养地产、长租公寓、产业基金、产业地产、文化体育与教育地产、影院、建筑、装饰、机电家私等。

根据克而瑞机构统计，2019年公司销售额达2430亿元。

华润置地确立了“2+X”的商业模式，即继续坚持已经取得一定规模及市场地位的销售物业及投资物业两大主营业务，并积极拓宽业务发展模式，推动业务转型，实现资源整合，培育新的价值增长点。

华润置地秉承“诚实守信，业绩导向，以人为本，创新发展”的华润价值观，坚持“品质给城市更多改变”的品牌理念，用站在行业发展前沿的姿态、视角和专业能力，赋予城市每一寸土地新的价值。公司始终以客户为中心，以好产品、好服务、好管理、好团队、好文化为标准，积极推动高品质战略实施，引领城市生活方式改变，为带动城市区域经济的发展、改善城市面貌做出力所能及的贡献。

未来，华润置地将以“建设美丽城市，营造美好生活”为使命，承担起新时期以“人民的美好生活需要”为中心的社会责任，携手利益相关方共同成长，为城市建设发展和人们的生活理想创造更多可能。

表 3-151　2019 年华润部分高管名录

姓名	职位
唐　勇	董事会主席
张大为	董事会副主席、联席总裁、山东区域总经理
李　欣	总裁、沈阳区域总经理
沈彤东	高级副总裁、首席信息官
张立强	高级副总裁、首席人力资源官
谢　骥	高级副总裁、上海区域总经理
吴秉琪	高级副总裁、战略总监、成都区域总经理
迟　峰	高级副总裁、华东大区总经理
孔小凯	高级副总裁、华南大区总经理
喻霖康	高级副总裁
赵卓英	副总裁、财务总监

深圳市华盛房地产开发有限公司
（H　华盛）

深圳市华盛房地产开发有限公司成立于2005年，隶属于深圳市华盛控股有限公司，下辖华盛置业、瑞华置业、博罗北区建设公司等近十家子公司，现有员工近170人，是以住宅与商业地产开发为主、以城市运营投资与物业管理为两翼的房地产专业公司。战略布局以深圳为核心、珠三角为重点，稳步向国内一、二线城市扩张。

华盛公司创建于1993年，公司业务区域以深圳为核心，辐射珠三角，涉足港澳地区。旗下全资控股子公司深圳市华盛智地集团以房地产开发为主营业务，以星级酒店运营、商业运营、物业管理、餐饮、投资等多元化经营业务为辅。创办至今，已累计完成城市更新面积150万平方米，总开发建筑面积300万平方米，深圳区域投资运营五星级酒店1个、商业广场2个，商业运营面积超10万平方米；物业服务项目7个，服务面积达150万平方米，2014年获得“深圳区域开发商10强”荣誉称号。

全资控股子公司深圳泛华工程集团以建设施工、工程设计为主营业务，至今已完成建设施工与设计项目逾300个，荣获超过100个工程奖项，其中，国家重点工程1个，广东省重点项目3个，深圳市30年30个特色建设项目2个，自2010年起连续6年获得“深圳100强企业”称号。截至2018年，华盛控股累计投资总额超500亿元，年均销售收入达70亿元以上。

华盛控股为建行总行级重点客户、华商银行携手共进伙伴、交行沙井支行长期战略合作伙伴，与沃尔玛、希尔顿酒店、华润置地、AECOM、吕元祥建筑师事务所、高文安设计公司、J&A杰恩设计、澳大利亚柏涛建筑设计、上海天华设计院、华艺设计院、华森设计院、迈丘设计事务所、仲量联行、优高雅装饰、三菱电梯、通力电梯等国内外知名供应商构建了良好的战略合作关系。此外，公司始终坚持取之于社会，回报社会的经营理念，积极参与推动教育、体育、医疗、古遗迹保护等社会公益事业的发展，累计资助各类社会活动款项超1亿元。

表3-152 2019年华盛部分高管名录

姓名	职位
肖洁岚	董事长
何元凤	董事
肖潭平	董事

华夏幸福基业股份有限公司
（H 华夏幸福）

华夏幸福（SH600340）创立于1998年，是中国领先的产业新城运营商。2019年发布新战略，坚持都市圈布局，以产业新城及相关业务、商业办公及相关业务双轮驱动业务发展。截至2019年6月底，公司资产规模超4500亿元。

根据克而瑞机构统计，2019年公司销售额达1510亿元。

华夏幸福以“产业高度聚集，城市功能完善，生态环境优美”的产业新城为核心产品，通过“政府主导，企业运作，合作共赢”的PPP市场化运作机制，在规划设计服务、土地整理投资、基础设施建设、公共配套建设、产业发展服务、综合运营服务六大领域，为区域提供可持续发展的综合解决方案。华夏幸福紧抓都市圈发展机遇，已完成围绕北京、上海、广州、南京、杭州、郑州、武汉等全国15个核心都市圈的布局，事业版图遍布全球80余个区域。

以“产业优先”为核心策略，华夏幸福凭借约4600人的产业发展团队与自主创新的大数据招商平台，聚焦新一代信息技术、高端装备、汽车、航空航天、新材料、大健康、都市消费等10大产业，全面打造百余个产业集群，为所在区域累计引入签约企业超2000家，创造就业岗位约30万个。

2019年，华夏幸福上榜《福布斯》“2019年全球上市公司2000强榜单”，位居第544位，并入选“2019中国最有价值的500大品牌”排行榜，位列2020年全球最具价值品牌年度报告“全球500大品牌榜单”第418位。

表3-153 2019年华夏幸福部分高管名录

姓名	职位
王文学	董事长
吴向东	联席董事长、首席执行官
孟 惊	董事、总裁
赵鸿靖	董事、联席总裁、产业新城集团总裁
俞 建	联席总裁
陈怀洲	执行总裁、孔雀城住宅集团董事长
赵 威	执行总裁、产业发展集团总裁
郭仕刚	执行总裁、物业集团总裁
吴中兵	执行总裁、首席财务官

续表

姓名	职位
袁　刚	执行总裁
张书峰	执行总裁

上海华鑫股份有限公司
（H　华鑫）

上海华鑫股份有限公司经营范围包括房地产开发经营、自有房屋租赁、物业管理、工程管理服务等。

上海华鑫股份有限公司创始于1952年，1992年上市，公司经济指标曾8次刷新历史纪录，连续12届被评为“上海市文明单位”，并从2014年起连续3年获得“上海市诚信创建企业”称号。公司以高速成长著称，收购了十几家国内企业和中外合资企业，营业收入增长了10多倍，盈利能力不断提高，净资产增长近10倍。在上海形成了福州路商务中心、金桥和松江两个现代工业园区的布局，在杭州和深圳建立了生产经营基地。

2017年5月，公司完成重大资产重组。重组完成后，华鑫证券变身华鑫股份的全资子公司，实现了房地产业向金融服务业的转型。

金融是实体经济的血脉，为实体经济服务是金融的天职，是金融的宗旨。作为唯一具有“智慧城市”产业背景的金融控股平台，华鑫股份致力于深化产融结合，以高品质金融服务助力“中国智造”，助推“中国创造”。

表3-154　2019年华鑫部分高管名录

姓名	职位
蔡小庆	法人代表、董事长

北京华业资本控股股份有限公司
（H　华业资本）

北京华业地产股份有限公司（以下简称“华业地产”），1985年创立于深圳，是我国首批成立的专业房地产开发企业，2003年华业地产成功上市（股票代码600240）。华业地产于2016年正式更名为北京华业资本控股股份有限公司（简称“华业资本”）。

作为中国首批成立的房地产开发企业之一，华业资本自1985年起，便聚焦房地产住宅中、高端市场，先后开发了深圳华业·东方玫瑰花园、华业·南海玫瑰花园、北京华业·玫瑰东方等十多个精品项目。2003年，成功收购内蒙古仕奇股份有限公司，实现借壳上市。

伴随着国内城市化格局的变迁，华业资本加快了全国化发展进程。上市十余年，企业不断发展壮大，地产开发涉及北京、深圳、长春、大连、武汉、三亚等6大核心城市。从玫瑰系列精品到大型综合体开发，实现了由精品住宅制造商向新城市主义运营商的战略升级，并在企业经营战略上逐步实现多元化布局发展。在以地产为主营业务的前提下，公司业务拓展至矿业投资、托老产业、商业综合体等业态，公司整体综合运营能力不断增强，成长为房地产行业最优秀的上市企业之一。

表3-155　2019年华业资本部分高管名录

姓名	职位
余　威	董事长
钟　欣	总经理

重庆华宇集团有限公司
（H　华宇）

华宇集团前身初创于1983年，1995年正式成立华宇集团，是集地产集团、商业集团、金控集团、建设集团、物业集团、海外公司为一体的全球大型多元化综合性城市运营集团。具有国家一级房地产集团资质、一级建筑施工资质、一级物业服务资质，是中国房地产业协会副会长单位、中国物业管理协会副会长单位。

根据克而瑞机构统计，2019年公司销售额达502.3亿元。

目前，华宇集团的城市版图扩大至22个，累计开发楼盘196个，开发规模逾2100万平方米。华宇高端产品系“御璟系”专为城市新贵阶层打造彰显品质的轻奢住宅，御璟系产品的七重居住意境196项匠心雕琢，完美融合当代设计与古典生活美学的高端居住产品。未来，地产集团将持续拓展国际、国内两个市场，实现企业跨越式发展，成长为中国最具竞争力的房地产开发企业。

2019年，华宇集团发布企业文化战略标识，就旗下众多项目建立五系产品标准，树立市场黄金口碑，荣膺“2019中国房地产综合实力100强企业”第49名、“2019中国房地产开发企业100强”“2019年中国房地产开发企业经营绩效10强”，连续8年被评为“企业信用评价AAA级信用企业”，华宇第一太平戴维斯物业荣获“重庆十佳物业企业”称号，荣登“2019中国物业服务100强企业”第30名。

表3-156 2019年华宇部分高管名录

姓名	职位
蒋业华	董事长

华远地产股份有限公司
（H 华远）

华远地产（SH600743）于20世纪80年代初进入房地产业，1996年在上交所上市，是国内最早创立的房地产品牌之一。控股股东华远集团为北京市西城区国有资产监督管理委员会全资企业，强大的国有资本作为坚强后盾为公司发展提供了有力的支持。

根据克而瑞机构统计，2019年公司销售额达160.6亿元。

华远地产秉承华远集团“来源于社会，服务于社会”的宗旨，始终将产品品质与企业责任视为发展的根基，凭借高品质的代表项目赢得了市场的认可，凭借较高的净资产收益率维护了股东的利益，更在环保、扶贫、文化、体育等多领域多形式的公益行动获得了社会各界的广泛赞誉。

华远地产以“责任地产，品质建筑”为企业使命，在京津冀区域、中部区域、西部区域、珠三角区域等地投资开发了多个具有标杆意义的精品项目的同时，进军海外市场，旗下产品涉及普通住宅、保障性住房、高级公寓、别墅、商务公寓、写字楼、酒店、购物广场等多种业态，彰显了公司的综合开发实力。

2019年以来，在“规模与效益并举”的战略指引下，公司发展全面提速，通过创新业务拓展，增加服务多样性，扩大市场规模，提高市场增值，向着优秀的房地产综合服务商这一目标坚实迈进，获得了“诚信企业”以及“中国企业品牌文化传播先进单位”等荣誉称号，旗下多个地产项目获得“金盘奖”“优秀示范小区”“中国人居范例奖”等奖项。

表3-157 2019年华远部分高管名录

姓名	职位
杜凤超	董事长
李　然	总经理
李春晖	副总经理
刘志刚	副总经理京津冀区域总裁
王渝旋	副总经理兼华南区域总裁、广州城市公司总经理
许智来	副总经理兼华中区域总裁、长沙城市公司总经理
柏　力	西安城市公司总经理
叶方明	重庆城市公司总经理

广西汇东投资置业有限公司
（H 汇东）

广西汇东置业发展有限公司（简称“汇东置业”）主要从事房地产开发。自成立以来，公司实力在日益壮大，开发的项目也由1个增加到6个。汇东置业对建筑具有新锐而具人性化的理念。于其而言，建筑是对未来生活的向往，房地产开发企业要提供的不仅是产品或简单的居住概念，更是倡导一种生活的方式和态度。本着“理想汇，建筑家”的理念，汇东置业站在时代的前沿规划，创造超越现时的产品，以新尚建筑引导时代生活方式，提高城市品位。

表3-158 2019年汇东部分高管名录

姓名	职位
黎　卫	执行董事、总经理

吉宝置业中国有限公司
（J　吉宝）

吉宝置业是新加坡吉宝企业控股的大型跨国房地产上市公司——吉宝置业在中国的全资子公司，主要负责拓展与独立运营吉宝置业在中国的所有房地产开发业务。在经营理念与核心价值观的引领下，凭借创新的房地产解决方案，为所有利益相关者创造价值。

根据克而瑞机构统计，2019年公司地产销售额达72.9亿元。

吉宝企业是一家拥有多元业务的公司，主要业务为岸外与海事、房地产、基础设施和投资，致力于为客户提供强劲的可持续城镇化解决方案。

作为一家多元化的房地产公司，吉宝置业凭借其屡获殊荣的住宅开发项目、投资级商业地产项目和综合城镇的优质组合，提供创新的房地产解决方案。

吉宝置业的业务遍布亚洲各地，以新加坡、中国和越南为重点市场，同时继续在印度尼西亚和印度等其他市场扩大业务规模。

吉宝置业是亚洲优秀的住宅开发商，在新加坡和海外所拥有的地块可建造约4.6万套住宅。同时，吉宝置业也是新加坡优秀的优质办公楼开发商，并致力于在亚洲主要城市拓展商业项目，包括中国上海、北京和天津，越南胡志明市，印度尼西亚雅加达，菲律宾马尼拉和缅甸仰光。

表3-159　2019年吉宝置业部分高管名录

姓名	职位
洪伟义	董事长
李绍强	总裁

浙江佳源房地产集团有限公司
（J　佳源）

佳源国际（HK02768）成立于2003年，2016年3月8日于香港上市，是发展成熟的物业开发商，在中国各大城市开发大型住宅及商业综合体。凭借超过20年物业开发经验，透过优质的规划、完善的品质监控、成熟的管理体系及经验丰富的专业团队，创造出切合不同地区需求的物业项目，成功巩固“佳源”品牌。

根据克而瑞机构统计，2019年公司销售额达753.1亿元，位列“中国地产50强”。

佳源集团拥有的物业组合共45个，开发区域涵盖了南京、扬州、常州、南通、泰州、镇江及苏州等城市。

作为领先的民营企业，佳源在未来将把握政策带来的红利，持续透过公开竞投、项目并购与合营开发等模式于长三角经济区、粤港澳大湾区等核心区域开发物业项目，同时布局具备良好基本面的重点省会城市，开拓“一带一路”沿线地区的优质项目。

2019年，佳源国际获资本市场肯定，成功获5家金融机构授信430亿元及发行2.25亿元私募债券，同时再获穆迪调升评级至“B2”。此外，佳源凭借不俗表现荣获“优质中国房地产企业大奖”以及“卓越地产行业奖”等多项殊荣。

表3-160　2019年佳源部分高管名录

姓名	职位
沈天晴	董事会主席、非执行董事
黄福清	董事会副主席、执行董事
张　翼	副主席、执行董事、总裁

佳兆业集团控股有限公司
（J　佳兆业）

佳兆业（HK01638）是大型综合性投资集团，成立于1999年，总部位于香港，2009年12月在香港上市。旗下拥有二十多家集团及专业公司，分公司超100家，员工数超14000人，总资产超2590亿元。

2019年总合约销售同比增25.8%至881.2亿元，全口径销售金额首次突破1000亿元。业务已覆盖京津冀协同发展区域、粤港澳大湾区、长江经济带等主要经济区域，进驻全国超50个重要城市。

佳兆业集团始终站在城市综合产业运营者的

高度，以“专业、创新、价值、责任”为企业核心价值观，以远见全球的视野，以矢志不移的创新精神，从集约智能、绿色低碳、品质服务等多重角度关注中国城市化的发展，布局多元业务领域，逐渐打造成为涵盖综合开发、城市更新、文化体育、商业运营、旅游产业、财富管理、酒店餐饮、物业管理、航海运输、健康医疗、科技产业、长租公寓、足球俱乐部等超 20 个产业和细分领域的大型企业航母。

佳兆业不断使企业管治科学化、技术标准专业化，业务经营高效化，努力取得公共利益与商业利益的平衡点。

2019 年，佳兆业位列“中国房企品牌价值 16 强”“中国房企综合实力 27 强”“中国房地产上市公司综合实力 100 强”第 29 位、“中国房地产 100 强企业——稳健性 10 强”、“中国房地产上市公司治理 10 强”第 6 位，并获评为“2018—2019 中国房地产年度扶贫标杆企业”。

表 3-161 2019 年佳兆业部分高管名录

姓名	职位
郭英成	董事局主席
麦 帆	总裁兼执行董事
翁 昊	联席总裁兼执行董事
李海鸣	执行总裁
刘富强	首席财务官

广西嘉和置业集团有限公司
（J 嘉和）

广西嘉和置业集团有限公司成立于 2002 年，由嘉和控股公司（Fine Peace Holdings Limited）投资建立，具备房地产一级开发资质，是广西著名的大型房地产开发企业集团，集团以“中国休闲人居践行者”为使命，为社会持续提供高尚、健康、绿色的人居方式，围绕中国西南地区两大休闲地产大盘——嘉和城及冠山海项目的建设与开发，开启了西南大型高档休闲地产的先河，使嘉和集团成为休闲房地产市场的领跑者。围绕“休闲人居”的战略发展理念，嘉和集团“有所为有所不为”，将产业规划布局延伸至时尚体育、休闲旅游、园林绿化、物业服务、现代商业等行业，旗下拥有高尔夫球会、温泉、园林、物业管理、营销等多家子公司，是广西拥有综合资源较多的著名房地产企业。

表 3-162 2019 年嘉和部分高管名录

姓名	职位
梁宏朝	董事长
邱承理	总裁
万立松	副总裁

江苏嘉宏投资集团
（J 嘉宏）

江苏嘉宏投资集团（简称“嘉宏集团”），1998 年正式进军房地产行业，以综合性地产开发为基础，集高端住宅、商业综合体、酒店、办公为一体，全方位布局地产、商业、物业、金融四大业务版块，是一家综合性集团公司。嘉宏集团坚持对品质的极致追求，精筑了 20 余个城市经典标杆项目，开发面积达数千万平方米，实现了数十万业主的居住理想，打造了近 200 万平方米的城市综合体，荣获各种荣誉近百项，这些无不体现了嘉宏的实力与发展恒心。

集团确立了“地产 + 商业”双轮驱动战略，商业围绕“3+1”产品线布局规划，专业商业运营公司全面运营 MOOC STAR 星光城、MOOC STAR 星光天地、MOOC STAR 星光里和中国嘉宏灯贸中心，开拓了商业的新格局。嘉宏全面提高商业战略地位，加速扩张态势，已在常州布局 8 大商业项目，全面覆盖常州各区域，辐射人群数百万，嘉宏品牌正迎来了自己的星光时代。

表 3-163 2019 年嘉宏部分高管名录

姓名	职位
刘 康	董事长

嘉华国际集团有限公司
（J 嘉华国际）

嘉华国际（HK00173）为嘉华集团旗下之房

地产业务旗舰，创立并扎根于香港，至今已发展成以香港、长三角及珠三角地区为策略据点的综合发展商及投资者，所开发项目均以品精质优著称。

根据克而瑞机构统计，2019 年公司地产销售额达 71.7 亿元。

嘉华国际擅长于开发精品物业，由旗下专业团队所拓展之项目涵盖住宅、甲级商厦、酒店、服务式公寓及特色商铺，物业皆匠心独运，糅合特色设计、精湛技术、顶尖设备及创新元素于一身，多年来物业质素备受市场认同，建筑及设计屡获国际殊荣。

集团旗下的嘉英物业以先进的管理理念和国际高端精品酒店的营运模式，为物业提供专业及优质的管理服务，其服务类型涵盖主流及高端住宅、商业设施、写字楼和房地产综合体。

集团以缔造理想和谐的生活国度为发展宗旨，因地制宜，不仅用心传承嘉华的优质品牌内涵，更以臻善创新的意念打造别树一帜的物业，塑造现代生活新标准，契合用家需要的同时，亦为物业注入长远价值。

凭借资深经验及雄厚财政实力，嘉华国际将继续以审慎进取的策略、物色具有增长潜力的土地竭诚为客户打造优质的生活空间。

表 3-164　2019 年嘉华国际部分高管名录

姓名	职位
吕志和	主席兼董事总经理
吕耀东	执行董事
邓吕慧瑜	执行董事
吕耀华	执行董事

建发房地产集团有限公司
（J　建发）

建发房产是《财富》“世界 500 强”企业厦门建发集团旗下专业房地产开发企业，1980 年涉足中国房地产业，是福建省最早与外商合资、合作开发房地产的企业之一。

在境内外形成了房地产开发、一级土地开发、物业管理、商业管理、代建运营、关联产业投资六大业务板块。旗下控股企业建发国际投资集团有限公司（股票代码：HK01908）业务遍及厦门、上海、深圳、广州、珠海、苏州、南京、长沙、成都、武汉等 28 个城市。

2019 年全年合同销售额约 507.80 亿元，同比增 104.83%。公司致力于成为“中国优秀的房地产投资运营服务商”，已连续 8 年获得“中国房地产企业 50 强”。2019 年，建发地产完成全国布局 28 城，公司主体获评最高信用等级 AAA，位列“中国房地产开发企业综合发展 10 强”第 5 位。

依托建发集团的雄厚实力，凭借专业化的操作、科学化的管理和稳健务实的经营，建发房产成功开发了数十个高品质房地产项目，产品涉及城市核心精品、高端别墅、近郊大盘、商业地产、高端写字楼、城市综合体、大型公建等。建发房产还积极承建城市安居保障工程、构筑绿色节能建筑，并以房地产开发为核心在上、下游行业开拓出区域内领先的物业管理和土地一级运营业务，形成了旗下拥有 30 余家全资及控股企业的专业房地产开发集团。

表 3-165　2019 年建发部分高管名录

姓名	职位
庄跃凯	董事长
赵呈闽	经理、董事
施　震	总经理
程　冰	副总经理

苏州工业园区建屋发展集团有限公司
（J　建屋）

建屋集团是新建元控股集团旗下企业，注册资本 30 亿元，资产规模 130 亿元，是江苏省最大的综合性房地产开发企业之一。

建屋的一系列力作赢得了社会的认同、公众的信任和精英人士的青睐，各类项目频频获得国家、省、市级奖项。其中：伊顿小镇项目荣获由中国住房和城乡建设部、中国房地产行业协会、中国住宅产业促进中心颁发的“广厦奖”，由中国住房和城乡建设部颁发的“A 级住宅认定项目

AA级”；伊顿小镇、海德公园项目荣获由中国土木工程学会住宅工程指导委员会颁发的“中国土木工程詹天佑奖优秀住宅小区金奖”；中央景城项目荣获由中国土木工程学会住宅工程指导委员会颁发的“中国土木工程詹天佑奖住宅小区优秀规划奖”；月亮湾建屋广场、2.5产业园一期会议中心、展示中心荣获由中国住房和城乡建设部颁发的“三星级绿色建筑设计标识”。

从2004年至2013年，建屋连续8年位居“江苏省房地产综合实力50强企业”前列，连续8年蝉联“苏州房地产开发企业综合实力20强”榜首。

表3-166 2019年建屋部分高管名录

姓名	职位
凌学风	总裁

建业住宅集团（中国）有限公司（J 建业）

建业地产（HK 00832）成立于1992年，2008年6月6日在香港上市，具有中国房地产开发企业一级资质。

公司定位为中原城市化进程和社会全面进步的推动者，扎根河南27年，坚守“让河南人民都住上好房子”的企业理想与使命，并逐渐形成了“森林半岛”“联盟新城”“壹号城邦”“桂园”及“建业十八城”等产品系列，提升了河南各城市的人居水平，为河南城镇化进程的推进做出了重要贡献。

根据克而瑞机构统计，2019年公司销售额达734.3亿元。

目前，建业集团已进入河南省的18个地级城市和77个县级城市，开发项目累计交付面积约3006万平方米，拥有在建项目共123个，在建总建筑面积约2448万平方米，土地储备建筑面积约4515万平方米；荣获“2019中国房地产上市公司综合实力50强”榜单第32名，并蝉联“2019中国房地产上市公司经营绩效5强”第4位。

建业首创并践行“省域化发展战略”，根据国家城市化发展的宏观背景，扎根河南，逐步、分级向下延伸拓展业务。因业务模式所具的独特性，也被中国房地产界誉为“建业模式”。

公司整合相关物业、教育、酒店、足球、商业、绿色基地等资源，构建“私人订制”式大服务体系，于2015年6月开启由城市综合开发企业向城市居民新型生活方式服务企业的转型。2019年，建业收购天津中民筑友科技有限公司，100%控股。本次收购是集团新蓝海战略的又一力举，使建业集团旗下上市公司数量增至两家，为集团的长远发展奠定了坚实基础。

表3-167 2019年建业部分高管名录

姓名	职位
胡葆森	董事局主席
刘卫星	联席董事长
袁旭俊	首席执行官兼全资附属公司河南中原建业城市发展有限公司董事长
罗臻毓	副董事长
王 俊	执行总裁

浙江金昌房地产集团有限公司（J 金昌）

金昌集团成立于1993年，以绍兴为事业起点，布局全国，业务版图逐渐扩展至浙江、北京、广西、山东、上海等地。深耕绍兴二十余载、砥砺前行，现已发展成为备受瞩目的大型百亿级企业。

在不断推动高品质城市化进程中，金昌以地产为核心不断发展壮大，现已成为融房产开发、民生服务、金融投资三大事业部，房产、物业、商管、教育、健康、投资六大业务于一体的品质城市综合服务商。在新一代掌门人潘栋民先生的带领下，围绕品质城市综合服务商这一定位，金昌以更加开阔发展的国际化视野，积极拓展业务版图，开启多元化转型升级之路。

表3-168 2019年金昌部分高管名录

姓名	职位
潘栋民	董事长、总裁

金成房地产集团有限公司
（J　金成）

浙江金成控股集团有限公司始创于20世纪90年代中叶，凭借优厚的运营实力和优秀的品牌美誉，金成事业版图从“长三角经济圈”向外延伸，北拓新疆，南挺海南，产业辐射全国，形成了强势品牌，逐步升级成为国内领先的以复合型地产为基础的美好生活服务商。

“成为中国一流的美好生活服务商”是金成集团坚持的社会责任和企业愿景，集团贯彻“一纵两横多翼”发展战略，夯实房地产主业，协同数字经济创新共进，逐步培育壮大教育、康养、建设、农业、服务等产业，与人居产业相互协调，构建具有金成特色的规模化的美好生活生态圈，为客户提供高质量服务和高品质生活。

金成集团拥有运营十多年的国际教育品牌——英特教育，致力于对接澳洲、欧美、日本、新加坡等教育大国资源，创办K12学校，引入特色文体教育、专业化教育等，每年有大批学生输出到“世界TOP100”国际名校。英特教育成功融粿校内课程与校外运动，并打造了中国首个民办少年宫，在全国民办教育产业界享有盛誉。

金成康养品牌紧随大健康产业和数字经济的发展而迅速崛起，现有佰乐时光、佰乐驿站等项目运作连年稳中有升，筹划中的金成康复医院项目是金成集团康养产业重点培育的“创新型健康+养老”高精尖端服务项目，涵盖康复、养老和护理三大领域，旨在建立起面向社会、康养融合的综合性康复体系网络。

为充分发挥教育地产和康养地产在新城建设中的能动作用，金成集团积极促成产城融合，在湖州市吴兴区率先开发湖州国际教育小镇、南太湖大健康街区和新型商业街区项目，配合湖州市政府打造“产业、教育、健康”三位一体的“环太湖生态产业圈”示范基地，合理布局宜居、宜业、宜学、宜游的生态环境。

表3-169　2019年金成部分高管名录

姓名	职位
吴王楼	董事长

安徽金大地投资控股有限公司
（J　金大地）

1997年，是一家专业从事投资、房地产开发、商业运营、物业管理和生态农业的综合性企业集团。集团以“创造城市价值，共筑美好生活”为使命，倡导“持续改善，成功不断”的文化理念，稳健发展核心业务，积极培育创新业务，坚持市场化运作、核心团队本土化、搭建事业合伙人平台，不断创新优化业务模式，探索资本运营平台，实现企业稳步、健康和可持续发展。

作为新徽商的代表企业，金大地集团长期热心社会公益事业，践行企业社会责任、倾力回报社会。2008年，集团积极响应国家号召，向汶川灾区捐款捐物；近年来，集团持续助力安徽教育文化事业发展，赞助安徽黄梅戏社团、资助各类助学基金；响应中城联盟倡议，积极参与阿拉善环保公益事业等。

金大地集团秉承“唯超越，只为你”的品牌理念，致力于“成为可持续发展的品牌地产企业”，为实现安徽崛起、中部崛起不断奋斗。

2019年至2021年，金大地进一步优化产业结构，全新升级三年战略，提出“3142”战略，力争让金大地成为可持续发展的品牌地产企业。在三年战略中，金大地将通过实施动态管理实现差异化的集分权；继续优化完善金大地内部合伙人制度；建立高管及核心团队的医疗养老保障体系等措施提高企业核心竞争力。在市场布局上，金大地将保持新增城市与城市深耕并重，进一步优化产业布局，三年规划期内销售收入达到210亿元，将全集团带息负债率有效控制在目标范围内。

表3-170　2019年金大地部分高管名录

姓名	职位
陈淮军	董事长

金地（集团）股份有限公司
（J　金地）

金地集团（SH600383）1988 年初创于中国深圳，1993 年开始经营房地产业务，2001 年在上交所上市，是中国较早上市并实现全国化布局的房地产企业。业务包括住宅开发与销售、商用地产开发与销售及持有运营、房地产金融、物业服务与社区经营、以网球为核心的体育产业集群运营等。

根据克而瑞机构统计，2019 年公司销售额达 2106.1 亿元。

金地集团开发及持有的住宅及商用地产项目覆盖中国 7 大区域、61 座城市，并在美国覆盖东西海岸的 8 个不同城市和地区，拥有 16 个项目。

金地集团以“科学筑家”为使命，30 年来秉持“科学筑家，智美精工”的产品理念，为中国超过 60 万户家庭提供标准化、系列化的住宅与社区商业产品，是中国建设系统企业信誉 AAA 单位、房地产开发企业国家一级资质单位。

金地集团于 2019 年获得“中国房地产企业 500 强”第 16 名，连续 16 年蝉联“中国蓝筹地产”、连续 15 年跻身“沪深房地产上市公司综合实力 10 强”、连续多年位列“中国责任地产 10 强”。同时，金地集团还位列《福布斯》杂志评选的“全球最佳雇主榜单”，荣获“2019 中国年度影响力地产企业”“2019 中国年度投资价值地产企业 30 强”等多项殊荣。

表 3-171　2019 年金地部分高管名录

姓名	职位
凌　克	董事长
黄俊灿	董事、总裁
杨伟民	监事长
陈必安	董事、高级副总裁
严家荣	高级副总裁
韦传军	高级副总裁、公司财务负责人
徐家俊	董事、高级副总裁、董事会秘书，兼任金地商置集团有限公司行政总裁
陈长春	高级副总裁，兼任华北区域地产公司董事长、总经理
张晓峰	副总裁，兼任华南区域地产公司董事长、总经理
阳　侃	副总裁，兼任华东区域地产公司董事长、总经理
郝一斌	副总裁，兼任东北区域地产公司董事长
王　勇	监事、助理总裁，兼任集团战略管理部总经理
蔡占宁	助理总裁，金地物业管理集团公司董事长兼总经理
施鑫华	助理总裁，兼任华中区域地产公司董事长、总经理
朱　毅	美国公司董事长
朱克亮	西部区域地产公司董事长兼总经理
李　伟	东南区域地产公司董事长兼总经理
刘炎平	副总裁、金地商置集团商业开发公司总经理
杜　宏	东北区域地产公司总经理
曾爱辉	财务总监，兼任集团财务管理部总经理
李泽星	资本总监
祝　峥	设计总监，兼任集团产品管理部总经理
孙　静	成本管理部总经理
章　帆	信息事业部总经理
阎　冰	审计监察部总经理

金都房产集团有限公司
（J　金都）

金都房产集团有限公司成立于 1994 年，是国家建设部认定的一级资质房地产开发企业。金都集团始终坚持“专业构筑品质生活、科技引领人居未来”的发展之路，2010 年，金都集团又提出了打造“绿色建筑幸福家”的发展战略，这是集团在实施绿色建筑、科技节能总体理念的基础上绿色地产战略的又一次突破和升级。目前，公司开发足迹已遍布北京、武汉、厦门、衢州、芜湖等 9 个城市 27 个经典楼盘，总开发面积超过 730 万平方米；相继荣获住房和城乡建设部 5 项金奖、“全国物业管理示范小区”“全国人居经典建筑/环境双金奖”“中国人居环境范例奖”“联合国人居署迪拜国际优秀范例奖”“全国建设科技先进集体”“中国房地产百强之星”等荣誉；连续四届荣膺中国房地产业协会评选颁布的“广厦奖”，在全国房地产业树立了良好的企业品牌和社会知名度。

近年来，金都集团将养老、养生、医疗、文化、体育等内容融入社区生活，打造国家级康养示范社区，构建一个有金都特色的“康养”生活空间，通过金都物业的细心实践，让“康养”文化走进业主生活。公司始终坚持“健康、生态、节能、环保”理念，通过绿色人居、环保低耗、幸福生活三大体系的构建，为康养示范社区的居住品质进行全程护航。

经过25年的开发历程，公司已发展成为涵盖房地产开发建设、物业服务、实业发展、现代农业的综合企业集团，拥有众多跨界产业的金都集团，已经从单纯地专注于产品研究上升到全方位营造品质生活，逐步确立了为客户提供高品质生活、高价值服务和全力打造现代农业田园共同体的全系发展战略。

表3-172　2019年金都部分高管名录

姓名	职位
吴忠泉	主席

金辉集团股份有限公司
(J　金辉)

金辉集团是集房地产开发、物业管理、物业租赁为主营业务的大型房地产开发企业集团，拥有国家一级房地产开发资质以及国家一级金牌物业资质。1996年发轫于福州，2009年总部迁往北京。金辉秉持“全国布局，区域聚焦，城市领先”的发展战略，业务重点扎根中国长三角、中西部、环渤海、珠三角区域等经济发达与具有高增长潜力的地区。

根据克而瑞机构统计，2019年公司销售额达888.6亿元。

目前，金辉集团已进驻国内30个城市，开发项目超100个，累计开发规模逾2000万平方米，是“全国房地产企业综合实力36强”，拥有员工7000多名。

金辉集团坚持“快速开发，快速销售，合理定价，依靠专业能力获取公平回报”的经营策略，持续聚焦产品力的提升、客户全生命周期产品线的打造，强调品质型、舒适型、精品型创新，连续打造了契合城市主力中青年客群的“优步系”产品；全新舒适改善型产品线“云著系”；聚焦一、二线城市核心地段与资源，面向城市高净值人群的“铭著系”高端住宅。金辉将继续强化在住宅行业的竞争优势，全面覆盖首置、改善、高端等多重置业需求。

金辉商业涵盖写字楼、购物中心、街区商业、底商及酒店等多种商业形态，并且已进驻北京、上海、福州、重庆、西安、苏州等多个核心城市。

2019年，金辉集团荣膺“中国房地产开发企业综合实力37强”“中国房地产开发企业综合发展10强”，金辉商业荣获“中国商业地产100强”第50名、西安金辉世界城项目荣获“2019中国房地产开发企业典型项目”。

表3-173　2019年金辉部分高管名录

姓名	职位
林定强	董事长
林　宇	执行总裁
陈朝荣	执行总裁、董事
黄俊泉	高级副总裁

金科地产集团股份有限公司
(J　金科)

金科股份（SZ000656）成立于1998年，经过20余年创新发展，形成了以民生地产开发、科技产业投资运营、生活服务、文化旅游康养等相关多元化产业四位一体协同发展的大型企业集团，具备强大的综合竞争力，是城市发展进程中领先的“美好生活服务商”。

金科以国家城市群发展战略为导向，紧密围绕“三圈一带”，即京津冀经济圈、长三角经济圈、珠三角经济圈和长江经济带，进行区域战略布局，事业遍布全国23个省、直辖市、自治区，规模快速增长，效益持续提升。

根据克而瑞机构统计，2019年公司销售额达1803.4亿元。地产行业综合排名第17位，连续多年跻身“中国企业500强”“中国民营企业500强”“中国地产品牌价值10强”。

在坚持做好民生地产开发、生活服务的同时，强力推进科技产业投资运营，致力于成为国内领先的以科技创新、人工智能、互联网、大数据等为特色的科技产业园区投资、建设、孵化、运营平台；积极布局文旅康养产业，持续加大对旅游、健康、养生、教育等相关产业的投入力度。公司不断构建新的盈利增长点，具备领先的可持续发展能力。

公司以“美好你的生活”为使命，秉承创新高效、诚信务实、开放包容、共创共赢的发展理念，坚持团队职业化、管理专业化、经营规范化、竞争市场化的发展思路，以“双赢计划”为主线的事业合伙人制度，不断创新，不断超越，向世界一流卓越企业集团奋进。

公司坚持履行社会责任，积极参与精准扶贫，大力开展产业扶贫、就业扶贫、教育扶贫、公益扶贫，探索出民营企业参与精准扶贫的新模式，先后获得国家民政部授予的“中华慈善奖”，中华全国工商业联合会、国务院扶贫开发领导小组办公室颁发的“全国‘万企帮万村’精准扶贫行动先进民营企业”荣誉称号。

表 3-174　2019 年金科部分高管名录

姓名	职位
蒋思海	董事长
喻林强	总裁
刘忠海	监事会主席
方明富	联席总裁
王洪飞	联席总裁
李　华	执行副总裁

金轮天地控股有限公司
（J　金轮天地）

金轮天地控股有限公司由王钦贤 1994 年创办于中国内地，经过 20 多年的发展，金轮已布局国内两省六市，先后在江苏南京、扬州、无锡、苏州，湖南长沙和株洲开发了多个精品项目。

20 多年来，公司广大员工在行政总裁王锦辉和常务副总裁王锦强的带领下，顺天时、承地利、创人和，奋力拼搏、创新发展，2013 年 1 月金轮天地控股有限公司敲开资本市场之门，成功在香港主板上市，股票代码：1232. HK。金轮天地控股是第一支以南京为总部在香港上市的地产股。近几年，公司着重地铁上盖、高铁新城的综合体开发，产品涉及主题商业广场、地铁商业街区、精品住宅、高档酒店公寓、甲级办公等，近年开发面积约 100 万平方米，公司已发展成为专注于轨道交通资源开发的较有影响的综合型商场和住宅房地产开发企业。除房地产开发外，金轮商业管理股份有限公司同时又和多个城市地铁公司合作经营管理地铁站内商铺，经营面积近 10 万平方米。2016 年 10 月，金轮商管在新三板成功挂牌上市，股票代码：838376. OC。强大的融资平台为金轮的发展注入了更加强大的动力。

2015 年被评为“建设鼓楼突出贡献单位”（中共南京市鼓楼区委员会南京市鼓楼区人民政府），2016 年成为“江苏省工商联合会房地产商会会长单位”（江苏省工商联合会房地产商会）。

表 3-175　2019 年金轮天地部分高管名录

姓名	职位
王锦辉	董事局副主席兼总裁
钱厚森	常务副总经理
蔡力军	常务副总经理
陶　康	常务副总经理

中国金茂控股集团有限公司
（J　金茂）

中国金茂（HK00817）是“世界 500 强企业”中国中化集团有限公司旗下房地产和酒店板块的平台企业，2007 年 8 月 17 日在香港上市。中国中化集团有限公司是获得国资委批准的以地产开发和酒店经营为主营业务的中央国有企业。

中国金茂以“释放城市未来生命力”为己任，始终坚持高端定位和精品路线，在以品质领先为核心的“双轮两翼”战略基础上，聚焦“两驱动、两升级”的城市运营模式，致力于成为中国领先的城市运营商。

根据克而瑞机构统计，2019 年公司销售额达 1608. 07 亿元。

基于对城市潜能的远见，中国金茂整合国际

领先的优质资源，引进合理互生的城市规划理念，实现区域功能和城市活力的全面提升，稳健布局40余座核心城市，并成功打造了以“金茂”品牌为核心的高端系列产品。

“金茂”为中国驰名商标。自2005年以来，“金茂”品牌已连续15次入围“中国500个最具价值品牌榜”，2019年，“金茂”以285亿元的品牌价值位居第190位。中国金茂荣膺“2019年度中国房地产100强企业”第22名，同时荣登“2019年度中国房地产100强企业——盈利性10强”“2019年度中国房地产100强企业——融资能力10强”“2019年度中国房地产100强企业——成长性10强”榜单，并入选“2019年度中国房地产卓越100榜”，荣获“2019年度中国房地产上市企业30强奖项”“中国领先城市运营商”“中国酒店业最佳业主”等多个奖项。

表3-176　2019年金茂部分高管名录

姓名	职位
宁高宁	主席兼非执行董事
李从瑞	执行董事兼首席执行官
江　南	首席董事兼首席财务官
宋镠毅	执行董事兼高级副总裁
张　辉	高级副总裁
陶天海	高级副总裁
魏　浙	高级副总裁
廖继勤	首席会计师兼合资格会计师及公司秘书

上海金桥出口加工区开发股份有限公司
（J　金桥股份）

上海金桥出口加工区开发股份有限公司主要经营项目为房地产开发。公司始终坚持用户至上，用真诚的服务去打动客户，以“诚实守信，客户至上”为原则，而在产品方面则以“品质为本，精益求精”作为自己的实践标准，力求给客户提供全方位优质服务的同时，也使企业得到长久发展。

区域开发高端为主，房产开发租赁为主。开拓资源精工细作，品牌战略跨出区域。规划经营管理输出，稳步扩展公司产业，确保利润持续增长，实现公司强劲发展。

二十多年来，公司在开发、运作金桥开发区及碧云国际社区方面积累了丰富的经验，并已在这一领域树立了品牌优势。主要表现为以金桥开发区为核心，配之以较为完善的国际社区开发建设，在经营管理上从组织结构到运作流程都已较为成熟，尤其是在规划、设计上具有先进理念，在开发和营运上具有丰富经验，在集聚产业项目和引导开发区发展上具有较强的综合协调能力。

表3-177　2019年金桥部分高管名录

姓名	职位
王　颖	董事长

南京金融城建设发展股份有限公司
（J　金融城）

南京金融城建设发展股份有限公司是市政府为推动南京金融城建设而成立的国有企业。公司于2011年正式设立，自2012年承接河西CBD金融城项目，助力金融产业提升，致力于打造具有国际水准的地标性金融企业集聚区。

金融城项目占地面积79629.8平方米，项目总投资约82亿元，坐落于河西中央商务区核心地段，是南京区域金融中心规划建设的核心功能载体，是推动南京金融服务业转型升级的重点项目。

金融城将参照国际标准，统筹建设金融市场、金融交易服务、信息发布、云计算等一体化金融服务平台，吸引金融与准金融企业入驻，形成各类现代金融工具、金融衍生产品集聚的金融产业发展高地。

建设南京金融城是南京市加快河西金融集聚区建设、推动南京现代服务业高端发展的重要途径，是打造承接上海、覆盖江苏、辐射皖赣、延伸中国的泛长三角区域金融中心的重大举措，是助力建设南京区域金融中心城市、提升城市综合竞争力的战略决策。

表 3-178　2019 年金融城部分高管名录

姓名	职位
冯金江	总经理

金融街控股股份有限公司
（J　金融街）

金融街（SZ000402）2000 年在深交所成功上市，是一家以商务地产为主业的大型开发运营控股公司。金融街二十年如一日坚持稳健经营，规范运作，健康发展，形成了独特的发展战略和经营模式，在商务地产开发领域取得了出色的业绩。

根据克而瑞机构统计，2019 年公司销售额达 331.2 亿元。

目前，金融街累计开发面积超过 2000 万平方米，产品涵盖区域开发、商务综合体、高端写字楼、商业、住宅以及政府保障工程，服务对象几乎遍及整个中国金融业。

公司深耕五大城市群（京津冀、长三角、珠三角、成渝、长江中游）的中心城市，拓展环五大城市群中心城市（北京、天津、上海、苏州、广州、深圳、重庆、成都、武汉）一小时交通圈的卫星城/区域，服务通州副中心和雄安新区的国家战略，适时拓展海外市场。

公司以开发销售业务和资产管理业务为双轮，以四大产品体系（商务产品、住宅产 品、特色小镇产品、金融集产品）、四大服务体系（商务产品服务体系、住宅产品服务体系、特色小镇服务体系、金融集服务体系）为抓手，打造房地产全价值链业务平台。

表 3-179　2019 年金融街部分高管名录

姓名	职位
高　靓	董事长
吕洪斌	总经理
盛华平	常务副总经理
王志[illegible]	副总经理
[illegible]	副总经理
[illegible]英杰	副总经理
张梅华	财务总监

续表

姓名	职位
张晓鹏	副总经理、董事会秘书

辽宁金沙房地产集团有限公司
（J　金沙）

金沙房地产 2001 年成立以来，即以品质为本的开发理念，开始了都市家园的寻找、开发与建造。10 年开发历程，所到之处均本着“新居住、新城市、新生活”的开发原则，以前瞻的眼光捕捉城郊接合部的商机，用经典之作标注城市肌理，进军本土企业百强。

表 3-180　2019 年金沙部分高管名录

姓名	职位
余锦霞	总经理

陕西金泰恒业房地产有限公司
（J　金泰恒业）

陕西金泰恒业房地产有限公司是陕西省人民政府直属国有特大型企业陕西省华秦投资集团有限公司控股、陕西省煤田地质集团有限公司和陕西省电力建设投资开发公司参股的国有企业，成立于 2002 年 10 月，注册资本金 6 亿元，具有国家房地产开发企业一级资质。

十几年来，金泰恒业扎根西安，辐射三秦，北上山东、南下琼州，东进上海，开疆拓土，累计完成和正在开发建设项目 20 余个，公司已成长为以高尚住宅开发为主，商业、酒店、办公、文化、养老、产业园区、绿色建筑等多元化布局的综合性实力地产企业。

表 3-181　2019 年金泰恒业部分高管名录

姓名	职位
马亚鹏	董事长
俞向前	总经理

金新控股集团有限公司
（J　金新控股）

金新控股集团有限公司成立于 1998 年，是一家注册资本为1亿元，具有房地产开发一级资质的集团公司。集团主营业务为地产开发，业务范围涵盖医疗健康、金融资本、机械制造、商旅酒店等领域。

公司成立以来坚持以“金的品质，新的理念，以人为本，服务社会”为企业宗旨，力求建造规划合理、设计新颖、施工优良的房产精品，相继开发建设了新天地花苑、青山湾花园、金百国际、香缇湾花园、金新鼎邦、金新御园、青枫公馆、青枫壹号生态示范小区、南京常宁·青山湾、昆山纳帕溪醍等一批经典房地产项目，并为政府开发建设了金鸡花园、金梅花园、金新润园、上海浦东馨汇佳园等安置小区，累计开发面积近300万平方米。发展至今，集团公司已形成了以地产板块为主，健康、投资、制造业和酒店业为辅的一体四翼发展格局。

自2005年以来，金新控股连续13年入选“江苏省房地产开发50强”和“常州市五星级企业”。除地产主业外，健康、投资等业务板块也呈现出蓬勃的发展潜力，多元化的产业布局成为企业核心竞争力之一，多元化的产业融合也为企业的转型升级提供了强劲的动力。

表3-182　2019年金新控股部分高管名录

姓名	职位
吴伟良	董事长

北京金隅地产开发集团有限公司
（J　金隅）

金隅集团成立于2005年，2009年7月29日在香港上市，2011年3月1日在上交所上市。金隅集团是北京地区综合实力最强的房地产开发商之一，也是北京地区开发最早、项目最多、体系最全的保障性住房开发企业。金隅集团以建筑材料制造为主业，纵向延伸出房地产开发、物业投资及管理等产业，形成中国大型建材生产企业中独一无二的纵向一体化产业链结构。

根据克而瑞机构统计，2019年公司销售额达307.7亿元。

房地产开发业务覆盖环渤海、长三角、成渝三大经济圈，在京、沪、津、渝四个直辖市以及杭州、南京、合肥、海口等14个省会城市或区域中心城市实现战略布局，被住房和城乡建设部授予“国家住宅产业化基地”称号，是北京市首个获此殊荣的房地产开发企业。

金隅集团也是北京地区最大的投资性物业持有者与管理者之一，在京持有高档物业约120万平方米（包括投资性物业约72万平方米）、物业管理面积（包括住宅小区和底商）约1200万平方米，专业化能力、品牌知名度、出租率和收益水平多年保持北京乃至全国业内领先水平。与此同时，以凤山温泉度假村、八达岭温泉度假村等为代表的度假休闲产业，已形成较大的产业规模和良好的社会知名度。

集团位列“中国500强企业”“中国企业效益200佳”和“全国企业盈利能力100强”，先后荣获“中国绿色建筑装饰产业示范基地”“全国企业文化示范基地”“国际企业文化核心竞争力10强”“中华环境奖”“北京十大影响力企业”等殊荣。

表3-183　2019年金隅部分高管名录

姓名	职位
姜德义	董事长
姜长禄	副总经理
姜英武	副总经理
王肇嘉	副总经理
刘文彦	副总经理
陈国高	副总经理
安志强	副总经理
张晓兵	总经理助理、金隅大成总经理、金隅嘉业总经理
胡　娟	总经理助理
张登峰	总法律顾问、财务资金部部长、运营与信息化管理部部长（兼）

广西金源置业集团有限公司
（J　金源）

广西金源置业集团（简称“金源集团”）成立于2006年，前身为创立于1995年7月的广西金源房地产开发有限公司。截至2015年底，金源集团总资产约 45 亿元，下辖 20 多个全资或控股子公司，拥有员工 1200 多人。集团现在正在开发及储备项目建筑面积逾 200 万平方米，下辖子公司经营多个汽车品牌，是一家以房地产经营管理为主业、兼营汽车销售服务及项目投资管理的大型集团公司。

表 3-184　2019 年金源置业部分高管名录

姓名	职位
梁文红	总裁

锦艺置业集团有限公司
（J　锦艺置业）

锦艺集团是一家多元化控股企业集团，下辖二十余家子公司，其中包括上市公司、国家级高新技术企业、行业百强企业等，分布在香港、福州、郑州、广州、重庆、深圳、苏州等经济发达地区和高速增长地区，形成了产业和区域的综合均衡布局。集团目前已成功培育地产、商业、新材料、纺织、金融、互联网等六大产业板块，并涉足教育、康养等产业，成为年销售收入逾 200 亿元的企业集团。

集团地产投资覆盖河南、福建、广东、浙江、云南、重庆、四川、深圳等地，持续开发的数个大型城市综合体项目为业内瞩目，成功迈入业内领先的精品地产开发商行列。

根据克而瑞机构统计，2019 年公司地产销售额达 81.1 亿元。

2006 年，锦艺集团进入地产业，并以此为核心横向产业扩张，现已成为涵盖地产物业开发、大型购物中心运营及互联网平台运营为主力产业结构的智慧城市运营商。

从 2008 年 8 月开始陆续开发了锦艺新时代、锦艺怡心苑、锦艺国际华都、中原锦艺城、锦艺国际轻纺城、龙湖锦艺城、锦艺金水湾及锦艺四季城等多个项目。截至目前，累计已开发约 1000 万平方米的住宅、大型购物中心、酒店等物业，目前持续开发大型综合性地产项目超过 1000 万平方米，拥有土地储备数千亩。

锦艺集团秉持“诚信、敬业、团队、共赢”的核心价值观、“持续为社会创造价值”的企业使命、“懂生活，选锦艺”的品牌理念，致力于为客户打造高品质的生活方式与全方位的生活体验，成为涵盖地产物业开发、大型购物中心运营及互联网平台运营为第一产业结构的领先的智慧城市生活运营商，与中国经济共成长。

表 3-185　2019 年锦艺置业部分高管名录

姓名	职位
陈锦焰	董事局主席

京汉实业投资集团股份有限公司
（J　京汉实业）

京汉实业投资集团股份有限公司（简称“京汉股份”）成立于 1996 年，注册资本 78025 万元，总部位于北京。

京汉股份是一家在健康养老、绿色纤维、主题小镇、健康住宅、建筑工程等领域，进行全国布局、多元化发展的 A 股上市公司，股票代码 000615，资产总额超 100 亿元。

近年来，京汉股份正在加速战略转型，以健康产业为主导，整合全球相关资源，努力发展成为中国最受赞誉的健康生活提供商。

“双轮驱动，产融并举”，这是京汉集团在 2015 年成功上市之后的战略决策。为此，京汉已着力布局与企业基因相匹配的健康产业，并开始了新一轮大刀阔斧的业务扩张。在原有的房地产、化纤业务板块基础上，积极拓展养老康复、文化旅游等产业投资，并致力于将产业导入落后贫困地区，全力配合国家扶贫战略，实现“产业报国”的初心。

表 3-186　2019 年京汉实业部分高管名录

姓名	职位
田　汉	董事长

京基集团有限公司
（J　京基）

京基集团成立于 1994 年，总部位于深圳，辐射北京、天津、湛江、云浮等城市。历经 25 年的稳健发展，已发展成为一家集地产开发、科技智能、金融投资、商业运营、文化教育、现代农业六大核心业务板块并存的规模化、多元化、集团化的综合性企业。

京基以产业经营与资本经营并举的发展模式，稳健发展，不断创新，形成了“房地产主业突出，金融、文化、科技等相关产业并举发展”的产业布局。其中，房地产开发经营作为集团的核心主导产业，所开发项目涵盖住宅、写字楼、酒店等多种类型；商业地产、农业、文化等产业具有较大的规模和较强的实力。

京基把树立企业社会责任理念作为企业文化建设的重要内容，京基旗下各公司年年被深圳市政府授予“守法纳税大户”，至今已累计向国家缴纳税收数亿元。同时，京基积极回馈社会，截至2018年底，陈华董事长代表京基集团向社会公益事业累计捐赠善款近3亿。2019年，京基集团被授予“履行社会责任杰出企业”荣誉称号。

未来，京基集团将以房地产业务为发展战略核心，深耕深圳，并在其他多元领域进行更多的探索和构建，同时对城市、对生活、对美好的理解与定义进行积极的思考和尝试，持续为客户提供高品质、专业化的产品和服务，为城市构筑更为美好的未来。

表3-187　2019年京基部分高管名录

姓名	职位
陈　华	董事长、总裁
陈家荣	副总裁
杨玉雄	京基地产总裁
李传玉	副总裁

京能置业股份有限公司
（J　京能）

京能置业（SH600791）前身为贵州华联股份有限公司，成立于1993年12月，1997年在上交所上市，现为京能集团旗下地产业务平台，从一个地区性商贸旅游公司转型为全国性的房地产开发企业。业态主要包括商业地产与住宅开发、存量物业出租经营、城市综合体运营，拥有工程勘察、设计、施工等资质，已具备开发、经营、物业管理等全产业链运营能力。

京能置业参控股企业包括北京国电房地产开发有限公司、北京天创世缘房地产开发有限公司等七家地产类公司，开发的项目有天创世缘住宅小区、国典华园、国典大厦、天创科技大厦等，在建项目与储备项目总建筑面积均超过800万平方米。

公司确立了以实现规模化发展为中心，推行“五精管理”，打造“三基九力团队”拥有一支稳定专业的房地产开发队伍。在北京、天津等重点区域拥有良好的品牌价值和社会效应，具备区域深耕潜力及深耕占有力。2019年，公司加强市场形势研究，打造低碳智慧型房地产项目；深入研究新型城市化建设模式理念、绿色小镇、集体用地建设租赁住房等特色开发模式；适时介入棚户区改造项目；加强重点区域即京津冀及一线城市的市场调研跟踪，抓住京津冀协同发展、雄安新区规划建设等重大战略机遇，在项目拓展方面取得新进展。借助控股股东的业务优势与其产业协同，打造具备京能特色的房地产开发企业。

表3-188　2019年京能部分高管名录

姓名	职位
周建裕	董事长
王怀龙	总经理
马　俊	副总经理

京投发展股份有限公司
（J　京投）

京投发展（SH600683）创建于1992年，是一家以房地产开发为主营业务并逐步涉及多元产业发展的综合性企业。近年来，京投发展迅猛发展，先后涉足住宅、高端综合体、商业、别墅、酒店、区域开发等多业态领域，投资并开发近20个项目，迅速壮大成为一家总资产443亿元的大型国有控股企业。

作为北京市基础设施投资有限公司旗下市场化房地产二级开发的唯一平台，公司擅长轨道交通车辆基地一体化开发，将原来单纯由政府投资的地铁停车场或检修段转变为可以建设的土地资源，是土地集约化利用的典范。

公司已形成以轨道交通车辆基地开发为核心，沿轨道物业上下游进行纵向拓展，兼顾小镇开发为特色的多元化发展模式，开创了独树一帜的轨道交通车辆基地开发模式，是中国轨道物业的开拓者。

公司依托大股东资源，凭借专注、专业、专擅、专攻的企业优势，在减振降噪技术领域获得多项技术专利，形成技术产品，并在项目上实施应用，达到国际先进水平；公司积累了丰富的项目操作经验，在北京，以公园悦府、琨御府、西华府等为代表的轨道交通车辆基地开发项目，以骄人的销售业绩及项目品质傲领区域市场，实现社会效应和经济效应的双赢，奠定了公司“亚洲轨道物业专家”的地位。

京投发展根植北京，茂盛全国，提出“TOD智慧生态圈”的理念，强调对城市、地铁、业主三个层面提供可持续性服务，恢复城市活力，带动区域经济发展，为消费者打造“地铁一体化集约生活”。

表 3-189　2019 年京投部分高管名录

姓名	职位
魏　怡	董事长
高一轩	副董事长、总裁
贾卫平	财务总监兼董事会秘书
潘长青	副总裁
田　锋	副总裁

长春经开（集团）股份有限公司（J　经开）

长春经开（集团）股份有限公司当前主营业务分为四大类，即：房地产开发、热力产业、基础设施建设、现代服务业。公司主营长春经济开发区的土地开发和基础设施建设，通过股改进行资产置换，将重点向房地产开发业务转型。公司通过资产置换进来的优质土地资源及其二级拿地特权，项目所在地的南部新城和开发区是未来长春市的热点和高档市场所在。长春经开（集团）股份有限公司原名“长春经济技术开发区开发建设（集团）股份有限公司”，系经长春市经济体制改革委员会文批准，于 1993 年 3 月以定向募集方式设立的股份有限公司，设立时注册资本为 1.8 亿元。1999 年 7 月经中国证券监督管理委员会批准，公司向社会公开发行境内上市的人民币普通股 7500 万股，并于 1999 年 9 月在上海证券交易所上市挂牌交易，公司注册资本变更为 2.55 亿元。经过 2000 年 5 月公司实施送股利润分配和 2003 年 6 月经中国证券监督管理委员会核准后本公司实施配股之后，公司注册资本已增至 35771.76 万元。

表 3-190　2019 年经开部分高管名录

姓名	职位
吴锦华	董事长
倪伟勇	CEO

中国·经纬置地有限公司（J　经纬）

中国·经纬置地有限公司成立于 1996 年，总部位于上海，为经纬集团、香港经纬国际投资控股负责中国大陆地区商业及住宅产业开发的专门机构，是中国国际商会、中国国家委员会国际商会副会长单位，中国经济社会理事会常务理事单位，全国工商联房地产商会副会长、轮值主席单位；曾先后被评为“中国住宅产业十大品牌企业”“中国最值得尊敬房地产品牌企业”“中国房地产诚信企业”“中国建设系统企业信用信誉 AAA 级企业”等多个荣誉称号，所开发项目先后获得“联合国国际人居贡献奖”“中国特色大盘金奖”等多项大奖。

企业开发了上海和泰苑、祥泰苑、经纬城市绿洲系列等多个房地产项目；在长三角、珠三角、环渤海三大区域多个城市拥有项目，包括位于上海中环附近黄金地段、天津滨海新区、广东汕头特区等其他城市的多个项目。经纬置地一直非常看好中国的房地产行业发展前景，在深耕中国三大核心经济区域的同时，将伺机进入其他新的区域及重点城市寻求投资发展机会。

表 3-191　2019 年经纬部分高管名录

姓名	职位
陈经纬	主席

景瑞地产（集团）有限公司
（J　景瑞）

景瑞控股（HK01862）始于 1993 年 9 月，2013 年在香港上市，成为一家涵盖房地产开发、建筑装修、商业运营及物业管理的全国化领先品牌的上市公司，具备房地产开发企业国家一级资质。旗下设立景瑞地产、锴瑞投资、景瑞公寓、优钺资产、合福资本等五大平台。自 2003 年起迈出上海，先后进入重庆、天津、苏州、杭州、宁波等城市，完成长三角地区、西南地区以及环渤海地区的战略布局。

根据克而瑞机构统计，2019 年公司销售额达 319.3 亿元。

项目已全面覆盖所有直辖市及长三角一、二线核心城市，18 城 91 盘联袂开发，共为 69000 户业主提供了温暖的家。公司多次蝉联“中国房地产开发企业 40 强”“中国房地产百强运营效率 10 强”和“中国房地产开发企业品牌价值 50 强”等荣誉。

公司明确以打造“以客户价值为导向”的双轮驱动业务模式。一方面，以打造基金化运作的轻资运营模式，从“重资粗放式”的地产开发模式，向“轻资精细化”的服务模式转变；另一方面，围绕“客户价值设计”，打造并输出系统化能力，专业服务内外的各类客户，成为最懂生活和建筑的资产管理引领者。

表 3-192　2019 年景瑞部分高管名录

姓名	职位
闫　浩	执行董事、联席主席兼首席执行官
陈新戈	集团创办人及联席主席
许朝辉	集团副总裁

九龙仓集团有限公司
（J　九龙仓）

九龙仓集团（HK00004）始创于 1886 年，历史悠久，是香港第 17 家成立的公司，扎根香港，实力雄厚。恒生指数在五十多年前成立时，九龙仓已获纳入首批成分股的 30 家公司之中，至今仍是交投最活跃、最值得持有的本地蓝筹股之一。集团凭借“创建明天”这理念以及卓越的管理及执行力，多年来表现稳健，极具高效益。

根据克而瑞机构统计，2019 年公司销售额达 220.8 亿元。

集团在 2017 年 11 月分拆香港的投资物业在港上市，即九龙仓置业地产投资有限公司。此后，九龙仓集团的业务大部分与物业相关，包括香港和内地的投资物业、酒店和发展物业。其他业务包括经营物流业务的现代货箱码头及香港空运货站。

集团奉行审慎的土地采购政策，并策略性聚焦于一、二线主要城市，土地储备共 360 万平方米。投资物业以国际金融中心系列为主导，坐落于长沙、成都、重庆、苏州及无锡等潜力深厚的城市，各项目均位处当地中央商务区或新中央商务区的核心地带。凭借其优越位置、精心规划及设计、零售商及顾客的群聚效应以及卓越的管理，各国际金融中心项目现已成为当地潮流新地标。

表 3-193　2019 年九龙仓部分高管名录

姓名	职位
吴天海	董事会主席
李玉芳	董事会副主席、执行董事
徐耀祥	董事会副主席、财务总监

江苏九洲投资集团有限公司
（J　九洲投资）

江苏九洲投资集团创建于 1988 年，初期为苏沪市场流通领域的标杆企业，1993 年开始投资地产开发行业，2004 年开始涉足创业投资领域。

历经二十余载成长与积累，九洲集团已形成以创业投资、地产开发、资产经营为主的多元化发展格局。

创业投资是九洲集团的核心竞争力。从2004年迈出资本运作的第一步起，九洲创投一步步发展壮大。目前，九洲创投管理的基金规模达数十亿元，所投的高、新、绿项目都取得了较好的业绩，为中小企业转型升级起到了积极的推动作用。2015年，成立九洲创投园，用“创投资本+投后管理+高新绿企业”的新模式，建成了一个经营高新绿、服务高新绿、集聚高新绿的创新、创业园区。

地产开发是九洲集团的常青树。自进军房地产业起，九洲本着“精雕细琢，打造精品”的开发理念，在常州及周边城市着力开发建成了20多个优秀住宅项目和商业地产项目，均得到了市场的热烈响应与追捧。

资产经营是“百年九洲”的根基。在经营资产的过程中，九洲采取多种方式并行，坚持诚信经营，运作涵盖的商业资产涉及多个领域，包括超市租赁、市场招商、星级酒店、商务写字楼、城市综合体等，均取得了不俗的业绩。

九洲集团发展不忘回报社会，作为常州市慈善总会副会长企业，各项捐赠累计超1亿元。集团自2007年以来每年均被常州市政府评为“现代服务业五星级企业”，其间先后获得江苏省、常州市其他多项荣誉称号。

表3-194 2019年九洲投资部分高管名录

姓名	职位
刘灿放	总裁

君地置业集团有限公司
（J 君地）

上海君地投资集团成立于2005年6月，是一家以房地产开发经营、物业管理和酒店投资及经营管理为主的集团。

君地以“选择价值成长空间较大的地区，选用一流的专业合作伙伴，开发本地区高品位项目，建造高品质产品，以优秀的产品提升企业盈利能力”为经营理念。

在这个经营目标的指导下，君地的项目以高尚的品位、优雅的风格以及实用性、舒适度吸引客群，公司开发的楼盘受到市场的广泛认可，逐渐在苏州地区积累了品牌知名度和市场美誉度，成为苏州地区知名的优秀房地产开发商。

公司正在开发建设及运作的项目有5个，分布在苏州工业园区、苏州高新区、苏州吴江汾湖开发区等，开发面积约150万平方米，开发业态有：高层、小高层、花园洋房、别墅、商业、酒店公寓、酒店等。此外，君地还有一家已经营业的四星级假日酒店和五星级公寓酒店。接下来，君地还将在昆山打造13万平方米的商业项目。

表3-195 2019年君地置业部分高管名录

姓名	职位
姚旭升	董事长

君华集团有限公司
（J 君华）

君华集团的前身为创立于1997年的广州君华经济发展有限公司，17年来，在以董事长张劲带领下，君华集团顺应经济发展趋势，准确把握中国经济发展的每一次大机遇，成功规避中国经济发展的每一次系统性风险。

君华集团有限公司以产业为平台，以金融理念为指导，以资本运作为导向，坚持多元化的专业发展战略；逐步形成了以广州为核心、全国20多个主要城市为基础、远拓海外的庞大事业版图；奠定了今天年销售额超过250亿元，产业布局横跨房地产、金融投资、金属贸易、汽车贸易、新型社区运营等领域的大型民营企业集团。

表3-196 2019年君华部分高管名录

姓名	职位
张　劲	创始人
范佳昱	副董事长

俊发集团有限公司
（J 俊发）

俊发集团是集房地产开发、房建工程、市政道路、物业服务、商业及酒店运营及其他多元板块为一体的全国性综合集团公司，成立于1998年，是“中国房地产50强企业”，位列“中国物业服务企业30强”“中国房地产品牌价值30强”“中国房地产城市更新10强”，连续11年蝉联昆明市场占有率第1名，连续5年位列“云南省非公企业100强”第1名。

俊发集团以“品质筑就生活”为企业理念，以“城市更新综合服务商”为企业定位，在“深耕云南，布局全国四大区域”的战略下，目前已在昆明、大理、丽江、西双版纳、成都、贵阳、上海、无锡、西安、深圳、佛山、广州、石家庄、万宁、泰国普吉15个国内外城市开发建设百余个项目，为60万余户业主家庭打造了品质幸福人居。

在企业发展的同时，俊发集团积极履行企业公民的社会责任，2007年6月1日，“云南省俊发教育扶贫基金会”正式成立。截至2020年2月29日，俊发集团累计社会公益捐款4.64亿元，为社会公益事业做出了应有的贡献。

未来，俊发集团将继续坚持“城市更新综合服务商”的定位，以客户需求为导向，以客户满意为目标，致力于城市更新，结合城市生态环境改善、历史文化保护、公共设施配套完善、产业结构调整等多种方式不断创新和变革，为城市、为客户提供更加丰富多样、更加有品质的产品及服务，实现从传统开发型企业到技术服务型企业的转型。

表3-197 2019年俊发部分高管名录

姓名	职位
李　俊	董事长
李镇延	集团总裁
周军平	集团执行总裁
王振宇	云南区域集团副总裁
王晓亮	集团副总裁

续表

姓名	职位
赵剑坤	集团副总裁
周　建	总裁助理
李良海	集团财务总裁助理

浙江郡原地产股份有限公司
（J 郡原）

浙江郡原地产股份有限公司是国家房地产开发一级资质企业，主营房地产开发及物业投资，涉足领域包括居住物业、高端居住物业、商业物业、办公物业、旅游景观房产等多个地产开发方向。同时，在策划定位、规划设计、工程营建、招商运营等各个地产阶段都有专业的团队和国际级的外部资源。

公司的主要管理团队均为浙江省最早从事房地产开发和经营的专业人士，具有十余年的专业工作经验。作为一家以产品定位精准、设计把握精确、施工管理精细见长的专业地产公司，郡原在产品层面不计代价的投入与执着为杭州先后带来了公元大厦、九树公寓等顶级项目。其中，九树公寓作为国内唯一的住宅项目，与北京鸟巢、水立方等一起荣膺“2009年度英国皇家建筑师学会国际大奖”。

“诚信守正，精益求精”是郡原的企业精神。公司希望把每一个地产项目都建设成为精品，让客户和员工在精神和物质上都体验到人生的快乐。

表3-198 2019年郡原部分高管名录

姓名	职位
许广跃	董事长

杭州开元房地产集团有限公司
（K 开元）

杭州开元房地产集团有限公司成立于1998年，是一家融房地产投资开发、装饰工程为一体的综合性集团企业，具备国家城市综合开发、装饰工程两个国家一级资质。开发轨迹正以长三角为中心向周边辐射，并逐步进军全国市场。

公司致力于旅游房产和商业复合地产开发，并提炼出了“住宅+商业+酒店+旅游”复合联动开发模式，实现了房地产业与酒店产业、旅游产业多轮驱动。曾先后获评“杭州市十大品牌房产”“中国（杭州）十大城市运营商”“中国十佳旅游房地产企业”“中国房地产企业百强”等荣誉。

开元房产秉承“星级服务，星级房产”的开发理念，推进服务升级，同时积极储备土地、完善产品体系，进一步融合商业地产、旅游地产、养老地产等多元化业务组合模式。

表 3-199 2019 年开元部分高管名录

姓名	职位
陈灿荣	董事长

康大时代房地产开发有限公司
（K 康大时代）

康大集团——青岛的本土企业，早在 25 年前，就以超越时代的战略眼光，落址西海岸新区，是西海岸第一家实现双重上市的企业。康大时代房地产开发有限公司成立于 2000 年，是康大集团旗下重要板块，也是青岛本土综合实力最强的房地产企业之一。

公司成立以来，以“创造健康生活”为使命，以专筑美好“生活家”为愿景，陆续开发了康大·风和日丽、康大·凤凰国际等十几个项目，涉及住宅、商业、写字楼、综合体等多种业态，同时涉足高端商务酒店、度假式酒店、餐饮店的开发建设和经营管理，开发规模居青岛市前列。

经过近 20 年的发展历程，康大地产以“建设精品楼盘，打造品牌企业”为指导方针，实施“精细化、特色化、品牌化”战略，秉承“精品楼盘，精细制造”理念，凭借雄厚的实力和开发经验，2009 年被中国房地产测评中心评为“中国房地产开发企业 500 强”，2012 年进入“青岛市本土房地产企业 10 强”。2019 年康大开启品质开发之路，聚焦城市核心地段，将产品与中国文化相融合，康大地产正迈着坚实的步伐走专业化、标准化、规模化的发展道路。

未来康大集团将秉承一贯“事业同创，成就共享”之核心理念，发扬“诚信务实，创业不止”的企业精神，以“康大、建筑、理想、生活”全新房地产开发理念始终走在房地产企业前列。

表 3-200 2019 年康大时代部分高管名录

姓名	职位
高思诗	董事长

康桥集团
（K 康桥）

康桥集团 2002 年成立，经过 17 年发展，成为全国知名的房地产企业，业务涵盖房地产开发、大服务、产业文旅、代建、装饰等领域，聚焦中原地区、西部省会、京津冀、长三角、珠三角等城市群，累计开发项目 40 余个，开发面积 2000 余万平方米，拓展社区 3000 余万平方米，服务业主 27 万余户。

根据克而瑞机构统计，2019 年公司销售额达 322.2 亿元。凭借稳健的运营，集团荣膺“2019 中国房地产开发企业品牌价值华中 10 强”第 1 位。

集团在注重企业发展的同时，把握中国社会发展态势，围绕传统地产开发的主体，构建产业文旅、大服务两翼发展的全生命周期综合运营商。在以人文精神为载体、“品质筑家，相伴一生”为使命的同时，康桥坚持“一个主体两翼发展”的战略，以人文关怀引领产业品质升级，积极推进行业健康发展；从住宅生态环境要求到构建人文品质空间的追求，为满足人民对美好生活的各方面需求，做出积极贡献。

康桥集团以人为尺度，把匠心融入建筑，从对城市、生活、空间的价值考究，沉淀出“景观、建工、物业、体验、研发”的康桥产品核心竞争力“5+好房”，打造更具品质的高端产品。

表 3-201　2019 年康桥部分高管名录

姓名	职位
宋革委	董事长
朱荣梅	执行总裁
康　杰	副总裁
陈胜利	副总裁

浙江科尔房地产有限公司（K　科尔）

科尔集团始创于 1995 年，是一家以纺织为主导，投资、贸易为辅助，房产为支柱，黄金珠宝为新发展的多元化综合型企业。截至 2018 年底，科尔集团总资产 36.5 亿元，年上缴税费 2.3 亿元，员工 1000 余人。

集团在房产领域以高起点、高标准为导向，从最初的城南佳作“南城景园”“南城嘉园”“南城臻园”成功启航，经过鼎立之作“科尔世纪外滩”的乘风破浪，科尔房产在本地已成功树立高端项目品牌，在开发的“博亚时代中心”写字楼更是让人拭目以待。科尔房产始终坚持“立足杭州，挥戈长三角，布局全国”这一渐进式发展思路，致力于帮助客户实现更美好的生活体验。“善筑者致远”，未来，科尔房产将向客户提供更多超越期望的产品和优质的服务。

科尔人秉承“求实、诚信、创新”的经营理念，将优质产品视为对客户的责任，将客户视为自身永远的伙伴，使员工和客户共享事业发展。

表 3-202　2019 年科尔部分高管名录

姓名	职位
朱善庆	董事长

北京空港科技园区股份有限公司（K　空港股份）

北京空港科技园区股份有限公司（简称“空港股份”）成立于 2000 年 3 月，由北京天竺空港工业开发公司作为主发起人，联合顺鑫农业、华大基因等四家公司共同发起设立，是国内唯一一家临空型园区类上市公司。空港股份于 2004 年 3 月在上海证券交易所发行上市，股票代码 600463，注册资本 3 亿元，控股股东为北京天竺空港经济开发公司。

空港股份毗邻首都国际机场，临空优势得天独厚。按照“规划高起点、建设高标准、管理高水平、开发高效率”的发展原则，推动旗下各园区及周边地区向“空港城”的迈进，协力顺义区城市化进程的加快发展。公司主要从事工业地产开发、建筑工程施工、标准厂房经营、物业管理和工业地产业务。在发展方向和定位上，以园区的开发建设为基础，通过加大房地产开发力度、不断优化产业结构、增持优质物业，实现土地资本、科技资本与金融资本相融合，保持土地开发业务稳定增长，促进建筑施工业务的规模增长，大力拓展标准化厂房增值业务，积极发展高附加值临空工业地产，从而全面推动空港股份的可持续发展，在同行业中赢得了较强的竞争优势和优异的经营业绩。公司在临空产业园区、工业地产及商务办公等产品开发方面不断积累经验，对临空经济产业发展及工业地产有着深刻的理解，通过产品创新，打造出 MAX 企业独栋品牌，成为临空工业地产开发领域的先行者。

表 3-203　2019 年空港股份部分高管名录

姓名	职位
卞云鹏	董事长
宣顺华	总经理

坤和建设集团有限公司（K　坤和建设）

坤和集团前身为杭州龙信物业发展有限公司，由李宝库先生于 1995 年 6 月 19 日创建于浙江省杭州市。1998 年 8 月 19 日，公司正式命名为杭州坤和房屋建设有限公司，英文名称为“Canhigh”，正方九宫的企业标识得以启用。2007 年 9 月 25 日，经国家工商行政管理总局批准，公司正式更名为“坤和建设集团股份有限公司”。

1995 至今，坤和已累计投资开发面积逾 1200 万平方米，涵盖住宅、写字楼、商业中心、社区中心、学校等各种产品类型，为逾10万户居民及商户提供了优质的生活、商业和学习场所，所开发的一系列经典项目遍布浙江主要城市，均受到当地市场的极大关注，更以其品质、文化内涵及居住群体，带动了周边社区从环境到文化的深刻变化。

二十余年以来，坤和始终专注于房地产开发投资领域的持续稳健增长、持有并拓展优质物业经营管理，与业内优秀的产业协作伙伴建立健康、共赢的产业协作平台，并分享发展中创造的价值。同时，积极开展围绕房地产产业链上下游的股权投资等业务，为公司及客户实现财富保值、增值。坤和集团的企业愿景是“通过打造追求卓越、赢得信赖、有质量持续增长的现代示范企业，实现客户、员工、协作伙伴、投资者满意，实现自我的丰盛精彩，为创建美好社会有所贡献”。坤和集团以“善意守正，自尊自强，勇敢担当，卓越美好”为核心价值观。

表3-204 2019年坤和建设部分高管名录

姓名	职位
李宝库	创始人、董事长

莱蒙国际集团有限公司
（L 莱蒙国际）

从2000年起，莱蒙国际（HK03688）专注于中国房地产，立足于香港及深圳，主要于珠三角、长三角、华中、京津及成渝地区从事城市综合体的开发及营运以及住宅物业的开发及销售，2013年3月在香港上市。

2019年是莱蒙国际创新与发展的一年，莱蒙商务、招商、教育、健康、MICE、旅游等六大业务板块并驾齐驱。其中莱蒙商务、教育、健康三大主业务已稳定发展，为政府间交流互访、招商引资、商务考察、教育培训、会议会展、疗休养、健康管理等提供一系列环球定制旅行服务，肩负起“连接中国与世界”的使命。除了六大板块的出境服务提升外，今年莱蒙国际在入境旅游服务方面也进行了全面升级，深化国内旅行服务，提升海外客户在中国的旅行体验。

地产方面，莱蒙国际将继续凭借经验，在有利时机物色具备投资潜力的土地，并收购会或将会与交通及基础设施发展紧密联系的土地储备。

表3-205 2019年莱蒙国际部分高管名录

姓名	职位
黄俊康	董事会主席、行政总裁
林美家	联席首席运营官
黄德俊	首席财务官、公司秘书

莱茵达置业股份有限公司
（L 莱茵达）

莱茵达控股集团有限公司（以下简称“莱茵达集团”），创立于1994年，是一家多元化的综合性企业集团。经过二十多年发展，集团产业布局已涉及体育、金融、互联网、传媒、教育、房地产、酒店、航空、农业等多个领域，业务遍及全球多个国家，控参股公司40余家。其中，2003年在深交所主板上市的莱茵达体育发展股份有限公司（股票代码：000558）是集团的旗舰企业。

在以创始人、董事长高继胜为首的管理团队带领下，莱茵达集团秉承团结、创新、执行、速度的企业精神，把为社会、客户、员工和股东创造价值作为根本任务。通过前瞻布局、稳健投资、灵活经营、严格管理，现已形成以体育产业为龙头、多产业协同互补、多品牌联合运营的发展格局，并致力于打造一批在若干个领域有影响力的优秀企业集群，走出一条有莱茵达特色的企业发展之路。

表3-206 2019年莱茵达部分高管名录

姓名	职位
高继胜	董事长

四川蓝光发展股份有限公司
（L 蓝光）

蓝光发展（SH600466）是蓝光控股集团旗下企业，2015年在上交所完成重组上市。蓝光发展专注于人类生活的核心需求，提供从生活到生命的创新解决方案，为大众创造幸福生活。

根据蓝光发展披露的简报，2019年全年实现销售额1015.37亿元。

蓝光发展基于“人居蓝光+生活蓝光”双擎业务模式，高度聚焦住宅地产开发，高度聚焦现代服务业，资本运作与实业经营相结合，打造生态、文商旅、材料设备、生命科技等成长性新兴产业，按协同化、市场化、资本化、科技化路径运作。

住宅地产开发是蓝光发展的核心优势产业，蓝光的投资布局与国家城市群建设规划高度契合，坚持实施“聚焦高价值区域投资、聚焦改善型住宅产品”的发展战略。

在住宅产品方面，蓝光产品遵循“更懂生活更懂你”的品牌主张，以“善筑中国温度”为产品主张，打造懂客户、有温度的产品品牌，构建蓝光品牌的核心原动力，成功推出芙蓉系、雍锦系、黑钻系、长岛系、未来系、商办系等产品品牌。

目前，蓝光已在全国布局12大区域60余座城市400多个项目，为逾百万业主创造幸福生活。

2019年9月20日，蓝光发展正式入驻上海总部，形成“上海+成都”双总部发展格局。2019年10月18日，蓝光发展旗下蓝光嘉宝服务（2606.HK）正式在港交所主板挂牌上市，构筑起“A+H股”双资本平台。

蓝光嘉宝服务主导运营从基础物业管理转型升级而来的现代服务业，拥有国家物业管理企业一级资质，系中国物业管理协会副会长单位，在“2019年度物业管理行业综合实力100强”中位列全国第11位，品牌价值达40.08亿元。

2019年，蓝光发展荣膺“中国房地产百强综合实力”第21位，并跻身“百强房企成长性10强”，高居第4位；连续5年荣膺“中国十大最具投资价值上市房企”，位列第4名。

表3-207　2019年蓝光部分高管名录

姓名	职位
杨　铿	董事长
迟　峰	首席执行官
张巧龙	副董事长
余　驰	联席总裁兼首席运营官
欧俊明	首席财务官
王小英	监事会主席
孟宏伟	首席行政官
王万峰	资金副总裁
罗瑞华	副总裁兼董事会秘书

四川蓝润实业集团有限公司
（L　蓝润）

蓝润实业成立于2007年，隶属于蓝润集团有限公司，主营业务涵盖房地产住宅开发、商业开发运营、酒店管理、物业服务。

蓝润积极探索城市运营模式，专注精品研发，已累计开发房地产面积1800余万平方米、布局各类项目近100个，打造出春天系、V客系、泷门系、蓝润城等系列产品，品牌价值近40亿元。商业方面，充分契合城市规划与消费升级趋势，紧抓区域核心需求，统筹社会服务功能，在建城市综合体项目近500万平方米，拥有9座城市综合体与产业园区、10座润道商业街，与全球2000余家品牌建立了战略合作关系。物业方面，蓝润下属远鸿物业紧密围绕“360度周到物业服务”，致力于打造创新社区专业物业平台，是“中国物业管理综合实力100强”“社区服务商企业成长性10强”。

蓝润地产是西南龙头房企，连续多年跻身“中国房地产100强企业”“中国民企服务业100强”“中国商业地产卓越企业”“中国房地产100强企业成长性10强”，品牌价值近40亿元。

表3-208　2019年蓝润部分高管名录

姓名	职位
戴学斌	董事长
杨晓初	总裁
程远芸	首席财务官

朗诗绿色地产有限公司
（L 朗诗）

朗诗地产（HK00106）创立于2001年，是国内领先的绿色开发运营商和生活服务商，中国地产百强企业。是朗诗集团绿色住宅发展业务的唯一上市平台，现有业务包括位于中国及美国的物业投资、发展及管理。

根据克而瑞机构统计，2019年公司销售额达293亿元，朗诗地产以被动式建筑为基础，因地制宜、因人制宜用绿色科技为客户打造优秀的人居环境。累计开发119个绿色科技地产项目，开发总面积逾1900万平方米，为30万业主提供健康、舒适、节能、环保、智能的绿色住宅产品。

2019年，朗诗凭借全流程的绿色可持续理念及良好的运营效率，入选“2019年度中国年度影响力绿色地产企业10强”，蝉联“2019年度中国房地产上市公司综合实力100强”以及“2019中国房地产上市公司发展速度5强”；朗诗寓再度荣膺“2019年度中国年度影响力长租公寓品牌10强”；朗诗青杉资本荣登“2019中国年度影响力房地产基金品牌30强”，跻身地产基金五大机构，获评“2019年度中国房地产基金优秀品牌企业”；朗诗物业获评“2019年度中国华东物业服务领先品牌”及“2019年度中国物业服务特色品牌企业——有温度的社区”。

表3-209 2019年朗诗部分高管名录

姓名	职位
田 明	董事长兼总经理
申乐莹	执行董事、联席总裁、首席财务官、绿色金融事业部总经理
谢远建	执行董事、副总裁、首席技术官
周 勤	执行董事、副总裁、首席国际业务官
章 林	副总裁、长租公寓事业部总经理
蒋 超	副总裁、中国地区项目拓展负责人

郑州朗悦集团有限公司
（L 朗悦）

郑州朗悦置业有限公司是香港锦艺集团旗下独立法人经营的子公司，于2011年10月在郑州市注册成立。

香港锦艺集团是一家在香港上市的集轻纺、房地产、矿山开发及硅材料研发的多业态的大型上市公司，在福建、重庆、四川、云南、山西、江苏等多个省份均有生产基地及项目开发、投资。

集团房地产事业部自进入郑州房地产市场以来，先后开发了锦艺新时代、锦艺怡心苑、锦艺国际华都、锦艺城及锦艺国际轻纺城等多个项目，开发面积达500多万平方米，产品涉及高档住宅、大型城市综合体、高端写字楼、轻纺物流港及商贸中心等多种业态。2013年实现年销售收入50多亿元。

集团地产事业部拥有一支高素质的运营管理团队，专注于高品质项目的打造和品牌的塑造。从项目的研发设计、开发推进、施工管理、物业管理及公司的日常运营等，均本着“精益求精、标准规范”的理念致力于每个细节的打造。

表3-210 2019年朗悦部分高管名录

姓名	职位
陈树源	副总裁

力高地产集团有限公司
（L 力高）

力高集团（HK01622）创建于1992年，2014年1月在香港上市。总部位于深圳，是一家专注于开发与管理中、高端住宅物业及商业物业的综合性房地产发展商，拥有全国房地产开发一级资质、全国物业管理一级资质。近年来，围绕地产业务的多重属性，力高集团积极进行多元化产业布局，已进入文旅、健康医养、教育等新领域，业务涵盖地产全价值链条。

根据克而瑞机构统计，2019年公司销售额达274.1亿元。2019年，力高集团秉持积极的拓展策略及稳健的投资策略，新获取38幅土地，坚持区域深耕发展战略，聚焦和广拓相结合，尤其注重在极具发展潜力的城市进行投资并成功获取多个优质项目。目前，力高集团已成功进驻粤港澳大湾区、长三角区域及环渤海区域城市群内的二十多个极具发展潜力的重点城市，包括深圳、上海、合肥、南昌、济南、天津、烟台、中山等。

力高秉持“力致，美好生活家”的品牌理念，经过多年沉淀与积累，集团构建了层次分明、功能互补的产品体系，产品类型涵盖住宅、商业、公寓、写字楼、五星级酒店等多种业态。在“全生命周期全息覆盖”的经营开发理念下，为数以万计的业主创造了优质的居住条件和满意的生活体验。2019 年，力高集团聚焦产品研发能力，构建全新的硬核产品体系——新东方健康建筑，提出力高健康建筑“双百计划”，发布新东方健康建筑 1.0 产品体系，其前瞻性战略实施引发广泛关注。

2019 年，力高集团的飞速发展得到了业内外的广泛认可，屡获殊荣。截至目前，力高先后获得“2019 中国房地产品牌价值卓越榜第 23 名”“2019 中国大陆在港上市房地产公司财富创造能力 10 强”“中国地产风尚大奖·2019 中国年度投资价值地产企业 30 强”以及“中国房企综合实力 200 强”。集团总裁黄若虹先生获评“2019 中国房地产上市公司十大金牌 CEO”。

表 3-211　2019 年力高部分高管名录

姓名	职位
黄若虹	董事长
黄若青	执行董事兼行政总裁
王卫锋	执行董事、力高地产控股集团总裁

力旺集团有限公司
（L　力旺）

力旺集团有限公司于 2001 年 2 月在长春市设立，已发展为涉及地产开发、科教文化、商贸运营、能源投资四大业务领域的企业集团，成员企业近 40 家。

在地产开发领域，拥有房地产开发壹级资质、物业管理一级资质，先后开发建设了力旺·康景、力旺·格林春天、力旺·弗朗明歌、力旺·塞歌维亚、力旺·美林、力旺·东玺台、力旺·康城、力旺广场、长春壹号院、力旺·孔雀林等。自 2006 年至目前，累计开发建筑面积 315 万平方米，已为 1.7 万户业主提供了称心如意的高品质住房。

在科教文化领域，投入巨资建设了占地面积 12 万平方米，建筑面积 8.5 万平方米的现代化教学楼，配备了高标准、现代化教育教学设施设备。在商贸运营领域，建立以中华美食文化为背景，以“CCTV 发现之旅——舌尖上的中国”为主题的涵盖餐饮、娱乐、文化、影院、儿童乐园等多业态的新一代交互式体验型的实体商业。在能源投资领域，已拥有内蒙古鄂尔多斯华富、召富两处优质露天煤矿，总储量 1.7 亿吨。

多年来，力旺集团以“健康生活方式持续创践者”为企业愿景进行多元化发展，除上述核心产业板块外，还积极涉足了康养旅居、医疗健康等业务领域。2018 年，在海南三亚获取 10 万平方米土地，并与中国排名第 1 位的中医院——北京广安门中医院及中国画院达成协议，2019 年在国际中医药健康旅游目的地——三亚海棠湾，开工建设高端国医·国艺康养项目。已与著名舞蹈艺术家杨丽萍达成协议，2019 年在长春莲花山开工建设杨丽萍艺术酒店，实现南北联动的“候鸟式”康养旅居模式。

2019 年，力旺集团有限公司荣获“2019 年度中国房地产开发企业 500 强”第 250 名，位列吉林省内本土开发企业前茅。

表 3-212　2019 年力旺部分高管名录

姓名	职位
邢福平	董事长

广东利海集团有限公司
（L　利海）

广东利海集团有限公司，前身为广东利海实业发展总公司，于 1992 年经中国人民解放军原总参谋部批准成立，是一家发展中的专业化、创新型房地产开发企业。

表 3-213 2019 年利海部分高管名录

姓名	职位
谢海榆	董事长

联发集团有限公司
（L 联发）

联发集团成立于 1983 年 10 月，是以房地产开发和物业租赁为主业，拥有投资参股企业和相关配套企业的综合性集团公司。深耕海西、长三角、长江中游、环渤海、成渝、北部湾、珠三角七大区域 20 座城市。公司注册资本 21 亿元，总资产超过 600 亿元。

根据克而瑞机构统计，2019 年公司销售额达 375.7 亿元，连续 13 年荣膺“中国房地产 100 强企业”，2019 年位列第 46 位，拥有房地产开发一级资质，累计开发面积超 1600 万平方米，拥有土地储备超 1000 万平方米。联发跻身“2019 年度中国服务业企业 500 强”榜单，排名第 244 位。

联发以一核多元的经营战略，开拓地产+产业的双赢道路。在作为核心的房地产住宅开发方面，集团坚守品质筑家的理念，满足不同客户家庭核心居住需求，为逾 30 万业主构建融合了智慧、健康、人文三大主题以及关照体系的“3Q+生活”，从产品、服务、社区、未来运营等维度实现全方位的理想人居。

联发依托超过 100 万平方米的自持物业与 36 年的运营积累，结合产业基金，在打造文创产业品牌的同时，继续推进长租公寓、教育、休闲养老、智慧科技等产业领域。同时，对外输出专业的开发和工程管理经验，为政府、金融、会展、酒店等大型公建及社会保障房项目等提供专业工程管理服务，已代建的市级以上重点项目超 20 个，并高质量完成“金砖厦门会晤”相关工程的改造和保障任务。

联发集团始终秉持“创造品质生活，服务城市发展”的使命，实现多元聚合的价值共享，快步成为中国优秀的房地产运营商。

表 3-214 2019 年联发部分高管名录

姓名	职位
赵胜华	董事长
庄学谦	总经理

广东联泰地产有限公司
（L 联泰）

广东联泰地产有限公司为联泰集团旗下子公司，成立于 2005 年 6 月，主要经营范围为房地产开发经营。联泰集团有限公司成立于 1984 年，如今已发展成为一家集施工工程投资建设、环境生态保护、高速公路投资营运、房地产开发、园林绿化、金融和石油投资等产业为一体的多元化大型投资企业。2018 年，企业总资产达到了 700 多亿元，经广东省人民政府评定为广东省大型骨干企业，被中华全国工商业联合会评定为“2017 年度全国上规模民营企业”，被广东省工商业联合会评定为“广东省 100 强民营企业”（2018 年第 63 位）。

联泰集团拥有较大规模的房地产投资项目，具体业务由深圳市联泰房地产开发有限公司（简称“联泰地产”）负责。联泰地产下辖广东联泰房地产有限公司、江西联泰实业有限公司、武汉市联泰地产有限公司、广州市联泰房地产有限公司、海南联泰投资有限公司、九江市联泰房地产有限公司等公司，分别负责深圳、汕头、南昌、武汉、广州、海南、九江等城市的房地产开发投资业务。

联泰地产年开发能力在 100 万平方米以上，并拥有充足的土地储备。目前，已相继在以上各城市开发了几十个高尚住宅小区和商住物业，具有代表性的有汕头锦泰花园、香域水岸、悦海湾和悦水湾，深圳香域中央、联泰大厦，南昌香域滨江、香域尚城、武汉香域水岸，九江万泰城等。

表 3-215 2019 年联泰部分高管名录

姓名	职位
黄建勋	董事长

续表

姓名	职位
黄婉茹	董事，总经理

领地集团有限公司
（L 领地）

领地集团创立于1999年，是拥有国家一级房地产开发资质的大型集团企业，截至2018年底，企业总资产逾500亿元，形成以房地产开发为龙头，商业运营、酒店管理及物业服务，并协同健康产业共同发展的多元化产业集团，成功跻身“中国地产100强”。

根据克而瑞机构统计，2019年公司销售额达247.3亿元。

领地以“集团化管理、跨越式发展”的管理模式，业务范围遍及全国40余个城市，形成华西、华中、华东、京津冀、粤港澳大湾区、新疆等几大核心区域的全国化布局，在助推城市繁荣升级的同时，为人们创造健康美好生活为使命。

领地集团凭借对产品力的不断精进和服务力的升级迭代，实现“有质量的增长”，以前瞻性的发展战略引领、敏锐的市场触觉和高度的社会担当获得业内高度评价和权威机构的高度认可。2019年，领地集团荣膺“中国西部地产品牌价值奖”，位列“中国房地产开发企业品牌价值西南10强”。

表3-216 2019年领地部分高管名录

姓名	职位
刘玉辉	董事长
徐川海	执行总裁

龙光地产控股有限公司
（L 龙光）

龙光地产（HK03380）创立于1996年，于2013年在香港上市，是一家以住宅开发为主的一体化物业发展商，其发展核心区域位于粤港澳大湾区，开发产品为主要针对首次置业人士及改善型置业人士的住宅物业项目。

集团拥有房地产开发国家一级资质、建筑工程施工总承包国家一级资质、物业管理一级资质及工程设计甲级资质，是中国综合实力最强的房地产企业之一。

根据克而瑞机构统计，2019年公司销售额达992亿元。

龙光地产位列2019年《财富》“中国500强”企业排行榜中第202位。“中国房地产100强企业”第23位、“中国房地产100强企业——营利性10强”第4位、“中国大陆在港上市房地产投资价值10强”第3位，品牌及综合实力获得社会各界的关注和认可。

龙光地产专注品质生活，迄今已开发逾150个住宅项目，为近百万人口提供优质人居服务。集团深耕珠三角和两广，前瞻性布局作为国家级战略的世界级城市群——粤港澳大湾区，现有土地储备资源中逾81%均处于粤港澳大湾区。同时，集团还进入长三角市场，不断加大环上海一小时都市生活圈的战略布局，为实现未来增长奠定良好基础。集团于2017年开拓海外市场，于香港及新加坡取得优质项目，开启国际化征程。

表3-217 2019年龙光部分高管名录

姓名	职位
纪海鹏	董事会主席兼执行董事
赖卓斌	执行董事
肖　旭	执行董事
吴　剑	执行董事
纪凯婷	非执行董事
张化桥	独立非执行董事
廖家莹	独立非执行董事
蔡穗声	独立非执行董事

龙湖集团控股有限公司
（L 龙湖）

龙湖集团（HK00960）1993年创建于重庆，发展于全国，2009年在香港上市。公司业务涵盖地产开发、商业运营、租赁住房、智慧服务四大主航道业务，并积极试水养老、产城等创新领域。

根据克而瑞机构统计，2019 年龙湖销售额达 2425 亿元。

自 1997 年开发首个住宅项目重庆龙湖花园南苑以来，截至 2019 年底，龙湖已累计开发项目 800 余个，累计开发面积超 1 亿平方米，先后有 5 个项目荣获中国房地产综合开发行业最高奖项“广厦奖”，12 个项目荣获中国土木工程最高奖项“詹天佑奖”。

作为中国最早的购物中心开发商之一，龙湖商业先后发展出天街、星悦荟、家悦荟三个业态品牌。2019 年上半年，商业租金增长 25.7% 至 21.1 亿元，位列“中国商业地产 100 强”第 7 名。截至 2019 年 6 月底，集团已开业商场达 29 个，整体出租率 98.0%。已合作品牌超 4000 家，战略合作品牌超 230 家。

龙湖积极响应“租购并举”政策，旗下租赁住房业务“龙湖冠寓”，秉承“我家我自在”的品牌主张以及 City Hub 理念，满足新世代人群租住生活形态及消费升级需求。

除了向客户提供优质的产品和服务，龙湖还坚持以优秀企业公民角色自觉承担社会责任，长期致力于住房保障、扶贫救灾、生态环保、公民教育、就业促进、和谐社区等公益事业，累计投入近 9 亿元。

2019 年，龙湖集团位列“福布斯全球企业 2000 强”第 345 名，“财富中国企业 500 强”第 77 名，“2019 中国房地产开发企业品牌价值 50 强”第 7 名，并荣登“BrandZ 2019 最具价值中国品牌 100 强”。

表 3-218 2019 年龙湖部分高管名录

姓名	职位
吴亚军	董事长
邵明晓	执行董事、首席执行官
赵　铁	首席财务官
王光建	集团高级副总裁
宋海林	集团副总裁
苏西振	集团副总裁
胡若翔	集团副总裁
李　楠	集团副总裁
宋　垚	集团副总裁

隆基泰和置业有限公司（L 隆基泰和）

隆基泰和集团创立于 1995 年，始终致力于中国新型城镇化建设，历经 20 余年的发展，已成为集地产开发、商贸物流、智慧能源、文化旅游、城镇建设、物业服务、绿色建材、金融服务八大业务板块于一体的环雄安地区大型产业集团。

根据克而瑞机构统计，2019 年公司销售额达 420.4 亿元，连续 5 年入选“中国企业 500 强”，连续 4 年入选“中国房地产开发企业 50 强”，旗下拥有 A 股和 H 股两家上市公司，总资产近 700 亿元，年营业额超 500 亿元，员工人数超 2.3 万人，间接创造就业岗位近百万个。

从开发建设住宅社区到打造文化旅游休闲基地，从建设工业创意园区到创立城市中央商务区，隆基泰和先后涉足住宅、商业、工业、文化旅游四大地产开发板块，并以丰富的开发类型、广阔的开发领域、年开发面积 150 万平方米的递增速度，迅速跻身于中国房地产行业前列，在中国城市规划与居住建设中发挥日益重要的作用。

2019 年，凭借雄厚实力和不俗表现，隆基泰和斩获多项殊荣，包括：“2019 年度中国产业园区运营优秀企业”“2018—2019 年度中国房地产年度扶贫标杆企业”“2019 年度中国房地产开发企业 50 强”，位列“2019 年度中国房地产 100 强企业”第 43 位、“2019 年中国物业服务 100 强企业”第 33 位、“2019 年度中国产业园区运营商 50 强”第 12 位。

表 3-219 2019 年隆基泰和部分高管名录

姓名	职位
魏少军	董事长
闫川川	副总裁

续表

姓名	职位
张　佳	运营管理中心总经理

鲁商健康产业发展股份有限公司
（L　鲁商）

鲁商发展（SH600223）是山东省商业集团有限公司控股的一家上市公司，坚持“健康生活服务商”定位，聚焦“健康地产生态链、生物医药产品链、健康管理服务链”三大业务链条，为客户创造“健康生活全覆盖，健康品质全提升，健康体验全优化”的品牌服务，致力于成长为科工贸一体、产学研结合的综合型健康生活服务集团。

2019年实现签约金额143.62亿元，同比增加22.66%。公司抓住国家积极推进城镇化和消费升级的契机，以绿色健康产品和智慧健康社区服务为特色，形成鲁商生态美居、鲁商城市广场、鲁商康怡产业三种产品系列，将住宅产业及综合配套开发业务打造成公司未来5—10年最具优势的业务中心和利润中心；打造健康服务、社区服务和招商运营三大服务体系，稳步发展与地产相关的商业综合体和养老健康产业的开发，增加主业增值点，获取新的利润增长点；围绕地产上下游产业寻找增值点，大力实施产业升级和转型。

“十三五”期间，公司将在总体战略指导下，以效益为中心，走品牌化、专业化、精益化、标准化发展之路，全面实施产业协同、资金资本、产品保障、区域发展、机制保障五大战略，持续稳健发展，成为全国知名的房地产综合开发企业和城市配套运营商。

表3-220　2019年鲁商部分高管名录

姓名	职位
董红林	董事长
张全立	总经理
刘增伟	副总经理
徐　涛	副总经理
韩贺风	副总经理

续表

姓名	职位
尹　炜	副总经理
周洪波	副总经理、总经理助理，青岛区域公司总经理

山东鲁信置业有限公司
（L　鲁信）

山东鲁信置业有限公司成立于1998年，具有多年从事房地产开发的经验，现已成长为集房产开发、工程建设、物业服务为一体的地产公司。

山东鲁信置业有限公司作为鲁信集团的下属公司，有着强大的后盾。鲁信集团经山东省人民政府批准组建，是一家以金融、投资和资本经营为主营业务的大型国有投资控股公司，是山东省管重要骨干企业之一，总资产250多亿元。

多年来，鲁信置业始终坚持以诚信为本，注重质量、服务社会的品牌意识，入青以来打造的开发长乐花园、未央花园、长春花园、含章花园、南海花园及天逸海湾等项目，皆以品质见长。其中，山东鲁信置业有限公司开发的鲁信长春花园、鲁信含章花园项目先后被住建部授予“广厦奖”，其打造的诸多项目多次获得山东省优质工程“泰山杯”，先后被评为“齐鲁名盘”，开发的鲁信明珠商业广场获得“中国商业街区项目金奖”。

扎根山东、盘踞齐鲁，鲁信将始终以“专业、诚信、勤勉、成就”作为企业核心价值观，不断开发适应市场及客户需求的产品和服务。

表3-221　2019年鲁信部分高管名录

姓名	职位
傅克辉	董事长
李海晖	总经理

上海陆家嘴金融贸易区开发股份有限公司
（L　陆家嘴）

陆家嘴（SH600663）成立于1992年，致力于“陆家嘴金融贸易区”内重点功能区域土地成片开发和城市功能开发。1993年6月在上交所上市。经过20多年发展，公司完成了从单一土地开发向土地开发与租售并举的转型，启动“地产+金融”的双轮驱动战略，构建起“商业地产+商业零售+金融服务”的发展格局。

根据克而瑞机构统计，2019年公司销售额达91.3亿元，总资产达到781亿元，营业收入126亿元，净利润超过33亿元，拥有在营物业面积约259万平方米，包括办公物业、商业物业、展览物业、酒店物业及住宅物业五大领域。同时，公司拥有证券、信托、保险三个持牌金融机构。

作为一家上市公司，公司始终贯穿“秉承效益优先”和“实现企业价值最大化”的宗旨，注重对广大股东的良好投资回报，实现区域开发、金融服务和公司效益的“多赢”。

表3-222 2019年陆家嘴部分高管名录

姓名	职位
李晋昭	董事长、代理总经理
丁晓奋	副总经理
周伟民	副总经理
周 翔	副总经理
贾 伟	副总经理

路劲地产集团有限公司
（L 路劲）

路劲地产成立于2003年，是路劲（HK01098）房地产业务的旗舰公司。路劲地产专注于住宅项目的投资、开发和销售，产品类型包括低层至高层住宅、公寓、大型综合性住区、别墅等。在“用心筑造品质生活”的理念指引下，不断创造出设计先进、施工精良的产品，成为区域标志性项目。

根据克而瑞机构统计，2019年公司销售额达555.2亿元。

按中国房地产业协会及中国房地产测评中心2019年发出的报告，路劲地产位列“外资房地产开发企业”第1名、“中国房地产上市公司综合实力35强”以及“中国房地产上市公司风险控制5强”。

路劲地产立足经济发达、有潜力的城市及地区，追求业务的持续发展，现持有的房地产组合投资主要位于长三角、渤海湾、大湾区，土地储备面积逾830万平方米。

路劲地产致力于成为值得信赖的房地产企业，为客户提供优质的产品和服务，为员工提供良好的事业发展机会，为股东提供高投资回报，为社会发展做出贡献。

路劲地产母公司路劲基建有限公司于1994年成立，1996年在香港上市，《亚洲周刊》“国际华商500”之一。在收费公路行业拥有逾20年经验，收费公路项目包括位于国内的五条高速公路，总里程约340公里。

表3-223 2019年路劲部分高管名录

姓名	职位
单伟豹	董事局主席
高毓炳	副主席、行政总裁
施云健	路劲产业集团文旅产业副总经理
孙祥军	路劲地产集团副总裁、北京公司总经理
刁 露	路劲地产集团华北区域总裁
谭 琪	路劲地产集团中南区域总裁
高大鹏	路劲地产高级副总裁、沪浙区域公司总经理

绿城中国
（L 绿城）

绿城中国控股有限公司（简称“绿城中国”）是中国领先的优质房产品开发及生活综合服务供应商，以优质的产品品质和服务品质引领行业，致力于打造“理想生活综合服务商”第一品牌。

1995年1月，绿城在中国杭州成立；2006年7月，绿城中国在香港联合交易所整体上市（股票代码：HK3900）；2012年6月，绿城中国引入九龙仓集团作为战略性股东。2014年12月，中国交通建设集团有限公司与绿城中国签订战略合作协议，成为绿城中国第一大股东。

2019年，绿城中国根据“品质为先，兼顾其他”的发展战略优化组织架构和管理体系。绿城中国总部形成七大职能中心、四大事业部（特色房产事业部、小镇事业部、金融事业部、商管事业部）。业务架构分为重资产板块：绿城理想小镇集团（小镇事业部）、浙江公司、北方公司（雄安公司）、华东公司（海外公司）、山东公司、西南公司、华南公司、杭州亚运村项目；轻资产板块：绿城管理集团、绿城理想生活集团、绿城建筑科技集团。

历经25年的发展，绿城中国拥有员工1万余人、成员企业300余家，年合同销售额超过2000亿元，总资产规模超3000亿元，净资产超650亿元，“绿城”品牌价值达521亿元，并连续15年荣获“中国房地产百强企业综合实力10强”、连续16年荣获“中国房地产公司品牌价值10强”，连续8年荣获“中国房地产顾客满意度领先品牌”，多年荣获“社会责任感企业”等殊荣。

绿城将始终以精诚之道、精深之术、精湛之为，不断满足人们对理想生活的追求，营造美丽建筑，创造美好生活。

表3-224　2019年绿城部分高管名录

姓名	职位
张亚东	执行董事、董事局主席
刘文生	执行董事
周连营	执行董事、执行总裁
郭佳峰	执行董事、执行总裁
耿忠强	执行董事、执行总裁
李　骏	执行董事

绿地控股集团有限公司（L　绿地）

绿地控股（SH600606）是一家全球经营的多元化企业集团，创立于1992年，总部设立于中国上海，在中国A股实现整体上市并控股多家香港上市公司。在全球范围内形成了“以房地产开发为主业，大基建、大金融、大消费等综合产业并举发展”的多元经营格局，实施资本化、公众化、国际化发展战略，旗下企业及项目遍及全球四大洲十国百城。

以2000万元注册资本起步，绿地集团历经25年蓬勃发展，资产规模突破7400亿元，连续6年上榜“世界500强”，2019年位列《财富》“世界500强”第202位。

根据克而瑞机构统计，2019年公司销售额达3880.2亿元。

绿地正努力成为一家主业突出、多元发展、全球经营，产业与资本双轮驱动，并在房地产、金融、基建等若干行业具有领先优势的跨国公司，真正从“中国的绿地”成长为“世界的绿地”。

绿地依托房地产主业优势，积极发展大基建、大金融、大消费及新兴产业等关联板块集群，实现“3+X”综合产业布局，保障企业平衡经济波动、实现持续增长。“一业特强，多元并举”的多元产业板块，更有利于绿地充分打通并嫁接各产业板块优势，打造稳健增长、基业长青的“绿地系”企业群。

绿地坚持产业经营与资本经营并举发展，实体产业与金融、投资之间的协同效应日益放大，构筑起境内外资源整合的资本平台。未来，绿地金融将涵盖保险、信托、证券、银行等金融领域，打造“资金+资管”产业链，使产融结合发挥更强发展动力。

表3-225　2019年绿地部分高管名录

姓名	职位
张玉良	董事长、总裁
张　蕴	执行总裁
孙　童	执行总裁
陆新畲	执行总裁
茆君才	执行总裁
陈　军	执行总裁、绿地中国香港主席兼行政总裁
耿　靖	执行总裁、绿地金融投资控股有限公司董事长、总裁
吴晓晖	副总裁
任　虎	副总裁、江西房地产事业部总经理
陈志华	副总裁、华南区域管理总部总经理、广东房地产事业部总经理
吴卫东	副总裁、南昌事业部总经理

绿都控股集团有限公司
（L 绿都控股）

绿都控股集团创建于1998年，浙江省第一批一级开发企业，萧山首家成立房地产技术研发中心的房地产企业。公司总资产逾100亿，净资产逾31亿，已开发物业建筑面积逾500万平方米，在建及储备土地可建面积约150万平方米。2013年集团营业收入逾127亿元，上缴税额逾1.69亿元。

公司立足萧山，历经15载已发展成为一家以房地产为主业，兼有商业管理、建设管理、物业服务、投资贸易等产业的专业房地产开发集团企业。公司始终坚持以“共筑更高生活品质”为理念，坚持品质与创新为中心，站在城市和历史的高度，寻求现代人居与城市特质、人文传承的结合点，将每个项目的具体开发建设与国际先进的规划设计理念、新技术、新材料相结合，以世界视野缔造精品，并且以“城市运营”之社会责任感和“善待消费者”之人文激情，用心建筑生活，实践“至臻、至善、至美”的企业追求。

表3-226 2019年绿都控股部分高管名录

姓名	职位
邵法平	董事长

绿景（中国）地产投资有限公司
（L 绿景中国）

绿景中国地产（HK00095）公司成立于1995年，是深圳公认知名的综合性房地产开发及商业物业运营商。拥有房地产开发与销售、商用物业投资与经营、综合服务三大业务板块。公司长期专注于深圳和其他珠三角地区，营运历史稳健，是城市更新的先锋之一，拥有多元化的土地获取途径。

在主营的房地产开发与销售领域，多年来，公司按照“深耕核心城市，聚焦城市核心”的战略规划布局，积极参与珠三角地区，特别是深圳城市更新的住宅和商业发展项目；开发了以绿景花园、绿景新苑、绿景蓝湾半岛、绿景中城天邑、NEO企业大道、绿景香颂花园、绿景公馆1866为代表的城市精品住宅。产品涵盖城市精品公寓、CBD都市综合体、国际商业购物中心、地标性超甲级国际商务建筑群、五星级酒店等物业类型，成功跻身“深圳市房地产综合实力6强”及“华南品牌企业10强”。

在商业物业投资与经营领域，成功运营以“佐坽”和“NEO”为代表的商业地产系列，综合出租率均在98%以上，为集团提供稳定现金流及租金收入。综合服务方面，位于深圳福田中心商业区的绿景锦江酒店位置优越，平均入住率为76.7%以上。公司旗下的深圳市绿景纪元物业管理服务有限公司和深圳市绿景物业管理有限公司为集团开发的多个物业提供全面优质的物业管理服务，包括保安服务、物业维护、管理配套设施等。

表3-227 2019年绿景中国部分高管名录

姓名	职位
黄敬舒	董事会主席
唐寿春	行政总裁

美达房产集团
（M 美达）

浙江美达房地产集团有限公司（简称“美达”）成立于2002年，其前身为浙江美达房地产开发有限公司（成立于1993年），主要从事房地产经营、物业管理、建筑与室内装潢设计，具有国家二级开发资质。美达房产以“创造居住之美”为理念，实行“设计、建筑、管理”一体化的经营策略，经过多年的市场化、品牌化运作，已逐渐成为杭州具有较强影响力的专业房地产品牌商，从1995年起每年被杭州市企业信用评级委员会评为AAA级信誉等级。

表3-228 2019年美达部分高管名录

姓名	职位
蔡　挺	董事长

美的置业集团有限公司
（M 美的置业）

美的置业（3990. HK）创立于2004年，是美的控股属下企业，由美的集团创始人何享健先生实际持有，是香港联合交易所上市企业、“中国上市房企30强”“广东省百强民营企业”、恒生港股通等7大指数成分股。公司坚持“智慧地产制造商”的发展定位，旗下业务以房地产开发和服务为主，两翼协同智能产业化和建筑工业化。

2019年公司合同销售金额约1012. 3亿元，同比增长28. 1%。美的置业注重均衡发展，聚焦区域深耕。截至2019年12月31日，公司深耕大湾区、长三角等经济区，已在59个城市布局278个项目，精细化打造“5M智慧健康社区”，为客户持续营造更美好的生活。

美的置业坚持地产核心主业，形成了“一主两翼”战略布局：主业涉及精品住宅开发、商业开发及营运、文旅地产、产城运营与物业服务等领域；两翼布局智能产业化与建筑工业化，已搭建从研发设计、生产施工到管理运维的全价值链闭环，确立了一体化产品和服务优势，并成为首个“国家智慧住区标准创制基地”，不断向第三方提供智慧和绿色装配式整体解决方案。

2020年，公司获评“中国房地产开发企业50强”第32位及“稳健发展10强”；2019年获评“智慧地产综合实力企业”“智慧地产品牌金奖”、“中国房地产开发企业50强”第35位以及“综合发展10强”“中国房地产企业粤港澳大湾区资本投资价值10强”等。此外，公司还是首个国家智慧居住区标准创制基地。

表3-229　2019年美的置业部分高管名录

姓名	职位
郝恒乐	董事会主席、执行董事、总裁
徐传甫	高级副总裁
林　戈	执行董事、首席财务官
姚　嵬	执行董事、副总裁
林冬娜	执行董事、产品发展事业部总经理

美都控股股份有限公司
（M 美都控股）

美都始终秉承“品质地产”的开发理念，坚持营造人与生活、人与自然的健康、和谐的生活方式，以尊重城市、尊重人文的态度，深研城市，用专业、实用、绿色、健康的人文筑家理念，坚持诚信与责任为行为准则，专注于打造客户心目中的好房子，与城市同生，推动城镇化进程。

从德清到浙江，再从浙江到全国，只为追求理想社区品质生活。

公司早期主要在浙江、安徽、江苏、海南等地区从事房地产开发经营业务，在二、三线城市以商品住宅开发为主。受公司战略转型影响，公司房地产业务以去化为主。

表3-230　2019年美都控股部分高管名录

姓名	职位
闻掌华	董事长、总裁

美好置业集团股份有限公司
（M 美好）

美好置业（SZ000667）前身为名流置业，成立于1989年，1996年在深交所上市，经过多年持续发展，已成为一家涉足房屋智造、现代农业、产业兴镇等多个业务领域的上市公司。

美好置业坚定多元化发展，坚持“城乡建设服务者”的定位，以房屋智造为主业，以现代农业、产业兴镇为辅业，已形成“一主两翼”的战略格局。布局华北区域、华南区域、华中区域、西南区域、华东区域。立足武汉，陆续进入北京、深圳、杭州、重庆、西安、沈阳、东莞、合肥、中山、惠州、芜湖、嘉兴等全国大中城市。

房屋智造业务以“让更多人快速住上好用、好看、便宜的房子”为使命，围绕满足自住需求，以“产品质量零缺陷，服务满意百分百”为目标，建设高质量的房屋建筑，让购房者获得安居保障，通过加强周转能力、布局纵深发展、做强人才支撑，做美好社区建设者；产业兴镇以现代农业和装配建筑为主体、构建“2+3+N”产业体系，主要解决农民就业、居住、生活配套，建设产业兴镇，从精神和物质上全面提升农民的生活水平，做“三农”发展推动者。

凭借出色表现，获得“2019 年度价值地产上市公司”“2019 年度中国上市公司地产品牌价值 100 强”“中国特色小镇运营商综合实力 50 强”“中国上市房企绿色信用指数 50 强”“中国中部房地产公司品牌价值 10 强”等殊荣。

表 3-231　2019 年美好置业部分高管名录

姓名	职位
刘道明	董事长
汤国强	总裁
尹　沧	副总裁

武汉美联地产有限公司
（M　美联）

武汉美联地产有限公司是一家专业从事房地产开发的实力型中外合资企业，注册资本 2.77 亿元。公司致力于以房地产开发经营为依托，辐射文化教育、高新技术等多个领域和产业。

自成立以来，始终秉承“创新美好生活”的价值观，深入研究现代人居行为，高起点创新中国人居模式，力求成为中国地产第一方阵的先锋企业。坚持“诚信卓越，精品永恒”的开发理念，借助广泛的专业资源和开发优势，追求在房地产领域的专业贡献和品牌成长。

公司在武汉已拥有美联·怡美广场、美联·东方时空、美联·蓝色天际、美联·公园前、美联·西马名仕、美联·在水一方、美联·奥林匹克花园、美联·奥园永旺梦乐城、美联·德玛假日等多个在业内和市场上有较好影响的房地产开发项目和大量的优质土地储备。美联地产今天的业绩得益于社会各界的鼎力扶助，也得益于美联地产优秀的职业经理人队伍。美联地产始终把人才作为第一推动力，倾力打造一支专业化、年轻化的人才队伍，公司员工 80%拥有本科以上学历，平均年龄 32 岁，集结了各领域各行业的杰出人才。人才的储备成为美联地产最具赶超优势的实力后盾。同时，美联地产把“创新、远见、努力”作为员工对地产事业孜孜以求的行业准则，将企业推上了永续经营、快速发展的轨道。

表 3-232　2019 年美联部分高管名录

姓名	职位
吴文刚	董事长、总经理

美麟置业集团有限公司
（M　美麟）

美麟置业集团有限公司初创于 1998 年，是集地产、销售、建筑、装饰、景观、广告、贸易、物业等产业为一体的投资型企业集团，集团具有房地产一级开发资质，信用等级为 AAA，注册资本 2.3 亿元，现有国内外中高层企业管理员工 200 余人。

集团自成立以来，先后被评为“江苏省重合同守信用企业”“江苏省诚信企业”“江苏省第六届房地产企业协会理事单位”、2014—2015 年度被评为“连云港市房地产开发综合实力 20 强”企业，2013—2016 年连续四届被评为“江苏省房地产开发综合实力 50 强”企业，2017 年被选举为连云港市房地产协会会长单位，2018 年被评为“中国房地产开发企业 258 强”“区域运营 10 强”。

企业根植江苏，辐射海外，先后在澳洲悉尼、南京、连云港等地开发众多精品房地产项目，覆盖中端、中高端、高端等多层次系列产品，开发项目受到了市场与消费者的一致好评与青睐，区域内开发销量均名列前茅。

表 3-233　2019 年美麟部分高管名录

姓名	职位
郭　剑	联合总裁

无锡市民生房地产开发有限公司
（M　民生）

无锡市民生房地产开发有限公司是一家创建于 1997 年 11 月，具有二级房地开发资质的股份制企业。数年来，以做精品住宅创名牌企业为目标，坚持以民为本、以品求生、让建筑与艺术结合起来，秉承“诚信、创新”的专业精神。牢固确立“市场为先”的经营思想，重质量、讲信誉、树品牌，经过几年努力，已经成为无锡城房地产市场最具竞争力的开发企业之一，民生房地产公司被无锡市建设局评为“2003年度无锡市房地产综合实力10强企业”，被江苏省建设厅评为“2003年度江苏省房地产综合实力50强企业”，被中国地产测评中心评为“2008年度中国房地产开发企业500强”。

表3-234　2019年民生部分高管名录

姓名	职位
潘霄燕	董事长
杨震霖	副董事长兼总经理

广州市敏捷投资有限公司
（M　敏捷）

敏捷集团创立于1993年，1998年正式进入民生住宅开发领域，历经20余年的稳健发展，现已成为一家涵盖民生住宅建设、城市更新、生活服务、酒店及商业运营、物业租赁、文旅开发、优质教育等多元化业务的全国知名综合性企业集团。

根据克而瑞机构统计，2019年公司销售额达505.3亿元，公司总资产超900亿元，已开发各类物业总建筑面积近3000万平方米，员工总人数超过20000人。

秉承“筑梦想家园，让生活更美好”的理念，敏捷集团品牌战略升级为新时代美好城镇综合服务商，持续深耕珠三角、积极融入粤港澳大湾区建设，稳健拓展全国，逐渐形成了城市精品住宅系列、CBD商业系列、城市综合体系列、文旅度假系列四大产品线，成功打造了“锦绣”品牌和“敏捷”品牌系列的100余个精品项目。

2019年，敏捷集团谋求创新变革全力冲刺销售业绩，深入推进三级管控模式和标准化建设，提质增效加快实现集团规模化、跨越式发展，连续12年蝉联“广东地产资信20强”，连续7年获“中国房地产100强企业”，连续5年获“中国房地产100强企业——稳健性10强”，连续5年获“中国房地产100强企业——百强之星”，连续3年获“中国房地产开发企业100强”。此外，还荣获“中国房地产公司品牌价值30强”“2019年中国年度影响力地产品牌”“2019年度最佳文旅地产品牌”“2019中国房地产开发企业品牌价值华南10强”“中国地产金砖奖”“2019年度地产综合实力企业”“广东省改革开放40周年特别贡献企业”“蓝筹地产企业”“中国房地产潜力榜50强”“年度价值城市运营商”等殊荣。

表3-235　2019年敏捷部分高管名录

姓名	职位
谭炳照	敏捷集团荣誉主席、总裁
陈水茂	敏捷地产副总裁
谭浩成	敏捷地产副总裁
邓向平	敏捷地产总裁助理
夏冠明	敏捷控股集团副总裁、敏捷生活服务集团总裁

名门地产（河南）有限公司
（M　名门）

名门地产1998年初创于河南南阳，是以房地产投资开发经营为主的股份制企业，注册资本1.6亿元，现拥有总资产超500亿元，土地储备3万多亩，已建、在建工程逾1000万平方米，开发的物业类型涵盖公寓、洋房、别墅、写字楼及商业等，拥有国家房地产开发一级资质。

名门地产坚定“中国人居美学引领者”的企业愿景，先后开发多个经典地产项目，倾力打造高品质、宜居、配套完备、位置优越的产品品质，严格执行“品质第一，管理精细”的管理体系，将客户心目中的美好生活向往变为现实。

如今，名门已逐渐发展成熟，已从一个专业住宅地产开发商成长为以郑州为中心、辐射周边区域的综合性地产投资、开发企业，多次入选“中国中部房地产公司品牌价值10强”“中国品质地产专业新锐品牌价值10强”，荣膺“河南房地产行业金牌开发企业”。2019年，荣获“2019年度中国房地产开发企业500强”，位列86位，再次问鼎“中国100强房企”，比上年提升12个名次，同时位列“2019中国房地产开发企业区域运营10强”第6名。

表3-236 2019年名门部分高管名录

姓名	职位
孙群堤	董事长
商学文	总裁
周光华	副总裁
陈宇波	副总裁

明发集团有限公司
（M 明发）

明发集团（HK00846）创始于1994年，是一家以城市运营为核心，以商业地产、住宅地产、酒店经营为支柱产业，并涉及工业、商贸、投资等多项领域的大型现代集团企业。在城市规划与建设的进程中，明发始终扮演着城市生活开发的拓荒者与运营者的角色，是全国房地产开发百强企业。

根据克而瑞机构统计，2019年公司销售额达96.1亿元。

目前，明发集团已先后在厦门、南京等地投资开发了明发国际新城、明发海景苑、明丽山庄、明发滨江新城、明发珍珠泉度假村、明发国际工业原料城等著名楼盘，在城市化进程中发挥了重要的作用。

从2002年开始，明发将战略重点转向商业地产的开发和运营。成功开发运营及正在开发的项目有厦门明发商业广场、无锡明发商业广场、南京明发商业广场、合肥明发商业广场、扬州明发商业广场、漳州明发商业广场、洪濑明发商业中心等。明发商业广场依靠“商业地产+商业巨头= 城市经济”的战略联盟合作模式，与“世界500强”在内的国际、国内大商团强强联手，已成为国内具有重大影响力的商业地产连锁品牌。

表3-237 2019年明发部分高管名录

姓名	职位
黄焕明	董事会主席
黄庆祝	首席执行官
黄连春	首席运营官、执行副总裁
潘永存	首席财务官、公司秘书
郝 晋	副总裁

明园集团有限公司
（M 明园）

明园集团有限公司成立于1985年，总部设在上海，是一家以房地产开发经营、环保新材料、文化艺术为主，涉足产业投资、医疗健康、金融科技等现代产业领域、多元化发展的优质大型综合性企业集团。

三十多年来，明园集团先后在全国各地投资开发高端住宅、别墅及商业综合体等数十个知名地产项目；研究开发新型金属质感环保材料替代传统高污染的喷涂和电镀产品；成立明圆美术馆和明当代美术馆，馆藏两万多件中外艺术珍品，主办数千场艺术大展；与多家知名高校建立起“产学研”合作模式，积极投身交叉信息研究、纳米新材料研发、基础教育与智慧教育、智能医疗和科技金融等领域的产业合作；投资上海电气、上海国际医学中心；投资筹建三家五星级酒店和一家超五星级酒店；集团还将稳步推进金融科技项目投资，扩大产业布局。

在艺术与地产方面，作为践行艺术地产理念的领军企业，明园集团致力于将艺术融入规划设计与社区生活，尊重土地和艺术文化，为客户打造出精美的“文化艺术住宅”。

一分耕耘，一分收获。在持续的稳步发展战略下，明园集团常年稳居“全国房地产开发企业500强”“上海民营企业100强”，获得“上海市先进企业”“上海市首批诚信承诺企业”“上海市地产十大风云企业”等多项殊荣。

表3-238 2019年明园部分高管名录

姓名	职位
李松坚	董事长

武汉南国置业股份有限公司
（N　南国置业）

南国置业（SZ002305）由许晓明创立于1998年，2009年在深交所上市，2014年，中国电建地产集团成为南国置业控股股东。作为央企控股的上市商业地产公司，南国置业借助两大平台资本及资源优势，实现了公司跨越式发展。

南国置业致力于建设最具活力的城市有机单元，持续提升以商业地产为引导的综合性物业开发运营能力。物业业态涵盖购物中心、酒店、公寓、写字楼、文化产业园等范畴，逐步形成了以商业地产开发与运营为主体，以地产金融和产业地产等新兴业务为两翼的“一体两翼式”战略发展模式及“以资产管理为核心，以价值发现为先导，以开发能力为支撑，以商业运营管理为后盾”的经营模式。围绕“一体两翼”发展战略，项目遍布北京、南京、武汉、成都、重庆、荆州、襄阳等战略型重点城市。

经过多年的耕耘，公司已形成了成熟的商业地产开发运营模式，打造出南国大家装、泛悦Mall、泛悦汇、泛悦坊、泛悦·城市奥特莱斯五条产品线。同时，依托自身商业及文化、体育产业资源，稳步推进产业地产发展战略。

公司综合实力不断增强，品牌影响力与行业口碑不断提升，入选“中国房地产商业模式卓越榜”，位列“中国商业地产100强”“武汉房地产行业综合实力10强”。

未来，南国置业将持续聚焦战略型重点城市，寻求投资价值洼地，以重点城市、城市重大交通节点、具有重大影响力的城市综合体项目为方向进行布局，从深耕湖北到布局全国，推进公司战略版图不断扩张。

表3-239　2019年南国置业部分高管名录

姓名	职位
薛志勇	董事长
钟永红	总经理
涂晓莉	副总经理、财务总监

南海控股有限公司
（N　南海控股）

南海控股（HK00250）为香港上市公司，旗下包括大地传播、大地影院、辰星科技、南海发展、中国数码等子公司及机构。业务布局文化与传播服务、房地产开发、企业云服务、新闻传播业务、创意商业五大领域。

在房地产开发领域，主要包括旗下企业深圳半岛城邦房地产开发有限公司（半岛·城邦）以及广州东镜新城房地产有限公司（自由人花园），物业管理服务主要通过深圳市半岛城邦物业管理有限公司开展。

根据克而瑞机构统计，2019年公司地产销售额达75.9亿元。南海发展旗舰项目半岛·城邦第三期年内持续确认收入，第四期已于2019年对外销售。

未来，南海发展将继续秉承“人性化居住环境设计、高品质、人文社区构建”的理念，以一线城市为核心继续储备、开发优质项目。同时，还将积极尝试与文化创意、艺术人文、餐饮旅游、时尚休闲相结合的创新型商业地产投资开发模式。

集团将坚持文化与传播服务、房地产开发、企业云服务三大产业方向，聚焦用户，透过互联网方式持续进行业务深耕，继续实施多元核心的业务战略，促进跨业务领域的资源共享和战略协同，在为股东创造更大价值的同时，打造多个具有先进地位的产业发展平台，成为一流的多元化产业投资控股集团。

表3-240　2019年南海控股部分高管名录

姓名	职位
于品海	董事会主席
刘　荣	行政总裁
薛伯英	南海发展总经理、半岛城邦总经理
张　洋	副总经理

南京高科股份有限公司
（N 南京高科）

南京高科（SH600064）成立于1992年，1997年在上交所上市。公司控股股东为南京新港开发总公司，实际控制人为南京市国资委。旗下现有高科置业、高科建设、臣功制药、高科新创、高科科贷等7家控股子公司、13家参股子公司，产业横跨房地产、市政、股权投资等多个领域，搭建了投资控股型集团公司模式。

南京高科依托上市公司的品牌优势、资金优势，在立足开发区建设和经营的同时，以实现持续成长为目标，积极培育公司新的利润增长点。展望未来，公司将坚持深耕区域市场，实施产业联动与业务模式升级，不断增强房地产市政业务市场竞争力；聚焦科技创新行业领域，强化产投结合与运作机制创新，着力培育股权投资业务增长新动能，致力于成为卓越的“城市运营商和价值创造者”。

近年来，公司获得了“中国最受投资者尊重的百家上市公司”“中国园区开发上市公司竞争力10强”“国家级重合同守信用企业”“江苏省房地产开发企业综合实力50强”等多项荣誉称号，多次入选“上证180指数样本股”“上证红利指数样本股”“上证基本面300指数样本股”“上证治理指数样本股”及“上证社会责任指数样本股”等指数样本股，入选融资融券标的、沪港通标的，连续15年荣获江苏省、南京市文明单位称号。

表3-241 2019年南京高科部分高管名录

姓名	职位
徐益民	董事长
陆阳俊	总裁
周克金	副总裁、财务总监

南京建设发展集团有限公司
（N 南京建发）

南京建设发展集团有限公司是由南京市城建集团全额出资的房地产开发企业，主要从事房地产开发、城建项目投融资及运作、市政工程建设、商品房销售、建筑装饰、建筑材料等业务。前身为南京市建设发展总公司，是于1992年经南京市编制委员会批准成立的全民事业单位，隶属南京市建委。2003年，根据南京市国有资产管理委员会要求，公司划归南京市城建集团管理。2007年11月20日，公司改制更名为南京建设发展集团有限公司。

公司旗下现有10家全资及控股企业，分别是：南京实佳基础设施建设开发有限责任公司、南京城建历史文化街区开发有限责任公司、南京东部园林绿化建设发展有限公司、南京建发置业顾问有限公司、南京建发拆迁有限责任公司、南京阳光物业管理发展有限公司、南京建发华海房地产开发有限公司、南京建发集团臻城房地产开发有限公司、中外合资阳光房地产开发有限公司、南京宁建电子系统工程公司。

长期以来，公司在积极参与城市建设的同时，更加热衷于社会公益事业，先后建设了一批居委会、老年公寓、老干部活动中心、小学、幼儿园、垃圾中转站、公共厕所等，累计为公益事业投资近1亿元。

表3-242 2019年南京建发部分高管名录

姓名	职位
郭海东	总经理

深圳市新南山控股（集团）股份有限公司
（N 南山控股）

南山控股（SZ002314）成立于1984年，总部位于深圳蛇口，是一家以高端物流园区及供应链服务、房地产开发、产城综合开发为主业的综合性上市企业集团，同时，公司还涉及船舶舾装和集成房屋等制造业务。现已在全球范围内投资运营超过60个智慧物流园区和特色产业园区，是国资最大的高端物流园区开发运营商和石油后勤特色产业园区服务商。

根据克而瑞机构统计，2019年公司销售额达84.1亿元。

南山地产整合集团的房地产资源，扩大业

务，打造以房地产开发为核心，集土地运营、工程管理、物业管理、物业租赁为一体的综合企业，创立“南山地产”品牌，坚持“区域深耕，布局重点城市”的城市布局战略，积极开拓，稳健发展，主打高品质人文居住社区产品。主要开发区域位于苏州、长沙、深圳、广州、上海、成都、宁波、武汉、惠州、南通等长三角、珠三角及中西部重点城市群。

未来，南山地产将坚定城市群深耕策略，继续秉承以住宅开发为主轴，积极探索商业地产和产业地产等城市配套业务的发展模式，并充分把握粤港澳大湾区建设带来的机遇，积极拓展赤湾片区在教育、文化、旅游、社会保障等领域的合作，共同打造公共服务升级，宜居、宜业、宜游的优质生活圈。

表 3-243　2019 年南山控股部分高管名录

姓名	职位
田俊彦	董事长
王世云	总经理
朱　涛	副总经理
蒋俊雅	副总经理、董事会秘书
舒　谦	副总经理
焦贤财	副总经理
卢忠宝	副总经理

南益地产集团有限公司
（N　南益）

南益集团 1992 年进入地产行业，并于2005 年成立南益地产集团有限公司，依托香港，立足深圳，布局全国，南益以专业化运作模式，实现连续跨越式发展。南益地产采用住宅为主，商业为辅的开发模式，经过多年深耕细作，已成功开发六大品类产品：山水别墅区、大型居住区、高端精品小区、城市综合体、产业园区、休闲度假区。

南益集团把“追求卓越品质，打造优质品牌”作为经营理念，贯穿于项目的规划设计、开发建设和消费者服务等过程，致力于打造高端低密度住宅、中高端住宅、城市综合体、产业地产、休闲旅游地产等物业，已具备综合型多品类开发的强大实力。

2017 年，南益地产加快全国化规模扩张的步伐，进驻成都、长沙等多个城市，聚焦海西、长三角、环渤海、中部、粤港澳五大经济区域持续深耕，发展成为全国知名的综合性地产集团。

表 3-244　2019 年南益部分高管名录

姓名	职位
林树哲	董事长
杨连嘉	常务董事
徐伟福	常务董事

宁波房地产股份有限公司
（N　宁波房地产）

宁波房地产股份有限公司，前身为宁波房地产总公司，创建于 1980 年 10 月，是宁波市最具实力的房地产综合开发骨干企业，自 2001 年起连续被国家建设部核准为国家一级房地产开发资质企业。宁波房地产股份有限公司成立于 1993 年 11 月 5 日，法人代表为姚冰。公司控股股东为宁波富达股份有限公司。公司先后建造了宁波大批新区、旧城改造项目和公共建筑，屡次获得省钱江杯和市甬江杯工程质量奖，创造了宁波地产界多个“第一”：第一个真正意义上的住宅小区（工人新村）、第一个实施物业管理的小区（新街小区）、第一个获奖的建筑项目（宁波影都）、第一次引入世界银行贷款（明楼小区）、第一个全现浇楼板框架结构的住宅小区（天水华都），第一个超 100 万平方米的大型滨江休闲社区（青林湾）。2009 年，宁房公司整体融入上市企业——“宁波富达”，迎来了崭新的发展阶段。依托治理严谨、爱岗敬业、技术过硬的团队优势，通过整合各类专业资源，秉承“开发一个项目，塑造一个精品”的品质追求，实施“跨区域多项目”经营战略，逐步实现“做大、做强、做优”的发展目标。

表 3-245 2019 年宁波房地产部分高管名录

姓名	职位
姚 冰	董事长兼总经理

宁波联合建设开发有限公司
（N 宁波联合）

宁波联合建设开发有限公司于 2000 年 7 月 28 日在宁波市北仑区市场监督管理局登记成立，为宁波联合集团股份有限公司子公司。

宁波联合全资子公司——宁波联合建设开发有限公司创建于 1985 年 5 月，注册资本 2 亿元，拥有国家一级房地产开发资质。公司坚持走专业化、品牌化发展道路，累计开发量逾 300 余万平方米，年开发能力 50 余万平方米，是全国首批承诺“销售放心房”的房地产品牌企业。近年来，建设开发公司抓住房地产市场发展的有利时机，立足宁波市场，积极对外扩张，先后在宁波、上海、温州、南昌等地成功开发多个高品质住宅项目，其中天一家园、天水家园、天合家园等“天字号”系列楼盘，成为宁波房地产界的知名品牌。

2007 年 4 月，建设开发公司以股权收购的方式，投资开发舟山嵊泗列岛休闲度假区，标志着公司正式进军旅游度假地产开发领域。

建设开发公司历年荣获“中国值得尊敬的房地产品牌企业”“中国房地产企业 200 强”“浙江房地产开发企业 50 强”等荣誉，2004—2006 年连续 3 年蝉联“全国一级资质房地产开发企业信用档案先进企业”。

表 3-246 2019 年宁波联合部分高管名录

姓名	职位
石志国	执行董事兼总经理

纽宾凯集团有限公司
（N 纽宾凯）

纽宾凯集团成立于 1993 年，是一家综合性企业集团，以现代生活运营服务为己任，多元业务战略布局全国，涵盖地产、酒店、商业、教育、健康、金融、高科技先进制造业等领域，是“中国房地产 100 强企业”“中国商业地产 30 强”“中国驰名商标”企业。开发运营超过 500 万平方米臻品项目，为超过 100 万业主和会员客户提供尊享周到的物业和生活配套服务；管理运营 70 余家知名品牌酒店，位列湖北省中高端连锁酒店行业榜首；拥有和孵化 20 多个商业项目，提供不同类型的高品质出行目的地；引入国际国内优质教育资源，覆盖 0—12 岁年龄阶段，在全国多个城市落地 50 多家教育机构，累计培训、培养学生 10000 多人次；引进知名医疗、养老、康复机构资源，完成了儿童新生保健、社区嵌入型医养结合、中高端体检养生、中西结合医院等的产业布局与发展，向业主及中高端客户提供医疗、养老、康复、护理等全生命周期的健康服务。

纽宾凯集团始终践行“引领城市更新、打造现代生活运营商”的企业愿景，持续为客户在居住、生活、消费、商务、旅游等方面提供高层次的品质体验，积极推动城市化进程。

表 3-247 2019 年纽宾凯部分高管名录

姓名	职位
曾桂林	董事长
杨晓氢	执行董事长
张 锐	执行总裁

上海鹏欣房地产（集团）有限公司
（P 鹏欣）

上海鹏欣房地产（集团）有限公司成立于 1995 年，为上海鹏欣（集团）有限公司所属集团公司之一，业务涵盖商业地产、住宅地产、旅游地产开发、商业酒店经营、建筑安装、物业管理等。

近年来，鹏欣地产集团在立足上海的同时，不断拓展全国市场，从单一地产开发逐步形成以城市综合体为龙头，辅以多元化产品模式的商业地产格局。目前，除成功开发了以上海一品漫城、上海白金湾、天津白金湾、海南白金湾为代表的高端综合办公、住宅地产之外，已开业运营的还有六大商业体和八个高星级酒店。

伴随集团转型与战略的调整，鹏欣地产集团加速回归1线及1.5线拓展，先后在上海浦东新区、上海滨江大力发展综合住宅产业、高端住宅及养生旅游地产，形成产品多元化、差异化发展势头，为集团未来实现4.0版发展战略奠定了坚实的基础。

表3-248　2019年鹏欣部分高管名录

姓名	职位
姜照柏	董事局主席

南京栖霞建设股份有限公司（Q　栖霞建设）

南京栖霞建设股份有限公司是国家一级资质房地产开发企业、核准制下中国房地产行业的首家上市企业、全国房地产企业中首个设立国家级博士后工作站的企业，同时，也是上证公司治理指数成分股和江苏省房地产行业首个通过IPO上市的企业，连续多年被评为“中国房地产100强企业”。公司拥有包括多家二级资质房地产开发企业、一家一级资质物业管理企业在内的10多家控股、参股子公司，其中，参股子公司棕榈园林股份有限公司是国内景观园林行业的领军上市企业。公司的“星叶”商标已被国家工商行政管理总局认定为全国驰名商标。

自成立以来，栖霞建设股份有限公司在江苏省内开发建设了包括多项国家示范工程在内的许多优秀住宅小区。公司所建商品房项目曾获得联合国“改善人居环境迪拜奖”、科技部建设部小康住宅评比全部六项优秀奖、建设部康居示范工程达标验收全部四项优秀奖、“新中国成立50周年南京十大标志性工程”等荣誉近百项。公司所建保障房项目也曾获得联合国“城市可持续发展特殊贡献奖”、世界不动产联盟最高奖“卓越奖”等多项国际国内大奖。党的十八大闭幕后，新任政治局常委集体参观了“复兴之路”主题展览，栖霞建设幸福城项目作为全国保障房样板工程，被国家住建部推荐参展。与此同时，自2008年以来，公司不断加大对工程建设板块和对外投资板块的投入力度并取得丰硕成果，公司已呈现商品房、保障房、工程建设、对外投资四大板块相互促进、共同发展的良好态势。

表3-249　2019年栖霞建设部分高管名录

姓名	职位
江劲松	董事长、总裁

广州市番禺祈福新邨房地产有限公司（Q　祈福新邨）

广州市番禺祈福新邨房地产有限公司于1991年6月20日在广州市工商行政管理局番禺分局登记成立。法定代表人彭磷基，公司经营范围包括场地租赁（不含仓储）、体育组织、健身服务等。

表3-250　2019年祈福新邨部分高管名录

姓名	职位
彭磷基	创始人、董事长

贵州麒龙房地产开发集团有限公司（Q　麒龙）

麒龙集团成立于1998年，立足贵阳，精耕贵州21年，在贵州省各地开发项目56个，致力城市美好，做贵州城镇化进程的身体力行者。累计开发面积逾1000万平方米，现集团员工人数近1200人，年开工量逾300万平方米，年交付量逾100万平方米。2018年销售额突破51亿元，2019年预计产值100亿元。企业产值实现持续平稳上升，跻身贵州房地产开发企业第一阵列。

自成立以来，麒龙集团坚持房地产发展战略，在产品上形成了“臻悦华府系”“天赋美域系”“城市广场系”“文旅风情系”四大产品系。麒龙集团以商业规划、招商运营团队，丰富的商家资源及商业项目运营经验，形成麒龙商业地产版块完整的产业链。开发建设的瓮安、铜仁、开阳3个项目陆续入选贵州省建设的100个城市综合体，以品质树立良好口碑。

随着集团规模的不断扩大，麒龙以贵州城市建设为己任，匠心黔行，连续5年入围“贵州省双百强企业”，连续15年被评为“省市守合同重信用单位”“2019年上半年中国房地产企业销售200强”，荣膺“贵州房地产风云榜‘十大贡献力企业奖’”以及贵州地产“慈善公益企业奖”，麒龙集团开发建设的都匀麒龙·华府项目荣膺“十大匠心品质楼盘奖”。

表 3-251　2019 年麒龙部分高管名录

姓名	职位
刘　耘	董事长

浙江钱江房地产集团有限公司
（Q　钱江房产）

浙江钱江房地产集团有限公司成立于1992年，为国家房地产开发二级资质企业，专业从事住宅产业开发、商业地产发展、旅游投资经营、物业投资租赁、物业管理以及建材、部品、设备经营和建筑装饰等业务。钱江房产以多元化的资产经营模式和专业化、职业化的高素质的团队，以品质铸就品牌为企业价值观，致力于为城市的发展作出贡献。

钱江房产成立以来，以全资、控股和参股的形式开发建设钱江彩虹城、钱江彩虹豪庭、钱江水晶城等住宅项目以及之江片区浮山科研技术产业区浮山项目、西溪路7号地块、46号地块等商业综合体项目、长睦03号地块住宅开发项目、云南德宏州芒市城市品质示范区开发建设及国际旅游名镇综合开发项目，开发面积超过100万平方米。

在房地产开发建设过程中，钱江房产在产品研发、产品设计、项目施工建设，以及物业服务等环节注重品质控制和质量管理，力图把品质理念落到产品和服务的每一处细节。几年来，钱江房产开发项目先后获得“2002年度全国人居经典综合大奖”“2003年健康房产”“2004年度中国国际花园社区”“2005首届杭州市最佳人居奖”以及“2007年杭州市亲水人居特别奖”等奖项。

成绩只意味着过去，我们将不断扬弃过去、超越自我、展望未来，随着企业的发展、社会的发展，不断创新、不断完善、追求卓越，建立符合新时期企业的新的企业文化，只有这样才能保持、发展企业的核心竞争力，在市场竞争中立于不败之地。

时代的核心效应，独特的历史魅力，丰富的自然资源。钱江房产将这些城市的精华充分洗练，并努力将其升华为建筑的杰出品质。我们希望能在正确的地点、正确的时间、做正确的产品，完成尊重自然和尊重城市的创作。

表 3-252　2019 年钱江房产部分高管名录

姓名	职位
沈建声	董事长

侨鑫集团有限公司
（Q　侨鑫）

侨鑫集团成立于20世纪90年代初，是中国政府批准成立的外资企业集团，总部设在中国广州。侨鑫集团以多元化的经营理念，致力于成为“理想生活的引领者”，投资涉及地产、金融、健康、教育、酒店餐饮、媒体等多个领域。近年来尤其注重拓展健康业务，引进世界先进的医学技术，带来国际领先的生命健康管理服务。

侨鑫集团多年来踏实前行，追求卓越，目前主要业务范围覆盖澳大利亚、中国、欧洲等地；目前已有员工1万多人。凭借超前的设计、值得信赖的质量和精细的服务，侨鑫品牌的社会影响力与美誉度不断提升，荣获了中国国务院侨务办公室授予的“全国百家明星侨资企业”称号。

表 3-253　2019 年侨鑫部分高管名录

姓名	职位
周泽荣	创始人兼董事长

深圳市勤诚达集团有限公司
（Q　勤诚达）

勤诚达创立于1997年，经二十余年发展，目前已经形成以房地产开发为龙头，集城市更新、能源科技、金融投资、城市供水、生态旅游、文化教育、商业运营、物业管理等于一体的多元化企业集团。拥有数十家独资及控股企业，业务版图遍及深圳、广州、香港、长沙、常州、珠海、东莞、中山等地，职员达数千人。

根据克而瑞机构统计，2019年公司销售额达100.2亿元，获评“深圳房地产市场地位领先10强”，“粤港澳大湾区房地产50强企业”第18位。

勤诚达以房地产开发为主营业务，一直为构建幸福生活而不懈努力。多年来，基于对客户生活方式的深入研究，推出高度契合客户需求的产品，范围涵盖住宅社区、大型城市综合体、生态别墅、商业中心、写字楼等类型，在社区规划、户型创新等方面形成竞争优势。

展望未来，勤诚达将秉持“百年企业路，责任勤诚达”的理念，持续推进企业转型，实现多方共荣、发展成果互惠共享，达成规模效益、资产质量和综合能力的大幅度跃升，为行业和社会创造更多价值。

表3-254　2019年勤诚达部分高管名录

姓名	职位
古耀明	董事局主席
刘　里	副总裁
陈　芳	副总裁

青岛城投房地产开发有限公司
（Q　青岛城投）

青岛城投房地产开发有限公司成立于2008年，是青岛城市建设投资集团有限公司地产产业板块——地产投资控股集团投资设立的房地产开发公司。

青岛城投房地产开发有限公司经营范围涵盖城市旧城改造及建设，政府房地产项目的代建、投资开发、经营、投资、咨询，建筑设备、建筑材料的经销，房地产开发与销售代理，物业管理、物业出租、房屋维修、房屋装饰装修等方面，涉及业务范围广泛。

城投地产拥有大量优质土地资源，在民生安置用房和保障房建设上，拥有丰富的经验，已建成并交付的重点工程安置用房超50万平方米，保障房10万平方米。

在全心做好民生安置房和保障房的同时，城投地产以品质、服务为核心，精心做好每一个商品房楼盘的开发建设，其投资开发的项目多次获得最值得期待及年度口碑楼盘。

青岛城投房地产开发有限公司正在探索产融结合，聚力于旧城（村）改造和公租房投资建设和运营管理，精心建造每一个楼盘，将品质住宅带给岛城居民，为实现“居者有其屋”贡献力量。

表3-255　2019年青岛城投部分高管名录

姓名	职位
邢路正	党委书记、董事长
杨大荣	董事长兼总经理

青岛啤酒地产投资有限公司
（Q　青岛啤酒）

青岛啤酒地产控股有限公司隶属于青岛啤酒集团，是集团的两大支柱产业之一，公司于2009年6月完成注册正式成立，全面负责开拓房地产业务。

青岛啤酒地产控股有限公司是以原青岛市浮山新区开发指挥部为主，合并原青岛啤酒房地产公司的基础上成立的。原青岛市浮山新区开发指挥部及其前身于1992年起，曾在不同时期代表青岛市政府组织了青岛市大量住区、新区的开发建设，拥有丰富的房地产及区域开发经验，负责开发建设的青岛市浮山新区已成为国内城市区域开发的典范。

青岛啤酒地产控股有限公司在青啤集团的领导下，以青啤集团为依托，具有雄厚的资金实力、良好的品牌优势和丰富的开发经验。

青啤地产将在青岛啤酒这一百年品牌的引领下，以“创建生理、心理健康，对资源合理使用，与环境和谐共生的人居环境；奉献于民族工业发展”为宗旨，以“实施管理创新，提升核心竞争力，打造国内知名地产品牌，创建一流地产开发企业”为愿景，秉承“高精严细”的质量准则，与社会各界一起，构筑未来，成就梦想。

表 3-256 2019 年青岛啤酒部分高管名录

姓名	职位
王建军	董事、副总裁、总经理

青特置业有限公司
（Q 青特）

青岛青特置业有限公司创建于 2005 年，拥有国家房地产开发一级资质。公司以青特集团为强大的源动力，在依托集团工业优势的基础上，开展房地产开发工作。致力于成为最受尊重和信赖的领先房地产企业，打造一流的职业经理人团队。青特置业业务领域涉及地产开发、商业运营、物业服务、园林景观和农林开发五大板块。

青特置业成立 14 年以来，打造三大醇熟产品系：城市高端住宅产品系、城市品质人居产品系、城市综合体产品系。在地产开发、商业运营、物业服务、园林景观、产城融合五大板块建树非凡。目前，青特置业总建筑面积超 200 万平方米，服务 3 万多户家庭，以整合服务营造美好生活。

未来，青特置业将始终贯彻“像造汽车一样造房子”的建设理念，从“质造”出发，将精工精神深植于心，“质造美好”，坚持做品质地产、品牌地产、良心地产，致力于客户需求，不断提高产品品质和服务水平，让客户满意，赢得客户认同，保证稳健、精细化发展，确保生存。以精品工程奉献社会，为房地产开发事业做出积极贡献。

表 3-257 2019 年青特部分高管名录

姓名	职位
纪爱师	青特集团董事长
汤义龙	青特置业总经理

人居置业有限公司
（R 人居置业）

成都兴城人居地产投资集团有限公司成立于 2004 年，是成都兴城投资集团有限公司二级企业，主要负责成都兴城集团的城市综合开发业务，具备房地产开发一级资质。公司注册资本 50 亿元，资产总额 395 亿元，净资产 103 亿元，累计开发项目 1400 余万平方米，管理子公司 23 家，拥有员工 500 余人，多次荣获“中国房地产业综合实力 100 强”“成都企业 100 强”成都楼市“十大名企”等称号，综合实力居成都市属国有房企首位。

为积极促进房地产市场平稳健康发展，全力推动成都兴城集团 2022 年冲刺“世界 500 强”企业，兴城人居积极践行兴城“精善文化”，坚持以“城市需要，人居创造”为企业使命，加快形成“规模开发，多元开发，品质开发”的运营能力，布局成都 15 个区（市）县和广州、西安两个省外城市，围绕商品房开发、泛地产开发、智慧物业、民生工程、资产管理与资本运营五大业务板块，逐步形成了覆盖住宅开发、TOD 综合开发、高端酒店、文旅地产、精品影院在内的业务集群。

下一步，公司将通过成都“东进”“南拓”战略投资以及 TOD 综合开发、国际社区、人才公寓等重大项目，持续深挖城市生长价值、创享人居美好生活，全力建成“千亿能级，智慧引领，行业一流”的城市综合开发运营上市企业。

表 3-258 2019 年人居置业部分高管名录

姓名	职位
何 坤	董事长

仁恒置地有限公司
（R 仁恒）

仁恒置地（Z25. SI）立足中国，房地产开发始于 1993 年，2006 年 6 月 22 日在新加坡主板上市，并于 2008 年成为新加坡海峡指数 30 家成分股之一。仁恒从上海、南京起步，选择中国境内的高增长、战略性重点城市开发高端精装修住宅、商业及综合物业项目，已在六大主要经济区内 15 个重点高增长城市扎根。

根据克而瑞机构统计，2019 年公司销售额达

561.4亿元。

仁恒积极扩展商业地产发展项目，集团已建成约43万平方米的租赁物业，南京仁恒辉盛阁酒店式服务公寓、成都仁恒置地广场已经成为所在城市的地标建筑。此类综合性商业项目可为集团带来稳定的租金收入，提升集团资产价值。

仁恒审慎行事，稳健扩张，立足长远，追求可持续发展。凭借在已有城市的成熟经验，仁恒积极在城市中心区域寻觅具有开发价值的优质地块，为未来发展奠定扎实基础。

2019年，仁恒置地荣获“中国房地产100强企业”第55名，位列“2019年度中国房地产百强企业盈利性10强”第10位。

表3-259　2019年仁恒部分高管名录

姓名	职位
钟声坚	创办人、董事局主席兼首席执行官
钟思亮	执行董事
陈耀玲	执行董事
章浩宁	执行副总裁
陈　平	执行副总裁
陈志伟	财务总监

荣安地产股份有限公司
（R　荣安）

荣安地产（SZ000517）是宁波第一家上市公司和华东地区首家深交所上市公司。经过多年的发展已经成长为长三角地区房地产开发龙头企业。总部现位于浙江宁波，共有杭州、台州、宁海、嘉兴、温州、重庆、河南、西安等多家城市分公司，同时运作四十余个房地产项目的开发。

根据克而瑞机构统计，2019年公司销售额达350.8亿元。

作为长三角房地产企业中跨区域开发的先行者与佼佼者，荣安多年来在宁波、杭州、苏州、台州等长三角多地打造了尚湖中央花园、荣安和院、荣安琴湾、荣安府、荣合公馆、荣安望江南、荣安金域华府等众多精品楼盘，屡获“人居环境奖”。总开发面积达到600多万平方米，6万多名客户成为荣安尊贵的业主。

荣安地产近十年来开发制订了多个产品标准，积累了丰富的精装修设计与管理经验，在业内形成了鲜明的特色，被誉为“住宅专家”“豪宅巨匠”，获得“宁波城市建设奖”“浙江房地产品牌推动力10强”等荣誉称号，荣安府项目成为宁波首个通过住房和城乡建设部AAA级住宅性能认定的项目，获得“广厦奖”。

表3-260　2019年荣安部分高管名录

姓名	职位
王久芳	董事长
王丛玮	总经理
俞康麒	副总经理
蓝冬海	副总经理

荣丰控股集团股份有限公司
（R　荣丰）

荣丰控股（股票代码：000668）系一家于深圳证券交易所挂牌上市的A股房地产上市公司，具有由建设部颁发的房地产开发企业二级资质。其前身为“中国石化武汉石油（集团）股份有限公司”，2008年，公司实施重大资产重组，名称变更为“荣丰控股集团股份有限公司”，经营范围亦相应变更为：房地产开发经营、商品房销售、租赁；物业管理；建筑装修；园林绿化；实业投资；投资管理（国家有专项审批的项目经审批后方可经营）。

其公司主营业务为房地产开发，经营模式以自主开发销售为主，主要产品为住宅及商业地产。荣丰控股名下有北京“荣丰嘉园”项目、长春国际金融中心项目和重庆慈母山项目等房地产项目。

据荣丰控股2019年半年度报告，2019年上半年，报告期内实现营收3.11亿元，同比增长220.71%；归属于上市公司股东的净利润6532.03万元，较上年同期增长1263.87%；基本每股收益为0.44元，上年同期为0.03元。

2019年上半年，公司全力推进长春国际金融中心项目建设与销售，共实现营业收入3.1亿多元，同比增长220.71%；净利润6500多万元，同比增长1263.87%，报告期内，公司营业收入主要来自长春项目。

多年来，秉承“对人宽容，对己克制，对事努力，对物珍惜”的荣丰精神，发扬“万里长征”不怕苦的奋斗热情，在公司董事长王征先生的带领下，荣丰控股创下地产界多个“第一”：1992年，成功开发上海第一个“动迁房”项目；1993年，以“动迁房”置换南京路87360平方米土地，成为上海第一个“实物批租”项目；1996年，开发杭州第一个小康示范小区；2001年，进军北京，陆续推出全国第一个运动主题社区——荣丰2008；2003年，国内第一个小户型——“非常男女”以及“非常男女升级版”买一层得两层的“非常空间”；2008年，建成了吉林省第一座文化建筑——长春国际金融中心。

表3-261 2019年荣丰部分高管名录

姓名	职位
王 征	董事长

广西荣和企业集团有限责任公司
（R 荣和）

荣和集团成立于1993年，总部设于广西南宁，是一家以房地产开发为主业，包括酒店、物业管理、金融、文化传播等行业的大型民营企业集团，具有中国房地产开发企业一级资质。本着“为客户创造幸福，为社会创造财富，为员工创造机遇，为企业创造效益”的宗旨，品牌价值超300亿元。

荣和集团以“立足于南宁，区内重点开拓，辐射全国”为发展战略，重点发展南宁、广西房地产业的同时，在北京、上海等地已投资房地产开发和不动产经营项目，累计开发面积超过2000万平方米。连续多年位居广西楼市销售成绩前列，连续5年进入“全国房地产100强”，是广西本土房地产的标杆。

2019年，荣和集团继续降本增效，坚持高周转、高盈利，全年业绩大幅增长。作为城市运营商，继续深耕广西，接连拿下南宁多宗地块，推动着南宁城市化的进程，也推进着南宁人居标准的提升。同时，紧抓政策机遇，利用多年深耕广西的“地主”优势，涉足特色小镇开发，形成集新村建设、旧村改造、产业发展、自然风光提升、乡村旅游为主体的特色小镇发展格局，进一步拓展多元化业务。

表3-262 2019年荣和部分高管名录

姓名	职位
史英文	董事长
李 斌	执行总裁
刘海涛	副总裁、营销中心总经理

荣盛房地产发展股份有限公司
（R 荣盛）

荣盛发展（SZ002146）成立于1996年，2007年成功登陆深圳证券交易所，成为河北省首家通过IPO上市的房地产企业，注册资本43.48亿元。荣盛发展一直致力于品牌化房地产开发，努力通过专业经营与精品项目阐释现代人居理念。经过20余年发展，公司在经营规模、业务领域取得长足发展，已从最初的普通住宅开发快速成长为集地产开发、康旅投资、金融投资、互联网创新等业务于一体的全国性大型多产业综合集团公司。

2020年1月2日，荣盛发展公告称，2019年1—12月，公司累计实现签约面积1098.07万平方米，同比增长11.66%；累计签约金额1153.56亿元，同比增长13.58%；2019年销售均价为10505元/平方米，同比增长1.72%。

荣盛发展确立并不断完善自身独特的战略定位，初步形成了“两横、两纵、三集群”的战略布局。“两横”是指沿着长江及陇海铁路沿线的布局；“两纵”是指以京沪、京广铁路沿线的布局；“三集群”是指深耕“京津冀城市群”，稳步拓展“长三角城市群”“珠三角城市群”周边城市的布局。进驻包括天津、重庆、河北、辽宁、浙江、四川、广东、海南等19个省（直辖市）在内的近70个城市以及捷克共和国南摩拉维亚州帕索夫斯基市，已开发或开发中项目逾250个。

荣盛发展纵观全局，制定公司“五五规划”

并于2016年启动“3+X”转型升级新战略，力争形成以大地产为主干，大健康、大金融为两翼，互联网等新兴产业为辅助的多产业综合集团公司；推动公司由专业地产商转变为管理规范、模式领先、运营健康、综合实力突出、美誉度高、发展潜力大的生活方式运营商。

表3-263　2019年荣盛部分高管名录

姓名	职位
耿建明	董事长
刘　山	总裁
鲍丽洁	副总裁
庄青峰	常务副总裁
陈金海	副总裁、董事会秘书
张志勇	副总裁
秦德生	副总裁
伍小峰	副总裁
景中华	副总裁兼财务中心总经理

融创中国控股有限公司
（R　融创）

融创中国（HK01918）是香港联合交易所主板上市企业。公司成立于2003年，以“至臻，致远”为品牌理念，致力于通过高品质的产品与服务，整合高端居住、文旅、文化、商业配套等资源，为中国家庭提供美好生活的完整解决方案。

2019年，集团累计实现合同销售金额5562.1亿元。

融创中国坚持地产核心主业，围绕“地产+”全面布局，下设“中国高端精品生活创领者”融创地产、“品质生活服务专家”融创服务、“中国家庭欢乐供应商”融创文旅、“美好文化创造者”融创文化、“城市发展动力引擎”融创会议会展以及“中国健康生活引领者”融创医疗康养六大战略板块。经过多年稳健的发展，融创中国已确立行业竞争优势，成为受到客户高度认可的中国家庭美好生活整合服务商。

作为美好生活社会公民，融创希望在为中国家庭提供美好生活方式的同时，积极承担社会责任，通过不断努力，为中国公益事业贡献自己的力量。2018年，成立融创公益基金会，聚焦教育扶智、乡村振兴、古建保护三大领域，将企业公益从单一的捐赠、救济向复合、可持续生长的产业扶持、教育扶智升级，已累计捐赠超过21亿元。未来，融创公益将持续推动社会健康发展，为全社会创造更长远的价值。

表3-264　2019年融创部分高管名录

姓名	职位
孙宏斌	创始人、董事会主席兼执行董事
汪孟德	执行董事兼行政总裁
荆　宏	执行董事、执行总裁兼北京区域集团总裁
迟　迅	执行董事、执行总裁兼华北区域集团总裁
田　强	执行董事、执行总裁兼上海区域集团总裁
商　羽	执行董事、执行总裁兼西南区域集团总裁
黄书平	执行董事、执行总裁兼华南区域集团总裁
孙喆一	执行董事、副总裁兼文化集团总裁

融侨集团股份有限公司
（R　融侨）

融侨集团由著名华人企业家林文镜1989年创办于中国福州，经过30年的稳健发展，已成为一家拥有全产业拓展能力的综合性外商投资企业，定位为城市美好生活综合服务商。

在全产业开发链条中，集团下设地产集团与产业集团，双轮两翼并行发展，其中地产集团以房地产开发为核心，同时涉足枢纽港口及大型工业村的建设运营，产业集团围绕国家政策鼓励的民生产业进行多元布局，涉足商业、酒店、教育、医疗、农业等板块的开发运营。

根据克而瑞机构统计，2019年公司销售额达675.4亿元。

在企业发展中，融侨始终秉持“为居者着想，为后代留鉴”的经营理念，专注于科学开发项目、人文管理企业，坚持回报国家及社会，致力于打造“医食住教，美好生活在融侨”。

在不断壮大企业、创造社会价值的同时，融侨坚守企业公民之责，反哺社会，至今为社会各类公益事业累计捐赠逾11亿元。

2019年，融侨斩获多项殊荣，包括："中国房企综合实力28强""中国房企品牌价值20强""中国民营企业500强"第88位、"中国民营企业服务业100强"第32位、"中国房企稳健经营10强""中国房企品牌运营能力10强""中国房企营销铁军10强""中国非上市房企资本关注度20强""中国房地产企业运营能力10强""中国房企经营绩效第2位""中国房地产开发企业32强""中国蓝筹地产企业""中国十大地产年度营销案例""第六届福建地产年会福建省房地产20强"。

表3-265 2019年融侨部分高管名录

姓名	职位
林宏修	董事长
林开启	执行总裁
林开杰	产业集团总裁
林　华	副总裁
叶　醒	常务副总裁

融信中国控股有限公司
（R　融信）

融信中国（HK03301）于2003年成立，总部位于上海，2016年1月在香港上市，同年纳入MSCI指数及恒生指数，并入选首批深港通成分股。目前，融信已布局海峡西岸、长三角、长江中游、大湾区、京津冀、中原、成渝、西北、山东半岛等全国九大核心城市群。

2019年公司合约销售金额1413亿元，布局43个城市，共计177个项目，总土储达约2654万平方米。

在中国城市化进程中，融信以"品质地产领跑者，美好生活服务商"为愿景，为改善人居环境、构筑幸福生活而不懈努力。以公益履责，用文化凝心，融信持续践行公益，用心回报社会，致力于为更美丽的中国而奋斗。

2019年，融信完成全国化布局，实践"聚焦、平衡、高品质、快周转"战略，先后荣获"2019年中国房企综合实力20强""2019年中国房企品牌价值12强""2019年中国房地产100强企业——成长性5强""2019年中国房地产开发企业综合发展6强""2019年中国房地产企业十大营销铁军"。

表3-266 2019年融信部分高管名录

姓名	职位
欧宗洪	董事局主席、行政总裁、执行董事
余丽娟	总裁
曾飞燕	执行董事、高级副总裁
阮友直	执行董事、高级副总裁
欧国飞	第二事业部总裁
郎　辉	第一事业部常务副总裁
王　卫	第三事业部总裁

瑞安房地产有限公司
（R　瑞安）

瑞安房地产（HK00272）是瑞安集团在中国内地的房地产旗舰公司，于2004年成立，2006年10月在香港联交所上市。总部设于上海，致力于成为中国领先的、以商业地产为主的房地产开发商、业主及资产管理者。

根据克而瑞机构统计，2019年公司销售额达81.1亿元。

瑞安房地产主要从事开发、销售、租赁、管理及长期持有优质商业及住宅多用途物业，在发展多功能、可持续发展社区项目方面成绩尤为卓越。凭借前瞻性理念、创新思维，以及国际化经验，瑞安房地产配合政府的城市发展目标，充分挖掘当地的历史文化特质，透过整体规划，以独特的设计理念和卓越的开发与运营管理能力，打造集"生活、工作、学习、休闲"于一体的整体社区，为现代生活注入活力，为城市可持续发展提供解决方案。截至2019年6月30日，公司旗下有9个处于不同开发阶段的项目，土地储备达860万平方米。

瑞安房地产对质量执着并坚持创新，从而建立了良好的品牌声誉和市场口碑，以文化及社交目的地为定位，打造全新商业零售品牌"XINTIANDI新天地"及办公品牌INNO，持续提升瑞安在过去多年积累的品牌优势。公司利用在商业地产的优势，拓展了与国际接轨的基金投资平台及第三方资产管理服务。包括旗舰项目“上海新天地”在内，瑞安房地产目前在上海管理的办公楼和商业物业总建筑面积达165万平方米，是上海最大的私营商业物业业主和管理者之一。未来，瑞安房地产将继续发挥强大的品牌优势与资产管理经验，深耕中国核心城市，积极拓展更多商业机会。

表3-267 2019年瑞安部分高管名录

姓名	职位
罗康瑞	主席
孙希灏	董事总经理、财务总裁、投资总裁
罗宝瑜	瑞安管理董事总经理、中国新天地副主席
王　颖	瑞安管理董事总经理、中国新天地董事总经理

睿古控股集团有限公司
（R　睿古）

睿古控股集团成立于2010年，旗下企业涵盖地产开发、建筑施工、金融投资、资产管理、文化创意、贸易物流等六大产业板块。睿古地产（集团）是“中国房地产100强”企业，国内领先的城市更新运营商。集团开发项目遍及黑龙江、福建、内蒙古、海南、宁夏，累计开发体量超过400万平方米，自持运营商业面积超过80万平方米。

表3-268 2019年睿古部分高管名录

姓名	职位
林长征	董事长兼CEO

北京润丰房地产开发有限公司
（R　润丰）

北京润丰房地产开发有限公司成立于2001年，是具有国家房地产开发一级资质的企业。

北京润丰房地产开发有限公司进入房地产行业以来，公司始终坚持以“发展企业，回报社会，真正实现企业与社会和谐及可持续发展”为出发点，以“建设四海，创世百年”为发展战略，以市场为导向，以满足客户要求为己任，以建筑“高性价比”的住宅产品和完善的商业配套设施为目标，把公司打造成房地产领域最具竞争力的龙头企业。

北京润丰房地产开发有限公司拥有多年的房地产开发经验，凭借雄厚的经济实力和高水准的专业技术团队，与国际知名的建筑规划、园林设计公司（美国ADI公司）等达成战略合作伙伴关系，通过专业团队的强强联手和科学管理，诚信经营，稳步、扎实发展，在平凡中提炼、创新中超越、潮流中迅猛发展，短短几年时间就以严谨、务实的工作和坚韧本色的企业形象在京城房地产行业独树一帜，完成了一批堪称经典的产品，为京城增添了一道道亮丽的风景线，其中“润枫·德尚”“润枫·水尚”“润枫·嘉尚”最具代表性。

北京润丰房地产开发有限公司根植首都，布局全国，凭借高宽的国际化视野，不断稳步、跨越式发展。北京“润枫·德尚”“润枫·水尚”“润枫·嘉尚”“润枫·锦尚”“润枫·欣尚”、桂林“润鸿·水尚”、桂林润琦项目、满洲里项目等开发建设项目正在顺利进行中，公司以高端布局和品质精粹，融入非凡世界。

表3-269 2019年润丰部分高管名录

姓名	职位
陈水波	董事长兼总经理

福建三木集团股份有限公司
（S　三木）

福建三木集团股份有限公司成立于1984年10月，1996年11月公司股票在深圳证券交易所上市（股票代码：000632）。三木集团是福建省内推行现代企业制度的先行者，公司率先实现股份制改革，率先实现企业兼并重组，率先实现法人股协议转让、股票上市，率先组建企业集团，在现代企业管理与运营方面积累了丰富的经验。经过30多年的发展，三木集团逐渐成为以房地产开发、商业旅游资产运营和进出口贸易为主营业务的综合类企业集团，地产业务涉及福建、上海、山东、湖南等多个省市，贸易合作伙伴遍及世界一百多个国家和地区，集团的外贸进出口总额连续多年名列福州第一、福建省前茅。截至2018年12月31日，注册资本4.655亿元，总资产78亿元。三木集团战略目标是：培养企业核心竞争力，提高专业化运营能力，成为海峡西岸经济区具有影响力的上市公司，成为值得信赖的企业常青树。

表3-270 2019年三木部分高管名录

姓名	职位
卢少辉	董事长

三庆实业集团有限公司（S 三庆实业）

三庆实业集团有限公司成立于1997年，注册资本12亿元，是一家集不动产开发、投资、教育为一体的现代化企业集团。集团不动产板块，涵盖住宅地产、商业综合体、旅游地产等物业类态，在济南、三亚、武汉、聊城、烟台、淄博、威海等地相继开发了三十多个项目。

集团及开发项目曾荣获房地产行业各类奖项："广厦奖""中国质量万里行全国先进单位""山东地产品牌企业30强""济南地产品牌企业""中国最佳写字楼金奖""中国海景景观住宅示范项目"等称号，塑造了"三庆房产，美丽家园"的良好品牌形象。

秉承"三庆集团，共享共赢"的企业理念，在多个事业领域相继繁荣发展的基础上，不断强化完善管理，精心打造三庆城市主人、三庆青年城、三庆联合财富广场、三庆汇德公馆等高品质、精细化楼盘，满足市场对产品的要求，提升三庆品牌美誉度和影响力。同时，投资发展的久兆新能源、宝雅电动车创领行业品牌，进一步加强了企业生命力，加速集团产业化运营。

表3-271 2019年三庆实业部分高管名录

姓名	职位
吴立春	董事长、总经理

上海三盛宏业投资（集团）有限责任公司（S 三盛宏业）

三盛宏业成立于1993年，立足上海，走向全国，已成长为房地产开发、科创及大数据、海洋投资、城市建设、现代生活服务等产业多元发展的投资型、集团型民营企业，名列"中国服务业企业500强""上海企业100强"，具有AA级信用等级，旗下拥有三十余家下属公司，遍及全国各地。其中，中昌数据为A股上市公司，中昌国际控股集团为香港H股上市公司，钰景园林为新三板挂牌公司。

房地产开发是三盛宏业集团的主营业务之一，项目遍及长三角、珠三角、环渤海等区域，开发面积超1000万平方米。

三盛宏业集团以"智慧智能，养生健康，服务便捷，文化和谐"为方向，大力推进房地产产品创新，持续做强做大房地产业。连续15年获得"中国房地产100强企业"殊荣，并入选"盈利性10强"及"运营效率10强"。"颐景园"品牌多次荣获"中国房地产园林地产专业领先品牌"，被誉为国内"第一园林地产"，品牌价值91亿元。同时，三盛宏业集团以智慧、繁华、人文、匠心为方向，全新推出"颐盛系"品牌，引领都市核心居住新体验。

表3-272 2019年三盛宏业部分高管名录

姓名	职位
陈建铭	董事会主席
王　巍	总裁
曹远忠	执行总裁兼产品营造部总经理
屈国明	上海区域总经理
栗　剑	沈阳区域总经理

三盛控股（集团）有限公司（S 三盛控股）

三盛控股（HK02183）是三盛集团地产业务重要平台，2017年在香港主板上市。全新品牌定位"智教康养，筑家理想"，深耕与中国家庭美好生活本质密切相关的居住、教育、健康、科技智造产业。

根据克而瑞机构统计，2019年公司销售额达403亿元。

三盛集团开发总面积约1500万平方米，土地储备1000多万平方米，货值近2000亿元，位列“全国房地产企业46强”“中国房地产经营绩效10强”“中国房地产盈利能力10强”，已在35个城市打造90余座精品项目。

三盛集团拥有三盛地产、三盛教育、三盛健康、三盛科技四大业务板块，是一家控股多家公司的大型产业投资集团，旗下有些公司已在香港上市。集团依托多年深耕房地产开发，深入中国家庭生活方式和需求研究的先发优势，以“产业与资本”双轮驱动，开辟“教育、健康、科技”全新跑道，为中国家庭客户提供“全生活周期”和“全产品周期”两大体系创新产品和服务。

三盛集团先后荣获“2019年度中国房企稳健经营10强”“2019年度中国房企运营能力10强”“2019年度中国房企产品品牌10强”“2019年度中国年度产业地产模式大奖”“2019年度中国房地产上市公司治理10强”“年度责任品牌奖”以及“2019年度价值地产上市公司”等多项殊荣。

表3-273　2019年三盛控股部分高管名录

姓名	职位
林荣滨	董事长
程　璇	执行董事、三盛控股总裁
冯劲义	地产集团总裁
冯辉明	地产集团常务副总裁

三湘印象股份有限公司
（S　三湘印象）

三湘印象股份有限公司成立于1996年，于2012年8月通过借壳在深圳证券交易所挂牌上市，股票代码为000863，股票简称“三湘印象”。

在房地产业务上，公司以上海三湘（集团）有限公司（上海三湘）为核心体，是集建筑安装、建材加工、装饰设计、房产经纪、广告传播、物业管理于一体的全产业链服务商，具有房地产开发、金属门窗工程、装饰施工、物业服务四个国家一级资质。

秉承“关注细节，追求完美，成就卓越”的管理理念，品质为先、质量立业，三湘印象先后承建了虹口区文苑小区、三湘花苑、三湘花园、芙蓉花苑，三湘世纪花城，嘉定区安亭老街11#地块，宝山区三湘雅苑，松江华亭新苑、三湘四季花城、泗泾三湘商业广场、三湘七星府邸、三湘未来海岸、三湘海尚城、虹桥三湘商业广场、三湘海尚名邸等多个工程。

立足长三角及京津冀两大区域，公司坚持“绿色建筑可持续发展”理念，开发项目获住建部“广厦奖”、国家“康居示范工程”、国家“优质工程奖”、中国“绿色建筑三星认证”、上海市建设工程“白玉兰奖”、上海市“优秀住宅金奖”等，多项自主研发成果获国家专利，“宜居型高层住宅小区太阳能利用与建筑综合节能关键技术应用”项目获上海市科技进步奖。

2019年8月，上海三湘再次荣获“2019上海民营服务业企业100强”和“2019上海服务业企业100强”两项荣誉；2019年9月，三湘建筑荣获“上海市建设工程白玉兰奖30周年优秀企业”。

据三湘印象2019年第三季度报告，今年前三季度三湘印象实现营业收入共计16.27亿元，同比增长17.93%，主要来源于本期部分项目交房结转收入较上期的增长额。

2019年前三个季度，三湘印象录得归属于上市公司股东的净利润为3.46亿元，同比增长212.23%；基本每股收益0.25元/股，同比增长212.50%。

截至2019年第三季度，三湘印象的总资产132.25亿元，较上年末增长1.40%；归属于上市公司股东的净资产59.14亿元，较上年末增长4.63%。

未来，三湘印象计划短期内将择机在长三角、京津冀和粤港澳大湾区新增土地储备，并将紧跟房地产消费升级节奏，突出绿色科技地产的优势和价值，针对改善型细分市场，形成以绿色设计为龙头，集绿色建造、绿色装饰、绿色运营于一体的开发运营模式。

表 3-274 2019 年三湘印象部分高管名录

姓名	职位
黄　辉	董事长兼总裁

安徽三巽集团
（S 三巽）

三巽集团创立于 2004 年，拥有员工近千人，是以房地产开发为核心，集商业运营、物业管理等为一体的城市建设综合发展企业集团，一直致力于中高端产品的开发和建设，拥有住宅创新项目墅系、院系、府系，拥有员工逾千人。

根据克而瑞机构统计，2019 年公司销售额达 91.2 亿元。

近年来，三巽集团业绩再攀新高，发展势头强劲，在安徽本土房企的各项数据排名中均处于领先位置。

三巽集团秉承“创造城市幸福生活”的开发理念，致力于中高端产品的开发和建设，打造了三大精品住宅体系：墅系、院系、府系，为客户提供高品质的生活解决方案。三巽集团发展壮大的同时，不忘初心，始终承担企业的社会责任，用公益行动服务和回馈社会。

2018 年，三巽集团总部乔迁至上海，实现了“走出安徽，布局长三角区域”的阶段性战略目标，并正式开启了“深耕区域，布局全国”的战略新征程。未来，三巽集团将继续以“阳光、开放”的姿态，遵循稳健的发展原则，迭代产品、提升服务，为客户建好房、造好房，倾尽全力创造城市幸福生活。

表 3-275 2019 年三巽部分高管名录

姓名	职位
钱　堃	董事长
王本龙	总裁（2019 年 12 月履新）

SOHO 中国有限公司
（S SOHO 中国）

SOHO 中国（HK00410）成立于 1995 年，由董事长潘石屹和首席执行官张欣联手创建。公司在北京和上海城市中心开发和持有高档商业地产，坚持独特创新的建筑理念，建造符合时代精神的建筑，所开发项目均成为城市建设中的里程碑建筑。2007 年 10 月 8 日，SOHO 中国在香港上市，融资 19 亿美元，创造了亚洲最大的商业地产企业 IPO，多次入选《财富》杂志中文版评选出的“最受赞扬的中国公司”全明星榜。

公司开发的第一个项目就是 SOHO 现代城。SOHO 意为“移动办公”，在追求资源最大化利用的今天，SOHO 提高了每一平方米房子的使用效率。SOHO 中国先后在北京推出了“建外 SOHO”“SOHO 尚都”“三里屯 SOHO”等商业房地产项目，成为北京市各区域的地标性建筑；2009 年，SOHO 中国收购东海广场一期，正式进军上海，成为北京、上海最大的办公楼开发商，开发总量达 500 万平方米。2015 年，SOHO 中国的共享办公产品 SOHO 3Q 正式上线，现已成为国内最大的共享办公室运营商。

2019 年，古北 SOHO 盛大亮相；丽泽 SOHO 获得 LEED 金级认证；望京 SOHO 率先完成 5G 全覆盖，成为第一个 5G 全覆盖的大型商业楼宇。

表 3-276 2019 年 SOHO 中国部分高管名录

姓名	职位
潘石屹	董事会主席
张　欣	行政总裁
阴　杰	高级副总裁、首席建筑师
吴宣霆	高级副总裁、首席运营官
倪葵阳	首席财务官

沙河实业股份有限公司
（S 沙河实业）

沙河实业股份有限公司（SZ000014）是由沙河实业（集团）有限公司控股的上市公司，隶属于深圳市国有资产监督管理委员会。沙河实业股份1992年在深圳证券交易所上市，主要从事房地产开发以及配套工程开发建设、新型建材的生产与建设、物业租赁与管理、物资供销、国内外商业及投资兴办实业等。

以房地产开发与经营为主要业务，现已成功开发出荔园新村、侨洲花园、鹿鸣园、宝瑞轩、世纪村等十多个住宅小区100多万平方米。如今，沙河实业股份实施名牌精品战略，致力于全方位开拓和多元化发展。

公司已经通过资产重组，企业资产质量和盈利水平得以迅速提升，进而为社会提供更多优质产品服务和稳定的投资回报，确保了公司的可持续发展。

表3-277　2019年沙河实业部分高管名录

姓名	职位
陈　勇	董事长
温　毅	总经理

中国上城集团有限公司
（S　上城）

中国上城（HK02330）2003年在香港上市，总部设在香港，主要业务是在工业技术、商业贸易、物业投资和资本投资，主要房地产开发项目为综合住宅、商业及停车位，位于广东省茂名市和珠海市。

中国上城以提供自然资源给中国工业企业为己任。随着中国钢铁工业的扩张，与本土钢铁制造企业建立起良好网络关系。同时，中国上城也活跃在基础电子元件材料及制品的供应，并作为中国制造商的桥梁，寻求扩大出口到海外市场。

表3-278　2019年上城部分高管名录

姓名	职位
刘　锋	董事会主席
陈　贤	董事会副主席
刘世忠	行政总裁

上海城建（集团）公司
（S　上海城建）

上海城建（集团）公司于1996年10月成立，经上海市国资委授权经营集团内国有资产，是一家以工程投资建设、设计施工和管理为一体的大型企业集团。

集团具有市政公用工程施工总承包特级资质、公路工程、房屋建筑等施工总承包一级资质和房地产开发一级资质，集团拥有全资和控股子公司15家、事业部3个。其中2家特级、6家一级施工企业和5家甲级勘察和设计院，形成了以基础设施设计施工总承包为龙头，以基础设施投资和房地产开发经营为依托，集各类工程投资、设计、施工、管理、设备和材料供应为一体的大型企业集团。

多年来，集团承建或参建的上海市重大工程达300多项。同时，还积极参与其他城市的轨道交通工程、大桥工程、基础设施建设。此外，集团还承建新加坡、安哥拉、印度、泰国等国家的基础设施建设。

集团获得“中国建筑500强”“鲁班奖”“国家优质工程奖”“詹天佑奖”“中国市政工程金杯奖”50余项、上海市政工程金奖等150余项。集团公司荣获“‘十五’全国建筑业科技进步与技术创新先进企业”“全国建筑业质量管理先进企业”“全国‘五一’劳动奖状”“全国优秀施工企业”“全国用户满意施工企业”“全国建筑业新技术应用先进企业”“上海房地产18年功勋企业”“中国建设系统最具影响力品牌”等荣誉称号。

2019年9月1日，上海城建（集团）公司位列“2019年度中国企业500强”第349位。

表3-279　2019年上海城建部分高管名录

姓名	职位
张　焰	董事长、党委副书记

上海城投置地（集团）有限公司
（S　上海城投）

城投控股（SH600649，简称“城投控股”）

是上海城投集团市场化板块的核心企业，于1993年5月在上交所上市交易。发展至今，形成了以房地产为核心主业，开发、运营和金融三大业务协同的发展格局，实行开发与运营轻重资产分离的专业化管理。未来，上海城投将重点负责租赁住宅以及商业运营业务，提升资产价值，实现新的业务增长点和产业链延伸。

根据克而瑞机构统计，2019年公司销售额达91.5亿元。

城投控股房地产开发业务由所属企业上海城投置地（集团）有限公司负责实施。置地集团注册资本25亿元，具有房地产开发一级资质，立足城市更新和保障房细分市场，兼顾多元业务发展格局，以差异化的竞争策略，确保在行业政策调控和市场周期波动中的相对优势，主要产品领域包括成片土地开发、保障房和普通商品房建设、办公园区、写字楼开发、“城中村”改造等。

公司重点开发的项目有租赁房项目，露香园低区、朱家角商品房项目，“湾谷”科技园，松江、嘉定、闵行保障房，九星、朱泾“城中村”改造等。同时，公司积极贯彻落实长三角一体化发展战略，2018年首次走出上海，在黄山、常州、江阴等地落实了项目布局。

2019年被评为“中国房地产上市公司100强”第45位、“上海市房地产开发企业50强”第8位。

表3-280 2019年上海城投部分高管名录

姓名	职位
戴光铭	董事长
陈晓波	总裁
周冬生	副总裁
周仁勇	副总裁
庄启飞	副总裁

上海地产（集团）有限公司（S 上海地产）

上海地产成立于2002年，是经上海市人民政府批准成立的国有独资企业集团公司，注册资本42亿元。集团主营业务包括土地储备前期开发、滩涂造地建设管理、市政基础设施投资、旧区改造、房地产开发经营等。截至“十二五”末，集团总资产达2123亿元，旗下拥有5家具有房地产开发一级资质的企业、2家上市公司、2个国家级开发区。

根据克而瑞机构统计，2019年公司销售额达83亿元。

成立以来，上海地产充分发挥国有企业集团的优势，在土地储备前期开发、滩涂造地建设管理、保障性住房开发建设、国有资产保值增值等方面，出色地完成了市委、市政府交办的任务，较好地完成了“服务社会”和“发展自身”两篇文章。

在新的历史发展阶段，上海地产将紧紧围绕市委、市政府工作大局，将集团打造成为上海城市更新的重要运作平台之一，高质量地完成事关上海长远发展的各项重大任务，包括旧区改造及城中村改造、保障房建设、工业园区置换升级、历史风貌区和老建筑保护等，为上海城市的功能完善和社会发展做出新的更大贡献。

表3-281 2019年上海地产部分高管名录

姓名	职位
冯经明	董事长、党委书记
朱嘉骏	党委副书记、总裁
管韬萍	副总裁

上海建工房产有限公司（S 上海建工）

上海建工（SH600170）是上海国资中较早实现整体上市的企业。前身为创立于1953年的上海建筑工程管理局，1998年发起设立上海建工集团，并在上交所上市。2010年和2011年，经过两次重大重组，完成整体上市。具有国内最高的房地产开发企业资质（国家一级），是上海房地产行业最早通过ISO9001质量管理体系认证的企业之一；曾获得国家建设部授予的“销售‘放心房’表彰企业”称号。

根据克而瑞机构统计，2019年公司销售额达

86.5亿元。

上海建工形成了以长三角区域及华南区域、京津冀区域、中原区域、东北区域、西南区域和其他若干重点城市组成的“1+5+X”国内市场布局，承建的工程覆盖全国34个省市自治区的120多座城市。同时，在海外20个国家或地区承建项目，其中在柬埔寨、尼泊尔、蒙古、马来西亚、哈萨克斯坦、东帝汶等18个“一带一路”国家开展业务。近年来，先后开发了徐汇·龙兆苑、佳龙花园、建工汇豪商务广场、上海建工嘉定工业园等一大批优质楼盘和商务楼项目。

2019年，集团入选“2019年外滩·上海品牌创新价值榜50强”，并以上半年1705.458亿元的营业收入排名《财富》“中国上市公司500强”第55位，比2018年上升了6个位次。

表3-282 2019年上海建工部分高管名录

姓名	职位
李昇辉	董事兼总经理
朱忠明	董事长
裘 磊	副总经理、苏州区域公司总经理
吴 骞	副总经理、上海振新物业董事长

上海实业城市开发集团有限公司
（S 上实城开）

上实城开（HK 00563）1993年在香港上市，前身为中新地产，由上海实业集团旗舰企业——上实控股于2010年6月收购其45.02%股份，并完成公司更名及整合。公司以中国房地产开发、运营等综合业务为主要投资方向，是上海实业集团旗下最具发展前景的房地产业务整合平台之一。

作为中国价值领先的城市核心区域运营商，上实城开以满足城市主流人群高品质居住及商业发展需求为使命，推动城市生活方式革新，推进城市综合发展。开发项目广泛分布于上海、北京、天津、重庆、西安、长沙等一、二、三线城市，涵盖有高端居住社区、高档写字楼，购物中心、星级酒店、产权式公寓多种业态。同时，以全球化视野构建战略格局，通过产业经营与资本运作并举提速企业发展。

上实城开已制定三年发展规划，未来在区域布局上将呈现以上海为中心，形成集沿海、沿江两线，长三角、环渤海、中西部二三线城市的“一心、两线、三圈”的“弓形”布局。上实城开将凭借高效的项目运作和一流的经营管理模式，跻身于地产红筹股前列，成为中国最具影响力和投资价值的城市地产运营商。

表3-283 2019年上实城开部分高管名录

姓名	职位
曾 明	董事会主席
周 雄	董事会副主席、总裁
叶维琪	副总裁
黄 非	副总裁
钟 涛	副总裁，北京、天津及沈阳公司董事长
李 滨	副总裁
周 燕	副总裁
杨 勇	副总裁
何 彬	副总裁

上海上坤置业有限公司
（S 上坤）

上坤是一家专注于房地产开发和运营，以“为宜居而来”为使命，致力于“满足客户对家与美好生活想象”的企业。

秉承“客户第一”的核心理念，以“更好的房子更好的家”为目标，为客户提供优质生活和服务，是上坤的核心竞争力。上坤的战略定位是成为“城市优质生活服务商”。作为百强地产房企中的年轻成员，上坤以“理想而不理想化”的原则，将企业未来5年发展战略锚定在产品适度领先、效率优先的规模化发展上。上坤信奉长期主义，尊重市场原则，用专业能力赢得市场竞争力。

目前，上坤已成立上海、江苏、浙江、安徽、广东、河南、湖北等七大区域事业部。

上坤旨在打造更宜居的产品，拒绝产品复制，关注客户体验，不断从使用者的角度出发，做出“被需要”的产品，用设计、科技、人文赋予产品全新的生命力。

表 3-284 2019 年上坤部分高管名录

姓名	职位
朱 静	创始人兼 CEO
杨占东	集团副总裁
佟文艳	集团副总裁
梁 晶	助理总裁
黄 慷	助理总裁
洪亚雷	助理总裁
王同君	助理总裁
史 鉴	助理总裁

福建省上一集团有限公司
（S 上一）

福建上一集团自 1995 年开始涉足房地产产业，经过十多年的不懈努力，初步形成了房地产业、工业、贸易、创投等四大支柱产业发展格局，初步走上集团化、多元化发展的快车道。多年来，上一集团始终秉承“敬天爱人，诚信为本”与“务实高效，开拓进取”的企业精神，本着“安全经营，巩固发展，抓住机遇、与时俱进”的企业经营理念，坚持“外塑形象，内强素质，夯实基础，规范管理”的创业原则，抓质量、求创新、谋发展，大力推进企业品牌建设，随着“上一·日出东方”品牌的不断建设，上一集团所倡导的“轻松的日子，健康的家园”的先进人居文化开发理念越来越深入人心，我们也希望通过上一集团的开发和建设，可以使更多的业主在我们所打造的“日出东方”系列社区中住得轻松、住得健康，为创建和谐社会作出应有的贡献！

表 3-285 2019 年上一部分高管名录

姓名	职位
刘必东	董事长

上亿企业集团有限公司
（S 上亿）

上亿集团（原上海亿丰企业集团），是一家集开发、运营管理为一体的综合性商业地产企业。公司于 1997 年正式成立，总部位于上海，项目遍及全国 40 多城 60 多个项目。上亿集团旗下有上亿中心、上亿广场、上亿商贸城、上亿国际汽车城四大业态及两大自主品牌——最家空间、领航家。

1997 年，集团前身上海亿丰经济发展有限公司成立，同年在浦东杨思创建恒大陶瓷建材市场，亿丰这艘商业航母从此启航。2002 年，走出上海进军江苏，开创产权式经营商业模式。同年，昆山亿丰投资发展有限公司成立；2003 年，亿丰陶瓷装饰城成功面市，新一代商贸城为商家与客户带来全新的全方位经营消费体验。2004 年，挥师北上，成立了沈阳亿丰置业发展有限公司，以沈阳为根据地，深耕周边区域市场，探索商业新模式，开发新型超大体量商业综合体以及住宅项目。2005 年，挥师浙江，以省会城市杭州为大本营成立了浙江亿丰置业有限公司，复制沈阳商业模式；2006 年浙江亿丰商业投资管理有限公司的诞生，标志着亿丰的品牌管理进入新阶段。品牌自营、合作加盟相结合，“诚信卓越，协作共赢”成为亿丰的不懈追求。

2007 年，亿丰集团上海总部成立，通过“北上、西进、南扩”，以“让商业改变城市”为使命，精准把握城市发展脉搏，2010 年，沈阳新抚、辽宁大连、上海三林等一座座商业体让“商业改变城市”不再仅仅是口号！2013 年，辽宁亿丰集团投资有限公司成立，“大片区管理”策略使集团化发展更加有序，集团已发展为集城市综合体和专业市场开发、商业运营、物业管理、星级酒店、家具建材贸易、商务休闲娱乐、文化旅游产业等为一体的综合性企业。2014 至今，安徽庐江、广西贵港、河南濮阳、辽宁盘锦、贵州三都、湖南耒阳、四川德阳等项目的落地。

表 3-286 2019 年上亿部分高管名录

姓名	职位
胡国仁	法定代表人（董事长兼总经理）

上置集团有限公司
（S 上置）

上置集团（HK01204）1999年在香港上市，2015年成为中民投集团旗下中民嘉业成员企业。集团先后在伦敦、旧金山、悉尼、香港、北京、上海等二十多个城市实现业务布局，开发了多个高端住宅、综合体项目。按照“金融+产业+地产”的融合发展思路，上置集团以地产开发和地产投资双轮驱动为策略，逐步打造金融城综合体开发、产城融合产业小镇、资产并购等三大核心业务板块，加快推进企业转型。

经过20多年的发展，上置集团在高端住宅开发领域积累了丰富经验，成功打造了华府天地、雅宾利等高端地产品牌。同时，发挥建设、招商、运营优势，打造集商业、办公、金融、商务、餐饮等功能于一体的城市名片，成功开发了包括绿洲中环中心、华府天地购物中心在内的多个优质项目。在星级酒店开发领域，上置集团拥有丰富的经验，仅在上海地区就开发了包括美兰湖高尔夫度假酒店、斯格威铂尔曼大酒店在内的多个星级酒店。

上置集团发挥高端物业投资建造优势，聚焦现代城市金融和生活功能融合升级，在重点城市核心区域打造金融城系列产品。结合自身优势和产业资源整合能力，在重点城市周边选择具有一定规模的片区，通过整体规划、大型基础设施建设、优质城市公共配套、优势产业资源导入，建设具有复合功能的现代化城区，提升城市化水平。

表3-287 2019年上置部分高管名录

姓名	职位
彭心旷	董事会主席、行政总裁
黎根发	副总裁、信息资源部总经理
彭雄文	首席财务官

广州尚东置业有限公司
（S 尚东）

广东尚东投资控股集团有限公司是一家专注于在内地一线城市从事股权投资、房地产开发、产业园区开发运营、资产经营管理以及不动产投资和品牌运营的综合性集团公司。集团始创于1997年，注册资本2亿元，总部设立于广东省广州市，在北京、上海、香港均设有分支机构。

集团下辖“尚东不动产”“尚东创投”“尚东金服”三个业务板块。尚东控股集团治理结构完善，管理机制健全，拥有一支经验丰富的、由多行业精英组成的经营管理团队，各级管理及专业技术人员超过600人。

经过近21年的发展与积累，集团综合实力不断增强。尚东控股集团于2011年至2018年连续8年蝉联“广东地产资信20强”，并于2013—2017年连续5年荣膺“中国房地产100强企业”称号。

表3-288 2019年尚东部分高管名录

姓名	职位
郭泽伟	董事长
柯建华	总裁
杨梓根	副总裁

深圳经济特区房地产（集团）股份有限公司
（S 深房）

深房集团成立于1980年，1993年深房A（SZ000029）在深交所挂牌交易。公司前身为深圳经济特区房地产公司，1992年2月经深圳市政府批准更名为深圳经济特区房地产总公司，成为深圳市政府直属的一级企业。

作为深圳经济特区最早成立的房地产开发公司，曾在中国房地产开发史上创造了多个“第一”，包括：第一个有偿使用国有土地；第一个引入外资合作开发土地；第一个采用楼宇预售手段筹集开发资金；第一个按国际惯例实行建设工程公开招标；第一个成立物业管理公司对开发的楼宇、住宅进行全方位管理；在深圳经济特区举行的第一次土地使用权拍卖会上夺标，等等。深房集团以“敢为天下先”的精神，为中国房地产业、深圳特区的经济建设和社会发展作出了巨大的贡献。

30多年来，深房集团累计开发了高层楼宇60余栋，多层住宅500余栋，花园别墅400余栋，合计竣工面积300多万平方米。投资区域以深圳为中心，遍及广州、汕头、江门、肇庆、北京、上海、哈尔滨、沈阳、西安、武汉、昆明、昆山等广东省及全国范围内的各大中城市；此外，在中国香港及境外如美国、加拿大、澳洲等地均有投资项目。注册资本10.1166亿元，营业期限为永续经营，已发展成为一家以房地产开发与经营为主业，集物业管理与经营、建筑工程设计、施工与管理、旅游开发与经营等多元化经营于一体的企业集团。

表3-289 2019年深房部分高管名录

姓名	职位
周建国	董事长
陈茂政	总经理
唐小平	副总经理、董事会秘书

深圳市物业发展（集团）股份有限公司（S 深物业）

深圳市物业发展（集团）股份有限公司（简称“深物业集团”）成立于1982年11月，总承包建设的深圳国际贸易中心大厦，被誉为“神州第一楼”并创造了“三天一层楼”的奇迹，成为“深圳速度的体现，改革开放的象征”，并荣获地域地标类“深圳文化名片”称号。

1992年3月，集团正式在深圳证券交易所挂牌交易（证券代码000011）。集团现股本总额为5.96亿股，其中A股5.28亿股，B股0.68亿股。

自成立以来，深物业秉承“敢为人先，变革图强”的“国贸精神”，已形成房地产开发、物业管理、房屋资产运营、餐饮服务、仓储、工程监理等跨行业、多元化的经营格局。房地产业务方面，开发了深圳国际贸易中心大厦、国贸商业大厦、皇城广场等高层商务建筑群，田园都市花园（上海）、俊峰丽舍、新华城、皇御苑、深港1号、廊桥国际、彩天怡色、前海港湾花园、松湖朗苑（东莞）、半山御景（徐州）、湖畔御景（扬州）等一大批高中档住宅小区；总承包建设了我国最大的对外陆路口岸——皇岗口岸；合作开发了天安国际大厦、罗湖商业城等知名商务楼宇。物业管理服务方面，通过创新升级服务模式向综合行政后勤管家转型，根据产业园区生态需求为客户提供“高新产业园区物业服务+行政服务+私人定制化服务”产品，成为阿里巴巴、华为、京东等著名企业的物业服务商，行业地位不断提升，管理面积超过1300万平方米，经营业绩和品牌影响力节节攀升。

表3-290 2019年深物业部分高管名录

姓名	职位
刘声向	董事长
王航军	总经理

深业集团有限公司（S 深业）

深业集团是深圳市人民政府全资拥有、深圳市国有资产监督管理委员会直管的大型综合性企业集团，于1983年在香港注册成立。集团以房地产开发、运营服务、基础设施建设、新兴产业投资为主业，同时涉足现代农业、高科技制造等领域。

根据克而瑞机构统计，2019年公司销售额达200.1亿元。

目前，深业集团资产总额为1274亿元，净资产为484亿元，土地储备近1300万平方米。同时，拥有正在运营的收费公路3条，里程数达到188公里。

深业集团现有香港上市公司1家，国内公众上市公司1家，主要全资、控股企业14家。深圳控股有限公司（HK0604）是深业集团的核心企业，于1997年在香港联合交易所上市，在香港资本市场享有良好信誉和较高知名度，是香港恒生中资指数成分股和大摩中国自由指数成分股。

长期以来，深业集团作为深圳市政府在香港的经贸代表机构，为深圳及内地引进资金、技术、项目和现代化管理经验做出了积极的贡献，在香港政商界建立了深厚的人脉关系，成为深圳市与香港政商界联系的桥梁之一。深业集团与深港两地的金融机构保持着良好的合作关系，是深圳市与国际资本市场联系的重要纽带之一。

未来，深业集团将继续立足深圳，聚焦粤港澳大湾区及核心一、二线城市，做强房地产业，坚持由“开发销售”向“开发销售+持有”模式转型，着力打造运营服务平台，并依托资本金融机制进行产业筛选和业务重塑，实现“城市空间价值塑造引领者”的企业愿景。

表 3-291　2019 年深业部分高管名录

姓名	职位
吕　华	董事长、党委书记
黄　伟	总经理、党委副书记
刘　崇	副总经理
董　方	副总经理

深圳控股有限公司
（S　深圳控股）

深圳控股（HK00604）于 1997 年在香港上市，是深圳市国资委旗下最大的房地产上市公司。公司核心业务包括物业开发（包括住宅地产、产业地产及商业综合体）、物业投资及管理。公司深耕深圳、聚焦粤港澳大湾区，布局中国其他核心城市，致力于成为一流的房地产开发商及不动产运营商。

深圳控股坚持“聚焦大湾区，深耕深圳，专注一、二线重点城市”的公司战略，大力拓展优质土地储备，不断提升资产品质和回报水准。在保持开发销售规模稳健增长的同时，优化包括商业、办公及长租公寓等产品在内的投资物业组合，寻求长租公寓领域发展机会；打造具备核心竞争能力的智慧园区、商业管理、住宅物业运营平台，发挥专业运营优势，培养新的产业和利润增长点，提升运营服务收入，并借力资本市场，加速推动物业资产证券化。

深圳控股在国内多个城市共拥有规划总建筑面积 628 万平方米的土地储备，其中位于粤港澳大湾区的优质土地储备规划总建筑面积约 385 万平方米。公司将致力进一步优化土地储备的结构，将资产和业务进一步向深圳等一线城市和重点二线城市集中。

表 3-292　2019 年深圳控股部分高管名录

姓名	职位
吕　华	董事会主席
黄　伟	总裁
王敏远	副总裁
梁开平	副总裁
董　方	副总裁
房绍业	财务管理部总经理
朱国强	资本运营部总经理
黄燕珊	法律事务总监及董事会秘书

沈阳市城建房地产开发有限公司
（S　沈阳城建）

沈阳市城建房地产开发集团有限公司成立于 1999 年 2 月 9 日，主要经营范围为房地产开发等。

表 3-293　2019 年沈阳城建部分高管名录

姓名	职位
董伟钧	董事长

上海升龙投资集团有限公司
（S　升龙）

升龙集团由知名企业家林亿于 1999 年创办于福建，总部位于上海，是一家集地产开发、资产管理、商业运营、金融投资为一体的全球化城市综合运营商，物业涵盖甲级写字楼、商业综合体、高端住宅、五星级酒店等多元类型。业务主要聚焦中国环渤海经济区、中原经济区、长三角经济区、海西经济区、粤港澳大湾区五大核心经济区，以及澳洲、北美、欧洲等海外城市群。

根据克而瑞机构统计，2019 年公司销售额达 105.8 亿元。

升龙集团在城市更新领域深耕 20 年，累计完成 20 多个旧改项目，面积逾 3000 万平方米，总投资额超 2000 亿元，被誉为“城市更新专家”。拥有近 300 名金融投资、规划设计、拆迁管理、产业运营等方面的专业人才和专家。深度布局多个区域，努力打造专业化的城市更新服务平台，提供城市综合运营解决方案。

作为较早涉入商业地产运营的开发商之一，升龙对集团开发的商业地产项目实施调研定位、规划设计、招商策划、市场推广、运营管理、物业管理等一系列科学化、专业化、系统化的管理服务，全国已开业的商场数量达 15 个之多，对项目公司在前期立项到后期运营过程中进行一对一、点对点的专业管控。

升龙集团多年来稳健经营，保持低杠杆的运作模式，连续多年跻身“中国房地产开发企业 100 强”，荣获“中国房企综合实力 37 强”“中国房企品牌价值 34 强”“中国房地产企业盈利能力 10 强”“中国房地产企业品牌价值成长性 15 强”等荣誉。

表 3-294　2019 年升龙部分高管名录

姓名	职位
林　亿	董事局主席

河南盛润置业集团有限公司
（S　盛润）

河南盛润置业集团有限公司是以房地产开发为主的大型股份制企业，注册资本金 6000 万元。2000 年 8 月成立以来，盛润公司以前瞻的战略眼光，分别在电力、交通等领域相继完成了战略开发，取得了巨大的社会成就。

公司以“认真、务实、高效、创新”的企业精神，以“业主的利益才是第一位”的服务理念，树立“用建筑关爱生活”的企业经营理念，坚持以品质求生存，以个性求发展，强力实施品牌发展战略。经过几年的快速发展，公司总资产已高达 10 亿元。

作为一家有社会责任感的实力企业，盛润公司始终如一地追求企业的可持续发展。公司曾被省消协授予全省唯一“消费者信得过的房地产企业”；市消协授予“消费者信得过的房地产公司”；市房管局授予“承诺销售放心房信誉单位”；河南省建设厅授予“优秀环境小区”；郑州市建设委员会授予的“2007 年度郑州房地产开发先进单位”以及媒体综合评定的“2007 年度中原房地产榜中榜知名品牌企业”；曾多次被评为“河南省房地产开发 50 强企业”等荣誉称号；其中，盛润·白宫项目更是获得中国住房和城乡建设部颁发的“2007 年度中国十大地标性写字楼项目”以及各媒体综合评定的“最具投资价值国际顶级写字楼”和“2007 年度中原最具品质畅销楼盘”等荣誉。

表 3-295　2019 年盛润部分高管名录

姓名	职位
李喜朋	董事长

广西盛天集团
（S　盛天）

2004 年底，盛天集团响应“百企入桂”的号召，挥师南宁，集团旗下拥有 20 家子公司，所涉领域总投资额达 130 多亿元。盛天集团以“诚信”和“品质”作为企业发展的立足点，产品始终定位于城市主流市场，不断探索，积极创新，成为南宁乃至广西有口皆碑的品牌企业。盛天置地作为盛天集团主营业务的房地产板块，一直秉承集团“诚信成就大业，品质决定品牌”的企业经营理念和执着追求，赢得了广大消费者的信赖和“盛天系，非凡品”的良好口碑。公司经营规模在广西始终名列前茅，是“中国房地产开发 500 强”企业。

表 3-296　2019 年盛天部分高管名录

姓名	职位
林炳东	董事长兼总裁
林　劲	盛天置地总经理

石榴置业集团股份有限公司
（S　石榴）

石榴集团2007年成立于北京，经过十余年创新发展，逐渐形成地产开发、物业服务、科技产业投资运营、文旅新城、长租公寓等多元业务共同驱动的发展模式。

目前，石榴集团业务已覆盖全球60余个城市。公司聚焦京津冀、长三角、珠三角等中国最具活力的核心城市群，业务涉及投资规划、开发建设、商业管理及物业服务等，具备大体量、多业态综合开发能力，拥有深受尊重的企业品牌声望，并以出色的品控与优秀的服务，成为中国领先的品质物业提供商。

截至2018年底，石榴集团总资产规模超过2000亿元，累计开发面积近5000万平方米，其中大型综合体项目投资约450亿元；连续多年跻身“中国房地产企业综合实力100强”“中国房地产企业成长速度10强”；旗下住宅项目多次荣获“广厦奖”“长城杯”“精瑞奖”等国家级奖项。

在坚持地产开发为核心业务的同时，跟随国际新技术发展趋势，集团旗下竹海科技在北京、上海、深圳、硅谷、达拉斯、柏林、特拉维夫建立海内外创新中心。率先建立“办公社区+网络社区”“中国一线城市平台+海外创新中心”“科技+商务+投资”三位一体的科技企业孵化模式，以强大的科技支撑和投资力度引领创新园区发展，成为区域经济发展的创新引擎。

石榴集团洞悉人们对于美好生活的向往，不断升级产品标准，秉承“让更多的人住上好房子”的企业使命，为人们创造富有自豪和尊严感的生活空间。公司遵循“客户第一、阳光高效、共创共享、永葆创业激情”的核心价值观，致力于成为行业内最具成长性的价值共享平台！

表3-297　2019年石榴部分高管名录

姓名	职位
崔　巍	董事长
桑春华	副董事长

时代中国
（S　时代中国）

时代中国控股（HK01233）成立于1999年，2013年在香港上市，目前已成为中国领先的城市发展服务商，业务主要覆盖住宅开发、城市更新、产业运营、商业运营、社区服务、家具家装、未来教育等领域。

2019年公司累计合同销售金额约783.6亿元，总资产超过1400亿元，位列“中国地产50强”。

时代中国控股一直深耕珠三角地区，并逐步布局长三角地区、西南地区、华中地区等中国最具高增长潜力的区域。投资项目覆盖近20个经济发达城市，共拥有200多个处于不同开发阶段的项目，为超过60万业主提供了高品质的生活居所及服务。

2019年，荣登“中国房地产100强企业”“2019年度中国房地产开发企业50强”“2019年度中国房地产开发企业综合发展10强”“2019年度中国房地产卓越100榜”以及“2019年度中国房地产上市公司综合实力50强”。

时代中国控股将继续奉行“爱、专注、创造”的核心价值观，致力成为“世界500强”企业，为客户提供更好的产品和服务，为股东创造更大的回报，让更多人实现向往的生活。

表3-298　2019年时代中国部分高管名录

姓名	职位
岑钊雄	董事会主席、行政总裁
关建辉	执行董事
白锡洪	执行董事
岑兆雄	执行董事
李　强	副总裁
牛霁旻	副总裁
黄永年	首席财务官

广州实地房地产开发有限公司
（S　实地）

实地集团2006年从广州出发，始于地产而不止地产。13年来，实地一直致力于将人类科技的一切探索创新以人居业态为依托运用于生活中的方方面面，将科技与人文连接，重新构建人类对于自身与居住空间关系的认知，发展成为一家为用户提供贯穿全生命周期智慧人居解决方案的综合性企业。

根据克而瑞机构统计，2019年公司销售额达119.6亿元。

目前，实地集团已覆盖全国六大最具成长力城市群，在26城全面绽放。每落子一地，均从区域先天资源的统筹观出发，开发每个城市的独特魅力，探索每个城市的人文价值，创造与之匹配的智能生活解决方案，为每座城市打造专属的人居经典。

实地集团坚持“用户至上”原则，关注每一个个体的真实需求。从项目规划之初，就从用户痛点出发，以科技创新的产品思维先行，借助智能产品、数据分析、生活配套三位一体的服务体系，满足用户对居住环境安全、家庭健康、时间管理、情感交互等多维度的需求，以此为主线来逐步构建SLS（Smart Life System）智慧人居系统，为用户打造美好生活体验的同时，引领行业发展方向，提升城市整体的人居品质。

实地集团强势蝉联百强房企，引领IoT智慧生活新时代，荣获“2019年中国地产风尚大奖”。

表3-299　2019年实地部分高管名录

姓名	职位
张　量	董事长
罗剑威	总裁

云南实力集团有限公司
（S　实力）

实力集团成立于2000年，总资产规模逾300亿元，年销售额近110亿元人民币，旗下产业及业务遍及国内及东南亚，8年蝉联“中国房地产100强企业”，2019年荣膺“中国文旅地产运营10强企业”。

2016年，集团旗下云南园林绿化股份有限公司（简称“云南园林”，股票代码：870611）在新三板挂牌上市；2018年，集团旗下云南实力物业服务股份有限公司（简称“实力物业”，股票代码：872548）在新三板挂牌上市。

实力集团正逐步成为一家主业突出、多元发展、全国经营，产业与资本双轮驱动、文旅产业具有领先优势的大型集团公司，真正从“云南的实力”成长为“中国的实力”。

表3-300　2019年实力部分高管名录

姓名	职位
张　娅	集团总裁
高　成	集团副总裁
王晓艳	文旅集团总经理

世纪金源集团有限公司
（S　世纪金源）

世纪金源成立于1991年，是一家综合性跨行业国际集团。集团以“房地产居住、星级大饭店及文旅、大型购物中心、金融资本运营、物业管理与服务、医养大健康”为大型支柱产业，在科技孵化、互联网科技、新能源、汽车制造等领域深入投资布局，企业在中国大陆已投资2390亿元，开发各类商品房7100万平方米，缴纳各项税金已达421亿元。

企业围绕社会大需求核心，构建“世纪金源幸福产业生态圈”，打造“幸福生活方式服务引领者”，赋予“陪伴无时无刻，服务美好生活”企业品牌价值内涵，引导各产业实现全生命周期的“价值型服务”升级。在中国大陆，世纪金源拥有9大区域集团、3大行业集团、20家五星级酒店、10家大型购物中心、1家奥特莱斯、各类子公司百余家。投资地域遍及福建、北京、上海、江西、重庆、云南、湖南、贵州、安徽、陕西、江苏、浙江、湖北、西藏、新疆，以及中国香港、菲律宾、瑞典、丹麦等海内外各地。集团现有员工两万余名，英才荟萃，实力雄厚。

集团多年来热心公益慈善事业，共捐资近60亿元，获得各项荣誉300多项，连续荣登

"中国企业500强"和"中国服务业企业500强"排行榜。

表 3-301 2019年世纪金源部分高管名录

姓名	职位
黄　涛	董事局执行董事、总裁
兰　扬	高级副总裁、酒店文旅事业部总裁、酒店集团常务副总裁
林中华	高级副总裁、财经管理委员会主任
翟兵权	高级副总裁、生活服务事业部总裁、物业服务集团总裁
李　赟	高级副总裁、商业管理事业部总裁、商业管理集团总裁

世茂集团
(S　世茂)

世茂集团是一家国际化、综合性的大型投资集团，经过三十多年的发展，在香港和上海分别拥有世茂房地产（00813. HK）及世茂股份(600823. SH）两家上市公司。

三十多年来，世茂集团业务覆盖香港、上海、北京、广州、深圳、杭州、南京、武汉、厦门等全球120多个城市，业务版图涉及地产、酒店、商业、主题娱乐、物管、文化、金融、教育、健康、高科技、海外投资等领域，形成了多元化业务并举的"可持续发展生态圈"。

世茂房地产打造350多个臻品项目，2019年全年签约额2600.7亿元，跻身行业第9名；世茂酒店旗下拥有27家国际知名品牌酒店和91家自主品牌酒店；世茂商业及主题娱乐旗下拥有54个商业项目和7个主题娱乐项目；世茂服务为近240万业主及用户提供生活服务。

世茂集团实践"成为行业引领者，打造百年世茂"的愿景，为城市赋能，持续为客户在居住、生活、消费、商务、旅游等方面提供高层次的品质体验，与城市共成长，与人民同幸福。

表 3-302 2019年世茂部分高管名录

续表

姓名	职位
许荣茂	董事局主席
许世坛	董事局副主席、总裁
汤　沸	执行董事、财务管理中心负责人
吕　翼	集团执行董事、世茂海峡发展公司董事长、总裁

广东世荣兆业股份有限公司
(S　世荣兆业)

世荣兆业（SZ 002016）是一家2008年在中国深圳证券交易所挂牌上市的房地产公司，A股代码：002016。目前，世荣兆业旗下有世荣实业、年顺建筑、世荣营销、世荣物业、绿怡居园林、世荣投资（广州）等多家全资子公司，经营范围涵盖了房地产投资开发、工程建筑、楼盘销售、园林绿化、物业管理等多个领域。

根据克而瑞机构统计，2019年公司地产销售额达75.7亿元。

公司上市12年以来陆续开发了锦绣荣城、世荣名筑、世荣翠湖苑、世荣碧水岸，世荣蓝湾半岛、世荣井岸大观、世荣尚观花园等多个高质量楼盘项目。

世荣兆业坚持"自然相伴·人本生活"的经营理念，贯彻诚信经营的方针和稳健理性的发展战略，不断夯实发展根基。经过在珠海区域多年的深耕细作，公司开发的楼盘已得到市场的高度认可，伴随着公司综合实力的日益壮大，开发面积、销售收入稳步增长，品牌形象不断增强。世荣兆业已经成长为地产开发综合竞争力在珠海房地产行业中名列前茅的标杆企业。

表 3-303 2019年世荣兆业部分高管名录

姓名	职位
梁家荣	董事长（2019年12月17卸任）
周泽鑫	董事长（2019年12月30上任）
梁晓进	总裁
陈银栋	副总裁
严文俊	副总裁、董事会秘书

首创置业股份有限公司
（S 首创）

首创置业（HK02868）于2003年6月19日在香港上市，公司控股股东为北京首都创业集团有限公司，是北京市国有资产监督管理委员会所辖的大型国有企业集团；公司战略合作伙伴新加坡政府投资公司（GIC）由新加坡政府全资持有，是全球顶尖的主权财富基金。

公司经过多年发展，已构建起住宅开发、奥特莱斯综合体、城市核心综合体、土地一级开发四大核心业务线以及高科技产业地产、文创产业、长租业务三大创新板块，拥有强大的国资背景和产业协同、广泛的国际合作、创新型资本运作、精细化运营管理等竞争优势，业务区域辐射全国30余大中型城市，并已成功布局澳大利亚、法国等海外市场。除自身上市平台外，首创置业拥有一家香港上市公司首创钜大有限公司（股票代码HK01329），业务集中于发展奥特莱斯综合物业项目及商用物业项目。

根据克而瑞机构统计，2019年公司销售额达808.1亿元，聚焦京津冀、长三角、粤港澳大湾区三大核心城市圈，实现资源优势聚焦与区域重点开发，以中高端住宅产品为引领，针对改善型客户和首置客户，全面提升以精准研发为核心的产品创新能力，推进产品标准化建设，改善服务，打造公司特色品牌。

2019年，首创置业召开“首创制造2020”品牌发布会，宣告将以产品品质提升为未来发展方向。以“天阅系”“禧瑞系”等高端产品线的快速复制及大数据运用为基础，提升产品核心竞争力及核心运营能力，实现精准研发、精材实料、精细营造、精心交付，打造综合营运领先优势。

表3-304 2019年首创部分高管名录

姓名	职位
李松平	董事长
钟北辰	执行董事兼总裁
胡卫民	执行董事兼高级副总裁
范书斌	执行董事兼财务总监

北京首都开发控股（集团）有限公司
（S 首开）

首开股份（SH600376），2001年3月12日在上海证交所挂牌上市，是北京首都开发控股（集团）有限公司控股的大型国有房地产上市公司，拥有国家一级开发资质和30多年丰富行业开发经验。

根据克而瑞机构统计，2019年公司销售额达953.3亿元，在建项目70多个，总建筑规模超过2600万平方米，入选“2019中国房地产卓越100榜”。

公司以“城市复兴官”为己任，秉承“践行责任，构筑美好”的品牌理念，用匠心坚定担当城市复兴的责任，从首都城市复兴到走向全国，从最初单一的旧城改造业务，到现在保障房、中高档住宅、体育场馆、商业设施等业务的投资、建设与运营，并积极在养老地产、被动式住宅、创客空间等领域创新发展。

公司从首都城市复兴到走向全国，首开地产有序获取核心城市的优质土地资源，不断争取京津冀协同发展、长江经济带、珠三角、海西经济区等重点城市群发展中的机会，有序布局上海、天津、广州、杭州、太原、成都等20多个城市，在苏州、厦门、福州等城市销售排行榜名列前茅。

表3-305 2019年首开部分高管名录

姓名	职位
李 岩	董事长
潘刚升	总经理
赵龙节	副总经理
刘 安	副总经理
田 萌	副总经理
容 宇	总会计师
胡瑞深	总工程师
王宏伟	总经济师

顺发恒业股份公司

（S 顺发恒业）

顺发恒业公司成立于1997年，原名为“浙江万向房地产开发有限公司”，注册资本7.835亿元；公司经营范围为房地产开发经营、物业管理、装饰装潢、建筑装饰材料销售、园林绿化、经济信息咨询、实业投资。顺发恒业秉承“提供物超所值的产品与服务”的不动产经营理念，致力于成为拥有核心竞争能力和核心价值的现代公司。根据发展战略，顺发恒业将在全国重要大中型城市大力拓展新项目，努力树立“顺发恒业”优秀品质。

顺发恒业有限公司位于中国经济最活跃、发展最具潜力的长三角地区核心城市——杭州，是一家拥有一级开发资质的房地产开发公司。

表3-306 2019年顺发恒业部分高管名录

姓名	职位
管大源	董事长

湖南顺天建设集团有限公司

（S 顺天）

湖南顺天建设集团有限公司创建于2000年，注册资本15亿元，流动资金20亿元，总资产35亿元。连续多年入榜“中国民营企业500强”“湖南省综合实力100强企业”“湖南省私营企业100强单位”的大型建设集团企业，涵盖建筑工程、房地产开发、酒店经营、旅游投资、农林绿化五大经营板块。

表3-307 2019年顺天部分高管名录

姓名	职位
苏松泉	董事长
胡慧敏	副总裁
陈聘如	总经理
苏兴龙	常务副总经理

四川滨江地产发展有限公司

（S 四川滨江）

滨江地产成立于2002年，是一家追求卓越、专注品质和细节的专业地产公司，业务领域涉及地产开发、商业运营和物业服务三大板块。公司注册资本5000万元，固定资产约10亿元，为国家二级房地产开发企业，具备现代化的专业地产公司管理机制。

根据克而瑞机构统计，2019年公司销售额达74亿元。

目前，滨江地产已累计开发项目8个，在建项目4个，工程质量合格率达100%，并与多家世界500强企业建立了长期友好合作关系。

滨江地产一贯秉承“改善人们居住与生活品质，谱写城市人居文化新篇章”的使命，开发了滨江两岸、滨江和城、滨江国茂、滨江四季花城、滨江名都城、滨江山语城、滨江24铺以及财茂嘉苑等一系列精品项目。

在专业领域向标杆企业学习并深耕细作，树立了良好的社会口碑，得到了政府的大力支持，赢得了客户、合作伙伴及业内同行的高度认同。多年来，公司一直以“为客户提供优质产品和服务”为宗旨，为城市的建设和发展做出了积极贡献，连续荣登“四川房企20强”“中国房企500强”。

表3-308 2019年四川滨江部分高管名录

姓名	职位
王 淞	董事长
周 磊	总经理

杭州宋都房地产集团有限公司

（S 宋都）

宋都集团创立于1984年，总部坐落于杭州钱江新城CBD核心区域，是杭州最早“老十八家”知名专业房地产开发企业之一，历经三十余年磨砺，以杭州为大本营精耕细作、稳扎稳打，陆续为各大热点城市呈献了阳光国际、印象西湖、大奇山郡、新宸悦府、江宸府、如意春江等众多经典地产项目，产品线涵盖多元化物业类型，从普通公寓到高端别墅，从毛坯住宅到精装修房，从住宅、复合商业到旅游地产。

根据克而瑞机构统计，2019 年公司销售额达 185.9 亿元。

宋都秉承“正、真、诚、新”的企业核心价值观，坚守“勤奋、好学、融洽、节俭”的企业精神，以地产和金融的双轮驱动作为发展战略指引，以“臻享品生活”为品牌方向，以客户需求为导向，以全产品周期，全生活周期为原则，致力于成为城市建设的筑梦者，品质生活的营造者。2019 年再次荣获浙江省 AA 级“守合同重信用企业”荣誉称号，位列“2019 中国房地产开发企业浙江省 10 强”第 8 名，入选“美好生活品牌房企”。截至 2019 年，宋都已连续 11 年荣获“中国房地产 100 强企业——百强之星”称号，连续 3 年荣获“中国华东房地产公司品牌价值 10 强”。

2019 年，宋都品牌成立以来首次召开媒体见面会，发布“鲲鹏计划”，重仓舟山、布局大江东与奉化、并将布局“长三角+”作为鲲鹏战略的重心，以此占领更加多元化的领域，来实现征服蓝海的伟大目标。

表 3-309　2019 年宋都部分高管名录

姓名	职位
俞建午	董事长、总裁
汪庆华	执行总裁
戴克强	副总裁
蒋燚俊	副总裁
陈振宁	副总裁、财务负责人

苏宁环球股份有限公司
（S　苏宁环球）

苏宁环球（SZ000718）是一家在深圳证券交易所主板上市的以房地产开发为主营业务的企业，1987 年始创于南京，1992 年开始进军房地产行业，2005 年登陆深交所。公司凭借雄厚的实力跻身“中国企业 500 强”前列，并以骄人的业绩位列“中国房地产企业前 20 强”，“苏宁环球”品牌家喻户晓、享誉全国。

苏宁环球作为南京地区的龙头房地产开发企业，开发了多个著名地产项目，包括“瑰字”系列住宅项目、千秋情缘住宅项目、威尼斯水城与天润城项目。随着公司“深耕南京，立足江苏，布局全国”的发展战略不断地推进，公司多个高端商业地产、住宅地产等项目在上海、吉林、无锡、昆明、芜湖等地相继上马，为这些城市的发展注入了新的活力。

苏宁环球在实现跨越式发展的同时，还热衷慈善公益事业，主动承担社会责任。出资设立了“苏宁环球爱心基金会”；在东南大学等著名高等学府设立了“苏宁奖学金”；在西藏、新疆及苏北贫困地区捐建多所希望中、小学；积极参与省、市、区“见义勇为基金会”等，为济贫救困、匡扶社会正义、促进社会和谐发展做出贡献。

苏宁环球将秉承着“品质为先，诚信服务”的宗旨，先后荣获“年度价值地产企业”“最具投资价值上市公司”等殊荣。

表 3-310　2019 年苏宁环球部分高管名录

姓名	职位
张桂平	董事长、总裁
郭如金	副总裁
李　伟	副总裁

苏宁置业集团有限公司
（S　苏宁置业）

苏宁置业专注于当代城市空间的智慧化开发与运营，是推动产业变革的智慧地产运营商，也是未来苏宁围绕智慧零售线下布局的最大商业连锁商，苏宁集团最优的不动产持有与管理平台。苏宁置业开发涵盖商业地产、产城小镇、住宅地产三大地产板块，形成了购物中心、星级酒店、物业服务三大运营体系。

根据克而瑞机构统计，2019 年公司销售额达 89.3 亿元。

苏宁商业管理公司是苏宁置业集团旗下专业从事购物中心连锁招商、运营的专业服务公司。

以“筑就城市繁荣，创享欢乐生活”为使命，传承苏宁在商业运营领域的丰富经验以及行业领先的O2O模式，在全国运营数十座苏宁广场和苏宁易购广场。

苏宁酒店及度假村管理公司成立于2005年，专业从事高星级酒店开发与管理。管理范围包括托管酒店、自营酒店、会议中心、俱乐部等多项业务。

苏宁银河物业是国家一级资质物业服务企业、“全国物业管理行业综合实力100强”、物业服务专业化运营领先品牌企业。服务网络遍布全国，服务业态覆盖综合商业、科技办公、产业园区、高端住宅、公共服务等。

表3-311　2019年苏宁置业部分高管名录

姓名	职位
张近东	董事长
金　明	总裁

苏州新区高新技术产业股份有限公司（S　苏州高新）

苏州高新（SH600736）由苏州国家高新技术产业开发区管理委员会于1994年发起成立，1996年于上交所挂牌上市，是苏州高新区首家、苏州市首批上市公司。公司立足“高新技术产业培育与投资运营商”的战略定位，重点布局创新地产、节能环保、战略新兴产业提档升级，加强非银金融与其他产业融合发展，通过高新技术产业投资逐步实现产业结构调整与布局，建立“创新地产+高新技术产业投资”双轮价值驱动的商业模式。

截至2019年6月，公司直接控股子公司12家，间接控股子公司45家，参股企业21家。

根据克而瑞机构统计，2019年公司销售额达83.2亿元。

作为支柱业务的“苏高新地产”品牌，以住宅商业开发、城市服务代建、产业新城运营为三大核心业务，开发的足迹从苏州高新区及工业园区到吴中区、吴江区以及江苏省扬州市、安徽省合肥市、滁州市等地。

公司坚持以苏州高新区的开发建设为己任，不仅进行大量的商品房建设，而且还承担了高新区大量市政公用工程以及相关配套设施的开发建设任务，为高新区的发展壮大做出了应有的贡献，连续评为“苏州市房地产综合实力20强”及“江苏省房地产综合实力50强”企业。

表3-312　2019年苏州高新部分高管名录

姓名	职位
王　星	董事长
王　平	总经理

天津泰达股份有限公司（T　泰达股份）

泰达股份（SZ000652）是以生态环保、区域开发为主，能源贸易、金融投资为辅的综合类上市公司。自1996年公司上市以来，依托“泰达”品牌形象，把握京津冀协同发展、建设自由贸易区、滨海新区开发开放、建设国家自主创新示范区及“一带一路”建设五大历史机遇，响应国有企业二次创业的新时代潮流，业已成为资产规模达300多亿元的集团化上市公司，业务范围延伸至天津、上海、江苏、河北、辽宁、贵州等省市。

根据克而瑞机构统计，2019年公司销售额达81.1亿元。

泰达股份连续数年进入财富中国评选的“中国企业500强”，在2018年度评选中位列第385名，在天津市国有控股上市公司中排名第1位。

区域开发产业项目资源丰富，效益优异。努力实现“小而美”的战略定位。初步建立起“10平方公里泰达·城”“100万平方米泰达·MSD或泰达·谷”“10万平方米泰达·筑”的完整产品线，提高公司的核心竞争力，不再追求规模的盲目扩张，提升项目的综合运营管理水平，合理控制项目的担保结构和负债水平。

经过多年的发展累积，泰达股份区域开发产业形成了以土地价值体现为中心的一、二级联动开发模式。公司深度介入区域规划和开发运营，重点布局在辽宁、江苏、天津等地，进行土地整理、市政配套建设、住宅和商业综合体项目开发以及科技园区规划，构建了区域规划、开发、建设、产品定位、招商、运营、配套设施管理等一系列运营体系。

表 3-313 2019 年泰达股份部分高管名录

姓名	职位
胡　军	党委书记、董事长
孙国强	党委副书记、常务副总经理
付　强	党委委员、纪委书记
谢剑琳	党委委员、副总经理
马　剑	党委委员、副总经理
周京尼	党委委员、职工监事、工会主席
彭　瀚	总经济师
王　贺	副总经理

泰禾集团股份有限公司
(T　泰禾)

泰禾集团是一家从事住宅地产和商业地产开发的大型知名上市公司（股票代码：000732）。公司创建于 1996 年，2010 年成功上市，是当年国内唯一上市的地产企业。

公司坚持以房地产为核心，为全面提升城市生活品质和自身多元化发展而践行“泰禾+”战略，依托自身在住宅、商业等领域的优质资源，聚合控股股东泰禾投资集团在相关服务领域的资源，目标为一站式解决业主的购物、社交、医疗、文化、教育和养老等方面的生活需求，努力开创“中国式美好生活”。

二十多年来，泰禾在房地产开发运营方面坚持“文化筑居中国”的品牌理念，以前瞻性的布局战略、高品质的精品战略、差异化的竞争策略助力品牌影响力持续提升，企业规模不断壮大，享誉全国。

地产作为泰禾的核心业务，秉持“深耕核心一线，全面布局二线”的布局战略，坚持“为城市创造作品，为时代奉献精品”，众多精品项目分别位于以北京为中心的京津冀、以上海为中心的长三角、以广深为中心的粤港澳大湾区、以福厦为中心的经济区和以武汉为中心的中部地区，契合“京津冀协同发展”“一带一路”“自贸区”等国家重大战略。

2019 年 12 月 31 日，克而瑞发布了《2019 年中国房地产全口径销售额百亿企业排行榜》。其中，泰禾集团以 808.7 亿元的销售成绩，实现高质量发展。

泰禾院子系是泰禾匠心打造的产品 IP。短短几年来，泰禾院子已布局北京、上海、深圳、苏州、杭州、南京、江阴、厦门、福州、佛山、南昌、济南、合肥、郑州、武汉、漳州、石家庄、肇庆、天津、广州、镇江、中山，“二十二城四十四院”名动中国。其中泰禾中国院子四次上榜“亚洲十大超级豪宅”。

近年来，泰禾集团坚持以房地产为核心，为全面提升城市生活品质和自身多元化发展而推出“泰禾+”战略，依托自身在住宅、商业等领域的优质资源，聚合控股股东泰禾投资集团在医疗健康、教育、文化院线、商业等相关服务领域的资源，目标为一站式解决业主的购物、社交、医疗、文化和教育等方面的全生命周期，努力开创“中国式美好生活”。

表 3-314 2019 年泰禾部分高管名录

姓名	职位
黄其森	董事长
廖光文	集团董事、常务副总裁
沈　琳	集团董事副总裁
葛　勇	集团联席总裁
王景岗	集团联席总裁
黄　曦	集团执行副总裁

厦门经济特区房地产开发集团有限公司
(T　特房集团)

厦门经济特区房地产开发集团有限公司（简称“特房集团”）是经厦门市人民政府批准设立的以“住宅产业为核心，工程设计、建筑施工、物业服务、产融投资、生活服务、园林绿化、资产运营、酒店运营、现代农业、文体产业、健康产业、信息技术和代建业务等多产业共融发展”的综合性国有独资企业。

在投身城市开发建设过程中，特房集团始终秉承“构筑有形，追求无限”的企业精神和“责任，让生活更美好”的企业理念，致力于建造温馨美好的生活家园，多年来赢得了政府和社会大众的广泛认可，先后获得2014年“中国房地产开发企业500强”、2016年“全国守合同重信用单位”、2018年“中国服务业企业500强”、2015年“福建省纳税100强”、2016年“福建省省级文明单位”和2018年“福建企业100强”等称号。

表3-315　2019年特房集团部分高管名录

姓名	职位
黄偏明	董事长

天地源股份有限公司
（T　天地源）

天地源（SH600665）是西安高科（集团）公司旗下一家上市有限公司，注册资本8.6亿元，具有国家建设部颁发的房地产开发一级资质，是布局全国的知名房地产企业。

根据克而瑞机构统计，2019年公司销售额达80.5亿元。

按照“立足于区域深耕”的主业发展战略定位，初步形成了以西安为中心的西部市场，以苏州为中心的长三角市场，以深圳为中心的珠三角市场，以天津为中心的京津冀市场、以宝鸡、咸阳、榆林为着力点的陕西市场，以重庆为中心的西南市场和以郑州为中心的中原市场的全国性战略布局，形成了从房地产开发、销售、物业经营、物业服务到不动产代理的环形产业链。

天地源高举“做文化地产领跑者”大旗，在项目开发中，将生活和居住环境、人文关怀动态结合，将建筑文化、地域文化、社区文化和企业文化并联融合，走出一条具有自身特色的文化地产道路，获得过“中国房地产住宅开发专业领先品牌价值10强——文化地产”企业，以及“中国北部房地产公司品牌价值10强”等多项殊荣。

2019年，是天地源新发展规划的起始之年。新发展规划，可概括为“12345”，即确定一个战略定位：美好生活运营商；两大核心策略：高效运营、开放合作；三项关键机制：动力机制、控制机制、资源分配机制；四种业务组合：地产开发、地产运营、物业服务、金融服务；五项继承措施：文化地产、资本运作、精细化、产品力、人力资源。

表3-316　2019年天地源部分高管名录

姓名	职位
袁旺家	董事长、代理总裁
刘永明	常务副总裁
杨　斌	副总裁、天津天地源董事长
解　嘉	副总裁、上海天地源、苏州天地源董事长
杨　轶	副总裁

天津市房地产发展（集团）股份有限公司
（T　天房）

天房发展（SH600322）成立于1993年，前身为1981年成立的由天津市政府统一建设办公室改建而成的天津市建设开发公司，1992年整体改组为股份制企业。2001年9月在上交所上市，成为天津市房地产行业首家上市公司。现已发展为以房地产开发经营为主，物业管理为辅，集建筑设计、商品房销售、房屋出租和咨询服务为一体的房地产综合性大型企业。

根据克而瑞机构统计，2019年公司销售额达75.8亿元。

在多年发展壮大的进程中，天房发展积极参与旧城区改造等城市建设项目，大力开发建设经济适用房，努力开发建设受百姓欢迎的住宅产品。先后被评为国家二级企业、房地产行业资质一级企业、全国房地产开发综合效益百强企业、全国房地产行业精神文明建设先进单位，被金融机构评定为信誉等级AAA企业，被评为“天津市优秀企业”“危改先进开发企业”“‘八五’‘九五’立功先进企业”“天津市房地产开发信誉和实力企业20强”，进入“中国房地产企业200强”，同年还被中国企业联合会和中国企业家协会评为“中国服务业企业500强”。

表 3-317 2019 年天房部分高管名录

姓名	职位
郭维成	董事长
孙建峰	总经理、代理董事会秘书
杨 杰	副总经理
王子惠	副总经理
纪建刚	总会计师
杨 宾	总工程师
金 静	总经济师、成本管理部部长

福州天福集团有限公司
（T 天福）

天福集团成立于 1994 年，是一家以房地产开发为核心，涉及房地产开发、建筑施工、工程监理、房地产全程策划、销售代理、二手房服务、担保金融等多个业务领域的集团公司。截至 2013 年 3 月 1 日，天福集团土地储备约 3800 亩，有至少 22 个子公司涉足房地产领域。截至 2013 年，天福集团踏步前行，在福建、广西、陕西、江苏、湖北、山东、河南、山西、内蒙古、黑龙江等 11 省同时操作 20 余个项目，开发建筑面积达 510 多万平方米。从大本营福州开始，天福集团的业务已扩展至包头、鄂尔多斯、呼和浩特、佳木斯、固始、新乡、湖北、西安、江苏等十多个城市和地区，基本上已实现全国性的布局策略。

表 3-318 2019 年天福部分高管名录

姓名	职位
林雅华	董事局主席、总裁

西安天浩置业有限公司
（T 天浩）

西安天浩置业有限公司成立于 2010 年 6 月，注册资本 5000 万元，是一家集房地产开发、销售、物业管理为一体的专业化地产公司。公司秉承“追求卓越无止境，与时俱进创未来”的经营理念，遵循“追求卓越，筑造精品”的企业宗旨，坚守“为客户提供最佳人居环境、最智能化解决方案；为同仁搭建最具创造力的施展平台；在创造创新中实现企业价值与个人价值；为社会创造更多精神财富”的企业使命，为将公司建设成为一流的地产企业而不懈努力。

表 3-319 2019 年天浩部分高管名录

姓名	职位
郭京昊	董事长兼总经理

北京天恒置业集团有限公司
（T 天恒）

天恒集团为北京市西城区国有资产监督管理委员会所属的国有独资公司，1981 年西城区成立第一家城市建设开发公司以来，相继与西城区住宅建设开发公司、北京华兴新业商贸有限责任公司合并，成为天恒置业集团，业务板块集中于地产开发、城市更新、商业、金融、科技、文旅、酒店、康养、教育等产业项目。

根据克而瑞机构统计，2019 年公司销售额达 140. 8 亿元。

天恒集团以地产开发为核心，政府项目与市场项目并存。政府类地产项目包括市政基础设施建设、保障房建设、土地整理、区域提升、历史文化名城保护、棚户区改造；市场类地产项目包括全业态商品房和政策性住房。

天恒集团始终注重服务百姓民生，一方面传承历史老品牌，振兴传统老字号，同时依托自身资源，深入挖掘市场机会，开拓文旅、医养、物业、教育、金融等新产业。在有效运营自有产业的基础上，天恒集团积极寻求优势品牌合作开发，通过强强联合实现互利共赢。

立足“十三五”发展，天恒集团将以产业为驱动，以地产为载体，以特色运营类服务为内容支撑，构建“产业+ 地产+ 服务”的业务协同发展模式和产品特色，实践“销售与持有共进、开发与运营并举、产业与金融互动”策略和差异化发展，实现战略目标。

在保证经济效益的同时，天恒集团深挖客户需要，注重产品品质，用心营造“健康品质地产”，先后获得“国家质量奖”“中国房地产开发企业综合效益百强”“中国房地产企业 500 强”

"中国房地产诚信企业"等诸多荣誉。

表 3-320　2019 年天恒部分高管名录

姓名	职位
刘海涛	董事长、总经理
杨　威	常务副总经理
张予华	产业运营事业部总经理
孙爱军	天恒物业总经理

深圳市天健房地产开发实业有限公司（T　天健）

天健地产为国有控股上市公司深圳市天健集团（SZ000090）的全资子公司，成立于 1988 年 6 月，注册资本 6 亿元。公司以房地产开发经营为主营业务，为国家一级房地产开发企业，拥有深圳天健龙岗地产、长沙天健地产、广州天健地产、南宁天健地产、上海天健置业、惠州宝山地产等多家区域公司和所属企业。

天健地产积极布局上海、南宁、广州、长沙、惠州等城市，开发和运营了大量高品质的房地产和商业项目，形成了天健经典、天健时尚、天健城邦等产品系列，曾获"联合国人居环境社区奖"和"广东省绿色住区"称号。产品类型涵盖住宅、公寓、写字楼、酒店、城市综合体、现代工业园等，赢得了市场的认同，客户和合作伙伴的支持。以建造阳光生活为理念，打造地产开发一流品牌。

天健地产是深圳特区工业区开发的先驱和开拓者，以"持续创造价值，成为令人尊敬的城市综合运营商"为企业愿景，不仅取得骄人销售业绩，更因产品创新和产品品质获得了社会的广泛认同，通过 ISO9000 认证；荣获"深圳十大品牌开发商""中国房地产诚信企业""中国房地产 100 强企业——百强之星""深圳房地产企业最具品牌价值企业""深圳市房地产最具竞争力企业"等称号。

表 3-321　2019 年天健部分高管名录

姓名	职位
宋　扬	总裁
韩德宏	党委书记
何云武	副总裁
尹剑辉	副总裁
陈　强	副总裁
方东红	副总裁、董事会秘书
江　建	总工程师

西安天朗地产集团有限公司（T　天朗）

天朗控股集团 2001 年创建于古都西安，是一家以城乡产业投资与运营为发展方向的全国性企业集团，业务涉足投资、资本、地产、建设、科技、文旅、农业、康养、教育、物业、酒管、商管等 12 个专业板块，创新发展为"中国城乡产业运营商"，致力于城乡区域的综合治理。

2019 年，公司实现了跨行业、跨产业的产业驱动和产业联动，凭借投资能力、建设能力、运营能力和服务能力等四大核心能力优势，构建了涵盖城乡产业投资、建设、运营与服务的一体化生态链，助力国家新型城镇化进程。

同时，围绕着特色小镇和田园综合体两大产品形态，天朗推出了"科技+""文化+"和"农业+"三大运营模式，并凭借丰富的城镇化产业的专业能力与运营经验，将在西安周边打造了不同特色主题的特色小镇和田园综合体，深化推进城乡区域综合治理，为"大西安"的建设发展贡献力量。

天朗具备极强的城市更新与住宅开发能力。从大众精品到城市精品，天朗秉承"品质之心，巨匠之道"的精神，通过精细化的管理，以及优质的资源配套，为各类人群、不同家庭提供更好的人居环境。获得"中国特色地产运营优秀企业——中国特色小镇服务运营商""中国房地产百强企业——百强之星""中国西部房地产公司品牌价值 10 强""中国房地产综合开发专业领先品牌价值 10 强——城镇化运营服务商"等荣誉称号。

表 3-322 2019 年天朗部分高管名录

姓名	职位
孙 茵	董事长、总裁
周 岗	副总裁
陈兴培	副总裁
马 琳	副总裁
欧阳翼文	副总裁
彭 欣	副总裁

河南天伦地产集团有限公司
（T 天伦）

河南天伦集团成立于 1997 年，核心业务为房地产、天然气、旅游三大产业板块，旗下拥有香港主板上市公司天伦燃气（股票代码：1600HK）及百余家子公司。连续多年被评为“最具创新力企业”“中国优秀企业”“河南民营企业 100 强”，并两度入选“福布斯中国慈善榜”。

天伦地产成立于 1997 年，自成立以来，天伦地产怀着对社会、对客户的责任感，开发的优秀地产项目遍布郑州市各个城区，其中天伦庄园项目是郑州高端住宅的扛鼎之作。天伦地产拥有丰富的土地储备，通过一、二级联动，与万科集团合作开发东赵项目，与绿城集团共同实现“天伦投资，专业运营”的房地产开发模式。

天伦燃气创办于 2002 年，2010 年在香港联交所主板上市。经营范围主要包括：城市燃气运营、加气站、LNG 工厂业务、长输管线与工业用户直供。共拥有 15 个省份 62 个城市燃气项目、1 个 LNG 工厂、6 条长输管线。连续多年获得福布斯“中国最具潜力上市公司”以及中国证券“金紫荆奖”中的“最具投资价值上市公司奖”。2015 年 2 月，世界银行旗下国际金融公司（IFC）正式入股中国天伦燃气，成为天伦燃气第二大股东。

天伦旅游的核心项目楚河汉界旅游度假区是河南省重点项目，位于郑州市北郊，园区占地 2 万亩，是象棋棋盘楚河汉界原型鸿沟所在地，项目区内拥有国家级文物保护单位汉霸二王城遗址。计划总投资 230 亿元，将打造成为集文化、旅游、休闲、度假、居住、运动于一体的超大型综合体，致力于成为河南旅游新名片。

表 3-323 2019 年天伦部分高管名录

姓名	职位
张瀛岑	董事长

甘肃天庆房地产集团有限公司
（T 天庆）

甘肃天庆房地产集团有限公司成立于 2000 年，注册资本 1 亿元人民币，是甘肃本土发展起来的跨业界、跨地域、跨国界的大型集团公司。在“努力做最受尊敬的企业”企业精神指引下，历经十九年的发展，目前领域涵盖文化产业、金融投资、教育培训、地产开发、物业服务等八大板块；业务网络已延伸至三个国家十一个城市，下属子、分公司及参股、控股单位达 38 家，目前累计建设面积逾 800 万平方米，在建、拟建面积近 500 万平方米，全面提升了甘肃省住宅项目的宜居环境和综合品质，在项目开发科技领域开创了 60 余项行业第一，并着力推动企业转型升级，累计上缴税金超 15 亿元，解决近万个就业岗位。根据“立足甘肃，辐射全国，走向世界”的战略布局，自 2013 年起，天庆集团将业务拓展至加拿大、美国，海外投资规模达到 50 亿元。在金融领域，天庆集团投资规模达 30 亿元，并携手国内知名投资机构重点关注基础设施、医疗健康、新能源、教育、消费及现代服务业、现代农业、TMT 等多个投资领域，并在生物医药领域设立专项产业基金。

表 3-324 2019 年天庆部分高管名录

姓名	职位
韩 庆	总裁

北京天润置地集团有限公司
（T 天润）

天润集团创立于 1986 年，总部位于首都北京，坚守品质、秉持匠心，历经三十余年稳健发展，布局全国 9 省 12 城。

集团以房地产开发及持有物业租赁为主营业务，形成天润置地（国家一级房地产开发资质）、天润资管、天润物业、天润投资四大板块。

天润资管旗下有超甲级商务地标——北京国贸CBD腹地天润国际财源中心IFC（LEED-EB铂金级认证）、东二环建国门内天润财富中心TFC（LEED-CS金级认证）、望京商务核心区东湖国际中心；在建写字楼项目包括北京东三环多功能城市综合体世纪城市、南昌红谷滩·中央国际商务区华章天地。天润置地高品质住宅代表作包括“人居最高奖”北京东湖湾、“品质华宅典范”北京天润·香墅湾1号、“江南水乡生活范本”周庄天润·尚院等。

表3-325　2019年天润部分高管名录

姓名	职位
贾树森	法定代表人、董事长兼总经理

天山房地产开发集团有限公司
（T　天山）

天山集团创立于1980年，业务版块以通用航空、文旅开发、城市运营、金融服务等多领域为一体，以万创产业集团、海世界集团、资本集团、实业集团、房地产开发集团为五大支撑，实施国际化发展战略，产业及项目遍布京津冀、香港、上海、山东、陕西、江苏、宁夏等多个省市及国际地区。旗下天山发展控股（HK02118）2010年在香港上市。集团致力于成为一家主业突出、多元发展、全球经营，产业与资本双轮驱动，并在多行业具有领先优势的全球性企业集团。

天山房地产开发集团2004年取得国家建设部颁发的房地产一级资质，业务范围遍及全国几十个大中型城市。以天山·水榭花都系列品牌成为北方人居建筑难以超越的经典之作，荣获河北省首个国家康居示范工程、“中国名盘50强”、河北省“首届石家庄广厦奖”等众多奖项。

天山集团秉承“品质如天，诚信如山”的经营理念，创出优质工程及优质样板工程数百项，连续10年单位竣工工程优良率达到100%，多年跻身省、市百强企业并名列前茅，获得“中国房地产开发企业100强”与“中国房地产责任地产10强”“国家康居示范工程”“广厦奖”“河北省最具社会责任感企业”等众多荣誉。

表3-326　2019年天山部分高管名录

姓名	职位
吴振山	董事会主席
吴振岭	副主席
张少耀	首席财务官、公司秘书

青岛天泰集团股份有限公司
（T　天泰）

青岛天泰集团股份有限公司1994年创立于青岛，是一家以房地产开发与经营为主要业务，涉及旅游休闲、物业管理、建筑设计等多个产业的企业集团。以“更好、更强、更长”为目标，成为一个不断超越过往并可持续发展的百年企业是天泰的基本目标。

天泰具备国家一级房地产开发资质，是中国较早实施品牌战略的房地产企业，中城联盟的成员企业和第四任轮值主席单位，同时还是中国企业家俱乐部的创会理事单位。天泰以“建筑爱的世界”为企业愿景，致力于营造爱家爱生活的全人关怀社区，经过25年的成长，已成为国内颇具发展潜力的房地产企业，荣获“2019年度中国房地产新锐品牌”价值排名第一、“2019年度中国环渤海区域房地产公司品牌价值10强”“中国绿公司100强企业”。

目前，天泰累计已开发面积超过600万平方米，开发项目类型涵盖社区住宅、商业办公、旅游地产、特色产业等。成功布局山东省的青岛、济南、烟台、潍坊、淄博、临沂、滨州7座城市，覆盖“两圈四区”中的济南都市圈、青岛都市圈和烟威、东滨、临日三个都市区。未来，天泰将通过招拍挂、收并购与当地企业合作等方式进一步扩大省域布局范围，提高市场占有率，实现规模化发展。

表 3-327 2019 年天泰部分高管名录

姓名	职位
王若雄	青岛天泰集团股份有限公司董事长
戴大为	天泰地产董事长

天阳地产有限公司
（T 天阳）

天阳地产成立于2001年，深耕锤炼，布局全国，形成以房地产开发、物业管理、商业开发与运营、房地产代建等产业拓展的经营之路。公司秉承“立足长远，面向未来”的发展宗旨，一路发展，开拓创新，立志成为对品质不懈追求的房地产行业领跑者。

根据克而瑞机构统计，2019年公司销售额达123.2亿元。

天阳地产以“缔造城市更美好的生活”为努力方向，成功开发了明珠商业中心、明珠公寓、棕榈湾、美林湾、美邻嘉苑、上河、观筑、九筑、云筑、半岛国际、尚景国际、尚城国际、晴朗、明朗、风起、文晖、D32、武林邸、中山邸、月湖天第、永丰天第、云栖梅林、蔚蓝等二十余个项目，从深耕杭州到布局长三角，为城市树立品质楼盘和人居典范。

公司以产品立身，以诚信立市，载誉无数——连续14年获得AAA级信用企业，荣获“杭州匠心房企”“浙江省房地产企业10强”“腾讯全国100强房企”“浙江省诚信企业示范单位”“年度竞争力企业”“杭州房地产十大最具影响力企业”“中国（杭州）十大城市运营商”。

2019天阳地产暖心而来，以光艺术、心品位、暖人生三大维度，温暖盛启“暖暖社区”。同时正式发布四大全新产品系：天第系、天邸系、天睿系、天逸系。六城联动，七盘盛启，致敬城市理想生活。

天阳地产凝心聚力，“暖暖”上行，深耕杭州之余，成功挺进宁波、丽水、桐庐、台州、绍兴等长三角重点城市，开拓全新版图，让越来越多的城市与客户感受天阳“向上的力量”。

表 3-328 2019 年天阳部分高管名录

姓名	职位
蔡学伦	董事长
朱忠德	常务副总经理
石 焱	副总经理

山东天业恒基股份有限公司
（T 天业恒基）

山东天业恒基股份有限公司前身为山东济南百货大楼（集团）股份有限公司，1994年1月3日在上海证券交易所上市交易。2006年底，由山东天业房地产开发集团有限公司成功重组，更名为“山东天业恒基股份有限公司”（简称“天业股份”，股票代码：600807），开启了公司高速发展的新篇章。

经过多年的发展，公司已发展成为涵盖房地产、矿业、金融、创投等多个领域的综合性公司。公司具有房地产开发一级资质，注册资本8.8463亿元，总资产101亿元。下辖3个分公司、12个全资子公司、3个控股子公司。

公司先后获得了“山东省房地产开发企业50强”“中国房地产开发企业500强”“济南市房地产开发企业综合信用评定AAA企业”等多项房地产行业荣誉以及“山东民营企业100强”、山东省工商企业免检单位、全省对外经济技术先进企业、山东省外经贸先进企业、济南市文明单位、济南市爱心助残之星、济南市最具社会责任感品牌、中国上市公司竞争力公信力调查最佳社会责任奖等多项综合性荣誉。

经过多年发展，公司“产融结合，多轮驱动，多元化协同发展”的战略格局已经形成，以“产业+资本”的战略布局使公司房地产、矿业、金融、创投业务相互促进、协同发展，提升了公司的盈利水平和竞争力。

表 3-329 2019 年天业恒基部分高管名录

姓名	职位
刘金辉	董事长、总经理

青岛天一仁和房地产集团有限公司
（T　天一仁和）

天一仁和集团成立于2002年，具备国家房地产一级开发资质，开发建设项目涵盖高端住宅、商业综合体、精品酒店等多种业态，创新拓展“地产+”产业业务，开发面积逾300万平方米，总产值超过200亿元，连续4年销售额位列“青岛一线房企5强”。

深耕青岛17年，天一仁和集团已经发展成为以地产开发建设、商业运营管理、金融投资服务三大业务板块为主的综合性集团，成为区域具有影响力的领先品牌企业。

天一仁和集团全面布局山东市场，通过合理选定扩张城市，科学完善标准产品线，持续加强对城市发展中产城融合的研究和资源构建，深度参与城市发展阶段的产业整合、城乡融合、强化产业资源整合能力与运营能力，逐步完善金融服务与商业管理能力。

2019年，天一仁和集团产城融合项目落地，集团以“对标城市发展，深研产城需求，强化人居环境，创造智慧产城”为企业战略发展目标，形成产城融合资源产品的标准化与可复制化，打造天一仁和标杆型产品系和产城融合样板，积极拓展融资渠道和形式，实现区域扩展和稳健发展。

表3-330　2019年天一仁和部分高管名录

姓名	职位
魏　平	董事会主席
魏　帅	董事会副主席、集团副总裁

天誉置业（控股）有限公司
（T　天誉）

天誉置业（HK00059）成立于1996年，2006年在香港上市，总部位于广州。经过二十余年的发展，成为以房地产开发为主营业务，同时在青创发展、物业服务、文体旅游、医疗健康、信息产业等领域多元发展的综合性集团。

根据克而瑞机构统计，2019年公司销售额达121.2亿元。

天誉置业是具有一级资质的房地产开发企业，以广州为起点，形成了业务辐射全国的经营布局，先后在广州、深圳、南宁、重庆、徐州、昆明等全国各核心城市及潜力地区成功开拓了多个房地产项目，并积极进入珠海、清远、柳州等地。至今，天誉已打造广州天誉半岛、广州天誉花园、广州威斯汀酒店、南宁天誉城等多个高端项目和城市地标建筑。主要业务板块主要包括高端豪宅、商务综合体、高端写字楼、高端酒店以及高端洋房等产品系。

天誉秉承“以信誉为本，以品质取胜”的企业理念，用心创造美好和谐人居，致力于成为国内领先的城市综合运营服务商，获得“2019年中国房企品牌价值粤港澳大湾区投资价值10强”“2019年度粤港澳大湾区资本投资价值10强”等荣誉称号。

表3-331　2019年天誉部分高管名录

姓名	职位
余　斌	董事会主席、行政总裁
王成华	总裁
文小兵	行政副总裁
张莲顺	副总裁、公司秘书

天元盛世控股集团有限公司
（T　天元盛世）

天元品牌创立于1992年，公司秉承稳健的作风，坚持以诚信求发展，矢志与城市共繁荣，二十多年间始终将社会价值作为企业责任和使命。集团核心板块“天元置业”秉承“精工善筑”的理念，多年来深耕房地产领域，以地产开发战略促进了集团的长远发展。天元置业充分了解客户的需求，开发的众多精品项目屡获殊荣，并以厚实的品牌和过硬的品质保证，成为行业标杆。

“天行健，君子以自强不息；地势坤，君子以厚德载物”，天元盛世集团秉承自强不息、以德为人的精神，始终坚持以诚信和信誉立足社会。集团化的运营实现了产品服务品牌的稳步提升、战略目标的不断推进。与此同时，集团以公益实践“以善之心，筑城市大美”的企业文化宣言，二十多年间各类社会公益捐款累计达 1 亿元，以实际行动实现着企业的社会责任，助力城市的发展。

表 3-332 2019 年天元盛世部分高管名录

姓名	职位
刘建元	董事长

中国铁建房地产集团有限公司（T 铁建）

中国铁建房地产隶属于“世界 500 强企业”——中国铁建股份有限公司，组建于 2007 年 3 月，注册资本 70 亿元，拥有房地产开发一级资质和物业管理一级资质，是国资委批准的 16 家以房地产为主业的央企之一，为中房协常务理事单位，获中诚信 AAA 级企业最高信用等级评定。

根据克而瑞机构统计，2019 年公司销售额达 1100.2 亿元，布局全国 31 个城市及 2 个国家级新区（广州南沙新区、贵安新区）146 个项目，总建筑面积 4900 多万平方米，已开发面积 3600 多万平方米，实现了京津冀、长三角、珠三角等主要城市群的全面布局。中国铁建西派系、国际系、语系列等产品已成为全国知名品牌，累计为超百万业主打造美好生活。

集团公司专注于房地产投资与开发，始终秉承“诚信、创新永恒，精品、人品同在”的价值观，以“建造关爱人与自然的建筑艺术品”为品牌主张，上下一心，团结一致，科学经营，实现了跨越式发展。

集团公司形成“7+6+X”的组织架构，将以住宅为主的房地产开发业务整合为北方、华东、华南、西南、华中、中南、东北七大区域公司；围绕专业能力提升和业务模式创新设立了商业、海外、物业、设计咨询、创新投资、投资管理六大专业公司；适应股份公司产业协同需要设立了南沙、贵州、济南第六大洲三个大型项目公司。实现了产业结构的全面调整，现代化新型城市运营能力和服务能力得到明显增强，形成了以创新为核心，多轮驱动、多细胞分裂的良好发展格局。

表 3-333 2019 年铁建部分高管名录

姓名	职位
吴仕岩	董事长
李兴龙	总经理
陈国芳	副总经理
叶政谙	副总经理
马建军	副总经理
代春利	副总经理
楼英瑞	副总经理、总法律顾问
李育红	副总经理、总会计师

上海同济科技实业股份有限公司（T 同济科技）

上海同济科技实业股份有限公司于 1993 年 11 月改制创立，1994 年 3 月“同济科技”股票在上海证券交易所上市交易，是同济大学控股的综合性上市公司，注册资本 6.2 亿元。

根据企业公告，2019 年上半年，上海同济科技实业股份有限公司新签施工合同额约 20.25 亿元，较上年同期增长 34.6%；其中超过 1000 万元以上的施工合同 25 个，合同金额累计 19.24 亿元。

公司依托同济大学的人才、技术、学科优势，集中精力发展具有同济品牌优势的工程咨询服务、环境工程科技服务与投资建设、科技园建设与运营、建筑工程管理、房地产开发等业务领域，致力于成为城镇建设和运营全产业链解决方案的提供者。

公司拥有多家全资、控股子公司及参股公司，是城镇建设和运营管理领域里，以科技为先导，以资本为驱动，按市场化模式运作的科技型、创新型上市公司。

表 3-334 2019 年同济科技部分高管名录

姓名	职位
丁洁民	董事长

上海外高桥保税区开发股份有限公司（W 外高桥）

外高桥（SH600648）成立于1992年，是中国（上海）自由贸易试验区核心区域——外高桥保税区及其周边区域的开发主体，总资产280亿元。公司主要负责外高桥保税区及周边相关土地等国有资产的投资、经营和管理，以10平方公里的外高桥保税区规划用地和周边相关地块的房地产开发和经营为主业，承担着自贸试验区及周边区域的开发建设、招商稳商、功能推进和运营服务。

作为中国第一个保税区综合开发商，外高桥集团股份以海关特殊监管区和税收优惠的政策优势为起步点，推动外高桥保税区逐步发展成为集出口加工、国际贸易、转口贸易、保税仓储和商品展示等功能于一身的经济开放型区域。

2019年，由外高桥打造运营的中国（上海）自贸试验区版权服务中心和上海国际艺术品保税服务中心正式启动运营。自此，上海自贸区外高桥片区“1+5”的文化产业阵型正式形成。通过一个平台、五大中心，从硬件设施、软件配套、功能服务等多方面，加速自贸区文化产业转型升级，推动上海服务、上海文化品牌的蓬勃发展。

2019年，外高桥保税区内28家企业荣获“经济特别贡献20强”“现代服务业突出贡献20强”“民营企业突出贡献20强”“科技创新突出贡献20强”“高成长性企业突出贡献20强”“创新创业20强”六大奖项，外高桥保税物流园区获评“2019年度优秀物流园区”。

表3-335 2019年外高桥部分高管名录

姓名	职位
刘 宏	董事长
俞 勇	代理总经理
张舒娜	副总经理、董事会秘书

安徽皖投置业有限责任公司（W 皖投）

安徽皖投置业有限责任公司成立于2002年12月26日，系安徽省投资集团控股有限公司全资子公司，注册资本30.9亿元，拥有国家房地产开发一级资质。

公司以住宅地产开发为核心业务，先后开发皖投置业园、望湖城·桂香居、全椒水岸星城、天下锦城、蚌埠国际汽车城、合肥天下名筑、安庆天下名筑、合肥天下艺境、皖投·尊府、产融结合创新中心等项目。在推进项目开发的同时，公司多方合作，强强联手，不断拓展业务范围。2005年，涉足物业管理业务，组建安徽外滩物业管理有限公司，努力为业主提供超值的物业服务；2014年开始，积极探索、推进棚户区改造，相继于安庆、阜阳等地创新棚改项目开发，创建棚改盈利模式；2015年，出资4亿元，与省投资集团、合肥市建设投资控股（集团）有限公司共同组建安徽中安智通科技股份有限公司，参与城市智能化交通产业及汽车后市场服务，并且为合肥市乃至安徽省道路交通智能化的改造和设施建设提供资源平台及专业支持的需要；2016年，按照“平台+基金”的模式，联合安徽省建设投资有限责任公司引入社会资本，共同发起设立安徽中安新城建设基金，采取母子基金架构（母基金规模50亿元，基金总体规模预计达200亿元），涉足地产金融领域，并实现当年运营当年盈利，为公司创新盈利模式，进一步拓宽投融资渠道。

近年来，公司围绕“地产开发+金融+运营”三位一体的业务发展模式，以“投资逻辑”谋求项目拓展多渠道、多元化。截至2019年上半年，公司累计开发项目总占地面积逾6000亩，总建筑面积超770万平方米，总资产165亿元，净资产52亿元。公司员工约300人，党员人数65人。

表3-336 2019年皖投部分高管名录

姓名	职位
陈 翔	安徽省投资集团董事长、党委书记

大连万达商业管理集团股份有限公司（W 万达）

万达集团创立于1988年，经过30余年发展，已成为以现代服务业为主的大型跨国企业集团。万达是世界领先的不动产企业、世界领先的影视企业、世界领先的体育企业、世界领先的儿童产业企业，万达广场、万达影城、万达酒店、万达文化旅游城、万达宝贝王成为中国知名品牌。

根据克而瑞机构统计，2019年公司销售额达566.8亿元。

万达商管集团是全球领先的商业物业持有及管理运营企业，在全国开业北京CBD、上海五角场、成都金牛、昆明西山等280座万达广场，累计持有物业面积3586万平方米，年客流38亿人次。2018年，万达商管集团收入376.5亿元。

万达文化集团是中国领先的文化企业，2018年收入692亿元。旗下包括影视集团、体育集团、宝贝王集团、文旅集团、大健康产业公司，已成为万达新的支柱产业。

万达地产集团是中国较早城市旧区改造、较早跨区域开发的房地产企业，是世界领先的城市综合体开发企业，已在全国开发建设数百个万达广场、万达酒店、万达城、万达茂和住宅项目。

万达投资集团拥有投资、网络小贷、私募基金等业务，通过普惠金融支持实体经济和社会民生。

万达集团把“共创财富，公益社会”作为企业使命。30多年来，万达集团奉献于社会慈善事业的现金累计超过60亿元，是中国民营企业中慈善捐赠额最大的企业之一，也是获得国家“中华慈善奖”“消除贫困奖”最多的企业。

表3-337 2019年万达部分高管名录

姓名	职位
王健林	董事长
齐 界	万达集团总裁、万达商管集团董事长兼总裁
张 霖	万达文化集团总裁
吕正韬	万达地产集团总裁
董建岳	万达金融集团总裁

万科企业股份有限公司
（W 万科）

万科（SZ000002）成立于1984年，经过三十余年的发展，已成为国内领先的城乡建设与生活服务商，公司业务聚焦全国经济最具活力的三大经济圈及中西部重点城市。2016年公司首次跻身《财富》“世界500强”，位列榜单第356位，2017年、2018、2019年接连上榜，分别位列榜单第307位、第332位、第254位。

公司将自身定位进一步迭代升级为“城乡建设与生活服务商”，并具体细化为四个角色：美好生活场景师、实体经济生力军、创新探索试验田、和谐生态建设者，所搭建的生态体系已初具规模。

2019年，公司累计实现合同销售面积4112.2万平方米，合同销售金额6308.4亿元。

在住房领域，公司始终坚持住房的居住属性，坚持“为普通人盖好房子，盖有人用的房子”，在巩固住宅开发和物业服务固有优势的基础上，业务已延伸至商业、长租公寓、物流仓储、冰雪度假、教育等领域，为更好地服务人民美好生活需要、实现可持续发展奠定了良好基础。

未来，公司将始终坚持“大道当然，合伙奋斗”，以“人民的美好生活需要”为中心，以现金流为基础，深入践行“城乡建设与生活服务商”战略定位，持续创造真实价值，力争成为无愧于伟大新时代的好企业。

表3-338 2019年万科部分高管名录

姓名	职位
王 石	董事会名誉主席
郁 亮	董事会主席、法定代表人、非独立董事
解 冻	监事会主席、集团合伙人
祝九胜	总裁、首席执行官、集团合伙人
丁长峰	集团合作人兼冰雪事业部首席合伙人、总经理
丁力业	集团合伙人兼印力事业部首席合伙人、总经理
韩慧华	执行副总裁、财务负责人、集团合伙人
刘 肖	高级副总裁、北方区域本部首席执行官、北京公司总经理

续表

姓名	职位
阙东武	集团合伙人兼海外事业部首席合伙人、总经理
孙　嘉	高级副总裁、南方区域事业集团首席执行官
谭华杰	集团合伙人兼食品事业部（BU）首席合伙人、总经理
王海武	集团合伙人兼中西部区域事业集团（BG）首席合伙人、CEO，成都公司总经理
王文金	董事、集团合伙人
王　蕴	集团合伙人
张　海	集团合伙人兼上海区域事业集团（BG）首席合伙人、CEO，上海公司总经理
张纪文	集团合伙人兼梅沙教育事业部（BU）首席合伙人

长春市万龙房地产开发有限责任公司（W　万龙）

万龙集团成立于1998年，至今已走过21年的光辉历程，秉承“诚信立业，创新发展”的企业宗旨，紧随国家发展战略，以城市更新运营商的企业定位，立志为推动城市发展，提升人居品质贡献力量。现已发展为年投资额65亿元，年营业额近50亿元，年纳税额6.5亿元的多元化发展集团，年创造就业岗位近2万个，构建了“万龙+开发”“万龙+建工”“万龙+物业”“万龙+商管”“万龙+文旅”等多领域协同发展的万龙大商业生态格局。

万龙集团将以“筑百年基业，树人居典范。”为愿景，由高速发展转向高质量发展。截至2018年末，万龙集团在蓬勃发展的基础上土地储备总量达到了156公顷，全年开工项目总建筑面积123万平方米，竣工总面积56万平方米，共计4800多套房屋均如期交付使用。总销售额44.5亿元，比上年增长66%，位居长春市第7名；总销售面积52万平方米，位居长春市第5名。

2019年，房地产业务实力居全国前200位，不动产租赁总收入2830万元，物业费总收入1140万元，全年纳税总额6.5亿元，比上年增长151%，由此创造了万龙集团五年经营计划、十年发展规划“开门红”，为万龙战略推进和目标实现打下坚实基础，从此由“区域领袖型品牌开发商”向“城市更新运营商”阔步前行。

表3-339　2019年万龙部分高管名录

姓名	职位
王庆龙	董事长兼总裁
张志义	执行副总裁
王建明	营销副总裁
郑永利	物业副总裁
戚　明	总工程师

北京万通地产股份有限公司（W　万通）

万通地产（SH600246）成立于1998年，2000年在上海证券交易所上市，是一家专业化地产公司，主营方向为高档住宅物业开发与经营。公司拥有滨海新区的区位优势，现有开发项目包括北京“亚运新新家园”、北京“新城国际”、天津新城东路“万通华府”等。

作为房地产行业的创新者和开拓者，万通地产首倡由“香港模式”变为“美国模式”，按照“美国模式”来优化公司经营资源配置，成为拥有住宅开发和商用物业为核心的业务体系，成为开发与运营并重的地产公司，从而使公司具有稳定的利润来源和良好的反周期能力。

现公司主要业务集中在京津地区，北京地区所开发的项目有所减少，未来三年内，公司经营业绩持续增长主要依赖于天津地区项目的经营状况，客观上，公司面临较大的区域性市场风险，从而极大地影响公司的可持续经营能力及盈利能力。

万通地产是中国房地产行业领导品牌企业之一，曾多次获得“中国名企”“中国房地产十大品牌企业”“中国地产蓝筹企业”和“中国十大最具价值房地产公司”等荣誉称号，是“中国城市房地产开发商策略联盟”的联合创始企业和轮值主席单位，是全国工商联房地产商会轮值主席单位。

表3-340　2019年万通部分高管名录

姓名	职位
江泓毅	董事长、首席执行官
白　牧	首席客户官（副总经理）

上海万业企业股份有限公司
（W 万业企业）

上海万业企业股份有限公司（简称“万业企业”，证券代码：600641），成立于1991年10月，是一家具有新兴产业基因的高科技上市公司。公司控股股东为上海浦东科技投资有限公司，占公司总股本的28.16%；第二与第三大股东分别为三林万业（上海）企业集团有限公司和国家集成电路产业投资基金股份有限公司，所持股份分别占公司总股本的13.53%和7%。公司通过借助平台优势，依托国内国外两个市场，利用境内与境外两种资源，通过“外延并购+产业整合”的方式，扎实推动公司快速向集成电路产业领域转型。

根据公司半年报，2019年上半年实现营收16.25亿元，同比下滑31.24%；归属于上市公司股东的净利润5.27亿元，较上年同期下滑40.68%；基本每股收益为0.67元，上年同期为1.1元。

公司房地产开发业务主要是房地产开发与销售，经营模式以自主开发销售为主。公司的业务板块主要为住宅地产开发，业务范围主要集中在上海、苏州、无锡等长三角区域。公司住宅地产开发业务的主要产品为各类住宅产品，包括高层公寓、多层洋房和别墅等。

表3-341 2019年万业企业部分高管名录

姓名	职位
朱旭东	董事长

万泽实业股份有限公司
（W 万泽实业）

万泽实业股份有限公司（原名为汕头电力发展股份有限公司）成立于1992年，1994年1月10日在深交所挂牌上市，成为粤东地区第一家上市公司。公司股票简称“万泽股份”，股票代码为000534。公司主要业务为房地产投资、开发和经营，电力生产，蒸气热供应等。

公司房地产业务开发和经营项目以深圳为基础，同时辐射至珠三角、长三角、北京、西北等区域。至今，公司已成功开发了深圳的万泽·云顶天海、北京的万泽·御河湾等楼盘；在售的项目有：深圳的万泽·云顶香蜜湖、常州的万泽·太湖庄园和万泽·国际大厦；在建项目有北京万泽·经济开发区、西安万泽·鸿基新城。以“万泽”命名的地产项目正逐步在全国部分大中城市中耸立，“万泽”品牌得到了广大投资者的认同和肯定。

针对国家对房地产行业的政策调控，公司不断调整经营策略，力求以稳健、持续的态势发展壮大。

表3-342 2019年万泽实业部分高管名录

姓名	职位
黄振光	董事长兼总经理
毕天晓	董事、总经理兼常务副总
蔡勇峰	董秘、副总经理兼董事

辽宁威利企业集团
（W 威利）

辽宁威利房地产开发集团有限公司，2006年1月23日成立，经营范围包括房屋开发、商品房销售、自有房屋租赁、房产经纪代理、经济信息咨询服务、房地产项目策划、室内外装饰装修工程施工等。

表3-343 2019年威利部分高管名录

姓名	职位
富 群	董事长

青岛伟东置业集团
（W 伟东）

青岛伟东置业集团成立于1998年，是伟东集团投资设立的地产开发平台，集大型住宅、现代商业、五星级酒店、旅游地产等业务于一体，是一家综合性开发的地产企业。

1998年，伟东地产秉承“建筑城市幸福”的理念，在青岛、济南的城市化建设中不断开拓，一系列特色小镇逐步规划布局，至今已累计开发面积超400万平方米，被誉为“旧城改造专家”，连续8年被国务院发展研究中心评为“中国房地产100强企业”，曾多次获得“中国地产鲁商领军企业”“典范中国房地产品牌楼盘”“最受欢迎高性价比楼盘”“济南市民最信赖的房地产品牌公司”等称号。

青岛伟东置业积极应对新的挑战，适时转变发展战略，向着产业地产的方向前进，努力实现从传统地产到产业地产的转型。伟东人将以“创著名品牌，建百年企业”为愿景，在“诚信、勤奋、团结、创新”的企业精神的激励下，深耕细作房地产开发建设，并打造百年伟东，以匠心精神打造伟东地产品质。

表3-344　2019年伟东部分高管名录

姓名	职位
牟东明	总裁
王端瑞	董事长

安徽伟星置业有限公司
（W　伟星）

伟星置业成立于1993年，由中国伟星集团、浙江伟星房产开发有限公司等共同投资组建，是一家专注城市品质住宅开发的房地产开发公司，于2000年进军芜湖，先后开发了中西友好花园、香樟城市花园、香格里拉花园、平湖秋月、左岸生活、凤凰城、圣地雅歌、伟星城、金域蓝湾、伟星时代金融中心十个经典楼盘项目，均成为芜湖房地产业具有里程碑意义的项目，也奠定了伟星置业在芜湖的品牌地位。

伟星房产始终坚持“筑美生活”的开发思路，历经十多年的潜心发展，已成为具规模、跨区域、专业化的房地产开发企业，足迹遍及浙江、安徽、广东、广西、江西、湖南、湖北等七省，打造了三十多个精品楼盘。产品覆盖普通公寓、多层电梯公寓、高端住宅、排屋、别墅、写字楼等多种物业形态。东郊路一号地块的落槌，吹响了伟星置业进军商业地产的号角，在不久的将来，一座地标式的商业写字楼将屹立在繁华的芜湖市中心。

伟星房产挖掘区域价值与聚焦市场需求，以前瞻性的创新意识，务实的操盘能力，着力将每一个项目打造成为区域内标杆性的领先作品，区域竞争优势明显，行业品牌凸显；多次荣获“中国房地产企业100强”和“安徽省民营企业10强”称号。

表3-345　2019年伟星部分高管名录

姓名	职位
姜礼平	董事长

苏州伟业集团有限公司
（W　伟业）

苏州伟业集团重组于2005年，是一家以房地产、建筑业为主营业务，投资、物业经营等领域多元化发展的企业集团，集团总部位于苏州。

苏州伟业集团以苏州伟业集团有限公司为母公司，年产值超60亿元，业务涉及北京、上海、广州、江苏、浙江、福建、吉林、辽宁等区域，下属23家成员企业。

曾获得“2018年度苏州房地产品牌影响力企业”“2018年度江苏省房地产开发综合实力50强”“2018年度江苏省房地产公司10强”。

表3-346　2019年伟业部分高管名录

姓名	职位
王惠忠	董事长

文一地产有限公司
（W　文一）

文一地产成立于2004年，是文一投资控股集团旗下全资子集团，具备国家房地产开发一级资质。经过十余年稳健发展，已成功打造瑞泰、托斯卡纳、名门、锦门、豪门、湾六大系列近60个精品楼盘，累计开发面积达600余万平方米，产品涉及商业、住宅、办公、别墅等。

根据克而瑞机构统计，2019年公司销售额达100.5亿元。

在拓展市场布局全国的同时，文一地产启动品质升级工程，计划三年内投入近亿元资金，对旗下老小区进行升级改造，提高新小区交付标准，以匠心精神履行初心，切实增强文一业主居住品质感和幸福感。

2018 年是文一地产的颠覆式改革之年，以合肥为中心，进一步拓展安徽省内人口大县及周边重要省会城市及人口大市，在做大、做强区域性大公司的基础上，计划利用三到五年时间，争做“全国性大公司”，以实力的积蓄与提升、经验的积累与运用、文化的积淀与思考、思想的碰撞与融合，开启文一地产新征程。

作为中国房地产百强企业，文一地产连续多年稳居合肥楼市销冠房企，项目分布遍及安徽多个市县及武汉、南昌，辐射华中、华东区域。位列“中国民营企业 500 强”第 262 位、“中国服务业企业 500 强”第 175 位、“中国房地产开发企业 100 强”、“安徽民营企业 100 强”营收第 2 位、“安徽民营服务业企业 100 强”第 1 名、“合肥企业 5 强”。

表 3-347 2019 年文一部分高管名录

姓名	职位
周文育	董事长
韦　勇	总裁

卧龙地产集团股份有限公司
（W 卧龙）

卧龙地产（SH600173）成立于 1993 年，1999 年在上海证券交易所上市，是一家房地产集团企业，具有国家一级房地产开发资质，项目广泛分布在清远、武汉、绍兴、上虞、银川、青岛等国内经济发达城市，总规划建筑面积近 400 万平方米。

卧龙立足于产业投资，通过产业资本化的运作方式和资本运作与行业的整合，做大做强所有产业，树立行业的优势地位，使资本运作与产业成长相互辉映，实现产业与资本经营的联动飞跃，创造传统产业的新价值。卧龙将不断优化产业资本结构，推进房地产业和商贸金融产业的发展，形成产业积聚规模化、资本结构多元化的产业资本战略群体。

卧龙地产秉承“打造精品楼盘，成就完美生活”的经营理念，开发的“卧龙・天香华庭”“卧龙・天香西园”“卧龙・金湖湾”“清远义乌商贸城”“卧龙・丽景湾”“卧龙・剑桥春天”“卧龙・山水绿都”等几大系列楼盘均成为当地的地标性楼盘，赢得了广大消费者的喜爱和市场的充分肯定。

卧龙地产先后获“浙江房地产开发企业 20 强”“中国房地产最具发展潜力企业”“中国最具影响力品牌企业”“浙江房地产十大新锐品牌”等荣誉称号。开发的工程项目或楼盘也先后荣获“浙江省十佳别墅排屋”“武汉市建筑工程黄鹤楼奖”“中国城市魅力经典楼盘”“中国品质典范住宅”“最具投资价值商业地产”等 50 多项奖项及荣誉称号。

表 3-348 2019 年卧龙部分高管名录

姓名	职位
陈嫣妮	董事长
王希全	总经理
郭晓雄	常务副总经理

辽宁渥尔夫房地产开发有限公司
（W 渥尔夫）

辽宁渥尔夫房地产开发集团是集房地产开发、销售、物业管理于一体的大型集团公司。公司设有财务部、工程部、销售部、外联部、企划部、采购部、成本部、人力资源部、行政办公室等多个部门。

集团始终秉承“品质构筑诗意生活”的经营理念，矢志不渝，发展创新，多年来，取得了长足的进步和卓越的成绩。目前，已成功开发水木清华、水清木华、水晶城一期、水晶城二期、水晶湖畔、水晶半岛、凤凰水城等多个项目，取得了较好的企业经济效益，并一直致力于慈善捐款、捐资助学、拥军优属等企业公民事业，勤勉践行。

表 3-349　2019 年渥尔夫部分高管名录

姓名	职位
周晓阳	董事长

江苏吴中地产集团有限公司
（W　吴中）

江苏吴中地产集团有限公司成立于 1992 年 8 月，是苏州较早从事房地产开发建设的专业公司之一，也是具有国家房地产综合开发一级资质的大型房产开发集团企业。

公司凭借强劲实力开发各类房产项目累计近千万方，实现了苏州、长春、南通、嘉兴等中国国内城市的跨地域发展格局。同时，集团公司积极拓展海外房地产市场，2013 年正式落子澳大利亚墨尔本。

吴中地产集团连续多年荣获银行 AAA 信用等级企业，通过了 ISO9001：2000 质量管理体系认证。跻身“中国房地产企业 100 强”，荣膺“江苏地产十大领军企业”“江苏省房地产综合实力前十名”“苏州市房地产综合实力前三名”“吴中”商标获得“江苏省著名商标”“苏州市知名商标”称号，在江苏乃至全国赢得了良好的市场口碑。

表 3-350　2019 年吴中部分高管名录

姓名	职位
张祥荣	董事长
曾昌宇	总裁

五矿地产有限公司
（W　五矿）

五矿地产（HK00230）是中国五矿集团有限公司下属一级公司，是中国五矿的香港上市旗舰平台，是国资委首批确定的 16 家以地产作为主业的央企之一。经过 20 多年的探索和实践，逐步形成了以房地产开发为核心，产业地产综合运营、多领域建筑安装为两翼，资产管理、地产服务和地产金融业务为支撑的业务格局，通过积极推进“4+X”区域布局，在深耕环渤海城市群、长三角城市群、粤港澳大湾区城市群、中部城市群的基础上，拓展成渝城市群等其他国家级城市群的核心城市。

根据克而瑞机构统计，2019 年公司销售额达 220.4 亿元。房地产开发项目、商业地产项目、产业地产项目共计 73 个，分布于全国 21 个城市。

在房地产开发领域，五矿地产打造多个经典住宅产品系，包括“高端定制系”、低密度“澜悦系”、核心地段“金城系”，大规模人文社区“万境系”以及“特色小镇系”；在产业地产综合运营领域，五矿地产布局营口、汕头、郫都区以及大邑县；在多领域建筑安装领域，五矿地产承建了上海世博演艺中心、北京奥运会场馆等一批标志性工程；在资产管理方面，五矿地产打造了城市商业综合体品牌“LIVE”、社区商业品牌“幸福里”以及长租公寓品牌“拾贰悦”，并在北京、香港等多个城市运营酒店、写字楼等高端物业；在地产服务领域，构建了具有自身特色的 37°C 生活服务体系；在地产金融领域，与美国保德信、华润信托、鼎信长城基金等开展了业务合作与创新探索；在城市运营开发领域，在河北香河和天津宜兴埠镇启动了大型的城市运营开发项目。

表 3-351　2019 年五矿部分高管名录

姓名	职位
何剑波	董事会主席
刘　波	总经理
刘则平	董事副总经理
陈兴武	董事副总经理
杨尚平	董事副总经理

五洲国际控股有限公司
（W　五洲国际）

五洲国际控股有限公司是开发并运营专业批发市场和多功能商业综合体的中国领先地产发展商。集团成功打造出“五洲国际”及“五洲·哥伦布”两大知名商业地产品牌，获得国务院发展研究中心颁发的“2013 中国商业地产公司品牌价值10强”，中国房地产投资与开发协会颁发的“2011中国商业地产10强企业”，并荣获“2011年中国商业地产十大品牌开发商”“2011年度中国商业地产最佳运营商”的荣誉。

五洲国际总部位于江苏省无锡市，自2004年起开始在无锡市开发、运营商业地产项目。截至2013年9月底，集团已在无锡、南通、淮安、盐城、重庆、襄阳、杭州、温州、大理、保山、洛阳、烟台、德州、长春、牡丹江等18个城市发展商业地产项目31个，覆盖江苏、浙江、山东、湖北、云南、黑龙江、吉林、辽宁、河南及重庆10个省、直辖市。其中，15个为专业批发市场，16个为多功能商业综合体，总面积超过1000万平方米。

五洲国际秉持“责任地产，健康商业”的经营理念，在长期的开发运营总结出了“二、三、五”原则，即：运作一个商业地产项目，开发、招商和运营的作用分别占在将项目推向成功的20%、30%和50%。为此，公司成立了国际化、专业化的商业管理公司，聚合一大批有国内外著名上市公司和“世界500强”商业零售企业工作经历的高级经营管理人才，整合国际、国内优秀客户资源，与上万个零售商家和专业市场商家结成了战略合作伙伴，融合各类商业业态的需求形成专业的设计标准，从而积累出五洲国际在商业地产领域的核心竞争力。

在专业市场的运营上，五洲国际充分利用现代科技的成果，与阿里巴巴等网络交易平台进行对接，使专业市场从传统运营方式向网络化、信息化、国际化的运营方式转变，实现了实体市场与虚拟市场的结合。在“多功能商业综合体”的经营上，公司积极发展“订单地产”“连锁商业”，坚持用国内一流购物中心的管理标准进行管理。

未来，集团将按照“中国商业地产创新价值领军者”的企业愿景，稳步推进“以长三角为基础，向全国拓展”的全国化发展布局，为成为“百年五洲”“国际五洲”而不懈努力。

表3-352 2019年五洲国际部分高管名录

姓名	职位
舒策城	创始人
舒策丸	董事会主席、执行董事

武汉地产开发投资集团有限公司
（W 武汉地产）

武汉地产集团是由原统建集团（成立于1978年）、城开集团（成立于1984年）合并成立的国有独资企业，是武汉市重要的城市建设投融资平台。以市政基础设施建设、公益性公共建筑建设、房地产开发、保障房建设及土地储备为主营业务，并延伸至产业链上下游的设计、施工、监理、材料生产供应、物业管理业务，积极拓展资产管理、文化创意、金融、互联网等新兴业务，并投资参股银行、证券、保险、科技、商贸等知名企业和上市公司。

武汉地产集团先后建成武汉市民之家、武汉会议中心、琴台文化艺术中心、武汉医疗救治中心等地标性城市公共建筑，涉及文化、医疗、教育、体育、行政办公等方面；完成了东湖绿道、中山大道改造等重大市政基础设施建设，为城市发展注入新的活力；建成了大江园、汉口花园等数十个大中型居住区，让市民住有所居、住有宜居；同时，还承担了约450万平方米的保障性住房建设任务，涵盖经济适用房、廉租房、公租房、棚户区改造、双限房等各种保障性住房类型。

武汉地产集团连续15年入选“全国房地产100强”，先后荣获“中国服务业企业500强”“湖北省企业100强”“中国房地产年度社会责任感企业”“武汉市优秀企业”“武汉突出贡献纳税人”“武汉市场信用示范企业”“武汉市重点工程建设先进单位”“湖北省文明单位”“武汉市文明单位”“湖北省安全生产红旗单位”“武汉市安全生产红旗单位”“武汉市社会治安综合治理工作先进单位”等多项荣誉称号。

表 3-353 2019 年武汉地产部分高管名录

姓名	职位
袁 堃	董事长
付明贵	总经理

武汉三镇实业控股股份有限公司（W 武汉控股）

武汉三镇实业控股股份有限公司（证券代码：600168，以下简称“武汉控股”）是由武汉市水务集团有限公司独家发起，于 1998 年在上交所上市，是国内最早的水务上市公司。2013 年，公司完成重大资产重组，形成自来水生产、污水综合治理、隧道建设运营、基础设施建设等四大主营业务板块。

公司共设立 11 个职能部门和负责基本建设管理的建设事业部，拥有排水公司、长江隧道公司、武汉水务环境科技有限公司等全资、控股、参股子公司 10 个，拥有宗关水厂、白鹤嘴水厂 2 座水厂，日供水设计能力 130 万立方米/日；公司所辖排水公司是武汉市中心城区污水特许经营授权企业，建成投产运营污水处理厂 9 座，污水处理能力 181 万吨/日，拥有污水收集管网 191 公里，污水提升泵站 26 座。截至 2016 年底，公司总资产 86 亿元，在岗职工 1100 余人。

武汉控股在公司董事会的领导下，以打造国内一流的水务与环境综合服务商为目标，以深化改革创新为动力，以现代化企业管理制度为保障，牢牢把握国家对环保产业的扶持政策，大力拓展省内外污水处理市场。与碧水源公司（股票代码：300070）形成战略合作，积极开展水环境相关的技术研究、应用和工程服务。大力推进水环境治理领域的 PPP 实践，充分利用公司在投融资、人才、技术和管理等方面的优势，通过公开市场竞标，先后成功中标武汉市陈家冲垃圾渗滤液处理站提标改造工程 BOT 项目、东西湖污水处理厂一期建设工程 BOT 项目、宜都市城西污水处理厂一期 BOT 项目、仙桃市乡镇污水处理 PPP 项目（新建 12 座乡镇污水处理厂及配套管网），逐步介入高浓度有机污水处理领域和宜都、仙桃等地区的乡镇污水处理市场。公司 4 名中高层管理人员被纳入“湖北省 PPP 专家库”。

武汉控股将秉承“严谨、高效、进取、奉献”的企业精神，以确保安全优质供水和污水处理达标排放，满足经济社会发展、提高市民生活质量为己任，勇于创新，提升服务，培养人才，优化管理，聚焦供水及污水处理产业，逐步发展为国内一流全产业链综合水务与环境综合服务商，为保障饮水安全和水生态环境治理作出应有贡献。

表 3-354 2019 年武汉控股部分高管名录

姓名	职位
黄 思	党委书记、董事长

武汉联投置业有限公司（W 武汉联投）

武汉联投置业有限公司（简称“联投置业”）成立于 2009 年 5 月，注册资本 30 亿元，是湖北省联合发展投资集团有限公司（简称“联投集团”）旗下核心子公司之一，负责联投集团地产板块的建设与经营，主营业务包括房地产开发、商品房销售、酒店管理、物业管理、广告传媒等。

公司成立以来，以联投集团的资源优势为依托，立足武汉、辐射“1+8”城市圈，依靠优秀团结的经营管理团队和项目运作团队，凭借高标准的战略规划、准确的市场定位、专业的市场化运作及不断深化的品牌影响力，建设了一批极具影响力、保障民生、改善人居环境的优质项目。经过几年潜心经营，公司呈现厚积薄发之势，在行业内逐步建立起竞争优势，品牌影响力日益增强。

未来，公司将秉持“勇于担当，追求卓越”的企业精神，坚持“责任地产，品质生活”的核心经营理念，着力打造武汉乃至华中区域地产旗舰企业。

表 3-355　2019 年武汉联投部分高管名录

姓名	职位
邹朝富	党委书记、董事长

中国武夷实业股份有限公司
（W　武夷实业）

中国武夷实业股份有限公司是以房地产业为基础、外向型经济为主导的密集型大型企业。主要经营范围：国内外房地产投资开发、物业管理；国内外工程承包；境内外投资、兴办实业等。公司在中国香港、美国、加拿大、肯尼亚、赤道几内亚、南苏丹、菲律宾等国家和地区以及中国国内各省市设立子公司、合资公司和分支机构。1994 年以来，连续 16 年被美国《工程新闻记录》评为“国际最大 225 家承包商”称号，并六次荣获国际知名承包商奖牌，1996 年被福建省政府评为标兵企业，1998 年公司通过 ISO9002 国际质量体系认证，1998 年受国家外经贸部表彰。1997 年到 2002 年连续 5 年、2005 年到 2006 年被福建省工商局评为“重合同守信用单位”，2002 年被国家建设部批准为一级房地产资质。武夷实业是福建建工集团总公司独家募集设立的股份公司，1997 年在深圳证券交易所上市交易（股票代码：000797）。1999 年优化公司资产结构，至 2010 年末中国武夷总资产为 52.01 亿元，净资产为 15.22 亿元。

表 3-356　2019 年武夷实业部分高管名录

姓名	职位
林增忠	党委书记、董事长

西藏城市发展投资股份有限公司
（X　西藏城投）

西藏城市发展投资股份有限公司是经西藏自治区人民政府批准，由西藏金珠（集团）有限公司、西藏自治区国际经济技术合作公司、中国出口商品基地建设西藏公司、西藏自治区信托投资公司和西藏自治区包装进出口公司联合发起，对西藏金珠（集团）有限公司下属的北京西藏北斗星图片总社和西藏自治区对外贸易进出口公司进行部分股份制改组而成立的股份有限公司。经中国证券监督管理委员会批准，股票于上海证券交易所上市。2010 年 3 月 17 日，西藏自治区工商行政管理局核准下发了“企业法人营业执照”，公司名称由“西藏雅砻藏药股份有限公司”变更为“西藏城市发展投资股份有限公司”。

表 3-357　2019 年西藏城投部分高管名录

姓名	职位
朱贤麟	董事长

杭州西湖房地产集团有限公司
（X　西房）

“关怀城市，创造经典”，1984 年，西房集团诞生在美丽的西子湖畔，全称为“杭州西湖房地产集团有限公司”，是一家具有国家一级开发资质的专业化房地产开发企业。

成立 30 多年来，集团秉承“产品即人品”的经营理念，精心致力于房地产开发事业，经历了从旧城改造项目到精品楼盘开发的转变，企业发展迅速壮大，实力逐年增强。先后被授予“全国百佳百强房地产企业”“中国最具竞争力的房地产企业”“浙江省房地产企业 30 强”“杭州市百强民营企业”等称号；叶晓龙董事长先后被评为“浙江省房地产十大风云人物”“全国劳动模范”。2015 年，继多年蝉联“省级文明单位”称号之后，西房集团又荣膺“全国文明单位”殊荣。

西房集团坚定不移地走专业化道路，坚持以住宅开发为主线，立足杭州，积极开拓省外市场，抓住新的发展机遇。公司已建项目 30 多个，开发面积逾 600 万平方米。

西房集团还依托自身优势，积极发展房地产相关产业，成立杭州西开发物业管理发展公司，在建造经典楼盘的同时，以先进的物业管理服务提升经典价值。

表 3-358　2019 年西房部分高管名录

姓名	职位
叶振华	总裁

西王置业控股有限公司
（X　西王置业）

西王置业控股有限公司（简称“西王置业”，连同其附属公司统称为“本集团”）主要于中国从事物业开发。本公司于 2001 年成立，总部设于中国山东省邹平县，并于 2005 年 12 月 9 日在香港联合交易所有限公司主板上市，股份编号为 2088。

自上市以来，西王置业一直致力于中国从事玉米加工业务，2012 年，开始进军物业开发业务，力求业务多元化，并在新业务中谋求突破。2013 年 6 月 29 日，西王置业取得股东批准出售玉米加工业务，将主要业务更改为物业开发。

目前，西王置业在山东省拥有 5 个处于不同发展阶段的物业项目。未来，西王将密切注意本地及具潜力的新市场，继续挑选优质地块持续发展，借以取得满意回报。

表 3-359　2019 年西王置业部分高管名录

姓名	职位
王　棣	主席兼非执行董事
王金涛	执行董事

厦门住宅建设集团有限公司
（X　厦门住宅）

厦门住宅建设集团有限公司系厦门市直管国有企业，2006 年 5 月由厦门市建设系统四大国企重组而成，是住房和城乡建设部核准的一级资质房地产开发企业，主营房地产开发与经营、工程总承包（委托代建）和与房地产产业链相关的投资管理与资产经营等业务。集团旗下共有 6 家核心直属企业及 31 家控股参股企业。截至 2018 年底，集团公司注册资本金 26.7166 亿元，总资产 311.7 亿元，净资产 65.4 亿元。

三十多年来，集团及各级企业累计完成城市土地成片综合开发 20 多平方公里、各类建筑近 3000 万平方米，其中商品房开发突破 1000 万平方米，创造了良好的社会效益和经济效益，连续多年跻身“厦门 100 强企业”“中国房地产 100 强企业”“中国服务业 500 强企业”行列。

当前，集团定位“美丽厦门城市运营商和海西城市圈服务商”，以服务厦门城市发展为核心，通过市场与公益相结合、开发与经营相结合、产业与金融相结合，打造商品房开发、类别地产开发运营、财政投资项目建设管理、资产运营管理、业主综合服务、城建服务与新兴产业六大专业化发展平台，形成“深耕厦门，拓展海西，辐射全国”的区域布局，致力发展成为“美丽厦门城市运营商的引领者，海西著名、国内知名的城市运营商”，努力实现转型升级跨越式发展的宏伟蓝图。

表 3-360　2019 年厦门住宅部分高管名录

姓名	职位
杨贤平	党委书记、董事长
苏玉荣	总经理

香港置地集团公司
（X　香港置地）

香港置地为大型上市的物业投资、管理及发展集团，1889 年创立，以卓越表现、诚信及伙伴合作为业务发展的基础。

根据克而瑞机构统计，2019 年公司销售额达 142.6 亿元。

集团在亚洲主要城市持有及管理集中于香港、新加坡、北京及雅加达的超过 85 万平方米优质写字楼及高档零售物业。集团的物业服务吸引了国际知名企业及奢华品牌进驻，历史悠久的置地广场如今已成为香港置地中环物业组合中的高级购物中心。

集团在香港中环持有约 45 万平方米优质物业。此外，集团主要通过合营公司持有位于新加坡的 16.5 万平方米高级写字楼物业、位于北京王府井的高档零售中心以及雅加达中心具领导地位的写字楼物业组合的半数权益。目前，香港置地还在大中华区及东南亚多个城市发展高质住宅、商用及综合项目。集团在新加坡的附属公司MCL地产，为当地著名的住宅开发商。

置地控股有限公司于百慕大注册成立，在伦敦证券交易所拥有标准上市地位，同时在百慕大及新加坡做第二上市。集团的资产及投资由香港置地集团公司于香港管理。香港置地是怡和集团成员之一。

表3-361 2019年香港置地部分高管名录

姓名	职位
班哲明	主席及总裁
黄友忠	行政总裁

深圳香江控股股份有限公司（X 香江）

香江控股（SH600162）成立于1994年，是专业从事房地产开发与运营的企业，旗下拥有住宅地产和商贸地产数已超过20个，覆盖珠三角、华东、环渤海等重要地区，1998年6月在上海证券交易所上市。2015年重组后，公司将业务线从商贸地产平台的开发拓展到商铺的招商运营等领域，通过整合产业上下游，形成较为完整的产业链，公司成为“开发建设”与“招商运营”双轮驱动的综合服务集团。

香江地产一直专注于“生态人居”高端房地产领域，项目遍及珠三角、长三角、环渤海、西南、中部等重要经济带。先后开发广州锦绣香江、广州香江·翡翠绿洲、锦绣香江温泉城、株洲锦绣香江、成都香江·紫钻、南京湾锦绣香江等十几个超大型高端项目，并逐渐形成一套成熟的大型休闲地产项目开发模式。

随着房地产行业逐渐向纵深发展，住宅房地产开发正从单一建筑物建设向提供完整配套社区服务（特别突出教育配套）的方向发展。香江控股适时抓住产业发展脉络，试水楼盘配套教育服务提供，积极探索香江特色的教育产业发展道路，形成了从幼儿园到高中的完整教育体系。

表3-362 2019年香江部分高管名录

姓名	职位
翟美卿	董事长、总经理
谢郁武	执行总经理
翟栋梁	副总经理

祥生地产集团有限公司（X 祥生）

祥生地产集团有限公司成立于1995年，通过整合25年的开发经验，致力于成为健康、可持续发展的品质房地产企业。

根据克而瑞机构统计，2019年公司销售额达1159.3亿元。业务遍及浙江、江苏、安徽、上海、江西、湖北、湖南、福建、贵州、辽宁和山东等省市。

祥生地产具备一级开发资质，在开发项目超100个，规划总建筑面积超2000万平方米，土地储备逾万亩，形成了以浙江省为大本营、泛长三角区域为持续开发区域，业务战略布局以核心二线城市、核心一线城市以及周边二、三线城市为主的“1+1+X”的全国化投资战略布局。

祥生小镇围绕“宜居、宜业、宜游、宜养”核心理念，定位为打造田园牧歌式的新型卫星城镇，已在全国多个城市布局小镇项目。

2019年，通过分析企业自身发展脉络，结合行业的发展趋势，祥生地产在传统地产开发业务基础上，进一步多元化创新发展小镇模块，全国战略升级，最终确立以“地产开发+小镇运营”双轮驱动作为企业发展的新引擎，提升企业发展。

祥生地产连续10年蝉联“中国房企100强企业”，位列“2019年度中国房地产开发企业品牌价值30强”第27名，并获“2019年度中国房企品牌价值21强”“2019年度中国房企综合实力27强”以及“金砖奖——2019年度卓越影响力地产品牌”等多项殊荣。

表 3-363　2019 年祥生部分高管名录

姓名	职位
陈国祥	董事长
陈弘倪	总裁

祥泰实业有限公司
（X　祥泰实业）

祥泰控股有限公司是一家集地产开发、基础建设、物业管理、投资贸易于一体的综合性集团公司，控股、参股等子公司 50 余家，旗下拥有 37 家全资子公司，具有多项专业资质。目前，已与远洋集团、苏宁集团等十余家单位及公司建立了稳定的合作关系。

房地产开发经营作为祥泰实业的核心主导产业，开发规模、产品类型、品质品牌均处于区域领先地位，涵盖住宅、写字楼、商业、酒店等多种物业类型，成功打造了济南城市新名片、南城地标建筑、楼高 166 米的“山东新金融产业园”。公司已开发 20 余个项目，建筑面积达 510 余万平方米，成为本土房地产开发的龙头企业。

随着企业规模的不断扩大，祥泰正在被越来越多的消费者熟知和信赖，并在行业中取得了一系列成绩和荣誉。公司先后获得“山东省行业品牌奖”“山东房地产品牌价值企业”等殊荣。董事长于大卫先后荣获“山东省优秀建设者”“山东省优秀企业家”“山东房地产十大领军人物”等荣誉称号。在济南市房地产开发企业信用等级评定中，公司连续 3 年获评 AAA 级，位居前十行列。

展望未来，公司将继续秉承“品质筑就美好生活”的企业使命，打造规范化、专业化、精细化的管理体制，培养高素质的职业管理团队，凭借前瞻的战略规划、科学的管理体制、专业的市场能力和不断深化的品牌影响力，开拓创新，持续发展，努力实现“成为备受尊重的房地产公司”的宏伟愿景。

表 3-364　2019 年祥泰实业部分高管名录

姓名	职位
于大卫	董事长、总经理

祥源控股集团
（X　祥源）

祥源控股集团有限责任公司始创于 1992 年，是一家以文化旅游投资运营为主导的大型企业集团，为上市公司祥源文化（600576. SH）、交建股份（603815. SH）实际控制人。祥源控股总资产达 450 亿元，拥有员工 5000 人。

祥源控股秉承“健康地活着”的企业愿景，坚持生态优先、绿色发展，以“旅游目的地建造者”为企业使命。

自 2008 年涉足文旅产业以来，祥源控股逐步形成了文旅、地产、建设三大产业集群，通过资源整合、产业协同与专业运营，不断建立完善旅游产品设计研发、运营管理、智能系统、资本运营等后台支撑体系，选择山清水秀、人文独特、交通便捷的优质景区，以尊崇自然、传承文化为前提，通过景区建设和消费内容的双向升级，为游客提供高品质的旅游服务，致力于让游客“乐于逗留 24 小时以上并向往反复到达”，逐步打造了一批极具祥源特色的旅游目的地。

多年来，在各级政府、合作伙伴和社会各界人士关心和支持下，祥源控股坚守“客户第一，求真务实，专业精神”的核心价值观，汇聚成长力量、把握发展机遇，积极履行企业公民的社会责任。在深耕文旅产业的同时，祥源以产业扶贫为核心，以旅游目的地建设为抓手，积极推进具有祥源特色的精准扶贫模式，在促进贫困人口就业、提升社会效率、反哺实体经济等方面，不断为社会做出贡献。作为中国旅游集团 20 强企业，祥源控股正全力开创中国旅游度假新时代。

表 3-365 2019 年祥源部分高管名录

姓名	职位
俞发祥	董事长、总裁

象屿地产集团有限公司
（X 象屿）

象屿地产成立于 1993 年，为“世界 500 强”、大型国企厦门象屿集团的全资子公司，是一家集土地成片开发、房地产开发和基础设施建设为一体的专业化集团公司。象屿地产专业从事地产领域的开发与运营，聚焦住宅、商办、产业等各类产品业态。基于对城市未来的思考，通过对人居生活的不断探索，象屿地产将企业的发展深深融入区域经济之中，为城市发展源源不断地输入持久生命力。

经过 25 年滚动发展，象屿地产业务版图已遍布全国，覆盖上海、江苏、重庆、天津、福建等区域，形成了以一线城市及核心二线城市为主的全国发展布局，并成功研发“幸福生活细节”产品服务体系，传递更为人性化与温度感的人文关怀，致力于打造具有象屿特色的人性化社区。

从成功开发建设象屿保税区一期开始，公司始终坚持专业化运作、稳健经营、精耕细作，赢得了社会各界的信任与尊重，先后荣获“中国房地产 100 强企业”“中国房地产开发企业稳健经营 10 强”“中国华东房地产公司品牌价值 10 强”等荣誉。

表 3-366 2019 年象屿部分高管名录

姓名	职位
张水利	董事长
邓启东	总经理
齐卫东	副总经理、财务负责人
高晨霞	副总经理、董事会秘书

重庆协信远创实业有限公司
（X 协信）

协信远创是协信控股集团不动产平台的重要组成部分，协信地产业务始于 1994 年，现已覆盖房地产开发、城市综合体运营、城镇化改造及现代生活服务等综合业务。协信远创依托协信 20 余年来在不动产领域的投资、运营和管理经验，形成了涵盖多层次、多种消费人群的完整产品线。

根据克而瑞机构统计，2019 年公司销售额达 220.2 亿元。

二十年来，协信远创从重庆发轫、布局全国，始终秉承“让建筑具有生命”的价值观，经过多年的深耕突破，已经成功覆盖环渤海、长三角、珠三角、成渝版块经济核心区域，项目遍布北京、上海、重庆、成都、天津、深圳、郑州、湖州、杭州、石家庄等 20 多个重点城市。不动产领域开发面积逾 1700 万平方米，累计开发房地产项目 70 余个，战略土地储备逾 1400 万平方米，管理资产规模超过 2000 亿元。位列“2019 年度中国房地产开发企业 500 强”第 69 位，荣登“2019 年度中国房地产卓越 100 榜”，以强劲的速度和专业、透明、规范的企业机制，高效经营、开拓创新，致力于成为全国一流的不动产投资、运营和管理专家。

表 3-367 2019 年协信部分高管名录

姓名	职位
吴　旭	董事长兼总裁

新城控股集团股份有限公司
（X 新城）

新城控股（SH601155）1993 年创立于江苏常州，总部现设于上海。2015 年，新城控股集团在上交所 A 股上市，成为国内首家实现 B 转 A 的民营房企，经过 26 年的快速发展，已成为跨足住宅地产和商业地产的综合性房地产集团，连续 10 年位列“中国房地产行业 20 强”，总资产超 2900 亿元。

根据克而瑞机构统计，2019 年公司销售额达 2747.8 亿元，行业排名第 8 位。

新城控股以高质量发展为总要求，以进入“世界 500 强”为总目标，结合市场当前形势以及公司实际需求，2019 年提出全新的十六字核心战略：稳中求进、地域深耕、运营优先、科技赋能。具体来说，就是坚持稳中求进的总基调，坚持地域深耕的总策略，坚持运营优先的总抓手，坚持科技赋能的总保障，矢志跻身中国最优秀房地产企业的行列。在产品体系方面，新城控股已形成完善的住宅及商业产品系列，新城“吾悦”系列产品已经研发至第四代产品。

新城控股坚持住宅地产与商业地产双核驱动的战略模式，即以住宅开发为主，同时理智选取优质地块进行商业综合体的开发运营。在住宅地产方面，公司计划形成“以上海为中枢，长三角为核心，并向珠三角、环渤海和中西部地区扩张”的“1+3”战略布局。在商业地产方面，公司计划在全国范围内选择性地获取优质地块进行开发。

表 3-368　2019 年新城部分高管名录

姓名	职位
王晓松	董事长、总裁
梁志诚	联席总裁
陈德力	联席总裁
袁伯银	联席总裁

新东润地产有限公司
（X　新东润）

新东润成立于 2004 年，立足中原，辐射全国，专注地产 15 年，秉承“建筑，不仅仅是居住的空间，更应该是居者对话世界的方式”的企业理念，形成了集投资、开发建设和物业服务为一体的全过程运作体系和高效的多业态综合开发能力，产品覆盖了住宅、商业、产业地产、特色小镇开发等多种业态，坚持人文、生态、环保、原创的产品理念，为客户建造经典永恒的高品质产品。

企业定位新生活方式运营商，品牌主张新东润新生活，城市布局河南板块、海南板块两个战略中心。经过 15 年发展，累计 17 余个项目开发，服务超 5 万户家庭，累计交付面积 1200 余万平方米，土地储备 1 万余亩。

集团旗下河南东大物业服务有限公司成立于 2009 年，具有国家二级物业管理企业资质，是集物业管理、园区服务、案场服务、咨询服务等专业服务为一体的综合性物业服务企业，所接管物业类型涵盖洋房别墅、高档住宅、城市综合体、豪门大宅、BLOCK、销售案场等。

未来几年内，新东润地产将立足于大郑州区域，适时进入省外城市，形成多区域、多项目并行的发展格局，以品质标杆项目和小镇项目双轮驱动同步开发，坚持为客户营造美好居住体验的产品理念，致力于建造经典永恒的高品质产品，并将不断努力成为更为卓越的集团公司。

表 3-369　2019 年新东润部分高管名录

姓名	职位
张　璐	总裁

武汉新港建设投资开发集团有限公司
（X　新港投）

武汉新港建设投资开发集团有限公司（以下简称“集团公司”）为国有法人独资企业，成立于 2000 年 10 月 16 日，注册资本 8.6163 亿元，总部位于湖北省武汉市。

新港投集团的主要经营范围为：负责武汉新港有关基础设施项目的建设、投资、融资、经营和相关债务清偿等；负责武汉新港有关经营性项目的建设、经营和管理；接受市政府及相关部门的委托开展土地储备工作；依法依规对权属企业进行管理，确保国有资产保值增值；按照现代企业制度要求，建立公司法人治理结构；市政府授权的其他职责。2009 年 8 月，为实施湖北省委、省政府打造武汉新港的宏伟战略，紧紧抓住国家实施中部崛起发展战略和加快长江黄金水道发展的机遇，助推武汉新港成为“货物吞吐量超亿吨、集装箱规模过千万标箱”的内河大港，确立武汉市在长江中游航运中心的地位，实现临港经济加快发展，打造武汉市乃至全省新的经济增长极，成为武汉城市圈“两型社会”建设的重要突破口。为此，以原武汉交通国有控股集团公司为基础，整合资源，扩充职能，正式更名组建了武汉新港建设投资开发集团有限公司，作为武汉新港投资、融资、建设、营运和管理平台。

表 3-370 2019 年新港投部分高管名录

姓名	职位
陈伯虎	党委书记、董事长

新湖中宝股份有限公司
（X 新湖中宝）

新湖中宝（SH600208）于 1999 年在上海证券交易所上市，公司主营业务为地产、金融服务和金融科技、科创投资。截至 2018 年底，公司注册资本 86 亿元，总资产 1399 亿元，净资产 336 亿元。公司为“沪深 300”指标成分股和 MSCI 中国 A 股指数成分股。

根据克而瑞机构统计，2019 年公司销售额达 138.4 亿元。

公司地产业务的规模、实力和品质居行业前列，在全国 30 余个城市开发住宅、商业和文旅项目，总开发面积达 3000 多万平方米。近年来，公司逐步加大了以上海内环为核心的环上海城市带的布局，其中上海内环开发面积约 200 万平方米，增值潜力巨大。同时，在长三角投入一级土地开发达 1000 多万平方米，为地产业务可持续发展奠定坚实基础。

公司持续构建“金融服务”和“金融科技”双向赋能的生态圈。拥有银行、证券、保险、期货等多家金融机构的股权，是中信银行、温州银行、湘财证券、新湖期货、阳光保险等机构的主要参股股东；同时，也是万得信息、51 信用卡、通卡联城、云英科技、云毅科技等一批拥有领先技术和市场份额的金融科技公司的重要股东。公司颇具前瞻性地投资于区块链、大数据、人工智能、云计算、半导体、智能制造、生物医药等高科技企业，其中众多企业拥有国际领先的自主技术。

公司积极履行社会责任，发起设立了浙江新湖慈善基金会，2017 至 2019 年慈善公益支出 1 亿元，用于深度贫困地区的教育脱贫、乡村振兴等项目。

表 3-371 2019 年新湖中宝部分高管名录

姓名	职位
林俊波	董事长
赵伟卿	总裁
潘孝娜	副总裁、财务总监
虞迪锋	副总裁、董事会秘书

安徽新华房地产集团
（X 新华）

新华地产成立于 1995 年，集房地产开发、景观设计、商业运营与物业管理于一体，具有国家一级房地产开发资质和国家一级物业管理资质，是“中国房地产开发综合竞争力 100 强企业”。

新华地产始终坚持立足合肥、布局安徽、进军全国的发展战略，秉承“用心筑造幸福家”的理念，以城市板块运营商的定位，在合肥、山东、阜阳、上海、巢湖、宣城和六安等地匠心打造了多个片区开发、品质华宅、精品公寓、高端别墅、大型城市综合体等多元化系列作品，累积开发项目超 1000 万平方米，服务业主超过 30 万人，诸多项目先后荣获国优、省优、市优称号。

2019 年，新华地产宣城城市公司成立；新华学府上园项目开盘；阜阳新华学府庄园开盘，并荣获“年度教育典范楼盘”“2019 年上半年阜阳楼市 10 强”；合肥北雁湖玥园开盘，荣获“2019 年度最受用户关注人气网红楼盘”，此外，上海新华御湖上园荣获“最佳品质口碑楼盘”。

表 3-372 2019 年新华部分高管名录

姓名	职位
吴 伟	董事局主席
李登文	总裁

新华联不动产股份有限公司
（X 新华联）

新华联（SZ000620）是“中国 500 强企业”新华联集团旗下的重点板块之一，1992 年开始涉猎房地产业，2011 年 7 月在深交所上市。在 20

多年的成长历程中，依托新华联集团雄厚的资金实力和强大的品牌影响力，新华联文旅得到了迅速发展，旗下开发项目已遍及全国20多个省、市、自治区，并拓展至韩国、马来西亚、澳大利亚等国家，开发总面积超过5000万平方米，控股香港新丝路文旅公司，形成了文化旅游业、金融业、房地产开发业、商业、酒店业、建筑业、物业、娱乐业、园林等多产业布局。

上市以来，新华联文旅加速了战略转型升级的步伐，确立了“文旅+金融+地产”的发展定位，致力将文旅产业打造成战略支柱型产业。新华联文旅承载着强烈的责任感和使命感，投身树立中华民族文化品牌的大事业，已在华东、华南、华北、西北地区以及韩国济州岛布局大型文旅项目。

凭借在行业的出色表现，新华联文旅先后荣获“文旅地产优秀运营企业”“房地产行业标杆影响力企业”“中国房地产综合实力30强”“中国上市公司资本品牌溢价100强企业”“亚洲品牌500强企业”等多项称号。

表3-373　2019年新华联部分高管名录

姓名	职位
傅　军	新华联集团董事局主席兼总裁
苟永平	总裁（2019年12月22日起）
李建刚	副董事长、副总裁
周向阳	副总裁
刘华明	副总经理、财务总监
刘　岩	副总经理
于　昕	副总经理
杭冠宇	副总经理、董事会秘书
杨云峰	副总经理

上海新黄浦置业股份有限公司（X　新黄浦）

上海新黄浦置业股份有限公司（简称“公司”）创立于1992年12月2日，1993年3月26日在上海证券交易所挂牌上市（股票代码：600638），2008年1月股票列入沪深300指数样本股，是上海市内最早组建上市的房地产企业之一。

新黄浦是国家房地产综合开发一级资质企业，是上海市合同信用等级AAA级企业和上海市财务资信AAA级企业。自创立以来，在上海市内开发建设了一大批标志性商务楼宇和住宅小区，累计房地产开发面积逾200万平方米。

根据公司2019年第三季度公告，2019年前9个月实现营业收入66.44亿元，同比下降24.1%。实现净利润3.711亿元，同期减少69.81%。

新黄浦开发的著名商业楼宇包括总建筑面积21万平方米、被国家行业权威部门评为“上海最具影响科技园区”和“上海房地产2018年十大经典楼盘”之一的上海科技京城；坐落于上海外滩与“中华第一街”南京东路交汇处的新黄浦金融大厦；位踞上海浦东陆家嘴金融贸易区的永华大厦和阳光世界、上海北外滩新地标——浦江国际金融广场等。开发的主要住宅楼盘包括：凌家弄小区、陈家宅小区、由由小区、平江智荟苑、南馨佳苑、怡佳公寓等。出色的业绩和开发品质使公司多年名列“中国上市公司100强”，并于2005年、2006年连续两年跻身“中国房地产企业综合实力200强”。

表3-374　2019年新黄浦部分高管名录

姓名	职位
仇瑜峰	法人代表、董事会董事长

武汉新纪元地产集团有限公司（X　新纪元）

武汉新纪元地产集团注册资本为1.335亿元，下属控股子公司有：武汉新纪元地产集团有限公司、武汉新纪元物业发展有限公司、武汉市海燕汽车贸易有限公司、武汉远景置业有限公司、鞍山新纪元房地产开发有限公司。

武汉新纪元物业有限公司成立于1996年，是经湖北省工商行政管理局批准成立的拥有开发资质的房地产开发公司，注册资本1.13亿元，公司拥有高素质的管理核心和经验丰富的技术团队，拥有正式员工50多人，本科以上学历占80%以上，职工的平均年龄在33岁，是一支充满朝气、蓬勃向上的开发团队。

现已持有新纪元·壹加壹空间、新纪元·E品搜秀城、新纪元·银湖九号、新纪元·黄金口、新纪元·创意天地、新纪元·三岛一墅、新纪元·姚集美丽山水等多个房地产项目。2013年，新纪元地产集团的项目开工量产值超过20亿元，已开发完毕的新纪元·E品国际项目更是开创了武汉地区商居两用新型LOFT概念设计风尚之先河，并受到业界广泛关注和褒奖，成为引领市场的优秀项目品牌。

新纪元秉承“创享生活，用心建筑”的企业宗旨，并坚持以“品质·零缺点”作为企业的经营目标，在其主导下自觉避免错误和失误。正是由于对品质的不断要求，新纪元一直在房地产的行业里不断壮大。

表3-375 2019年新纪元部分高管名录

姓名	职位
杨东强	董事长

新疆城建（集团）股份有限公司（X 新疆城建）

1993年2月，经自治区体改委批准，由乌鲁木齐市自来水公司、乌鲁木齐市市政工程公司、乌鲁木齐市市政工程建设处、乌鲁木齐市计划节约用水办公室、乌鲁木齐市市政工程养护管理处和乌鲁木齐市郊区公路养护处六家企事业单位共同发起设立新疆城建（集团）股份有限公司，是乌鲁木齐市首家公用事业类定向募集股份有限公司。

表3-376 2019年新疆城建部分高管名录

姓名	职位
刘　军	董事长
吴　涛	总经理

新锦安实业发展（深圳）有限公司（X 新锦安）

新锦安成立于1995年8月，属台港澳与境内合资有限责任公司，注册资本1111万美元。公司有深圳市房地产综合开发和物业管理资质，主要经营范围为房地产开发、物业及停车场管理。

根据克而瑞机构统计，2019年公司销售额达119.8亿元。

公司以全新的管理模式、完善的技术、卓越的品质、工业化标准打造多个品质上乘的住宅及工改项目，同时，涉足高新科技、金融投资及物流等领域，多元化经营的现代化大型企业集团，被业界誉为“最具竞争力及发展潜力的企业”。

表3-377 2019年新锦安部分高管名录

姓名	职位
高金明	董事长、总经理

新力地产集团有限公司（X 新力）

新力集团2010年成立于江西南昌，是一家大型综合性物业开发商，专注于住宅物业开发和商业及综合性用途物业开发。集团在江西省的住宅物业开发业务占据了市场领先地位，并已经将业务拓展至长三角区域、粤港澳大湾区、中西部核心城市以及中国其他具有发展潜力的区域，实现了全国化布局。

根据克而瑞机构统计，2019年公司销售额达987.3亿元，位列“中国地产50强”。

2019年，新力集团城市深耕战略稳步推进，全国版图进一步扩大。立足长远发展，新力聚焦地产主业，坚持多元化发展，以实现持续、稳定的增长为目标，以提升产品品质和服务质量为内核，在进取中求稳健，在发展中求质量，同时进一步完善全国化布局，成为真正意义上的全国性综合物业开发企业。

对于未来市场的拓展，新力将围绕江西省、长三角地区、粤港澳大湾区、中西部核心城市以及中国其他具有发展潜力的区域来进行开展。新力将继续巩固现有市场的地位，并进一步扩展至四大区域中具有发展潜力的城市，从而进一步实现全国化布局并在现有的城市或区域中获得更高的市场份额。

表 3-378　2019 年新力部分高管名录

姓名	职位
张园林	董事会主席、执行董事兼行政总裁
余润廷	执行董事、副总裁
涂　菁	执行董事、主席秘书

上海新梅置业股份有限公司
(X　新梅)

上海新梅置业股份有限公司，成立于1996 年 8 月 12 日,前身为“上海港机股份有限公司”。1996 年，公司在上海证券交易所上市，股票代码为 600732。公司立足上海，着眼于长三角区域，以房地产开发和管理为主业，坚持以打造高品质的地产项目和提供高水准的地产服务为己任。公司已建项目包括上海新梅共和城、上海新梅绿岛苑等，历年累积开发面积逾 100 万平方米。

根据公司半年报，2019 年上半年销售额为 0. 0621 亿元，同比减少 69. 97%。

近年来，随着房地产开发对资本的要求越来越高，轻资产服务型商业模式越来越受到中小房地产开发商的青睐。公司正在积极搭建轻资产运营模式，以产品提升、功能再造为依托，在市场上寻觅存在“价值洼地”的存量房产项目，通过对其功能再定位、设计更新、二次招租等方式，寻求物业租售价值的提升。

2016 年，公司积极整合优势资源，立足核心竞争力，发展势头强劲。公司全年营业收入为 2 亿多元，较上年同期增长 81. 57%，上市公司股东的净利润 1954 万元，上市公司股东的扣除非经常性损益的净利润 1549 万元。

表 3-379　2019 年新梅部分高管名录

姓名	职位
张静静	董事长

新明中国控股有限公司
(X　新明中国)

新明持之以恒以“为客户、投资者打造优质项目，努力塑造行业标杆企业”为己任，经营范围从浙江省逐渐拓展至全国，旗下已拥有多家控股子公司，项目遍及杭州、台州、上海、重庆、山东滕州等多个核心城市，拥有 16 个处于不同开发阶段的地产项目，总资产达 103 亿元（含新明集团有限公司）。

多年的诚信经营、稳健发展，让新明拥有了广泛的社会知名度。公司及其开发项目曾先后获得“实力 & 诚信”房产企业、全国 AAA 级安全示范工程和浙江省“钱江杯”优质工程奖等奖项。在已竣工项目中，新明半岛、新明红星美凯龙家居中心等产品系列均以出色的建筑品质、优秀的服务管理获得了消费者的盛赞，也成为独具辨识度的新明品牌项目。特别是“新明半岛”项目一举囊括“2011 年度中国新居住时代十大人居典范楼盘”“2011 年度中国新居住时代十大国际商业地标”“最佳期待楼盘”“中国魅力楼盘”“中国最具影响力住宅新盘”“杭州十大最大价值实价楼盘”等殊荣。

近年来，新明又先后囊括“中国华东房地产公司品牌价值 10 强”“中国商业地产价值榜卓越公司”“中国特色地产运营优秀企业——儿童地产称号”“中国商业地产公司品牌价值 10 强”等实力大奖，与万达、华润、银泰等企业齐名，进入中国商业地产开发运营实力第一矩阵。

表 3-380　2019 年新明中国部分高管名录

姓名	职位
陈承守	公司主席、执行董事兼行政总裁

江苏新能源置业集团有限公司
(X　新能源置业)

江苏新能源置业集团有限公司于 1996 年 5 月成立，注册资本 2 亿元，2005 年经国家建设部批准获得房地产开发一级资质，年开发能力 50 万平方米，年销售逾 20 亿元。

集团公司自成立以来，始终坚持“诚实、踏实、守信、守法”的企业精神，抓质量、重信誉、严管理、树品牌，先后获得了国家和省、市多项荣誉：连续多年被扬州市邗江区评为“三个文明建设一等功”企业；连续多年成为“扬州市房地产10强”企业和纳税大户；连续11次进入“江苏省房地产综合实力50强”行列，连续3次又跻身“中国房企500强”，是中国和江苏省房地产诚信企业；2001年以来，“新能源”商标先后被扬州市和江苏省工商局评为“知名商标”和“著名商标”。

集团公司现已在扬州市区和北京、泰兴成功开发栖月苑、月亮园、金鼎公寓酒店、淮左郡、奥都花城、公元国际大厦、和美第、豪第坊、花样年华、阳光美第、星座国际商务中心、运河一品、名门壹品、揽月豪庭、印象江南·茉莉山庄、新城市花园、华清园、新能源美食休闲广场、新城市豪庭、阳光一品、水木清华、铂金公馆、新世界广场等20多个住宅小区和商务大厦。一批楼盘设计新颖，成为扬州及所在城市的标志性建筑。月亮园、奥都花城先后捧回了中国房地产业大奖——“广厦奖”；阳光美第荣获全省唯一的全国精瑞科学技术奖“绿色生态建筑住宅奖”金奖；豪第坊被联合国人居署评为“人居企业奖”。

表3-381 2019年新能源置业部分高管名录

姓名	职位
包广林	董事长、总经理

重庆新鸥鹏地产（集团）有限公司（X 新鸥鹏）

新鸥鹏地产隶属于新鸥鹏集团，1993年成立，是国家一级房地产开发资质企业，最初，以“立足西部，开拓华北，挺进中原”战略向全国发展；然后，又推出“331战略”，将核心产品“新鸥鹏教育城”在国内重点城市以及海外市场布局。

公司已进入重庆、成都、西安、济南等4省11个城市，年开发量超过200万平方米，土地储备约8000余亩。在开拓国内市场的同时，新鸥鹏也加速海外市场布局，将目标确定为北美洲、澳洲、欧洲三大区域，已在罗马尼亚、洛杉矶等城市成立公司，并成功拿下10多个项目。2019年6月，新鸥鹏美国Milani“洛杉矶国际教育营地”项目动工。

新鸥鹏明确了以教育为主体，地产、金融为两翼的发展逻辑，形成“一城一镇一港”的核心产品：新鸥鹏教育城、新鸥鹏教育小镇、新鸥鹏国际人才港。2019年7月，新鸥鹏入选“重庆市民营企业100强”，排名第12位。

作为城市建设的运营者、教育开拓者和文明的传播者，新鸥鹏以“做教育先锋，造精品楼盘，圆万家梦想”的宏大追求为己任，始终把自己摆在社会发展的最前沿，致力于建设受人尊重的中国一流公众型企业。

表3-382 2019年新鸥鹏部分高管名录

姓名	职位
冉茂林	总经理

新世界中国地产有限公司（X 新世界中国）

新世界中国为香港上市公司新世界发展（00017.HK）旗下负责内地物业的主要载体，是内地最具规模的房地产发展商之一。作为最早进入中国内地房地产的香港公司之一，新世界中国地产秉承可持续发展之城市社区建设愿景，发展各类优质住宅社区、大型综合商业地标、商场、写字楼及酒店，业务多元化。新世界中国地产持续策略性投资重点城市，并发展具备标志性及潜力优厚之重点项目。

根据克而瑞机构统计，2019年公司地产销售额达116亿元。

新世界发展于1970年由郑裕彤博士创立，并于1972年在香港联合交易所挂牌上市。经过二十多年的经营与发展，集团的核心业务已由最初的房地产拓展至酒店投资、基础设施、服务、建筑工程、电讯及交通运输等领域。新世界发展是香港四大地产发展商之一，由集团兴建的“香港会议展览中心”是目前香港最大、最有特色的商业中心之一。

表 3-383　2019 年新世界中国部分高管名录

姓名	职位
郑家纯	主席、执行董事
郑志刚	联席行政总裁

新天地产集团有限公司
（X　新天）

新天地产集团有限公司，创立于1995年，以房地产开发为主，集资产经营和物业管理为一体的多元化企业，其房地产开发项目涵盖顶级豪宅、国际别墅小区、优质住宅屋苑、超甲级写字楼、国际品牌星级酒店、大型购物中心等，已开发的各类物业超过百万平方米，并跻身综合房地产发展商行列，成为国内领先房地产开发商，多次被授予“广州市房地产开发综合实力10强企业”“广东省民营企业100强”“广东地产资信企业20强”等荣誉。

近二十年的稳健发展，公司始终秉承“做精品求长远”的产品理念和“合作、共赢、发展”的市场理念，注重产品创新、品牌价值体现。2010年，集团完成赴港上市工作，正式进入国际资本市场，集团主业模式由传统房地产开发战略性地转变为城市更新（三旧业务）发展，成为该领域的首批开拓者。集团重点布局珠三角地区，逐步辐射全国。公司更提倡“家文化”，注重团队融合、团队协作，以共同的信仰、共同的目标、共同的行为、共同的荣耀，打造属于新天地产人的“家”。

表 3-384　2019 年新天部分高管名录

姓名	职位
尤孝飞	董事会主席、集团副总裁
高　滨	执行董事、董事会主席

杭州新天地集团
（X　新天地）

杭州新天地集团是以城市中央活力区、城市文化名片、养生度假区三大主力产品为引擎驱动，文、商、旅三位一体协调发展的城市复合产业运营商。

集团成立于2008年，目前总资产300亿元，净资产100亿元。集团业务以杭州为源头，辐射北京、深圳、重庆、西安等城市，秉承“以产兴城，以城促产，以业聚人”的运作思路，树立“精品导向、精益运营”的经营理念，凝心聚力发展产业，精心细致做好产品，推动城市和区域繁荣，创见美好生活。

表 3-385　2019 年新天地部分高管名录

姓名	职位
刘文东	董事长

四川新希望房地产开发有限公司
（X　新希望）

新希望地产成立于1998年，是新希望集团六大产业板块之一。发展至今，已实现资产和经营规模的持续跨越发展，形成住宅、商业综合体、写字楼、酒店、长租公寓、文旅小镇、专业市场、总部工业园的全类产品线，包含房地产开发、商业运营、物业管理的多元经营业态。

新希望地产秉承“品质不为成本让步，品质不为进度让步”的“两不让”原则，以精致产品与绿色服务赢得市场。

新希望地产稳健拓展全国版图，立足西南大本营，深耕环沪城市群，发展环渤海城市群，关注粤港澳大湾区。2017年落户苏州、嘉兴，2018年落户杭州、重庆，2019年落户南京、天津，进一步加强区域联动，开启新一轮百亿级城市布局。

截至2019年底，2019年销售收入超700亿元，年度销售额排名第46位，综合实力排名进一步提高。2020年初，新希望地产再次被中国房地产业协会、中国房地产测评中心联合评选为“2019中国房企综合实力42强”，全面进入“50强”房企阵容。

表 3-386　2019 年新希望部分高管名录

姓名	职位
张明贵	总裁

续表

姓名	职位
武 敏	常务副总裁
樊俊宏	副总裁
董 李	副总裁
姜孟军	副总裁

长春新星宇房地产开发有限责任公司（X 新星宇）

新星宇集团成立于1993年，前身是长春星宇集团房地产开发有限责任公司，2001年经国家建设部批准，成为国家一级房地产开发资质企业，是集地产开发、工程建设、产业化、物业管理、商业服务、金融投资六大板块于一体的全产业链企业集团，为“中国民营企业500强”。

作为吉林省地产开发、工程建设行业的龙头企业，新星宇的经济增速保持在36%以上，2013年以后营业额持续超过100亿元。近年来，新星宇紧跟国家“一带一路”政策，积极参与多项国家级PPP试点项目，获得各级政府和广大客户的一致好评。

新星宇在城市综合管廊、水环境综合治理、海绵城市、智慧城市等领域，不断深入探索，开展多元化转变。历经多年发展，新星宇锤炼出多个具有极强专业能力的产业型公司，打造了拥有丰富管理经验和操作能力的人才团队，铸造了国内知名的“新星宇”品牌，多次获得“中国民营企业500强”“中国房地产开发企业200强”“中国房地产开发企业品牌价值100强”“全国建筑业先进企业”“中国建筑业最具成长性100强企业”等殊荣。

表3-387 2019年新星宇部分高管名录

姓名	职位
张琪武	董事长兼总经理
卢 昕	副董事长、执行董事
江 玲	副总裁
魏广政	总经理

上海新长宁（集团）有限公司（X 新长宁）

上海新长宁（集团）有限公司成立于1996年3月，1998年7月重组。集团围绕长宁国际精品城区建设，在稳定房产主业的基础上，积极参与住房保障、物业服务、低碳节能、市政道路、绿化养护和教育培训等城市运营和配套服务，着力打造集多轮业务驱动于一体的城市运营服务商，是长宁区最具实力的企业集团。

2017年，新长宁集团总资产达303.9亿元，全年完成净利润3.5亿元，共缴纳税费16.1亿元。根据公司披露年报，2018年企业实现总营业收入39.166亿元，同比增长18.9%。

集团已连续23年荣获上海市重点工程实事立功竞赛优秀公司，以高品质的房产开发和成熟的品牌形象，位居“上海房地产开发企业50强”前列；荣获“全国守合同重信用企业”“全国中华慈善突出贡献奖”“上海市企业文化示范基地”“长宁区深化全国文明城区创建先进集体”等荣誉称号，2017年获“白玉兰工程”3项、“园林杯金奖工程”1项，量身定建的江森总部大楼获美国LEED铂金认证（93分为亚洲最高分）。

表3-388 2019年新长宁部分高管名录

姓名	职位
倪 尧	党委书记、董事长

沈阳鑫丰房地产开发有限公司（X 鑫丰）

沈阳鑫丰地产（沈阳鑫丰富俪城房屋开发有限公司）是一个集团化的企业，是品牌化的企业，是质量和信誉的象征，企业由香港鑫丰投资有限公司成立。旗下有房地产开发、物业管理、制造业等十余家企业组成。以鑫丰品牌集团独有的管理模式、经营模式、发展模式，在国内外享有盛名。

公司从2000年起进军地产领域，主要投资商业住宅，先后开发几百万平方米、十几处的商业楼盘项目，现正在建设中的鑫丰·雍景豪城和鑫丰·熙区府项目均处于市中心“西部十字金廊”之上，是沈阳市最炙手可热的鎏金地段，坐拥百万客流。

鑫丰企业塑造的是鑫丰管理团队，鑫丰的品牌化打造的是鑫丰品牌的地产王国，秉承的是“鑫丰是质量，鑫丰是信誉，鑫丰是品牌”的经营理念，鑫丰的目标是走向世界，建立鑫丰地产王国。

表 3-389　2019 年鑫丰部分高管名录

姓名	职位
崔正锋	董事长
崔绍昱	总经理

青岛鑫江置业集团有限公司（X　鑫江）

青岛鑫江置业集团有限公司成立于 1995 年，位于青岛市，下设 10 余家子公司，集地产、商业、物业、珠宝、金融、公共事业六大板块于一体，是一家以房地产开发、自有资本投资与运营为主的多元化集团公司。

鑫江集团立于青岛 24 年，尊重每一寸土地的价值，更尊重土地之上的人们追求美好生活的权利。作为“城市发展综合运营商”，鑫江集团不断迭代新品，住宅产品开发有水青系、花园系、府院系，为岛城人居带来一个又一个经典作品；积极参与城市基础配套设施的更新换代，鑫江供水公司、安泰热力、鑫江供水、鑫兴泰建筑工程、鑫江温德姆酒店、东方城购物中心…… 一个个业务板块的搭建，致力于为青岛居民们提供更美好的家园。

未来，鑫江集团将以覆盖住宅、商业、酒店、文体产业等综合型物业的深度开发与运营能力，将更多爱与美好注入青岛城市生活、商务生活、社区生活、健康生活等当代城市生活的方方面面。以汇聚万象的力量，推动青岛迈向国际化都市的进程，让城市的万象美好不断延续。

表 3-390　2019 年鑫江部分高管名录

姓名	职位
方和存	董事长
方新山	总经理

北京鑫一德房地产开发有限公司（X　鑫一德）

北京鑫一德房地产开发有限公司成立于 2001 年,是以房地产开发经营、商品房销售、物业管理为主营业务的公司。公司投资开发的“鑫一德创业大厦”成为清河区域的核心建筑，配套建成集经营、办公、商贸、金融、餐饮、娱乐等为一体，功能多样、环境优美的 1 万余平方米综合物业环境，100 多个不同行业的租户相继入驻，企业效益逐年稳步提高。投资开发的“北京七一棉织厂清河西街 71 号住宅项目”于 2015 年 7 月开工建设，建设规模 87209. 68 平方米。

北京鑫一德公司追求“开拓、进取、务实、求效益”的经营理念，不断挑战自我，拓展新的市场。面向企业未来持续发展，力求建立精炼高效、追求创新和具有进取精神的团队，强调个人发展与企业发展应协调一致，为每一位员工提供良好的展示自我和公平竞争的机会，并为人才提供崭新的舞台。

表 3-391　2019 年鑫一德部分高管名录

姓名	职位
杜建文	董事长兼总经理

鑫苑（中国）置业有限公司（X　鑫苑）

鑫苑集团 1997 年由张勇创办于河南郑州，2007 年在纽交所成功上市，是首批赴美上市、进军海外的中国房地产企业。

成立 20 余年来，鑫苑集团秉承“品质地产”和“科技地产”理念，在中国 20 多个城市累计开发建设项目 60 余个，并在纽约、洛杉矶、伦敦、马来西亚等国家和地区打造了一系列海外精品项目，共为超过 20 万业主提供了优质居所，连续 15 年跻身“中国房地产 100 强企业”。

科技与地产的融合是时代发展的必然趋势。近年来，鑫苑集团加快科技化转型的战略步伐，在智慧科技领域积极布局，广泛探索，以“科技赋能地产”为切入点推动地产产业变革。

在探索产业互联网的过程中，鑫苑集团以地产为主业、以科技和金融为战略两翼，拓展出地产开发、产城运营、融资代建、智慧科技、商业管理、物业管理等交织而成的全新版图。

鑫苑集团着力于实现各业务板块之间的价值连接，同时广泛对接外部产业资源，打造“纵向以科技为基石，横向以金融为引擎”的一横一纵生态系统，实现内部、同业和产业链的三维连接，连接多元业态，实现多重价值。

在“共生共赢、合作分享”的文化机制下，鑫苑集团构建了合伙人平台。全新的体系将对鑫苑的业务格局产生深远影响，孕育出无数种令人翘首以盼的精彩可能。

未来，鑫苑集团将在“新平台、新生态、新赋能”的战略框架下，致力于以国际产业视野和思维打造新的平台和生态，将主业做强、辅业做大，逐步成为国际化科技地产生态的引领者。

2019 年，鑫苑荣获“2019 年度中国房地产开发企业创新能力 10 强”“2019 年度中国房地产开发企业 100 强”。

表 3-392 2019 年鑫苑部分高管名录

姓名	职位
张　勇	创始人、董事长兼 CEO
易　涛	副总裁兼人力资源中心总经理
聂亚云	副总裁兼河南区域公司董事长

信达地产股份有限公司
（X　信达）

信达地产（SH600657）是中国信达旗下房地产上市公司，公司直属包括具有一级开发资质在内的房地产开发、投资企业十余家，开发项目主要分布在国内 20 多个大中型城市，形成了全国化布局，在行业内有一定的影响力。

公司以房地产开发为核心，以商业物业经营管理、物业服务、房地产专业服务为支持，坚持房地产主业与资本运营协调发展和良性互动的发展模式，同时以经济效益为核心，完善产品体系与城市布局，努力扩大公司的品牌效应。

根据克而瑞机构统计，2019 年公司销售额达 344.1 亿元。

作为中国信达的房地产开发业务运作平台，信达地产依托信达系统资源，发挥自身在房地产开发方面的专业能力，强化集团协同联动，打造专业化、差异化、特色化发展模式，建立地产开发、协同并购、专业服务三大体系互补的业务发展格局，努力成为具有广阔发展空间的综合开发投资服务商。

自 2008 年上市以来，公司从股东利益出发，不断完善公司治理结构，提高科学决策和风险控制能力；持续推进专业能力提升与人才工程建设，提高精细化管理和集约化经营水平，不断提升核心竞争力；深入开展企业文化建设，形成了“同心聚力，创新求变，真抓实干，奋发有为”的企业精神；积极顺应复杂多变的房地产政策和市场环境，保持了良好的发展势头，公司资本实力和资产规模不断扩大。

表 3-393 2019 年信达部分高管名录

姓名	职位
丁晓杰	董事长、总经理
张　宁	副总经理
陈永照	副总经理
潘建平	副总经理
石爱民	副总经理

深圳市信义房地产开发有限公司
（X　信义）

信义集团成立于 1992 年，一直坚持以“持续提高人居质量”为己任，具有雄厚的开发实力和专业、优秀的开发管理团队、丰富的项目开发经验。公司秉承“诚信筑家，以人为本”的理念，按照重管理、高标准、高质量的开发要求及“社会效益和经济效益并举，诚实守信”的原则，先后为数以万计的家庭构筑了幸福的家园，开发的业态涵盖别墅、商业、住宅、工业园等。

信义集团高度重视诚信经营和创新发展，我们以信义玻璃控股有限公司环保节能玻璃等新型建材强大的研发和制造能力为依托，以近20年来的开发经验所积累的优秀的产品研究能力、设计及施工管理能力、营销策划能力为保障，获得了客户的高度信任、良好的社会口碑和社会的广泛赞同。

信义集团曾先后获得中国质量检验协会颁发的“全国质量·服务诚信示范企业”及“全国行业质量示范企业”等称号、荣获人民日报社市场信息中心及全国市场诚信建设组织委员会颁发的“全国诚信建设示范单位”称号、“中国质量承诺·诚信经营企业（品牌）”称号、“中国房地产系统质量合格·顾客满意·国家标准产品（单位）”称号；“年度房地产单项开发15强”等荣誉。这些荣誉的获得不但体现了社会各界对信义产品、信义品牌的广泛认同，更鞭策着信义地产持续创新、积极奋进，为更多住户、商家、客户提供更加舒适、环保的产品。

表3-394　2019年信义部分高管名录

姓名	职位
李贤义	董事长、总经理

河南信友置业集团有限公司
（X　信友）

信友集团根植中原，布局全国，已形成以地产开发为核心，涵盖地产金融、地产投资、城市基础设施投资与建设、物业服务等于一体的综合性集团企业。截至2019年底，已开发及在建面积超1000万平方米，服务10余万业主。

根据克而瑞机构统计，2019年公司销售额达121.3亿元。

信友集团业务布局郑州、商丘、漯河、许昌、南阳、菏泽、南宁、北京、上海、深圳、广州等地，已形成13城23盘之势，并构建地产全产业链生态体系，是中国中部最具成长性的房地产集团企业之一。

围绕精品地产、金融联动、智慧社区、生态运营、友邻服务五大核心，信友集团坚持“务实、进取、廉洁、高效”的理念，稳健运营、持续发展，努力实现有质量的增长。

未来，信友集团将以更开放的心态，坚持“美好城市生活”的企业使命，求精创新，为居者提供多元化、高品质的生活环境，传播幸福人居文化，成为中国有影响力的房企。

表3-395　2019年信友部分高管名录

姓名	职位
王海涛	董事长
王智伟	总裁

星河控股集团有限公司
（X　星河控股）

星河控股集团成立于1988年，旗下现有地产、金融、产业、商置、物业五大业务集团，业务涉及地产开发、城市更新、商业运营、酒店管理、物业服务、金融投资、产业运营等多元领域，总资产超过1000亿元，已成为国内大型综合性投资集团。

目前，星河控股业务覆盖港澳大湾区、长三角、京津冀、中西部，已进驻深圳、广州、天津、南京等29座城市。

根据克而瑞机构统计，截至2019年，星河控股开发面积累计超5000万平方米，土地储备面积逾3300万平方米。目前，星河控股已构筑起“产业为引领，金融为护驾，地产为基础，商业为支撑，物业为配套”的自循环生态圈，深入参与城市化发展进程，践行城市运营引领者的责任和使命。

在十余年的区域深耕过程中，星河旗下地产公司精于全流程开发管理体系，建筑产品线完整涵盖住宅、别墅、公寓、酒店、写字楼、商场和产业园。同时，星河地产积累了丰富的城市更新经验。目前，星河地产运作项目达80多个，已有50个项目成功推向市场，更新改造面积近2000万平方米，为超过10万村民、村集体及企业提供土地更新改造服务。

从2012至2020，星河控股集团连续9年获评“中国房地产100强企业”，多次获得“中国蓝筹地产”“中国地产金砖奖”等奖项。

表3-396 2019年星河控股部分高管名录

姓名	职位
黄楚龙	董事长
姚惠琼	副董事长兼总裁

星河湾集团有限公司（X 星河湾）

星河湾集团1994年进入房地产行业，集团一直秉承“舍得、用心、创新”的核心价值观，努力创立行业品质典范。身处改革开放的前沿阵地，星河湾已逐步发展成为一家拥有地产、酒店、物业管理、生产制造、教育、商业、投资等多个商业版图的集团化企业。集团旗下拥有近百家分（子）公司，员工近万人。

星河湾专注精品、坚守品质，在中国民办企业以品质闻名、屡获殊荣，成为全国高品质物业的标杆。星河湾用持之以恒的工匠精神，为城市现代化建设做出了贡献，多次获得国家部委和广东省政府、广州市政府表彰，也广泛赢得了市场的认可、公众的尊敬。

根据克而瑞机构统计，2019年星河湾销售额达166.9亿元。

星河湾以“坚守品质”为企业使命，二十余年间，星河湾自广州启航，北上京城，东进上海，绽放“中国财富金三角”。然后，集团又相继在太原、沈阳、西安、青岛、汕尾、长沙等地筑基立鼎，“星迹”遍布全国，每到一座城市，都成为“代表性人居范本”，彰显卓越的品牌影响力。从政府为星河湾出书开创先河到无数的奖项加冕，星河湾品质精神已成为行业匠心的灯塔性地标。

星河湾多年被评为“中国民营企业500强”“中国房地产开发企业100强”，2019年被评为全国首个“房地产高质量发展优秀企业”，荣获由联合国环境规划署认可的全球最适宜人类居住城市（社区）国际大奖、建筑规划类金奖——“国际花园社区”称号、由世界不动产国际金奖中国地产项目评选委员会评出的“LGAG REAL中国最佳景观设计奖”；2018年，上海星河湾、太原星河湾分别荣获素有“中国地产奥斯卡”之称的“广厦奖”；同期，沈阳星河湾、汕尾星河湾入选“广厦奖”候选名单。

表3-397 2019年星河湾部分高管名录

姓名	职位
黄文仔	董事长
吴惠珍	联席董事长
黄健慧	总裁
谭伟江	副总裁

江苏星源房地产开发有限公司（X 星源）

江苏星源房地产综合开发有限公司成立于1996年8月，经建设部批准为一级房地产开发企业，注册资本6600万元。公司凭借“信誉第一，质量至上”的经营理念，赢得了社会的赞誉和人们的信赖。公司成立以来一直被评为信用AAA级资信企业，是多年的纳税大户；先后多次获得“中国房地产业200强企业”“江苏省房地产业50强企业”“南通市房地产企业20强企业”“南通市最佳信贷诚信企业”“南通市地税收入超过百亿突出贡献企业”等60多项荣誉。公司在激烈的市场竞争中开拓进取、奋力拼搏，努力打造品牌、创造效益、提升品质，为经济社会发展作出了力所能及的贡献！在激发企业活力、提升运作效率的基础上，公司通过企业党、团、工会等群团组织各种活动，打造企业文化，活跃企业职工的精神生活。公司的党、团、工会组织多次被上级部门评为先进单位。

表3-398 2019年星源部分高管名录

姓名	职位
姜广全	董事长
姜　辉	执行董事、总经理
姜　峰	监事

杭州兴耀房地产开发集团有限公司
（X 兴耀）

杭州兴耀控股集团有限公司地处钱塘江南岸高新技术产业开发区（滨江），始建于1985年。2004年，企业以资本为纽带，在整合系列关联公司的基础上，通过产业拓展组建成为一家综合性控股集团。

自组建以来，集团始终坚持多元化发展思路，不断优化产业结构，现已发展成为一家以房地产开发和建筑、市政、城市园林绿化工程施工为核心，涉足工业、农业、现代服务业等多个经营领域的中等规模企业。集团总资产62亿元，拥有杭州兴耀建设集团有限公司、杭州兴耀房地产开发集团有限公司等十余家子公司，具有房屋建筑施工、市政公用工程施工、城市园林绿化、物业管理等多项国家一级资质，入围“中国民营企业500强”，并先后获得了“浙江省诚信民营企业”“浙江省慈善奖”“杭州市大企业集团竞争力百强”“杭州市文明单位”“滨江区强优企业”等众多荣誉称号，“兴耀”商标和字号分别被评为“浙江省著名商标”和“浙江省知名商号”。

本着“以人为本，以诚为基，以德为魂”的企业宗旨，遵循“科学管理，质量第一，信守合同，客户至上”的经营方针，通过巩固发展核心产业、稳步发展基础产业、创新发展新兴产业的经营思路，依靠精湛的技术和一流的服务，兴耀集团必将走出一条有自身特色的企业发展之路。

表3-399 2019年兴耀部分高管名录

姓名	职位
黄耀坤	董事长

湖南秀龙地产置业集团有限公司
（X 秀龙）

湖南润和城始创于2010年，集团业务涵盖地产开发、旅游投资、教育投资、绿色农业、医疗健康及环保能源等多个领域。湖南秀龙地产置业集团有限公司为集团母公司，旗下拥有湖南华城旭悦置业有限公司、湘潭华彩置业有限公司、湖南长润置业有限公司、湖南斌辉建设工程有限公司、湖南湘郡物业管理有限公司、长沙韬略教育发展有限公司、湖南郡城投资开发有限责任公司、湖南梅山之恋旅游股份有限公司等二十余家子公司。

公司采用集团管控、子公司独立运营的经营管理模式，以“缔造品质生活”为使命，以“成为令人尊敬的城市运营配套服务商”为愿景，积极向文旅产业、教育产业、现代农业、健康医疗、环保能源等领域开拓业务，促进公司快速、健康、可持续发展。

表3-400 2019年秀龙部分高管名录

姓名	职位
肖玉军	湖南润和城实业董事长
刘　超	润和城实业有限公司副总裁

旭辉集团股份有限公司
（X 旭辉）

旭辉控股集团（HK00884）2000年成立于上海，2012年在香港上市，是一家以房地产开发为主营业务、定位为“美好生活服务商、城市综合运营商”的综合性大型企业集团。秉承“用心构筑美好生活”的使命，旭辉始终追求“有质量的发展”，业务遍布中国内地70余个大城市及中国香港、日本，累计开发项目近450个，服务近30万业主。

2019年，公司实现合同销售金额约2006亿元，企业总资产超3000亿元，在建面积约3800万平方米。

旭辉围绕着为客户提供美好生活的出发点，开展多元化业务，推动房地产生态圈的打造，借助房地产主业的优势，不断开拓创新，业务和关联公司的业务遍及社区生活服务、长租公寓、教育、养老、商业管理、建筑产业化、基金管理、工程建设、装配式装修等。其中，永升服务2018年12月17日在港交所主板上市（01995. HK），聚焦客户满意度，致力于成为值得依赖的智慧社区生活服务商，位列“中国物业服务100强企业”，综合实力排名第14位。

表3-401 2019年旭辉部分高管名录

姓名	职位
林 中	董事局主席
林 伟	董事局副主席
林 峰	执行董事、行政总裁
陈东彪	董事长兼执行总裁
杨 欣	CFO
范逸汀	副总裁兼产品中心总经理
潘道原	副总裁兼投资中心总经理
葛 明	副总裁兼人力发展中心总经理
王寿庆	副总裁兼旭辉商业副总裁

雅戈尔置业控股有限公司
（Y 雅戈尔）

雅戈尔置业成立于1992年，隶属于雅戈尔集团（SH600177），是中国最早进入房地产市场开发领域的民营企业之一，为国家一级开发资质企业，公司注册资本32亿元，总资产近200亿元，净资产约50亿元，形成了以房产开发为核心，酒店管理、旅游开发、健康医疗等相关产业为辅的成熟产业链布局。

根据克而瑞机构统计，2019年公司销售额达94亿元。

在二十多年的耕耘发展中，雅戈尔置业始终坚持“品质地产先行者”的品牌理念，立足长三角，近年来不断扩大开发范围，主要涉及宁波、上海、苏州、西双版纳、兰州等地区，并向健康旅游产业进行探索，致力打造“旅游+健康+养老”的运作模式，结合现有的旅游项目资源，不断挖掘、开发新的项目，形成“医养结合”“休闲旅游”的新体系。

雅戈尔置业从宁波起步，秉承“品质地产先行者”的品牌理想，稳健开拓，多次荣获中国房地产行业综合性最高奖“广厦奖”、全国物业管理示范小区、“钱江杯”等国家级和省部级荣誉，品牌影响力深入人心。

在企业快速发展的过程中，雅戈尔置业始终以“负责任的企业公民”为己任，努力实践社会责任。十余年来坚持致力推行“四节一环保”住宅的探索与尝试，多次荣获“中国房地产诚信企业”“浙江省消费者信得过单位”“全国纳税500强”等社会荣誉。

表3-402 2019年雅戈尔部分高管名录

姓名	职位
钱 平	董事长兼总经理
金正飞	副总经理

雅居乐地产控股有限公司
（Y 雅居乐）

雅居乐（HK03383）成立于1992年，是一家以地产为主、多元业务并行的综合性企业集团，2005年在香港上市。雅居乐的品牌理念是“一生乐活”，一直以来始终关注人们对美好生活的追求，致力于成为优质生活服务商。

根据克而瑞机构统计，2019年公司销售额达1185.1亿元，总资产规模超过2500亿元，业务覆盖国内外100多个城市，员工人数超过24000人。

经过27年的发展，雅居乐已形成地产、雅生活、环保、教育、建设、房管、资本投资和商业管理八大产业集团并行运营的格局。其中，地产业务覆盖国内外70多个城市，近200个项目，打造的广州雅居乐富春山居及海南清水湾等作品在海内外享有盛誉。在全国50多个城市拥有写字楼、购物中心、酒店、文旅商业、社区商业、长租公寓、高尔夫、精品街市等项目，商业总体量超800万平方米。

雅生活业务涉及住宅物业服务、高端商写资产管理、公共物业服务、社区商业。

雅居乐构筑贯穿全产业链的“专业+系统”综合人居服务体系，涵盖EPC/总承包、园林景观、装饰家居三大业务体系，致力于为社会提供绿色生态人居服务。

表 3-403 2019 年雅居乐部分高管名录

姓名	职位
陈卓林	董事会主席、执行董事、总裁
陈卓贤	董事会副主席、非执行董事
陈卓雄	高级副总裁、执行董事
崔永年	首席财务官
潘智勇	副总裁、首席财务官（2019 年 5 月 14 日起）
王海洋	雅居乐集团控股有限公司副总裁、 雅居乐地产集团总裁
张中略	雅居乐地产集团副总裁兼营销中心总经理
阮家声	雅居乐地产集团副总裁兼产城发展中心总经理
徐　渊	雅居乐地产集团上海区域总裁
曾标志	雅居乐地产集团海南区域总裁
龚　莉	雅居乐地产集团北京区域总裁
黄奉潮	集团控股有限公司副总裁、雅生活总裁
陈忠其	雅居乐建设集团董事长
陈璐琳	雅居乐建设集团总裁
陈思杨	雅居乐建设集团副总裁
樊红雷	雅居乐房管集团总裁
张　咏	雅居乐集团人力行政中心总经理

江苏亚东建设发展集团有限公司
（Y　亚东）

江苏亚东建设发展集团是一家从事地产、旅游、商业、教育、实业经营以及资本运作的集团化企业。国家房地产开发企业一级资质，下辖三个集团公司，22 家成员企业，拥有近 3000 名员工，总部设在南京。早在创业初期，亚东即以卓越的战略眼光，在发祥地仙林引进南京师范大学等高校，创办中小学，为营造全国一流的国际高教园区“仙林大学城”作出了积极的贡献。

25 年来，亚东先后在江苏、安徽、广西、浙江等地开发了数十个精品住宅及文旅综合体，近年来，更将开发业务成功拓展到北美及澳洲。住宅地产被评为“江苏省房地产 50 强企业”共 10 次，荣获联合国人居署颁发的“可持续发展特别贡献奖”等；旅游产业“涵田现象”在行业和区域内形成了品牌效应，天目湖涵田度假村跻身“中华餐饮名店”、荣获“江苏省旅游工作先进单位”，水平方商业先后被授予省、市“工人先锋号”称号。集团曾先后荣获省“信用江苏、诚信单位”称号，四度被授予“A 级纳税信用单位”，两度跻身“南京市慈善工作先进单位”，荣列南京市民营企业文化建设首批示范单位，以两个文明建设的显著业绩，被南京市委、市政府授予“南京市优秀民营企业”光荣称号。

表 3-404 2019 年亚东部分高管名录

姓名	职位
聂筑梅	董事长
蒋　炯	总经理

亚太集团
（Y　亚太）

山东德州亚太空调集团有限公司生产的产品主要有：玻璃钢风机、玻璃钢屋顶风机、风机盘管、空调器、边墙排风机、铝制屋顶离心风机、冷却塔、暖风机、电厂百叶窗及屋顶风机、初中高效过滤器、自然通风器、水冷机组、风冷机组、空调机组、冷却塔、SMC 组合式水箱、模压制品、铝箔复合风管及其他通风管道、FRP 缠绕管罐、空调配件、各种风机、防火板、铝合金百叶风口、玻璃钢格栅、净化设备、实验室设备、纺织空调设备。在发展中，公司不断健全管理体系，完善管理手段，于同行业率先通过 ISO 9001 国际质量体系认证和 ISO 14001 环境体系认证。

“以人为本、以质取胜”的企业理念贯穿企业生产始终，“一切以市场为导向，一切以客户为中心”是我公司的经营宗旨，德州亚太空调集团有限公司将不断推出新的优质产品，不断创新、求实、发展，为人类舒适环境贡献精品。

表 3-405 2019 年亚太部分高管名录

姓名	职位
杨东堂	董事长

吉林亚泰房地产开发有限公司
（Y 亚泰）

亚泰地产集团以生态养生、大健康、多业态为发展方向，现已形成集住宅产业化设计、一级土地整理、二级房地产开发、建筑施工、装饰装潢、环境工程、物业服务和供热服务为一体的完整产业链，开发项目拓展到五省十市。

吉林亚泰房地产开发有限公司是地产母公司，具有国家房地产一级开发资质，吉林亚泰建筑工程有限公司拥有国家房屋建筑工程施工总承包一级资质，吉林亚泰恒大装饰工程有限公司拥有国家建筑装修装饰工程专业承包一级资质、建筑幕墙工程专业承包一级资质，吉林亚泰物业管理有限公司是国家一级资质物业管理企业，是吉林省首家推行双体系标准化运行的物业企业，并于2013年实现企业三标一体规范化管理。

表3-406 2019年亚泰部分高管名录

姓名	职位
宋尚龙	创始人
韩冬阳	董事长

河南亚新投资集团
（Y 亚新）

亚新集团成立于1997年，历经22年发展，已形成以集团为核心，地产、物业、资管、文旅四大平台为支撑的业务生态，业务布局包括北京、上海、郑州、开封、洛阳、许昌、信阳、美国加州等，初步形成全球化布局，成为中原地区极具成长力的综合性产业集团。

根据克而瑞机构统计，2019年公司销售额达157.8亿元。

亚新集团致力搭建“全生命周期美好生活”服务平台，打造房地产开发、地产投资、地产金融、物业服务在内的多元化服务体系，提供给客户丰富的产品和服务，满足客户不同人生阶段、不同场景的美好生活需求。

亚新地产为国家一级资质的房地产开发企业，致力于为客户提供精细化、智慧化的产品和服务。六大产品系列满足不同市场需求：公馆系、府系、美好系、城系、公寓系、商办系，累计开发面积超过1000万平方米。

亚新物业为“中国物业服务100强”企业，拥有独具特色的小管家服务品牌，并打造了全生态智慧社区平台“七彩芯”，为业主提供智慧化、人性化的全生命周期服务。

亚新资管为全方位、全价值链资产管理平台。在管项目覆盖多种产业类型，包含多个商业MALL、5A甲级写字楼、酒店项目等，具备丰富的管理服务成功经验。

亚新文旅是亚新集团多元化布局迈出的重要一步，全生命周期生活服务配套平台，致力于为城市客群创造不同人生阶段的独特美好。以文化为灵魂、旅游为核心、产业为支撑，以历史文化应用、IP再造，景观提升，形成“IP+旅游+X产业”的产品模式，线上、线下联动创造永续独特的快乐生活方式。

表3-407 2019年亚新部分高管名录

姓名	职位
张瑞新	董事长
张 柠	总裁

河南亚星置业集团
（Y 亚星）

亚星集团于1993年3月成立于河南郑州，2007年组建成立河南亚星置业集团有限公司。经过二十多年的快速发展，已成为业务涵盖房地产开发、建筑安装、物业管理、商业管理、园林景观、型材加工、教育文化的集团化企业，具有国家房地产开发一级资质、建筑施工一级资质、物业管理一级资质。

亚星集团成立之初即确定“创新为业，诚信为本”的企业理念，二十多年来，始终坚持“质量第一，百年大计”的管理准则，现已成功开发精品项目40余个，开发总面积达到800余万平方米，所开发项目亚星盛世家园获得房地产行业质量奖——“广厦奖”。

亚星集团根植中原、深耕西南，先后对齐礼

闫和黄冈寺成功进行城中村改造和村民安置，对西南片区的发展具有里程碑的意义。

现亚星集团旗下在售项目有亚星盛世、亚星金运外滩、亚星锦绣山河、亚星时代广场、亚星江南小镇五个项目。2016年，根据郑州市房管局备案数据，亚星集团荣获“郑州市开发企业签约金额第4名”的好成绩；2017年，亚星集团荣获“2017年度中国房地产开发企业品牌价值华中6强”。

表3-408　2019年亚星部分高管名录

姓名	职位
高国安	亚星董事局主席
段钊丽	集团副总裁

阳光100集团有限公司
（Y　阳光100）

阳光100（HK02608）是专注于年轻知识精英和中产阶级目标市场，并在这一细分市场保持领先的发展商。公司于2014年在香港上市，其前身广西万通企业由易小迪创办于1992年。1999年，在北京成功开发阳光100国际公寓项目，并随着中国房地产市场化进程进入快速增长时期，在全国20多个中心城市成功布局。

根据克而瑞机构统计，2019年公司销售额达102.8亿元。土地储备总建筑面积为1502万平方米，按平均售价计，货值近2000亿元，其中包含大量一、二级联动开发的土储面积，土储规模和质量远高于同等规模房企。

作为全国性知名品牌，阳光100致力于从开发商向运营商、从单一住宅向复合型物业开发的转变。公司业务遍及中国核心城市圈各大中心城市，旗下拥有三大产品系列：独创性的街区综合体、共享式服务公寓及大型复合社区。

凭借优异的业绩表现，阳光100获得“最具潜力上市公司”“最具投资价值奖”等殊荣，以及“中国房地产公司品牌价值30强”，连续8年荣获“中国品牌年度大奖”。

表3-409　2019年阳光部分高管名录

姓名	职位
易小迪	董事会主席、行政总裁
范小冲	副主席兼执行董事
丁　工	副总裁
陈胜杰	首席财务官

阳光城集团股份有限公司
（Y　阳光城）

阳光城集团为高成长性绿色地产运营商，脱胎于“世界500强”阳光控股，致力于用高品质的产品与服务带给客户超越期待的感动，给员工成就自我的平台，给股东传承美好的事业。

2012年，阳光城开启全国化发展，从扎根福建到布局全国，从百亿元企业到千亿元规模，阳光城围绕“规模上台阶，品质树标杆”的战略发展目标，实现了高质量的成长。2019年，阳光城实现销售金额2110亿元，位列克而瑞“中国房企销售榜”第13位，迈上规模新台阶。阳光城布局全国100余座城市，在全国一、二线城市有着丰富的土地储备，综合实力位列“中国地产15强”。

阳光城以“品质可靠，绿色环保”的产品理念，打造先于时代人居发展的“绿色智慧家”住宅产品战略。从圆梦城居生活理想的翡丽系到优享品质生活的悦澜系，从演绎东方建筑美学的檀系到大师级经典人居著作TOP系，阳光城以超群卓越的产品力，打造300余座经典人居，筑美中国城市阳光生活。

站在运营城市的高度，阳光城致力于打造商业运营、酒店开发、建筑施工、产业运营的地产业务全产业链，全国拥有17座星级酒店、22座标杆商业综合体，打造了上海阳光·张江NEO、广东清远天安智谷等大型综合性产业园项目以及延安北大培文教育小镇、贵阳龙溪教育城等大型城市区域综合开发项目，为中国城市的发展与繁荣贡献力量。

先进文化、强效管理是阳光城的自信。“精英治理，三权分立”的顶层设计，铸就了充分授权、高效决策的发展平台；“简单透明，结果导向，合作共赢”的企业文化，营造了阳光积极、勇猛精进的工作氛围。阳光城把人才作为核心竞争力，具有企业家精神的全明星高管团队带领着阳光城踏实奋进，同时，通过光合工程培养具有“懂业务、高敬业、讲情怀”的阳光人才，以行业领先的激励机制为驱动，凝聚了一支有阳光特色、有使命感的年轻化队伍。

匠心筑梦，一路阳光。未来，阳光城立志上规模、树标杆、立典范，向着“有理想、有信念、有口碑、可传承、可持续发展的、受尊敬的典范企业”的发展愿景持续迈进。

表 3-410 2019 年阳光城部分高管名录

姓名	职位
朱荣斌	执行董事长兼总裁
吴建斌	执行副总裁
阙乃桂	执行副总裁兼合约管理中心总经理
饶 俊	副总裁兼人力资源及行政中心总经理
徐爱国	副总裁
陈友锦	助理总裁兼营销管理中心总经理

阳光大地置业集团有限公司
（Y 阳光大地）

阳光大地 2002 年创建于四川眉山，2016 年集团总部成立于四川成都，拥有国家一级房地产开发资质与国家一级物业管理资质，秉持“因专注，更专业”的品牌主张，持续致力于城市人居开发、生活场景改善等领域，为城市筑就幸福蓝图，为市场革新人居理念，为客户兑现理想生活。历经 18 年发展，现已布局全国 39 座城市，开发运营 122 个项目。

根据克而瑞机构统计，2019 年公司销售额达 201.3 亿元，已形成房地产开发、研发设计、建筑施工、装修装饰、物业管理五大业务版块，从前期开发到后期物业管理，提供一站式专业化的产业链服务。

随着时代生活品质的提高以及人们对美好生活的向往，阳光大地进一步思考幸福生活的服务场景，进军文旅产业，以人居地产为主要业务布局，脚踏实地实现千亿阶段性目标。

2019 年，阳光大地确立于“创建高质快速的开发和建筑团队”的年度新目标与“真抓实干，稳中求快，奋斗千亿”的长期战略目标。企业全年拿地面积在全国房企中排名第 26 位、操盘面积 58 位、拿地金额第 66 位；荣获“2019 年度品牌榜样房企”“2019 年度实力品牌地产”，荣膺“中国企业慈善公益 500 强”。

表 3-411 2019 年阳光大地部分高管名录

姓名	职位
邓凝伟	董事长、总经理
张朝伟	副总经理、八区区域总经理
王鹏铭	副总经理、三区区域总经理

阳光新业地产股份有限公司
（Y 阳光新业）

阳光股份（SZ000608）1997 年实现借壳上市，2006 年与新加坡政府产业投资公司（GIC RE）旗下 Reco Shine 公司签订战略投资协议，成为国内第一家引进国际战略投资的 A 股上市地产公司。

阳光新业专注于商业地产领域，业务覆盖购物中心、城市综合体、高端综合项目等。为建立商业地产核心竞争优势，公司着力整合各类商业资源，构建起成熟的全价值链业务模式，致力于为投资人实现最大的价值回报，为合作商家带来最丰厚的经营收益，让消费者得到最大的满足。

凭借十余年的专业地产开发运营经验，公司已建立起以京津沪为重点区域，同时在全国范围发展和布局的业务规模。2018 年，公司主营业务为投资性房地产出租与资产管理以及存量住宅、商住等开发库存销售，全年实现营业收入约 2.89 亿元。其中，住宅销售类物业主要位于北京和成都，投资性物业在北京、天津、上海和成都。

公司先后荣获“中国商业地产卓越运营企业”“中国商业地产价值榜杰出企业奖”“中国商业地产杰出贡献企业”等多项殊荣。阳光上东获得“D21 中国建筑设计奖”居住类大奖，成都阳光·新业中心荣获“中国购物中心潜力星秀项目”，北京分钟寺新业广场荣获金“CCFA 金百合奖”。

表 3-412　2019 年阳光新业部分高管名录

姓名	职位
唐　军	董事长
杨　宁	总裁
沈　葵	副总裁

颐和地产集团
（Y　颐和）

颐和地产集团有限公司（简称“颐和地产”），创建于1992年，根植于广州，发展于全国，专注于特色豪宅产品的开发。公司总部设在广州，现有员工2000多人，业务领域涉及房地产开发和综合物业管理。

经过十多年的潜心发展，颐和地产形成了集投资、开发、经营为一体的全过程运作能力。从2002年起，通过实施“立足广州、辐射全国”战略，颐和进入全国化扩张的发展阶段，公司先后在广州、北京、西安、沈阳、银川、鞍山、包头、昆明、苏州等多个城市投资开发建设，目前在全国拥有24个大型地产项目，完成了华南区域、华北区域、华东区域、西北区域的全国布局。

颐和地产开发产品讲究现代人与自然、建筑的和谐，做到天人合一、中西融合，在全国先后开发建成了“颐和高尔夫庄园”“颐和山庄”“颐和山水”“颐和城府”等多个相关系列产品，涵盖环保生态别墅、会所式别墅、顶尖服务公寓、星级产权酒店多种物业形态。在土地储备方面，颐和有鲜明的特色，专注在自然环境优美的土地上开发特色豪宅，主要针对中国快速成长的多次置业的市场，专注于“改善型市场”。

公司奉行“崇本、务实、开拓、创新”的核心价值观，致力于创造自然、建筑、人文和谐的健康人居生活。将“和谐”理念始终贯彻于企业的规划设计、开发建设和客户服务全过程，不断研创节能环保、自然舒适的产品。在每一个城市，颐和所开发的项目都成为当地标杆性豪宅，不同角度的突破创新，引领着高端市场的发展趋势。

表 3-413　2019 年颐和部分高管名录

姓名	职位
何建信	董事长
何建梁	总经理

亿达中国控股有限公司
（Y　亿达）

亿达中国（HK03639）于2014年6月27日在香港上市，是集园区开发、园区运营、工程建设、物业管理等业务于一体的综合性集团化企业。作为中国领先的商务园区运营商，秉承“以产促城，产城融合，协调发展，共创价值”的运营理念，自1998年开始，亿达中国深耕大连、武汉，重点布局京津冀、长三角、珠三角、中西部及其他经济活跃区。

根据克而瑞机构统计，2019年公司销售额达77.4亿元。

在全国近二十个城市，亿达先后开发和运营了大连软件园、大连生态科技创新城、武汉软件新城、北京中关村壹号等30余个商务园项目，凝聚了包括近百家世界500强企业、百余家行业百强企业在内的千余家企业客户和合作伙伴，积累了丰富的商务园区开发运营和服务管理的经验，形成了独特的商业模式和产业优势。多次获得“中国产城发展运营商综合5强”“中国产城生态运营商高科产业5强”“中国标杆产城运营商10强”“中国军民融合产城运营商10强”“中国房企综合实力100强”以及“中国房地产上市公司综合实力100强”等奖项。

亿达中国致力于在更多的城市复制和创新成功的商业模式，打造科技创新引领、高端产业集聚、绿色生态示范、人文交互共生的产业生态和城市生态，努力为社会、城市、客户、投资者、合作伙伴创造价值，做中国最好的商务园区运营商。

表 3-414 2019 年亿达部分高管名录

姓名	职位
姜修文	董事会主席、行政总裁
于世平	副总裁
郑晓华	副总裁
徐北南	首席财务官
马 兰	副总裁
秦学森	副总裁
暴洪奎	副总裁
李 勇	副总裁
于大海	副总裁

深圳市益田集团股份有限公司
（Y 益田）

深圳市益田集团股份有限公司成立于 1996 年 2 月，经过 24 年的沉淀与积累，目前已发展为拥有旅游商业、智慧地产、新兴产业、文化教育和医疗健康多元业务板块，员工人数逾 4000 人，总资产规模逾 500 亿元、净资产近 200 亿元的股份制企业集团公司。

通过轻重资产相结合的多元发展模式、“古韵与今风同台，国粹与国际共舞”的独特经营理念，益田集团以“文化旅游+体验商业”两大核心要素，充分挖掘项目独有文化内核，增强旅游、商业的文化附加值，提高项目的文化感染力与影响力。目前，益田集团已打造有益田假日广场、益田假日世界、益田假日天地、益田假日里、益田假日商业街等 5 大独具特色的商业产品线；益田新兴产业集团通过科技服务、产业基金、产业运营三项主营业务的开展，旨在打造国际化、专业化、开放性公共平台，发展至今，已有下属七个子公司，涵盖产业研究、技术转移、产业落地、产业基金、产业孵化、企业加速、增值服务等覆盖企业全生命周期的服务体系。通过科技服务、产业基金、产业运营三项核心业务的有机协同，以空间载体为出发点，以创新型企业为主体，为企业提供一站式的科技创新服务。

集团分别以深圳、上海、北京、长春、西安、贵阳为中心，完成了华南、华东、华北、东北、西北、西南等区域的全国战略布局，智慧地产秉承创新无限的国际人居理念，在全国贡献了益田花园、共和世家、假日湾等经典项目以及深圳半岛城邦、大运城邦等多个超百万级特色小镇及大型社区；益田旅游商业布局近 10 个旅游名胜的商业街区、逾 15 个城市综合体。以益田假日广场和益田威斯汀酒店的成功开业与运营，开启益田商业全国战略布局，树立旅游商业行业标杆。

截至目前，益田已连续多年获得“广东房地产综合实力 10 强”“深圳地产资信 10 强”等荣誉，2017 年至 2020 年连续 4 年获评中房协“中国房地产开发企业 100 强”“中国房地产开发企业商业地产运营 10 强”。

表 3-415 2019 年益田部分高管名录

姓名	职位
吴群力	董事长
黎志强	董事局副主席兼总裁

银城国际控股有限公司
（Y 银城）

银城国际（HK01902）成立于 1993 年，总部位于江苏南京，经过二十多年的潜心发展，现已成长为一家以房地产开发、经营为核心业务的集团公司，旗下共有三十余家控股参股企业，业务范围覆盖南京、无锡、苏州、杭州、镇江、合肥、马鞍山、徐州、重庆等地区。

根据克而瑞机构统计，2019 年公司销售额达 201.4 亿元，累计开发面积约 853 万平方米，银城物业托管面积超 1800 万平方米。服务客户超过 30 万人，集团总资产约 288 亿元。

公司开发多元化住宅物业产品，包括高层住宅、多层住宅及低密度住宅，设有多项配套设施以迎合不同目标客户群体的需要及喜好。为向全龄客户提供高质量开发物业，引入五个住宅物业产品系列：让长者客户享受轻松及健康生活方式的“颐系列”住宅、特意为年轻客户打造的“尚系列”住宅、为注重功能与便利性的中等收入家庭打造的“致系列”住宅、为追求舒适及质量的改善型客户打造的“中系列”住宅以及为追求豪华家居和独特生活方式的高收入家庭打造的

"和系列"住宅。

凭借超前的理念和高效的管理，公司跻身"中国地产 100 强企业""中国地产诚信企业"、连续 17 年被"江苏房地产业协会评为江苏省房地产开发行业综合实力 50 强"，荣获"2019 年度中国品质地产"，被评为"江苏省十大房地产开发商"。旗下多个项目获得"国家绿色建筑示范工程""全国健康建筑二星设计标识""中国房地产住宅项目品牌价值 10 强"等殊荣。

表 3-416　2019 年银城部分高管名录

姓名	职位
黄清平	董事长
马保华	执行董事、总裁
朱　力	执行董事、副总裁
王　政	执行董事、副总裁
邵　磊	执行董事、副总裁

山东银丰投资集团有限公司
（Y　银丰投资）

银丰集团成立于 1999 年，注册资本 20 亿元，是一家从事实业投资经营为主、兼顾资本运营的控股企业集团公司。

银丰集团现已形成金融投资、房地产开发、生物工程、物业管理四大业务板块。其中，金融投资主要包括股权投资、资本运营、投融资咨询服务、基金、银行等业务，负责集团金融投资类业务的管理和运作；房地产板块拥有完整的房地产开发、建筑工程项目管理、装饰装修、房屋租赁等产业链条；生物工程板块主要从事细胞储存、制备及临床应用的技术开发与服务，基因检测、低温医学、健康管理、保健服务等；物业管理板块以"物业服务+多元化服务"为主要产业，已开展家政、餐饮、养老、社区商业运营、出行等多元化服务。

银丰集团在创立之初即确定了十六字的企业文化，"诚信做人，认真做事，张弛有度，开拓进取"，银丰将秉承传统企业文化与企业精神，永远成为诚信与品质的保证！

表 3-417　2019 年银丰投资部分高管名录

姓名	职位
王　伟	董事长、总经理

昆明银海房地产开发有限公司
（Y　银海）

昆明银海房地产开发有限公司成立于1992 年 12 月 15 日，是一家中港合资企业，注册资本 1 亿元。公司以住宅项目开发为主导，拥有云南省建设厅评定的房地产开发企业二级资质，是现今昆明倍受市场认可的品牌开发商，强劲的综合实力列属本土开发企业第一阵营，累计开发规模逾 200 万平方米，实力雄厚，开发经验丰富。

银海地产专注于房地产开发事业，以"建筑生活哲学"为企业哲学，以优良的建筑品质、卓越的景观环境、备受尊崇的物业服务为市场精心筑建一系列标杆著作，例如银海银苑、银海雅苑、银海森林、银海山水间、银海国际公寓、银海城市花园、荷塘月色、银海畅园、银海领域、大理山水间等，历年开发项目均属云南著名典范楼盘，赢得社会各界的广泛赞誉。

1993 年，银海花园率先给昆明商品房带来大客厅、双卫生间的创新设计；1998 年，银海森林引领城市生态绿化居住而迈入品牌化、规模化发展；2006 年，荷塘月色"湖岸生活哲学"深植人心；2009 年，银海畅园的巴厘岛风情引领景观大盘风向，银海领域律动城市节奏和脉搏，大理山水间被誉为大理的文化名片……银海每一个项目的诞生都为城市人居树立起新的标准。以卓越的人居品质、深度的人文关怀、思辨的哲学文化，使银海品牌在昆明深入人心。

但务实的银海人不局限于聚焦眼前的利益和成就，银海更致力于成为高附加值住宅产品典范的提供商，致力于成为极具社会责任感的企业公民。为此，银海将用行动改变未来，用责任回报社会，成功实现云南高品质住宅提供商的企业愿景。

表 3-418 2019 年银海部分高管名录

姓名	职位
范雁川	董事长
游 浩	总经理

宁波银亿房地产开发有限公司
（Y 银亿）

银亿股份（SZ000981）是“中国 500 强”银亿集团的控股企业，2011 年在深交所上市。公司经营范围涵盖房地产开发、销售代理、商业管理、物业管理、星级酒店、高端制造业等领域，下辖八十余家子公司。

作为专业房地产开发企业，银亿拥有国家一级房地产开发资质，以宁波为总部跨区域发展，历经二十几年的成功运作，开发区域已从宁波稳步扩展至全国十多个一、二线城市，并进军海外市场。公司重视产品创新，形成了高档住宅、城市公寓、甲级办公和城市综合体等完整的产品线，跻身中国房地产界最具成长性的强势品牌行列。

2019 年，公司坚持以“房地产业+高端制造业”双轮驱动的发展格局，随着高端制造业的顺利进军，全面开启了公司发展的新跨越、新征程。公司连续 15 年上榜“中国房地产 100 强企业”；连续 12 年名列“浙江省住宅产业十大领军企业”，并多次荣获“中国房地产诚信企业”“节能环保年度最佳企业”“和谐企业创建先进单位”“消费者信得过单位”等荣誉。

未来，银亿股份秉持着“创亿生活，筑就梦想”的品牌宗旨，一方面继续做大做强房地产业，将开发项目稳步向一线城市扩张，致力做中国品质地产的引领者。同时，将进一步加大高端制造业板块优质资源的海外并购力度，不断提升企业综合实力，努力将银亿股份打造成集房地产和高端制造业于一体的综合型跨国集团。

表 3-419 2019 年银亿部分高管名录

姓名	职位
熊续强	董事长
王德银	总裁
方 宇	执行总裁

南通银洲房地产开发有限公司
（Y 银洲）

南通银洲房地产开发有限公司成立于 1991 年，1997 年改制成股份制企业。公司注册资本 6000 万元，具有国家一级房地产开发资质的 AAA 级资信企业。公司本着“求实创新，负重奋进”的企业精神，成立以来累计开发面积达 359177 多万平方米，房屋质量合格率达 100%，连续创全市开发面积、销售总量两项之最。公司先后开发了银洲新村、和平新村、东洲花苑、宝岛花园、锦绣华庭、世纪家园、皇家花园及苏州国际服装城等一大批市内外优质工程项目。公司先后荣获“南通市房地产开发先进单位”“南通市房地产开发 10 强企业”“启东市工程项目建设先进单位”“启东市房地产开发经营先进单位”等称号，2016 年被江苏省房地产协会评为“2015 年度江苏省房地产开发行业综合实力 50 强企业”。

表 3-420 2019 年银洲部分高管名录

姓名	职位
沈琦博	执行董事兼总经理
陆鹏飞	监事

福建永鸿投资发展集团
（Y 永鸿）

永鸿集团拥有下属子公司 37 家，主要投资文化产业、房地产业、金融业和酒店业，产业遍布福州、漳州、莆田和福清等地，拥有雇员近千人，总资产约 180 亿元。

永鸿集团以实现居者有其屋为梦想，致力于房地产开发各项事业。先后在福州市区开发了鸿城小区、美域东方、鸿裕温泉花园、鸿源天城大厦等项目，后来又进入漳州市场，以“根植漳州，布局海西”为战略定位，充分利用自身的开发经验和资金实力，专注于中高端住宅的开发建设。此后，从闽南折返北上，相继进入仙游、福清房地产市场，在文化产业项目周边配套建设住宅项目，实现人居与文化的完美结合。集团还因应形势，积极通过合作、收购等形式扩张规模，陆续在福州、漳州、莆田、福清等地布局文化产业建设。

同时，集团进军商业地产，从漳州招商局开发区的永鸿商业广场到永鸿中闽百汇商场，不断扩大商业营运规模，满足和创新消费需求，丰富城市功能，在漳州开发区奠定自身城市运营商的地位和角色。

金融业板块的发展壮大标志着集团在多元化发展战略中迈出了极为重要的一步，相继开业的多个酒店项目也是永鸿集团积极回应市场消费升级需求的表现。

2019年，永鸿集团在做好地产、文化、酒店、金融四大产业的共融提升之余，进一步深化地产产业，跻身“中国房地产开发企业200强”，排名第151位；连续4年蝉联“中国房地产开发企业稳健经营10强”荣誉称号，并荣获“中国房地产开发企业责任地产10强”荣誉称号。

表3-421　2019年永鸿部分高管名录

姓名	职位
林雄申	董事长兼总裁

永泰房地产（集团）有限公司（Y　永泰）

永泰房地产（集团）有限公司，创立于1999年，注册资本3亿元，员工3000余人。经过18年的发展，已形成房地产为主导产业，集酒店、房地产经营、商业管理、物业管理、金融管理为一体的产业链。截至目前，资产规模超过230亿元，开发面积逾690万平方米，年销售额逾50亿元，拥有房地产开发一级资质，系中国房地产业协会常务理事单位、“中国房地产100强企业”。

在“12341”五年战略发展目标的指引下，永泰集团不断深化“用发展解决生存问题，以增量解决存量问题”的两个战略驱动，持续深耕京津冀城市圈，逐步向珠三角城市圈、长三角城市圈和长江经济带不断拓展，形成“三圈一带战略区域”，力求通过5年的砥砺磨炼，实现“高品质、高增长、高回报、低负债”四个运营目标，并成为一家以住宅开发为主，涵盖文化旅游、大健康产业及酒店运营、商业运营、物业管理为一体的健康、良性、有价值创造的综合性国内知名中型企业集团。

表3-422　2019年永泰部分高管名录

姓名	职位
李　礼	董事长、经理

郑州市永威置业有限公司（Y　永威）

永威置业成立于2005年，注册资本1亿元，拥有员工千余人，国家一级房地产开发资质。永威置业专注于高端项目开发，已发展成为集房地产开发、建材、物业、门窗、园林、商业、教育为一体，产值超100亿元的多元化产业发展的集团式房地产开发企业。

根据克而瑞机构统计，2019年公司销售额达175.1亿元。

目前，永威置业已成功开发永威·翰林居、永威·东棠、永威·翡翠城、永威·五月花城、永威·迎宾府等30多个精品项目，已建及在售面积超1000万平方米。

本着“立足中原，辐射全国”的战略，永威已经在郑州、西安扎根，苏州、张家口、海南、武汉多个项目相继落地，南京、深圳、北京筹备待启，正逐步进入长三角、珠三角、京津冀的重点城市。专业的开发能力及先进的企业经营理念，使永威在客户及同行业中形成了优秀的品牌形象与口碑，在社会上赢得了良好的声誉，荣获“中原地产十大领袖企业”“中国中部地产品牌10强”等荣誉称号。

表 3-423 2019 年永威部分高管名录

姓名	职位
李 伟	董事长
吕天学	总裁
李红建	副总裁
张炎新	工程管理中心总经理
张晓征	营销中心总经理
刘 喆	苏州城市总经理
蔺 涛	西安城市总经理

重庆渝开发股份有限公司
（Y 渝开发）

渝开发（SZ000514）前身为重庆市城市住宅统建办公室、重庆市房屋开发建设公司、重庆市房地产开发股份有限公司，是经重庆市人民政府批准，成立于 1978 年的重庆市最早的一家具有房地产开发一级资质的房地产开发企业。1993 年在深交所上市，是重庆市最早的国有控股上市公司。

公司具有房地产开发一级资质，已发展成为集房地产开发、市政资产经营、会展经营、酒店经营于一体的多元化公司，总资产 70.5 亿元，净资产 25.9 亿元。

公司一直致力于创新房地产项目开发和建设模式，近年来，开发建设了国汇中心、渝开发·新干线大厦、上城时代、祈年悦城、橄榄郡等精品项目，代理建设西永和南岸茶园两个公租房项目，共 463 万平方米。同时，积极推进与品牌企业的合作，先后与万科共同开发朗润园项目，引进上海复地联合开发山与城项目。

在大力发展房地产主营业务的同时，着力拓展会展经营和物业资产经营等多元化产业。

2019 年，渝开发致力于改革创新，与时俱进，推动公司健康、稳定、持续发展，实现新的飞跃。

表 3-424 2019 年渝开发部分高管名录

姓名	职位
王安金	总经理
陈尉纲	副总经理

宇业集团有限公司
（Y 宇业）

1992 年，创始人周旭洲赴香港创业，后创建宇业集团。经过二十多年的辛勤耕耘，集团业务已辐射至安徽、江苏、湖南、湖北、广东、北京、浙江、云南、香港以及澳洲、瑞士、法国等地三十多座城市，投资开发项目百余个，形成地产开发、金融投资、医疗健康并存发展的经营格局，全资及控股企业近百家，其中两家国家一级房地产开发资质企业、一家国家物业服务一级资质企业，累计开发规模 1000 多万平方米。

集团恪守“赢在战略，赢在市场，赢在团队，赢在文化”的信念，取得了优异的绩效和良好的信用，先后荣获“中国房地产开发综合实力 100 强企业”“全国优秀外资企业”“安徽省优秀外资企业”“江苏省十大品牌开发企业”“安徽省房地产开发企业 10 强”等荣誉。集团董事局主席、总裁周旭洲获评“武汉大学杰出校友”“武汉市 2017 年度最佳招商大使”“安徽房地产 20 年 20 位功勋人物”，出任武汉大学校董、兼职教授，安徽大学兼职教授，被推举为武汉大学人才引进基金理事长、武大商帮长三角分会会长等。

表 3-425 2019 年宇业部分高管名录

姓名	职位
周旭洲	董事局主席、总裁
管民祥	江苏建宇建设集团有限公司总经理

雨润地产集团
（Y 雨润）

雨润地产是“中国 500 强”企业雨润集团的核心业务板块，传承雨润品质，构筑地产精品。雨润从 2002 年起开始进军地产板块，此后在南京、沈阳、哈尔滨、青岛、淮安、徐州、苏州等地先后开发了 20 多个项目，包括以国际广场为主体的商业综合体和以“星雨华府”命名的住宅地产系列。

自成立以来，公司不断朝着规模化、专业化

的方向发展，旗下拥有40余家分子公司，业务涉及房地产设计、开发、销售、装饰、绿化等众多领域，开发项目遍布南京、安庆、黄山和吉林等地，并积极向海外拓展。

雨润已形成城市精品住宅、旅游地产和商业地产三大产品体系："星雨华府"是雨润悉心研磨的城市精品住宅连锁品牌，项目遍布南京、西安、青岛、长春、沈阳、威海、淮安、常州、铜陵、大冶等地，荣获"中国最佳园林住宅"等多项殊荣；雨润·水视界是旅游地产的代表作；雨润国际广场是商业地产的经典之作，每个项目均位于各城市的CBD、CLD双核心区域，是名副其实的城市新地标。

雨润始终坚持高质量、高标准、高品位的战略定位，适时提出五星级建筑品质和五星级管家服务的"双五星"标准，不断推出高端地产项目，缔造值得臻藏的传世精品。

表3-426　2019年雨润部分高管名录

姓名	职位
祝义财	执行董事兼总经理
钱　毅	副董事长、总裁

禹洲地产股份有限公司
（Y　禹洲）

禹洲地产（HK 01628）1994年成立于厦门，2009年11月在香港上市，现已发展为集房地产开发、商业投资运营、酒店运营、物业管理、金融、贸易为一体的多元化综合性集团。

禹洲秉承"以诚建城，以爱筑家"的经营理念，持续为中国城市居民打造高品质的生活、工作和休闲空间。凭借卓越的品质、多样化的物业组合、强大的品牌以及富有经验的管理团队，禹洲地产已连续多年蝉联"中国房地产40强"，为中国房地产业协会副会长单位，具有房地产开发和物业管理双一级资质。

根据克而瑞机构统计，2019年公司销售额达751.2亿元。

目前，禹洲地产的全国化布局初具规模，形成长三角、京津冀、大湾区、华中、海西、西南六大区域，在"区域深耕，全国领先"的战略指导下，以核心城市带动区域，稳步扩张，形成城市群规模效应。迄今，已建造项目逾90个，总土储价值超3000亿元，为超过20万业主提供舒适的家园。产品覆盖公寓、别墅、写字楼、酒店、综合商业和大型城市综合体等多种业态，并且每一种业态都拥有城市标杆性的代表作品。

表3-427　2019年禹洲部分高管名录

姓名	职位
林龙安	董事局主席
郭英兰	董事局副主席
许　珂	执行总裁
李少民	董事局主席特别顾问兼福建区域董事长
邱于赓	高级副总裁、首席财务官及公司秘书
林聪辉	副总裁、执行董事
夏　溧	副总裁兼东部区域总经理、宁波公司总经理
萧　睿	高级副总裁
齐　鸣	副总裁兼东部区域常务副总经理
张　岩	副总裁

钰龙集团股份有限公司
（Y　钰龙）

钰龙集团有限公司（简称"钰龙集团"）成立于2008年，是在1999年成立的惠誉房地产有限公司基础上发展壮大起来的。钰龙集团业务范围涵盖地产开发、金融投资、物业服务、生态农业四大领域，旗下拥有18家全资或控（参）股公司。

钰龙集团秉承"谦虚做人，用心做事"的企业理念，先后荣获"2010年度湖北最具影响力企业""2011年度中国商业地产最佳供应商""2011—2017武汉企业100强"，2014年获得"中国房地产开发企业500强"等一系列荣誉称号。"惠誉"商标于2013年获评湖北省著名商标。

钰龙集团立足武汉，致力于筑造城市高端物业，相继开发建设了浦发银行大厦、广发银行大厦、众邦银行大厦、钰龙金融广场、钰龙时代中心等多座5A甲级写字楼和160万平方米的钰龙湾等高端住宅小区。钰龙集团奉行“与您分享价值”的企业宗旨，未来将创造更多的社会财富，为城市发展作出更大的贡献。

表3-428　2019年钰龙部分高管名录

姓名	职位
喻惠平	董事长

河南裕华置业有限公司
（Y　裕华置业）

河南裕华置业有限公司是一家综合性房地产企业，公司成立于2000年，注册资本5000万元，拥有8000余平方米的现代化办公大楼，具有各种专业资格的优秀人才200余人，主营房地产开发、销售及相关配套服务业务，在资金、人才、技术、土地储备等方面具备雄厚实力。

公司一直秉承“裕而从容，自蕴风华”的企业精神，执着于“品质制胜，文化人居”的企业使命，先后开发了裕华·文汇、裕华·文清、裕华·文锦、裕华·文桂、裕华·文苑、裕华·北方别墅、裕华·第九城市、裕华·美霖、裕华·美欣、裕华·美晨、迎宾路3号等众多楼盘，开发面积100多万平方米。其中，裕华·第九城市在面市之初便因“以城市的名义风尚行走”给广大市民和置业者留下深刻印象；以生态、宜居为主题的中原豪宅项目“迎宾路3号”更是在2012年9月开盘之初即引起了全城关注。

表3-429　2019年裕华置业部分高管名录

姓名	职位
田　润	董事兼总经理
任新民	监事

广东元邦房地产开发有限公司
（Y　元邦）

广东元邦房地产开发有限公司是一家新加坡上市公司，成立于1998年10月，集房地产设计、销售、房地产中介等业务于一体，是“中国房地产企业综合实力200强”，公司于2007年5月9日在新加坡证券交易所正式挂牌交易。

表3-430　2019年元邦部分高管名录

姓名	职位
陈建峰	创始人、董事长

厦门源昌房地产开发有限公司
（Y　源昌）

厦门源昌集团有限公司是一家集房地产开发、工程总承包、投资担保、酒店投资、报广传媒、国际贸易、建材贸易、股权投资、物业管理于一体的大型集团企业。公司旗下拥有企业有：厦门源昌集团有限公司、厦门源昌城建集团有限公司、福建省合嘉源集团有限公司、厦门昌吉贸易有限公司、香港汶昌投资发展公司。注册资本10亿元。

经过20年的发展历程，源昌集团共计开发房地产项目面积超过600万平方米，在厦门岛内开发建设面积400多万平方米，泉州地区、上海市开发建设面积200多万平方米，还拥有大量的商业经营场所及写字楼。源昌集团与德国凯宾斯基酒店管理公司合作经营管理的一座超白金五星级酒店——厦门源昌凯宾斯基大酒店已经于2012年6月正式营业，该酒店的各项经营指标居福建省高端酒店及凯宾斯基管理公司系统的前茅，荣获“2016年度全国五星级酒店20强”。

作为一家以房地产开发为主的企业，源昌集团从起步阶段就很重视对公益事业，特别是对教育事业的投入，并把它当作一种企业的社会责任。自1999年开始，董事长侯昌财陆续向家乡南安和厦门的教育、慈善事业捐资：为教育事业捐款3亿多元，为社会慈善机构捐款达1.5亿元，扶贫济困和公益活动方面捐助1000多万元，总数累计已达6亿多元。

历年来，公司还被福建省、厦门市政府评为“重合同守信用企业”及“2009年度中国服务业企业500强”“福建省2008年度最佳形象企业100强”“福建省2008年度企业集团100强”“福建省2012—2016年度纳税100强企业”，连续

20 年评为厦门“企业百强”“厦门地产企业综合实力 20 强”、厦门市思明区政府授予的“纳税大户”“纳税特大户”等荣誉称号。

表 3-431 2019 年源昌部分高管名录

姓名	职位
侯昌财	董事长
侯团兴	总经理

吉林省远创房地产开发有限公司（Y 远创）

2008 年，远创建筑公司注册成立，前身为南通六建长春分公司。远创建筑继承了六建铁军的建筑精神与施工经验，以房地产开发经营、建筑施工为主业，成为众多长春高端楼盘的承建商。2009 年，吉林省远创房地产开发有限公司注册成立，注册资本为 1 亿元人民币。

公司以长春为战略集结点，放眼整个东北房地产市场进行战略部署。长春远创物业服务有限公司成立于 2010 年 12 月 14 日，注册资本 300 万元，三级物业管理资质，隶属于远创集团。拥有远创樾府小区项目和恒业广场写字楼项目，远创樾府小区项目位于长春市西新区长沈路 1688 号，总建筑面积 22 万平方米；恒业广场写字楼项目位于东南湖大路与亚泰大街交汇处，总建筑面积 4 万平方米。

远创物业将科学、先进的现代物业管理与中国源远流长的传统文化融会贯通，创建独具特色的新型物业服务模式——“金钥匙 1+1”和“DIY 每一家”，使“无微不至”的西方服务理念与“亲如家人”的东方人文情怀互为交融，塑造一个和谐安宁的“24 小时全景式阳光家园”，构建成一个充满感恩和爱心的社区文化。远创物业一直遵循“人适其位，人尽其才”的人才价值观，在“亲如一家”的团队文化氛围中，建立健全完善的培训体系和员工晋升模式，并将其浓缩为“四阶段”“三境界”的执行准则，坚持以“让业主感动，是一切工作的结果”为导向，将每一个员工都锻炼成未来的业界专家。

表 3-432 2019 年远创部分高管名录

姓名	职位
杨建兵	董事长

远太集团（福建）有限公司（Y 远太）

远太集团（福建）有限公司 1988 年 12 月在福建泉州成立。经过十几年的奋斗，远太集团注册资本达 3.1 亿元，是一家以房地产为龙头，工、商、贸、文、体、旅并举的大型综合外资企业。在十多年的创业历程中，远太集团本着“以人为本，文化先行，注重效益，贡献社会”的经营宗旨，勇于开拓，敢为人先，在泉州市乃至福建省经济发展中创下了许多个“第一”：建设福建省第一个台商独资成片土地开发区——远太工业区；获得泉州市第一块政府批租土地；建起泉州市有史以来第一幢超过 20 层的标志性建筑——远太大厦。

表 3-433 2019 年远太部分高管名录

姓名	职位
林文侨	董事长

远洋集团控股有限公司（Y 远洋）

远洋集团控股有限公司（远洋集团）创立于 1993 年，并于 2007 年 9 月 28 日在香港联合交易所主板上市（股票代码：03377）。远洋集团已发行总股本约 76 亿股，主要股东为中国人寿保险股份有限公司、大家人寿保险股份有限公司等。

迄今为止，远洋集团被恒生指数有限公司推选为一系列指数的成分股，其中包括恒生综合指数（HSCI）、恒生综合指数—地产建筑业、恒生港股通指数、恒生中国（香港上市）100 指数、恒生港股通高股息低波动指数、恒生高股息率指数、恒生综合大中型股指数及恒生可持续发展企业基准指数。

远洋集团业务范围包括中高端住宅开发、写字楼、综合体及零售物业开发投资运营、物业服务、养老产业、物流地产、房地产基金、股权投资、资产管理和海外投资等。

远洋集团在中国高速发展的京津冀、长三角、珠三角、长江中游、成渝五大核心城市群重点布局，秉承“建筑·健康”的品牌理念，凭借一贯优质的产品及专业的服务，在全国树立了领先的品牌知名度。

根据克而瑞机构统计，2019 年公司销售额达 1299.5 亿元，土地储备逾 3900 万平方米。2019 年，远洋集团与华润信托签署战略合作协议，建立长期战略合作关系。北京远洋国际中心 A 座远洋集团总部焕新开放，成为美国 WELL 健康建筑铂金级认证的国内最大面积的办公区。

表 3-434 2019 年远洋部分高管名录

姓名	职位
李 明	董事局主席、总裁
温海成	执行总裁
李 虎	执行总裁
崔洪杰	执行总裁
李洪波	总会计师
王洪辉	副总裁
陈 伟	副总裁
丁 晖	副总裁
杨德勇	副总裁
李泽生	副总裁
沈培英	财务总监

越秀地产股份有限公司（Y 越秀）

越秀地产（HK00123）成立于 1983 年，1992 年在香港上市，是“中国跨国公司 20 强”越秀集团旗下地产业务旗舰、全国第一批成立的综合性房地产开发企业之一、中国第一代商品房的缔造者，也是目前中国唯一拥有香港房地产投资信托基金的香港内房企。

根据克而瑞机构统计，2019 年公司销售额达 731.4 亿元。

越秀地产坚守“成就美好生活”的品牌使命，践行“商住并举”的发展战略，发挥“开发+运营+金融”的高端商业模式独特竞争优势，先后开发 200 多个高品质住宅项目，拥有包括广州国际金融中心在内的 40 多个优质商业物业。近年来，公司又积极布局养老产业、长租公寓、城市更新、产业地产等新兴业务领域，同时引入广州地铁成为战略股东，合力开拓“轨交+物业”TOD 发展模式，全方位、多维度满足人民对美好生活的多元需求。

公司战略性布局中国最具活力的经济带，业务已扩张至全国近 20 个一线城市和强二线城市，形成了以粤港澳大湾区、华中、华东、华北为四大核心区域，以西南、海南等为重要支撑的全国化布局。截至 2018 年 12 月底，公司总资产近 1700 亿元，总土地储备近 2000 万平方米，在职员工近万人。

2019 年，越秀地产获评为“年度价值地产企业”，以 477.5 亿元的品牌价值位列“2019 年度中国房地产企业品牌价值 100 强”第 29 名，荣登“2019 年度中国房地产卓越 100 榜”，获评为“2019 中国年度影响力地产企业 30 强”。

表 3-435 2019 年越秀部分高管名录

姓名	职位
林昭远	董事长
林 峰	副董事长、总经理
王洪涛	副总经理

粤海置地控股有限公司（Y 粤海）

粤海置地控股有限公司是广东省最大规模的境外综合性企业集团——粤海控股集团有限公司的间接附属公司，总部位于香港。

1997 年 8 月，粤海公司在香港联合交易所有限公司上市，股份代号：0124，公司原名称为“金威啤酒集团有限公司”，旗下附属公司主要从事投资控股及生产、分销及销售啤酒业务。为更好地发展本集团业务和提升资产的效益和潜力，并为股东寻求及创造更大的回报，公司于 2013 年出售其全部啤酒生产、分销及销售业务并更名为"Guangdong Land Holdings Limited"，并采用"粤海置地控股有限公司"作为本公司第二名称，以反映本公司企业战略和业务目标将专注于房地产开发及投资业务。

2017年4月，粤海投资有限公司（简称"粤海投资"，在香港联合交易所有限公司上市，股票代码：0270）完成向粤海控股集团有限公司收购本公司约73.82%的股份权益，自此粤海投资成为本公司的直接股东，持有本公司约73.82%的股权。

集团在深圳市持有粤海城项目及若干投资物业，并在广东省广州拥有三个物业项目：2015年收购的番禺区如英居项目、2018年收购的越秀区珠光路项目"粤海·拾桂府"和荔湾区宝华轩项目，其可供出售或出租总楼面面积共10万多平方米，体现了集团在一线城市寻找物业投资及开发项目机会的业务计划及发展策略。

表3-436 2019年粤海部分高管名录

姓名	职位
侯外林	董事长、非执行董事
李伟强	执行董事
赵春晓	副总经理、行政总裁

广州粤泰集团股份有限公司（Y 粤泰）

广州粤泰集团股份有限公司是大型综合性企业集团，公司总资产超100亿元，主营房地产开发、建设、经营及物业管理。其前身为广州东华实业股份有限公司（简称"东华实业"），成立于1979年4月，东华实业是综合性的投资管理型股份制上市公司，也是国家一级房地产开发企业。1988年12月公司经中国人民银行广州分行批准向社会公开发行股票，成为广州市首家向社会公开发行股票的股份制试点企业。

表3-437 2019年粤泰部分高管名录

姓名	职位
杨树坪	董事长
李宏坤	总裁

续表

姓名	职位
蔡锦鹭	副总裁（2019年1月起）、董事会秘书

云南城投置业股份有限公司（Y 云南城投）

云南城投（SH600239）是经云南省城市建设投资有限公司收购重组云南红河光明股份有限公司，于2007年11月30日在上交所复牌的国有控股上市公司。公司经营范围涵盖房地产开发与经营、商品房销售、房屋租赁、基础设施建设投资、土地开发、项目投资与管理，注册资本为16.05亿元，具备房地产开发企业一级资质，资产总额约853亿元。

作为以房地产投资与开发为主营业务的上市公司，经过多年的稳步发展，公司的产品体系、商业模式、收入水平、融资能力都得到了大幅提升，业务区域也拓展至成都、重庆、西安、北京等西南中心城市和一线城市，实现了从"立足昆明，布局云南"到"以云南为中心，向西南和全国扩展"的区域发展战略。

未来，公司将立足新常态，融入新经济，拥抱互联网，协同集团大健康、大休闲资源优势，大力发展旅游地产和养老地产。同时，以"提升高周转能力"为核心，强化全程开发与运营能力、产业链整合能力，打造住宅综合体、旅游地产与养老地产的产业联动商业模式，搭建开发和运营服务平台，形成住宅综合体、旅游地产、养老地产三条业务线。运用大金融、大并购、大整合、大市场四大战略手段，通过专业体系保障、人力资源保障、资源整合保障、风险管控保障、资金运营保障等五大保障体系，深耕云南，拓展全国，开发东南亚，试水其他国际地区，逐步成长为中国健康休闲地产引领者。

表3-438 2019年云南城投部分高管名录

姓名	职位
杨 涛	董事长
杜 胜	总经理
谭正良	副总经理

续表

姓名	职位
吴　涛	副总经理
范文武	副总经理
郑勇强	副总经理、银泰事业部总经理
童一松	副总经理、开发事业二部总经理

广西云星集团有限公司
（Y　云星）

云星集团成立于1993年，经过26年的稳健持续发展，集团已拥有40多家子公司，现有员工4200多人，实现了跨华南、华中、华东、西南，多区域、长距离辐射发展，形成了集房地产开发、施工建设、商业贸易、物业管理等多环节于一体的综合性房地产开发服务体系。

根据克而瑞机构统计，2019年公司销售额达224.5亿元。

在全国25座城市，云星集团开发了80个项目，为全国65万业主服务。未来，云星将以深耕华南、辐射全国为战略布局，逐步实现由主战场向周边地市继续开发拓展，进入郑州、洛阳、昆明、贵阳、成都、重庆、西安、石家庄、保定等重点城市稳步扩张。

经过多年的深耕细作，云星集团已不仅仅是房地产开发商，而是向城市运营、区域运营方向发展的城市综合运营商，不断推进城市的开拓与发展。秉承"工匠精神，精工品质"的开发理念和"筑造优美生活"的品牌理念，在不同城市不同区域，以业主的居住体验和社区生活体验为最高核心标准去实现产品的设计创新，使产品更加绿色环保、人性化、科技化，为业主提供舒适的居住环境，丰富的社区文化和贴心的物业人文服务也使云星产品在各个城市区域都独具领先性和超前性。

截至目前，云星连续多年荣获"中国知名品牌房地产开发企业""中国房地产开发企业100强""中国服务业企业500强""中国房地产开发企业区域运营10强""中国房地产开发企业经营绩效10强"，云星品牌价值达25亿元。

表3-439　2019年云星部分高管名录

姓名	职位
潘超文	董事长
徐德海	执行总裁
周　鹰	副总裁
耿欣东	副总裁

浙江省赞成集团有限公司
（Z　赞成集团）

浙江省赞成集团有限公司是由原浙江省轻纺集团公司（前身为浙江省轻工业厅）转型而来的多元投资主体的现代企业集团，现由浙江省人民政府国有资产监督管理委员会直接监管。浙江省赞成集团有限公司所属的21家控股子公司、1家参股子公司，形成了以房地产开发为主业，工业、国内外商贸业及宾馆服务业等多种产业门类共同发展的产业体系。

"赞成房产"以质量好、户型优、环境美深受广大消费者的欢迎，竣工交付合格率100%，并有多项工程获省内质量最高奖"西湖杯""钱江杯"，多个楼盘获得中国精品楼盘及全国人居经典大奖等，赞成房产品牌在市场上已享有较高的社会美誉度和公众影响力。

表3-440　2019年赞成集团部分高管名录

姓名	职位
赵大贤	党委书记、董事长

上海张江高科技园区开发股份有限公司
（Z　张江高科）

张江高科（SH600895）系采用公开募集方式设立的股份制上市公司，1996年4月在上交所上市。作为上海科创中心建设核心区的重要上市开发主体，张江高科迎来了转型发展的历史性机遇，即：科创中心建设给张江高科转型发展提出了新使命；双自联动给张江高科转型发展提供了新空间；新一轮国资国企改革给张江高科转型发展注入了新动力。

张江高科正以科技投行作为战略发展方

向，着力打造新型产业地产营运商、面向未来高科技产业整合商和科技金融集成服务商，努力寻求产业地产和产业投资业务有机融合、协同发展，并对接资本市场进行价值发现。

为此，张江高科正积极响应大众创业、万众创新的号召，实施离岸创新、全球孵化、产业并购、张江整合的战略思想，以创业服务业集成商为角色定位，紧密对接全球创新资源，加速集聚全球创新要素，构建开放式创新生态圈，努力成为国内高科技园区开发运营的领跑者和新标杆，在未来科技园区的创新引领、产业空间打造和企业服务中发挥关键的品牌效应和核心的引领作用。

表 3-441　2019 年张江高科部分高管名录

姓名	职位
刘　樱	董事长、代理总经理
卢　缨	总会计师
何大军	副总经理
黄　俊	副总经理
郑　刚	副总经理

桂林彰泰实业集团有限公司（Z　彰泰）

彰泰集团成立于 1992 年，2010 年 8 月 6 日成立集团公司。经过 27 年持续、稳健、创新的发展，桂林彰泰实业集团有限公司已发展为一家集地产开发、园林施工、工程监理、物业服务、地产营销于一体的全体系地产开发运营商和幸福生活服务商。

根据克而瑞机构统计，2019 年公司销售额达 226.3 亿元。27 年来，彰泰立足桂林、布局广西，在桂林、南宁、柳州、梧州、贺州、北海、玉林、防城港、百色、贵港 10 个城市，已建在建项目 70 多盘共计 1000 多万平方米，土地储备面积 10000 多亩。

2019 年，荣获中房协企业信用评价 AAA 级信用企业；获“广西企业 100 强”第 38 位、“广西民营企业 100 强”第 10 位、“2019 年度中国品质地产大奖”、“2019 年度中国地产品牌西南 10 强”；彰泰物业荣获“广西壮族自治区服务业品牌”、“中国物业服务 100 强企业”第 78 位；彰泰第六园荣获第十六届中国土木工程“詹天佑奖”；彰泰玫瑰园荣获“2019 年度中国五星级物业服务项目”。

表 3-442　2019 年彰泰部分高管名录

姓名	职位
黄海涛	董事长兼总裁
刘　颖	副总裁
张　伟	品牌营销中心总经理
何　俊	彰泰物业总经理

招商局蛇口工业区控股股份有限公司（Z　招商蛇口）

招商蛇口（SZ001979）创立于 1979 年，是招商局集团旗下城市综合开发运营板块的旗舰企业，也是集团核心资产整合平台及重要的业务协同平台。

根据克而瑞机构统计，2019 年公司销售额达 2205.5 亿元。总资产规模超过 5024 亿元，业务覆盖全球超 65 个城市和地区，开发精品项目超 450 个，服务超过 100 万个客户。

2015 年 12 月 30 日，招商蛇口吸收合并招商地产实现无先例重组上市，打造了国企改革的典范和中国资本市场创新标杆。招商蛇口聚合了原招商地产和蛇口工业区两大平台的独特优势，以“中国领先的城市和园区综合开发运营服务商”为战略定位，聚焦园区开发与运营、社区开发与运营、邮轮产业建设与运营三大业务板块，以“前港—中区—后城”独特的发展经营模式，参与中国以及“一带一路”重要节点的城市化建设。

招商蛇口致力于成为“美好生活的承载者”，从城市功能升级、生产方式升级、生活方式升级三个角度入手，为城市发展与产业升级提供综合性的解决方案，配套提供多元化的、覆盖客户全生命周期的产品与服务。打造出六大类——启蒙成长、事业成长、家居成长、生活成长、健康成长、夕阳安养，覆盖教育、文化、写字楼、园区、文创、特色产城、长租公寓、住宅、酒店、综合体、商业、邮轮、健康、养老等业务板块，输出25条标杆型产品线，360度启航美好生活新方式。

表 3-443　2019 年招商蛇口部分高管名录

姓名	职位
孙承铭	董事长
许永军	总经理
刘　伟	常务副总经理
朱文凯	常务副总经理
刘　宁	副总经理、董事会秘书
张　林	副总经理
蒋铁峰	副总经理、华东区域总经理、江南区域总经理
聂黎明	副总经理、深圳区域总经理

浙江广厦股份有限公司
（Z　浙江广厦）

浙江广厦股份有限公司成立于1993年7月，并于1997年4月15日在上海证券交易所挂牌上市，成为国家建设部推荐的全国建筑业首家上市公司；2001年，公司进行重大资产重组，主营业务由建筑施工业转为房地产开发；2007年，公司成功实施了股权分置改革，进一步改善公司资产质量，扩大了资产规模，大幅提高了盈利能力；2015年，公司基于行业发展现状和上市公司自身转型发展的需要，正式提出三年内退出房地产行业的战略决策。基于上述考虑，公司近年来陆续出售部分房地产业务，截至2016年底，公司正在开发和储备的项目为杭州天都城项目。

其他业务方面，公司通过房产配套的方式投资宾馆旅游行业，拥有五星级酒店一家。2014年上半年，公司实施了资产置换工作，通过剥离低效亏损资产，置入成长性和盈利能力较强的影视文化资产东阳福添影视有限公司（现已更名为“广厦传媒有限公司”）。接下来，公司将依托广厦传媒这一平台，通过加大投入、增加产出的内生性发展和通过收购、兼并、合作等外延式发展做大做好做强影视文化产业，打造上市公司新的利润增长点。

表 3-444　2019 年浙江广厦部分高管名录

姓名	职位
楼　明	董事局主席

河南振兴房地产（集团）有限公司
（Z　振兴）

河南振兴房地产（集团）有限公司，成立于1993年，拥有国家住建部核准的房地产开发一级资质，是一家以房地产为主、多元化经营的综合性企业集团，业务板块涵盖文旅项目开发、产业小镇运营、农林开发、城市运营服务商、商业运营与酒店管理、工程建设、装饰工程、物业服务、物流仓储等。

历经24年的积累和沉淀，振兴集团拥有雄厚的资金实力、专业的开发运营经验、深厚的企业文化及充足的土地储备，以稳健强劲的发展势头，不断扩大企业规模和企业格局。

自1994年成功开发建设科技绿苑小区（郑州首个商品房项目）以来，振兴集团成功开发了科技大厦、富田·丽景花园、富田·太阳城、富田·财富广场、富田·兴龙湾、富田·九鼎世家、富田·兴和苑、富田·兴和湾等十多个精品项目，开发业态涵盖品质住宅、精品别墅、甲级写字楼、文旅产业等业态类型，集团先后荣获“广厦奖”等国家、省市级荣誉百余项，并连续多年在河南房地产开发企业中名列前茅。20余载建筑经典之路，推动了中原城市的发展和人居品质的提升，如今“振兴地产，富田品牌”已是闪耀全省，更是“中原精品楼盘”的代名词！

表 3-445　2019 年振兴部分高管名录

姓名	职位
田志友	创始人
田　清	董事长
曲　平	集团助理副总裁

深圳市振业（集团）股份有限公司
（Z 振业）

深圳市振业（集团）股份有限公司是深圳市国资委直管的国有控股上市公司，成立于1989年5月，1992年在深圳证券交易所公开上市，股票代码000006，是深圳市22家具备房地产开发一级资质的房地产企业之一。集团按照“立足深圳，布局全国”的发展思路，形成了以深圳为中心，以广州、天津、西安、长沙、南宁、惠州等城市为重点，并向周边辐射的全国性战略布局。全资和控股下属企业18家。

历年来开发项目三十多个，累计建筑面积近1000万平方米。集团员工队伍精简、人员干练，84%为本科及以上学历，72%为工程、成本、营销等专业型人才，56%具有中高级职称。2018年，集团总资产人民币135.37亿元，净资产人民币63.86亿元，净资产收益率14.86%，资产负债率52.82%。人均创收人民币1261万元，人均创利人民币284万元，人力资本投资回报率735%，均位于国内同行业前列。同时，集团保持持续、高比例分红，近三年累计现金分红金额占公司年均净利润的91.59%。

集团成立以来，资产与建设规模持续壮大，开发产业涵盖别墅、洋房、普通住宅、公寓、写字楼、商业综合体等多种类型。星海名城、翠海花园分别荣获国家建设部颁发的“人居经典综合奖”和“规划环境金质奖”；横岗振业城以A级住宅性能认证有史以来最高分899分通过建设部AAA级终审，被列为“国家建筑节能示范小区”；地铁振业锦上花园、振业峦山谷等大盘也以独特的区位优势和精准的客户定位，先后成为片区标杆。

此外，集团还先后获得“中国房地产100强”“中国上市公司100强”“广东房地产综合实力10强”“深圳房地产10强”“深圳市首届发展循环经济十佳企业”“特区建立30年——深圳企业文化建设功勋企业”“深圳市房地产开发行业品牌价值企业”“2019首届粤港澳大湾区房地产企业品牌影响力30强”等150多项各类荣誉称号。

未来，集团将坚定不移地以习近平新时代中国特色社会主义思想为指导，坚决落实市委市政府、市国资委的战略决策部署，牢牢把握粤港澳大湾区建设和国资国企综合改革契机，充分发扬“团结、坚韧、职业、感恩”的企业精神，努力践行“坚持房地产主业不动摇，坚持国企特色不动摇；以房地产开发主营业务为一体，住房租赁和房地产产业链延伸为两翼；辅以党的建设、长效激励、大监督、改革创新容错、职业化提升四大保障体系”的“2125”发展战略，激发企业内生动力，快速延伸产业链，走稳、走好新时代高质量发展之路。

表3-446 2019年振业部分高管名录

姓名	职位
易 铭	执行董事
吕红军	总经理

镇江市城市建设投资集团有限公司
（Z 镇江城建）

镇江城市建设产业集团有限公司（简称镇江城建集团）成立于1994年，1999年实施改革，2009年底组建集团。2014年，根据市委市政府的重大部署，在原镇江市城市建设投资集团有限公司的基础上，集团实施改革，向“市场化、产业化、实体化”的城市运营商转型。2016年，根据《镇江市去杠杆推进市属产业集团转型发展实施方案》的要求，城建集团着力向城市产业运营转型，重点培育城市片区开发、基础设施代建、城市市政公用和公共服务产业，逐步转型为城市产业投资运营主体。

十多年来，城建产业集团紧紧围绕城市建设事业和城市产业发展两大核心任务，改革创新、不断进取。城市建设方面共筹措资金900多亿元，投资建设了长江路、九华山路、焦山路等一批城市干道项目，南徐新城核心区开发，太古山、双井路等多项旧城棚户区改造项目，金山水城、新城花园等保障性住房项目，推进西津渡历史文化街区保护更新、商务B区图书馆项目、财富广场“一馆两中心”项目、镇江南站综合枢纽改造项目、小龙山山体水系整治等一批重大项目。

2018 年，城建集团工程建设领域频获殊荣。西津音乐厅及实验剧场工程荣获“2018 年国家优质工程奖”；长山学校、金山湖小学、象山小学获得绿色建筑二星标准验收；赛珍珠装饰获“2018 金山杯奖”；金山湖小学荣获“镇江市优质结构奖”。

表 3-447　2019 年镇江城建部分高管名录

姓名	职位
庞　迅	董事长
翟德智	总经理

河南正弘置业有限公司
（Z　正弘）

正弘置业成立于 1997 年，为国家一级资质房地产开发企业，打造了河南首个奢侈品店，正弘国际名店蜚声中原。2017 年于深圳，正式成立正弘控股集团，业务涉及地产、商业、物业服务、高科技装备制造等板块，产业布局深圳、惠州、上海、郑州、洛阳、濮阳、新乡、商丘、登封、新郑等多个城市。

根据克而瑞机构统计，2019 年公司销售额达 77.5 亿元。

正弘置业经过多年开拓进取，以郑州为中心，持续深耕中原经济群并大力拓展粤港澳大湾区。在地产开发领域已经形成：高端住宅及别墅、商业综合体、商务商办类、超大型城市综合体、城市特色文旅综合体等多元化产品开发模式。

秉持“共筑美好生活”的使命，专注品质生活营造，以优质城市运营商的身份全力缔造臻品生活。正弘置业相继开发了锦绣正弘国际公寓、九郡弘别墅、正弘旗、正弘山、正弘蓝堡湾、正弘凯宾城、正弘高新数码港、正弘湾、正弘澜庭叙、正弘中央公园、正弘瓴等高端地标性住宅项目。

聚焦规范管理，致力于建设一种务实高效、规范严谨的运营管理体系，正弘正在实现从地产开发商向城市运营商的升级蜕变。

表 3-448　2019 年正弘部分高管名录

姓名	职位
李向清	董事长
祁晋波	董事
冯　涛	董事

正黄集团有限公司
（Z　正黄）

正黄集团于 2003 年在四川遂宁创立，总部位于深圳，注册资本 5 亿元。主营业务范围涵盖房地产开发、建筑工程、物业服务、商业运营、酒店管理、文旅开发、装饰设计等多个领域，具有国家房地产开发一级资质、国家建筑施工一级资质、国家物业管理一级资质。

根据克而瑞机构统计，2019 年公司销售额达 156.9 亿元。

2017—2019 连续三年里，正黄集团销售收入均保持每年 100%以上的高速增长，房地产业务版图从当时的成都、遂宁、广元、雅安 4 个城市猛增至四川省内 8 城、长三角 5 城、珠三角 3 城。正黄先后在长三角、珠三角区域强势进驻浙江海宁、桐乡、海盐、台州，江苏苏州，广东肇庆、惠州，四川自贡、西昌等城市，战略版图迅猛扩张。

集团成功布局西南、华南、华东三大区域，下辖四川正黄等三十余家分子公司，员工总数突破 1800 人，累计开发面积突破 1000 万平方米；先后荣获由中国房地产协会授予的“中国优秀开发商 50 强”“中国西部房地产公司品牌价值 10 强”“中国房地产 100 强企业”称号等诸多荣誉。

表 3-449　2019 年正黄部分高管名录

姓名	职位
黄　良	董事长
项　波	常务副总裁、地产集团总裁
谢谋安	副总裁
陈利军	副总裁
王开建	副总裁

续表

姓名	职位
谷如峰	副总裁

正荣地产控股股份有限公司
（Z　正荣）

正荣地产（HK06158）创立于1998年，是一家全国性综合投资控股集团，总部位于中国上海，位列“中国民营企业50强”。集团秉承“正直构筑繁荣”的核心价值观，奉行“客户思维，匠心品质，精英团队，幸福企业”的企业文化，坚守“让幸福无处不在”的使命，追求“打造百年正荣，助力社会繁荣”的发展愿景。

根据克而瑞机构统计，2019年公司销售额达1408亿元。

正荣地产沿承集团在地产行业多年的发展经验，是正荣集团的独立地产业务平台，综合实力位居“中国房地产100强企业”，排名第20名，并保持良好发展态势，为集团发展保驾护航；正荣产业以“满足人民美好生活”为宗旨，致力于成为国内领先的城市运营业务投资、孵化、整合、运营平台，是集团可持续发展与综合实力提升的核心动力；正荣资本作为以地产基金投资、金融股权投资、产业投资及孵化为主业的专业投资管理机构，是集团又一个增长极，也是集团实现面向全球、不断提升国际影响力的关键。

正荣集团以创新的形式履行社会责任，追求并创造经济、社会、环境综合价值。在公益慈善方面，正荣集团迄今累计捐赠约4.5亿元，支持公益伙伴300余家，公益足迹遍布全国30个省份。

2019年，正荣集团迈入了高质量发展的全新阶段。正荣集团将继续秉持深蕴于心的核心价值观，吸引精英人才，汇聚优质资源，打造匠心产品，坚定不移地打造具有高度社会责任感的幸福企业。

表3-450　2019年正荣部分高管名录

姓名	职位
欧宗荣	董事局主席
黄仙枝	集团董事、总裁，地产董事长、执行董事
刘伟亮	总裁助理兼董事局副秘书、地产副总裁
陈伟健	执行董事、副总裁兼财务总监

正商集团
（Z　正商）

正商集团1995年创立于郑州，主营业务包括房地产开发、实业两大板块，控制正商实业（HK00185）、Global Medical REIT，Inc（GMRE.NYSE）、赞宇科技（SZ002637），同时参股郑州银行（HK06196、SZ002936），为第三大股东。正商集团主要经营业务为房地产开发，是房地产开发一级资质企业。

根据克而瑞机构统计，2019年公司销售额达510.6亿元，连续8年销售额和销售面积位居郑州市第1名；相继开发90余个项目，累计开发建筑面积近3000万平方米，其他经营业务如工程建设、精细化工、环保、物业管理等占有相当比例。

正商是集房地产开发、物业管理、工程建设、酒店管理、医院管理、精细化工、环保、投资和信托基金管理于一体的跨国企业集团。经营区域涵盖河南、浙江、北京、湖北、山东、海南、香港等，同时业务发展至美国、日本、新加坡、印度尼西亚等地。连续多年销售额、销售面积、纳税额均位居河南省前列，是“中国房地产名企50强”“综合实力100强企业”，2019年蝉联“中国房地产100强企业”“2019年度中国房地产开发企业50强”“2019年度中国房地产开发企业运营效率10强”。

表3-451　2019年正商部分高管名录

姓名	职位
张敬国	董事长
张国强	副总裁
王金虎	副总裁

福建正祥投资集团有限公司
（Z 正祥投资）

正祥投资集团有限公司创立于1995年，是一家以房地产为核心，集教育、贸易、酒店、金融投资、物业管理等行业于一体的跨区域发展的综合型集团企业。历经十多年的发展，正祥集团专注于高品质物业的开发，产品涵盖江景宜居住宅系列、市中心高端公寓系列、城市综合体系列、高端别墅系列等多种物业类型，涉及高星级酒店、写字楼、商超、学校等公建项目的开发建设，从而获得“文化地产领跑者”“中国海西十大魅力住宅”“世界人居环境奖”“和谐人居成就奖”“中国最具影响力楼盘”等诸多殊荣。

秉承“正诚勤进，祥泰厚丰”的企业核心价值观，集团不但在继续打造理想人居，引领都市生活潮流，也在带动着区域经济的发展、影响着城市面貌的改善。2009年，集团在巩固福州大本营的基础上，开始向省外市场进军，在江苏设立分公司，启动新的地产项目。与此同时，分别与全球著名连锁酒店管理企业万豪国际集团、全球三大零售商之一特易购（Tesco）、第一太平戴维斯等国际知名企业进行战略合作，精雕细琢其具有国际化意义的正祥高质量品牌！随着企业信誉的树立和业绩的成长，正祥品牌的知名度与影响力不断提升。

表3-452 2019年正祥投资部分高管名录

姓名	职位
吴付日	董事兼总经理
林金钗	监事

上海证大房地产有限公司
（Z 证大）

证大集团（HK00755）创建于1992年，现已发展成为以金融、文化、大健康为主要业务板块的综合产业集团。

在金融领域，为集互联网金融、私募、艺术品投资理财、供应链金融等业务为一体，以微金融为核心的金融产业集团；在文化领域，为集艺术展览、文化演艺、教育培训、艺术家经纪、艺术电商、艺术品投资咨询等业务为一体的多元化文化创意产业集团；在投资领域，证大重点关注互联网、海外资源和中医药大健康三大方向，投资了中国最大的音频分享平台喜马拉雅FM；在海外资源领域，近年来在非洲投资并已取得在马里、马达加斯加等地多个金矿矿藏的采矿和探矿权。在中医药大健康领域，致力于重构中医药产业链、生态链，改变中医药日渐式微的局面。

在地产领域，证大曾创造了“大拇指”广场、九间堂别墅、证大家园、水清木华国际公寓、证大五道口广场、证大立方大厦等商业、住宅领域的经典之作。由国际著名设计师矶崎新设计的证大喜马拉雅中心被中央电视台评为“为世博而设计”的“诗意的建筑”。上海卓美亚喜马拉雅酒店荣获业界权威的“欧洲酒店奖——最佳国际酒店”大奖。

表3-453 2019年证大部分高管名录

姓名	职位
邱海斌	董事会主席
张华纲	行政总裁
汤 健	高级副总裁

郑州绿都地产集团股份有限公司
（Z 郑州绿都）

绿都地产集团成立于2002年，具有国家房地产开发一级资质。集团总部位于上海，下辖五大事业部——郑州事业部、上海事业部、杭州事业部、洛阳事业部、南昌合肥事业部，成功布局16座城市，开发40多个房地产项目，总开发面积逾1000万平方米，服务20余万业主。

根据克而瑞机构统计，2019年公司销售额达213.4亿元。绿都地产以长三角、中原、环渤海及华南区域为核心，加速进入一、二线城市，实施区域聚焦战略。2015—2019年，绿都接连在上海、苏州、杭州、合肥、南京、南通拿下核心地块，强势布局华东。

在地产开发方面，绿都秉承“为爱家定制”的核心理念，尊重每一块土地的基因，依托于大数据技术和客户研究的结合，坚持产品定制化研发，为客户带来兼具功能与审美的个性化定制产品；在商业运营方面，从拥有15年运营经验的成熟商业运营商发展为新型生活方式提供商和运营商，擅长“跨界融合”的绿都商业，致力于资源整合、IP导入与场景制造，力求创造更具价值与生命力的商业模式。在物业服务方面，河南绿都物业服务有限公司（简称“绿都物业”）具有国家物业管理一级资质，是中国物业百强品牌，管理面积逾700万平方米，坚持充满爱和善意的“共享文化”社区运营理念。

表3-454　2019年郑州绿都部分高管名录

姓名	职位
杨张峰	董事长
薛荣欣	总裁

成都置信实业（集团）有限公司
（Z　置信实业）

成都置信实业（集团）有限公司是一家以房地产业为主的投资控股型集团公司，参股、控股100余家企业。公司成立于1997年11月12日，2004年6月1日完成集团化改组，现有职员15000余名。

置信集团形成了以商住地产、产业园区、文化旅游、医疗养老、汽车贸易以及现代服务的六大核心业务板块，是一家多业态、跨地区的综合经营服务投资控股型集团公司。其中，置信·丽都花园、置信·芙蓉古城、置信·国色天乡乐园、置信·青羊工业总部基地等作品和创新模式享誉全国。

以“舍得、团队、创新、细节”等企业特色著称业界，业务范围遍布四川境内，如成都、彭州、绵阳、巴中、遂宁等城市，省外已布局上海、银川、株洲、青岛、马鞍山等城市，逐步形成了以成都为源头、辐射全国的发展之路。

置信定位于“成为中国最优秀的系统生活服务商”，坚持“股东、职员、消费者和社会利益完美结合”的核心价值理念，始终站在社会前沿，以高度的社会责任关注城市发展与建设，被全国媒体联盟三度评选为“中国值得尊敬的房地产品牌企业”。

表3-455　2019年置信实业部分高管名录

姓名	职位
杨　毫	董事长
林　维	总经理

浙江置业房产集团有限公司
（Z　置业房产）

浙江置业房产集团有限公司成立于2000年7月27日，注册地址为浙江绍兴，法人代表为孙妙川。经营范围包括房地产开发经营、房屋租赁、物业管理。浙江置业房产集团有限公司对外投资8家公司，拥有1处分支机构。

表3-456　2019年置业房产部分高管名录

姓名	职位
孙妙川	董事长兼经理

中昂地产（集团）有限公司
（Z　中昂）

中昂集团成立于2004年，总部设于北京。作为城市运营先行者之一，历经多年的长足发展和全国数百个项目开发的实力积累，不断创新人居标准，助推城市发展。现已成为集投融资、地产开发、基金管理、工程建设、装饰装潢、物业服务、酒店管理等业务为一体，具有国家一级开发资质、一级建筑资质的大型多元化集团公司。

根据克而瑞机构统计，2019年公司销售额达160.8亿元。

截至2018年底，集团实现开发建筑面积1000余万平方米，正在开发建筑面积500余万平方米，储备开发建筑面积1000余万平方米。

凭借前瞻的战略布局和稳健的发展理念，中昂集团经营业绩快速增长，经营规模不断扩大，现已形成华东、华南、华西、华北、华中及西南六大区域公司，已进入北美市场，并积极开拓亚太市场。集团总资产逾800亿元，营业收入逾500亿元。集团现有员工10000余人，其中硕士学历以上300余人。

自2010年起，中昂集团一直荣膺“中国民营企业500强”“中国房地产开发企业100强”“中国民营企业服务业100强”等荣誉称号。未来，中昂集团将继续履行“城市运营商”的企业公民职责，为最大化成就城市与国人人居理想不断奋进。

表3-457 2019年中昂部分高管名录

姓名	职位
易如波	董事长
朱文焱	执行总裁
杨砚峰	执行总裁

中邦置业集团有限公司
（Z 中邦置业）

中邦置业前身为上海联洋置业有限责任公司，成立于2000年11月，是具有国家一级资质的专业房地产开发企业。公司以“创新、务实、团队”为企业精神，实行高效、直接的扁平化管理。集团公司以房地产开发建设为核心业务，按照产业一体化发展的战略，还建立了包括规划设计、施工管理、房产销售和物业管理在内的完整产业链。同时，公司通过ISO9000质量体系认证，建立了管理体系、营运体系和供方体系，构筑了中邦置业集团的管理新模式。

中邦置业集团以“创新生活”为开发理念，着力打造“现代、时尚、文化”的产品。中邦曾参与开发占地近2平方公里的大型社区——“联洋新社区”，成功塑造了“联洋”品牌形象，被评为第一批上海市房地产类著名商标，并已成功开发了“联洋花园”“联洋年华”“中邦风雅颂”“中邦晶座·城市别墅”“中邦城市”“中邦MOHO”“珠海中邦商务酒店”等多个知名项目，深受市场好评。其产品形态涵盖了公寓住宅、别墅、写字楼、商业、酒店、工业地产等各种类型，开发面积累计超过100万平方米，项目遍布长三角地区和珠三角地区。

表3-458 2019年中邦置业部分高管名录

姓名	职位
卫 平	总裁

安徽中丞房地产开发集团有限公司
（Z 中丞）

中丞集团公司是一家集项目投融资、房地产开发、物业管理、商业配套服务为一体的多元化综合性大型企业，总部位于安徽省合肥市，为中国房地产开发集团联合投资股份有限公司的成员企业，注册资本2亿元，现有员工600余人。集团公司设立综合运营管理中心、财务管理中心、营销管理中心、成本管理中心等职能中心，下设安徽中丞物业管理有限公司、安徽柏城财富投资咨询有限公司、安徽中丞集团马鞍山置业有限公司、安徽中丞集团六安置业有限公司、亳州市中丞置业有限公司、菏泽市翰林置业有限公司、菏泽市中丞置业有限公司、芜湖中弘地产开发有限公司等，采用科学设计、精细施工、竭诚服务三位一体的房地产专业开发管理模式，实现了开发运营的规范化与标准化。

多年来，中丞集团公司秉承“诚信务实，追求卓越，服务社会”的品牌理念，为逾100万客户提供了优越的居住环境。集团公司已完成及计划投资总额达180亿元，建设面积近600万平方米。2017年销售额110亿元，2018年销售额达200亿元以上。2010年以来，中丞自主开发了芜湖市翰林公馆、六安市翰林壹号公馆、马鞍山市中丞国宾府、亳州市中丞双玺、宣城市紫荆园、山东菏泽市玖璋台等项目，面积达300万平方米。特别是与各地政府建立互信共赢的良好合作关系，2010年承建并圆满完成了铜陵市体育馆建设，保证了安徽省第三届体育大会的胜利召开。2012年与合肥市政府合作采用BT模式建设滨湖新区竹园安置房项目，建成面积116万平方米，投资20亿元；2013年与芜湖市镜湖区政府合作完成官山翰林棚户区改造项目，建设面积82万平方米，可入住5794户，投资近40亿元，是安徽省目前较大的棚改项目。集团公司始终坚守

"服务社会，回报社会"的信念，积极投身各类社会慈善事业，2017年仅在芜湖弋江区捐资助学达5000万元。

2019年3月，中丞集团在"2019年度中国房地产开发企业500强"中排名第290位，在安徽省同行业排名第12位。展望未来，中丞集团公司将继续充分发挥中国房地产集团联合投资股份有限公司的集团优势，围绕棚改住房建设、城市综合开发、居住商务地产开发、物业商业服务配套四大主线，坚持做到诚信为本、务实创新、合作共赢、致力成为中国房地产行业"服务政府、服务客户、服务社会"的标杆企业。

表3-459　2019年中丞部分高管名录

姓名	职位
高　军	总裁

武汉中央商务区城建开发有限公司（Z　中城公司）

武汉中央商务区城建开发有限公司（简称"中城"）是武汉中央商务区投资控股集团有限公司旗下的大型国有房地产企业。自成立以来，中城多次被评为"武汉房地产开发诚信企业"，2011、2012年相继获得"中国房地产开发企业500强""中国房地产开发企业区域运营10强""中国房地产开发企业200强""中国房地产开发企业发展潜力10强"等名誉称号，已成为湖北乃至全国最具实力的房地产开发企业之一。

中城创立于2000年，十余年来，公司坚持"缔造城市形象，建筑未来生活"的企业宗旨与开发理念，保持着高速与稳健的发展态势，旗下已拥有9家子公司：武汉中城地产开发有限公司、武汉锦万佳置业有限公司、武汉阳逻水乡度假村管理有限公司、武汉中城实业开发有限公司、武汉万科青安居房地产有限公司、武汉中城家物业服务有限公司、武汉中城科源房地产开发有限公司、武汉中城易居营销策划有限公司、武汉中央商务区城建开发有限公司清水湾分公司，形成以房地产开发为核心优势，兼顾营销策划、销售代理、商业运营、物业服务、工程代建、建材供应等为辅的多元化发展战略格局。

作为武汉本土的大型国有房地产集团企业，中城专注于武汉中央商务区的建设，并积极致力于城市门户区域的开发，在武汉先后开发了丽水花园、裕荣家园、武昌城市公园等多个地产项目，取得了业内瞩目的销售业绩及良好的客户口碑；同时，中城坚持以优秀企业公民的角色自觉承担社会责任，积极参与了各项公益事业及危房改造、城中村改造、棚户区改造、双竞双限房和经济适用房等保障型住房、民生型住房的开发与建设。

中城在武汉中央商务区外已实现约200万平方米项目土地储备，中城上城、中城国际、中城时代、中城青年汇等多个精品项目正在陆续亮相武汉市场。

未来十年，中城将积极推进武汉中央商务区建设完成的目标，并以此为契机，坚持可持续发展的经营理念，不断提升研发能力，走高品质、高品牌、高品位的专业化开发道路，发展为以"绿色、节能、环保、低碳"为品牌特色的"中国房地产上市企业50强"。

表3-460　2019年中城公司部分高管名录

姓名	职位
彭　况	党支部书记、董事长

中迪禾邦集团有限公司（Z　中迪禾邦）

中迪禾邦成立于2006年，是一家根植于川渝、发展于全国的综合性大型企业集团。作为"中国民营企业500强"，中迪禾邦坚定地以"产业深度经营+产业投资"为双擎动力，不断夯实产业基础，精于壮大实体经济，同时搭建产业投资、协同并购、资本融合三大体系并举的发展格局，不断激发自身蓬勃活力，充分发挥各产业板块优势，努力实现资产规模化、业务全国化、产业集群化的发展战略目标。

根据克而瑞机构统计，2019年公司销售额达175.5亿元。业务范围覆盖全国13省（市），积极发挥产业经营、资本运营的协同效应，搭建资源整合平台，深入布局现代城市运营、物业与社区运营、大健康、文化旅游、现代农业、能源等多个核心产业。

截至2019年，中迪禾邦集团已连续4年获评“中国房地产开发企业100强”“中国房地产100强企业”，三度蝉联“中国房地产开发企业品牌价值100强”称号、四度蝉联“中国西部房地产公司品牌价值10强”。

中迪禾邦集团始终牢记企业使命，履行社会责任，积极投身中国社会和民生生态的改善，在精准扶贫、爱心助学、关爱社会特殊人群等领域大力开展公益慈善事业，累计投入资金逾1000万元。

表3-461 2019年中迪禾邦部分高管名录

姓名	职位
李 勤	董事长
余长江	总经理

中房置业股份有限公司
（Z 中房）

中房置业股份有限公司（简称“中房股份”，股票代码：600890）原名为“长春长铃实业股份有限公司”，是经长春市经济体制改革委员会批准，于1993年通过改制设立的股份有限公司。1996年3月18日，公司A股股票在上海证券交易所挂牌交易。

2003年，原大股东长春长铃集团有限公司分别将所持29.78%和22%的股权转让给中国房地产开发集团公司（简称“中房集团公司”）和上海唯亚实业投资有限公司。中房集团公司成为公司第一大股东，并通过资产置换置入优质的房地产类权益资产，实现了公司主营业务的转换。2003年9月，公司名称经国家工商行政管理总局核准、北京市工商局批准，变更为“中房置业股份有限公司”。2006年，天津中维商贸有限公司竞得22%的股权，成为公司的第二大股东。2007年1月，公司完成了股权分置改革，总股本增至579，194，925股。2013年6月，中房集团公司将所持18.96%的股权转让给嘉益（天津）投资管理有限公司。第一股东嘉益（天津）投资管理有限公司持股比例为18.96%，第二股东天津中维商贸有限公司持股比例为18.42%。

经过多年的努力，公司逐步摆脱了收购重组时期遗留下来的诸多历史遗留问题，公司治理结构不断完善。至今已先后在北京和天津开发了长远天地项目、乐城经济适用房项目、静源居项目、天津凯摩国际公寓项目等，取得了良好的经济效益和市场评价。

表3-462 2019年中房部分高管名录

姓名	职位
朱 雷	董事长
卢 建	总经理

上海中福地产置业有限公司
（Z 中福）

上海中福地产置业有限公司于1992年创建，当时是以房地产开发、设计、建设、经营和物业管理为主的国营集体联营公司。

为适应新型房地产业发展的需要，1995年，中福地产改制成为有限责任公司。在进一步深化改革开放的大潮中，公司以开拓创新精神，于2001年又对外收购兼并，对内进行资产重组，在调整产业结构的基础上，成立了上海中福（集团）有限公司，完成了结构调整。

集团公司更注重于上海商业金融中心区的建设，同时融入浦东新区的开发。以公司多年来经营房地产事业的实力与经验，在市中心旧城区、旧城镇危房改造中，先后开发建设了中福城、中福公寓、上南大厦、豪都广场、中福大厦·金银汇、中福花苑·青年汇、中福现代城·中福世福汇等楼盘项目。公司逐步形成了以房地产开发经营为主，施工管理、动拆迁和物业管理为辅，兼有房地产咨询、房屋销售租赁、装潢设计施工和建筑材料经销一体化服务和独特品牌的专业房地产公司。

中福地产始终以市场为导向，在住宅开发中注重现代化和人性化的思维，关注人类居住环境保护，重视住宅质量、资源消耗、生态环境等综合效益，充分发挥高科技、新技术优势，以开拓创新的精神，选择世界建筑业中认同的方向——发展钢结构建筑，在国内率先建造高层钢结构住宅。位于黄浦区南外滩中心地带——南浦大桥边的“中福花苑”一期（青年汇），是我国第一幢百米高的钢结构居民住宅。目前，中福城三期工程项目正在紧张地施工中，新颖、功能完备、配套齐全、高标准、高质量的中福住宅项目成为深受消费者欢迎的房地产项目。

表 3-463　2019 年中福部分高管名录

姓名	职位
胡培毅	法定代表人、董事长兼总经理

中庚地产实业集团有限公司（Z　中庚）

中庚集团创建于 1997 年，致力于城市运营 22 载，拥有资产总值超过 1200 亿元，已形成地产、产业园区、供应链和金融投资四大核心业务板块，业务领域涉及住宅开发建设、产业运营、金融服务、酒店管理、商业投资、园林绿化、物业管理、并参与政府 PPP 项目，是一家具有内外资背景、全产业链、全国性大型综合集团公司。

根据克而瑞机构统计，2019 年公司销售额达 203.7 亿元。

中庚集团在地产领域精耕细作 22 年，已布局京津冀经济圈、环渤海经济圈、长三角经济圈、海西经济圈、成渝经济圈、长江中游经济圈 6 大区域。累计投资、开发的项目 40 多个，土地开发建筑面积已超 1100 多万平方米；在上海、福州、美国等地投资建造 4 家自主品牌酒店——中庚聚龙酒店；开发运营各类商业地产 120 余万平方米，旗下上海中庚漫游城，以都市娱乐生活、潮流文化需求为蓝本，成为一站式、复合型、超区域的上海商业综合体地标。集团不断加强对外合作，联手保利、首开、首农、上海城开等央企、国企、上市公司开发了多个高端产品。此外，集团积极响应国家政策，在浙江、福州开发系列小镇。

2019 年，中庚集团坚持“创建品质，用心筑家”的核心价值观，凭借敏锐的投资眼光、高品质的产品战略与卓越的运营能力，规模不断壮大，影响力持续提升。荣膺“2019 年度中国房地产开发企业 61 强”和“中国房地产开发企业稳健经营 5 强”殊荣，并蝉联“2019 年度中国房地产开发企业品牌价值华东 10 强”；上海中庚聚龙酒店荣获“2019 年度中国房地产优秀品牌项目”。

表 3-464　2019 年中庚部分高管名录

姓名	职位
梁衍锋	董事长

北京中关村科技发展（控股）股份有限公司（Z　中关村科技）

北京中关村科技发展（控股）股份有限公司（简称“中关村科技”）是由国美集团控股的技术创新型公司。自 1999 年成立并在深交所挂牌上市以来，经过多年的不懈努力，从最初以医药生产销售、建筑施工、房地产开发及物业管理四大板块为支柱的产业经营格局，逐渐确立为“医药大健康”的发展战略。

自成立以来，公司以集团控股的管理模式投资设立业务单元，致力于生物医药和科技园区开发建设，积极参与中关村科技园区基础设施和创业环境建设，积累了丰富的资源，并拥有“中关村科技”的品牌优势。

2015 年，中关村科技将公司未来的核心战略重点聚焦到 21 世纪全球最具发展潜力的领域——医药大健康产业，确立了以生物医药为核心，以高端专科医院、精准医疗和“轻资产”智能养老运营为新方向的发展战略，大力推进业务变革创新，谋求建立新的核心竞争力和利润增长点。

依托国美集团的资本优势和军事医学科学院的研发优势，中关村科技在多年来扎实积累的基础上，大力推进现有医药业务的变革创新，提升现有产业规模和盈利能力。同时，围绕医药大健康领域中有巨大市场机会空间的体外诊断医疗器械、专科医院和智能养老运营管理等业务领域，进行迅速扩张，谋求全新的核心竞争力和利润增长点。通过近几年的高速发展，公司已在医药、健康、养老、投资四大板块拥有十多家理念先进、管理规范、产品过硬、极具行业竞争力的高品质企业。

表 3-465　2019 年中关村科技部分高管名录

姓名	职位
侯占军	董事长兼总经理

中国城市基础设施集团有限公司
（Z　中国城市基础设施）

21 世纪初，根据党中央国务院关于军队武警政法系统不再经商办企业的指示精神，隶属于解放军二炮后勤部的中国天龙实业总公司脱钩改制为中国城市开发建设公司，后更名为中国城市基础设施集团有限公司。具有甲级城市规划资质的中国城市发展研究院曾为中国城市基础设施集团的全资股东，2016 年 8 月，集团公司股权发生重大变更，具有国企身份的北京中冶投资有限公司成为占集团 51%股权的控股股东。

集团在国家工商行政管理总局注册，注册资本为 30 亿余元，具有在全国范围内进行房地产开发经营、工程施工、装饰装修、道路桥梁、园林绿化工程、管道工程、水利工程、勘察设计等方面的经营权限及建筑材料等进出口经营权。

中国城市建设控股集团拥有一支高素质的职工队伍，公司员工 70%以上具备大学本科或以上文凭。除总部外公司还下辖十三个工程局，分布在全国各地。集团与具有城乡规划甲级资质的中国城市发展研究院，出色地完成了全国城市规划和“十一五”“十二五”中的城市发展纲要的制定任务。中国城市建设控股集团正逐步发展成为一个集城市建设开发、城市规划、城市发展研究、工程施工、勘察设计、项目投资为一体的大型的智力密集型的综合企业、国家级城市运营商。

表 3-466　2019 年中国城市基础设施部分高管名录

姓名	职位
李朝波	董事长

中国宏泰产业市镇发展有限公司
（Z　中国宏泰发展）

中国宏泰产业市镇发展有限公司（股票代码：6166. HK）始创于 1995 年，是香港联交所主板具有代表性的上市公司和中国新型城镇化建设先行示范者、中国产业园区运营商第 2 名、国内领先的产业市镇综合发展商。

公司以产业构建、园区运营和基础设施投资为核心业务，全面整合大文旅、大健康、通用航空、工业设计、智能制造等新兴产业资源，为区域经济社会发展提供了有力支撑。旗下拥有成员企业近百家，包括 12 家投资类公司、15 家创新科技型企业和 3 个国家级众创空间。

表 3-467　2019 年中国宏泰发展部分高管名录

姓名	职位
王建军	执行董事及主席

中国新城市商业发展有限公司
（Z　中国新城市）

中国新城市商业发展有限公司成立于 1997 年。2014 年 6 月 27 日，中国新城市商业发展有限公司在香港主板上市。中国新城市商业发展有限公司为商用物业发展商、业主及营运商，专注于长江三角洲地区二线城市的副城市中心商业综合体开发。

公司的业务包括三大范畴：①物业销售，即主要开发商用物业作出售用途，包括办公室、零售单位及服务式住宅；②物业租赁及物业管理，即开发、租赁及管理商用物业，主要集中于商业综合体；③酒店营运，即投资及经营酒店。

表 3-468　2019 年中国新城市部分高管名录

姓名	职位
施侃成（施中安）	董事局主席

中国海外发展有限公司
（Z　中海）

中国海外发展（HK00688）隶属于中国建筑集团有限公司，1979 年创立于香港，1992 年在香港上市，2007 年入选恒生指数成分股。公司拥有 40 年房地产开发与不动产运营管理经验，业务遍布港澳及内地 70 余个城市及美国、英国、澳大利亚、新加坡等多个国家和地区。

根据克而瑞机构统计，2019 年公司销售额达 3301.3 亿元，盈利能力保持行业领先，经营业绩呈现又好又快的增长态势。

历经 40 年的发展，公司建立起“住宅开发”“城市运营”“创意设计及现代服务”三大产业群。公司定位于成为卓越的国际化不动产开发运营集团，坚持做“四好”公司，即“好产品、好服务、好效益、好公民”；坚持“悦享空间、智慧物联、绿色科技、健康生活+”的产品设计理念；坚持“过程精品，楼楼精品”的开发理念；坚持“客户至上，行稳致远”的客户服务理念；创立并经营“海之子”“海之星”“海纳”三大人力资源品牌，选聘高校优才与社会精英，构建体系化的人才培养机制，为企业持续发展提供人才保障。

2019 年，中国海外发展荣膺“中国房地产上市企业 30 强”（第 1 名）以及“2019 中国绿色地产第 3 名”“2019 年度中国绿色楼盘 10 强”（北京中海寰宇天下项目）、“2019 年度中国绿色地产（住宅）10 强”“2019 年度中国绿色地产（商业）10 强”“2019 年度中国绿色地产运行典范 10 强”“2019 年度中国装配式建筑企业 10 强”“2019 年度中国全装修企业第 2 名”。

表 3-469　2019 年中海部分高管名录

姓名	职位
颜建国	主席兼行政总裁
罗　亮	董事局副主席、执行副总裁、运营总监、总建筑师
庄　勇	董事局副主席、中海宏洋董事局主席
郭光辉	副总裁
张　一	副总裁
齐大鹏	副总裁、华东区总经理
郭　勇	副总裁
阚洪波	副总裁
陈德有	副总裁
欧阳国欣	副总裁、助理总裁、华北区总经理
张智超	副总裁
徐　新	助理总裁
徐文冬	助理总裁
刘显勇	助理总裁
徐　丰	助理总裁
刘慧明	助理总裁
吕世杰	财务总监

中航里城（香港）有限公司
（Z　中航里城）

中航里城有限公司由中国航空技术国际控股有限公司、深圳市里城投资发展有限公司和中航地产股份有限公司于 2013 年 6 月注册成立，以房地产全程开发作为核心业务，公司本部位于深圳。

公司资金实力雄厚，注册资本 20 亿元，此外，股东方通过股东贷款、融资担保和远期合约回购等方式可为公司提供约 100 亿元资金进行项目拓展和运营。

根据克而瑞机构统计，2019 年公司销售额达 98.5 亿元。

公司业务先后拓展到厦门、南京、昆明、大连、重庆、金华、天津、北京、苏州、晋江、西安、九江、惠东、沈阳、长沙、广州、深圳等 17 个重要城市，约 30 个项目。

公司秉承举贤避亲的用人原则，倡导简单的工作关系，为职员提供最适宜其发挥个人能力和专长的工作氛围。在职职员突破 800 人，涵盖设计、营销、工程、成本、财务、采购和综合管理等房地产开发全部专业。公司领导团队、管理团队和核心专业人员全部是来自房地产标杆企业的职业经理人。

公司管理团队不仅在住宅领域取得了骄人的成绩，还在酒店、公寓、商业综合体、高尔夫和会所等方面积累了丰富的经验。

表 3-470 2019 年中航里城部分高管名录

姓名	职位
付 俊	董事长
吴晓勇	总经理

中核房地产开发有限公司
（Z 中核）

中核房地产开发有限公司（简称“中核地产”）始建于 1994 年，是中央直接管理的国有重要骨干企业、国家核能发展与核电建设主力军——中国核工业集团有限公司旗下从事房地产开发经营和产业链延伸的重要专业平台之一。

中核地产立志成为备受政府信赖和市场尊敬的城市综合开发商。公司项目重点布局一线、二线城市及热点城市周边辐射区域，兼顾开发其他城市中心位置的优质项目。在建二级开发项目主要分布在北京、上海、深圳、天津、南京、武汉、重庆、西安、宜昌、烟台、连云港等重点城市，形成了齐头并进的良好态势；土地一级开发项目主要分布在海南、湖北、山东、湖南、贵州等土地市场较为活跃的省份，为公司持续性发展储备了大量土地。2017 年，公司进入“中国房地产企业新增土地货值百强榜”。公司在经营快周转销售型物业的同时，兼顾开发商业、办公、城市综合体、产业地产、产城融合等多种业态，致力于打造区域标杆型项目。

“十三五”期间，中核地产将以二级开发业务为核心驱动，以一级开发业务为协同，按照“先易后难，滚动开发，控制风险，确保收益”的原则推进。着力形成主次结合、有序开发的业务组合。同时，探索养老地产、旅游文化地产、医疗地产、教育地产、房地产服务等新兴发展领域与房地产业务协同发展的商业模式，打造以传统房地产开发为核心，适度探索房地产创新发展的综合开发模式，快速实现房地产业务经济效益提升。

表 3-471 2019 年中核部分高管名录

姓名	职位
高宏树	党委书记、董事长
张 伟	总经理

中赫置地投资控股有限公司
（Z 中赫）

中赫集团有限公司（简称“中赫集团”）创立于 2005 年 9 月，总部设立于中国北京，是一家专注于高端地产的开发商和持有运营商。2012 年 7 月 10 日，中赫置地以 26.3 亿元的最高上限价格、配建 16400 平方米回购房的条件拿下北京海淀万柳地块，刷新了全国住宅类地块的纪录。2017 年 1 月，中赫集团入主控股北京国安足球俱乐部，北京国安足球俱乐部更名为北京中赫国安足球俱乐部。2018 年 5 月，中赫集团联合太舞、首旅签约 2022 年北京冬奥会的核心配套项目——太子城冰雪小镇。

集团秉承“志者恒进”的企业理念，中赫集团逐步实现从高端地产领跑者向综合物业开发和持有运营商的转型，业务涉及地产开发、商业运营和体育文化三大领域。

未来，中赫集团将继续坚持“追求极致”的产品及服务理念，以品质创造价值，与客户、合作伙伴及社会和谐发展。

表 3-472 2019 年中赫部分高管名录

姓名	职位
周金辉	董事长兼总裁
孙 鹏	总经理

中华企业股份有限公司
（Z 中华企业）

中华企业（SH600675）成立于 1954 年 4 月，其前身为中华企业公司，是上海解放后第一家专业从事房地产开发经营的企业。1993 年 9 月改制为股份制上市公司并完成更名。2000 年完成对上海古北（集团）有限公司和上海房地产经营（集团）有限公司的资产并购。2004 年上海地产（集团）有限公司成为中华企业第一大股东。

根据克而瑞机构统计，2019 年公司销售额达 153.1 亿元。

为实现以房地产住宅开发为核心，以商业地产、房地产金融业务、股权投资、物业管理等相关产业协同发展的经营格局，有效化解房地产系统风险，中华企业于 2013 年通过搭建资产管理平台，创新融资手段，开展资产管理、基金管理、股权投资、市值管理等业务，为主业发展筹集资金，培育新的利润增长点。

中华企业以做“百年老店”为长期目标，以为上海地区的城市建设、为改善百姓居住条件为己任，积极参与上海市的房产开发建设，坚持稳健发展的经营理念，为提高上海市房地产业整体水平和社会经济发展多做贡献。

在多年的开发经营中，中华企业获得了中国“房地产开发企业华东 20 强”“品牌价值华东 10 强”“中国房地产上市公司综合实力 50 强、抗风险能力 10 强”“上海地产优秀企业”、上海市“五星级诚信创建企业”等诸多荣誉称号。此外，因回报率高、规模适中和流动性较好而被上海证券交易所列为 50 家上证红利指数股之一。中国建设银行和中国农业银行评定中华企业的资信等级为 AAA，中国人民银行评定中华企业的资信等级为 AA。

表 3-473　2019 年中华企业部分高管名录

姓名	职位
朱嘉骏	董事长
凌晓洁	总经理
印学青	副总经理、董事会秘书
钟益鸣	副总经理
卢云峰	副总经理
王　爽	副总经理

上海中环投资开发（集团）有限公司（Z　中环投资）

上海中环投资开发（集团）有限公司，前身为上海市普陀区住宅建设办公室、普陀区城市建设综合开发总公司，是一家具有房地产开发一级资质、质量信誉 AAA 级，全国百强、“长三角经济圈 80 强”“上海市 50 强”的房地产开发企业。

公司成立至今，始终秉承“情系百姓，为民造福”的宗旨，以“不断加压，不断超越，不断创新”的企业精神，为推进上海城市建设，改善市民居住条件，提高居住生活质量作出了应有的贡献。三十年来，累计开发各类建筑 1200 多万平方米，解决了数万户居民的住房困难问题。全力改造了闻名沪上“药水弄”“朱家湾”两大棚户区；开发建设了北块甘泉小区、真光新村、清涧小区、上海万里城等一大批新型住宅区；先后承担了中山北路物贸街和长寿路商住街的前期开发任务以及沿线数十处大型公建建设工作。目前，公司正在实践“立足上海，面向全国”开发战略，足迹遍及吉林、海南各地。

表 3-474　2019 年中环投资部分高管名录

姓名	职位
胡礼刚	党委书记、董事长

福建中辉投资集团有限公司（Z　中辉）

中辉集团创立于 1996 年，至今已有 20 余载的开发经验，用 10 年时间夯实传统地产的基础，投资开发面积超过 150 万平方米。自 2010 年起，中辉启动战略转型，正式成立中辉投资集团。中辉集团是一家以文化旅游+地产为主业，以金融投资、资产经营管理、贸易为辅，协同发展的多元化集团公司。2016 年开始，中辉布局全国，全面整合行业资源，形成优势资源的共享，与行业内优秀的公司建立良好的战略同盟关系。自此，开启了文旅项目布局全国的新征程。

表 3-475 2019 年中辉部分高管名录

姓名	职位
游 辉	董事长

中惠熙元房地产集团有限公司
（Z 中惠熙元）

中惠集团创立于 1994 年，凭借以房地产开发为主业的实力积淀，涉足物业服务、金融、文化、大健康、高端旅游等产业，成为多元发展的投资集团。

中惠熙元房地产集团有限公司，总部位于广东省广州市，开发项目遍及北京、上海、广州、天津、苏州、东莞、佛山、阳江、惠州、湖州等地，开发运营经验丰富，年销售额逾 100 亿元。先后荣获“中国房地产 100 强企业”“中国华南房地产品牌价值 10 强”“广东地产资信 20 强”等数十项荣誉称号，坚持秉持“基于品，始于心”的经营理念为数十万业主构筑温馨家园。

熙元物业为东莞市物业管理协会第一常任理事单位，承接管理集团所开发商住及高端办公项目的物业管理工作，坚持秉承“严格苛求，自觉奉献，精诚服务”的企业精神，为业主提供星级物业管理。

和骞投资管理有限公司是基于国家“一带一路”倡议发起设立的私募股权投资基金。作为一支高效、专业、国际化的资本管理团队，和骞奉行“言忠信，行笃敬”的经营理念，成功投资了多家上市公司，并成为多家上市公司及大型集团的战略合作伙伴，积极推进万众创业、助力新兴行业领军企业的诞生。

广州阅容大健康产业控股有限公司成立于 2018 年，是中惠集团旗下专注于大健康领域的全资子公司，公司以科技为主体，健康运营与金融服务为两翼的综合健康服务平台。通过与日本知名大健康机构及科技企业合作，建立符合中国国情的健康服务标准、居家管理服务标准、科技产品适应标准，以科技促进健康服务的质量提升，为大健康企业机构、投资者及中国消费者提供更加专业、安全、稳定、便捷及性价比高的服务，提升中国健康事业运营效率，致力于完善中国健康服务行业规范化、标准化建设，推动中国大健康事业发展。

表 3-476 2019 年中惠熙元部分高管名录

姓名	职位
叶惠全	执行董事、经理
余丹云	监事

上海中建东孚投资发展有限公司
（Z 中建东孚）

中建东孚成立于 2008 年 5 月，是全球最大的投资建设集团中国建筑股份有限公司骨干企业——中国建筑第八工程局有限公司旗下从事城市综合开发服务业务的专业平台公司，拥有房地产开发一级资质。

根据克而瑞机构统计，2019 年公司销售额达 263.5 亿元。

中建东孚围绕国家总体发展战略，以城市综合开发服务商为战略定位，充分发挥“投资、开发、建设、运营”四商一体的行业领先优势，整合全产业链资源，着力打造地产开发、资产运营、新型城镇化三大产品线，培育以“客户体验、智慧社区、产业配套服务”为核心的支撑性保障综合服务能力，形成“3+1”的业务体系，以符合自身发展特点的商业模式，实现快速可持续发展。

中建东孚以“拓展幸福空间”为企业使命，在全国市场稳健布局；响应国家新型城镇化战略和“一带一路”倡议，构建国内国外两大市场，全面筑就城市综合开发服务商的发展格局。中建东孚勇担央企责任，围绕教育事业、体育事业、社会公共事业等开展“筑福行动”公益活动，连续六年发布《社会责任报告》。

表 3-477 2019 年中建东孚部分高管名录

姓名	职位
韩文东	董事长
左臣华	总经理
仲亚军	西南公司总经理

中建三局房地产开发有限公司
（Z　中建三局）

中建三局地产隶属于中国建筑第三工程局有限公司，1992年2月经中国建筑工程总公司批准成立，具有大型、特大型商业及高档住宅产品开发能力。公司注册资本金8亿元，2005年7月经湖北省建设厅批准为房地产开发二级资质企业。2019年8月，住房和城乡建设部对2019年第二批申请晋升或延续房地产开发一级资质企业进行审查，核准中建三局房地产开发有限公司晋升房地产开发一级资质企业。

根据克而瑞机构统计，2019年公司销售额达237.2亿元。

中建三局地产作为“世界500强”企业——“中建地产”集团的骨干成员，代表中建三局集团战略转型和产业结构调整的优先发展方向，本着“精细为帆，引领卓越绩效；客户为本，打造百年基业”的企业宗旨，愿以“忠心于企，恒心于业，善心于人”的胸怀，与社会各界共同在全面建设“两型”社会的征途上铸造康居精品、创建时代辉煌。

近几年，公司先后获得“湖北省最佳文明单位”“湖北省五一劳动奖状”“湖北省守合同重信用企业”等多项荣誉称号。

表3-478　2019年中建三局部分高管名录

姓名	职位
李成强	党委书记、董事长
刘庆任	党委副书记、总经理

中建信和地产有限公司
（Z　中建信和）

中建信和地产有限公司是“世界500强”企业、最具国际竞争力的建筑地产集团——建筑工程总公司的全资成员企业，是中建五局旗下房地产业务的唯一运营平台。公司前身为湖南中建地产有限责任公司，2003年6月，中建五局整合集团内全部房地产资源成立中建信和地产有限公司，主要从事中高端住宅、商业地产和城市综合体的开发和物业管理等业务。

根据克而瑞机构统计，2019年公司销售额达187.6亿元。

深耕湖南多年，中建信和已在长沙、株洲、湘潭、岳阳、衡阳、济南、烟台、南昌等城市开发多个项目。公司传承“以信为本，以和为贵”的中建五局“信·和”主流文化，坚持诚信履约、优质服务，为社会奉献精品，为业主打造美好人居。经过不断发展，目前公司拥有总资产近100亿元，土地储备657万平方米，员工1000余人，具备地产开发、物业管理“双一级”资质。秉承“信和天下千万家”的经营理念，依托“建筑”和“中建地产”强大的品牌优势以及自身的人才优势、管理优势、技术能力和强大的资金实力，中建信和地产相继成功开发了多个住宅和商业地产产品，创造出建筑与自然结合、人与自然和谐共生的人居环境和发展环境。

相继荣获“全国五一劳动奖状”“全国绿色建筑与节能减排达标竞赛优胜单位金奖”、湖南房地产行业“金芙蓉奖”品牌企业奖、“湖湘地产企业综合实力”等数十项荣誉，“节能环保型住宅国家康居示范工程”等50多个奖项，跻身湖南主流房地产企业前列。

表3-479　2019年中建信和部分高管名录

姓名	职位
张金玉	党委书记、总经理

中交地产股份有限公司
（Z　中交）

中交地产（SZ000736）是在深圳证券交易所挂牌的上市公司，交易代码是000736，注册资本29719万元，主营业务为房地产开发与经营，注册地在重庆。2010年8月，公司整体并入中国交通建设集团有限公司。2015年7月，为配合房地产板块整合，成为中交房地产集团有限公司所属的国有控股房地产上市公司。

根据克而瑞机构统计，2019年公司销售额达421.1亿元。

作为中交集团房地产板块的龙头企业，中交地产业务涵盖房地产开发、资产运营管理、房地产金融等领域，国内重点布局京津冀、长三角、珠三角、成渝等地区，境外重点投资美国、马来西亚、印度尼西亚、肯尼亚等国家。

地产集团紧紧依托中交集团全产业链优势和遍布全球120余个国家和地区的海外资源，推动房地产开发与“大土木”“大海外”、吹填造地、基础设施投资建设以及城市综合开发运营等业务协调发展。凭借精确的战略规划、成熟的管理能力、专业的市场运作和优秀的人才队伍，不断提升品牌影响力，构建具有中交特色的房地产业务发展模式，努力打造既能“建造美丽建筑”、又能“营造美好生活”的房地产企业。

表 3-480 2019 年中交部分高管名录

姓名	职位
李永前	总裁、董事长
祝宏毅	副总裁
钟 瑾	副总裁
周 冬	副总裁
高慎豪	副总裁

中骏集团控股有限公司
（Z 中骏）

中骏集团（HK01966）创办于1987年，2010年2月，在香港上市。集团总部设于上海，是一家专注于房地产开发及相关产业的综合性城市运营服务商。业务体系涵盖地产开发、商业管理、物业管理及长租公寓、联合办公、健康管理、教育等新型业务板块。

根据克而瑞机构统计，2019年公司销售额达805.3亿元，位列“中国地产50强”。土地储备面积超2900平方米；可销售货值超3500亿元；布局超过40个城市，进入上海、北京、深圳、重庆、天津、杭州、南京、厦门等城市。

中骏地产开发涵盖商业地产、文化旅游地产、产业地产、住宅地产；战略聚焦于一线及核心二线城市，弹性进入强三线城市；重点布局长三角经济圈、环渤海经济圈、粤港澳大湾区、中部经济区、西部走廊及海峡西岸经济区。

中骏商业管理拥有购物中心、主题街区、写字楼、文体文旅四大产品线，致力于探索与发展高品质生活空间，为追求品位生活的人群提供办公、购物、休闲娱乐的城市生活空间，并以创新的经营理念打造崭新的消费生活观，项目已覆盖北京、上海、厦门、泉州、石狮、南安等城市，未来将继续保持稳健的全国战略拓展步伐。

面向未来，中骏集团基于对客户智慧生活趋势的研究，开始构建“FUN+幸福生活”生态圈，布局FUNWORLD购物中心、FUNLIVE方隅公寓、FUNWORK联合办公、世邦泰和等新型业务板块，致力于引领未来智慧生活潮流。

表 3-481 2019 年中骏部分高管名录

姓名	职位
黄朝阳	主席、行政总裁
陈元来	董事局副主席
郑晓乐	董事局副主席
黄攸权	执行董事兼执行总裁
黄 伦	执行董事兼助理总裁
郑全楼	执行总裁
王 勐	执行总裁

福建中联房地产开发集团有限公司
（Z 中联）

中联集团经过26年的辛勤耕耘，积攒雄厚的发展实力，如今已成长为具有较大影响力的一级资质房地产开发企业。自成立以来，集团秉承“心建筑，优生活”的企业理念，深耕海西、做大做强企业品牌，开发规模位居福州房地产企业前列，荣获“2015年度中国房地产开发企业100强”称号，连续多年成为“福州楼市销售10强企业”和福清市最大的城市运营商。公司在福州、厦门、漳州等地已累计开发土地近300万平方米，土地储备近500万平方米，资产总值近200亿元。

表 3-482 2019 年中联部分高管名录

姓名	职位
施文义	董事长

中梁控股集团有限公司
（Z 中梁）

中梁控股（HK02772）是一家快速发展的大型综合房地产开发商，2019 年在香港上市。

公司根植于长三角经济区，布局全国，凭借卓越的产品品质、优质的客户服务，中梁稳居“中国房地产开发企业综合实力 20 强”，并位列发展潜力第 1 名、成长速度第 1 名、运营能力第 1 名、融资能力第 7 名等。2019 年，公司实现合约销售额 1525 亿元。

战略引领，凭借在中国房地产行业多年经验，中梁在区域扩展的策略引导下，项目已拓展至中国五大经济核心区域（长三角经济区、中西部经济区、环渤海经济区、海峡西岸经济区及珠三角经济区），覆盖浙江、江苏、安徽、江西、湖南、湖北、重庆、四川、福建、广东、广西、云南、贵州、山东、河南、河北、辽宁、陕西、山西、甘肃、宁夏、内蒙古、天津等 20 多个省市近 140 座城市（地级行政单位），成功开发了近 400 个项目。

文化驱动，中梁秉承“开放、开拓、开创、共识、共担、共享”的价值观，践行“公开、公平、公正、简单、务实、有效”的组织文化，不断努力创造价值，与同行者共享发展成果，并积极回馈社会。从 2017 年开始，中梁响应国家号召、聚焦青少年成长教育，推出“书香中梁”公益项目，助力祖国未来成长。

展望未来，中梁聚焦住宅核心业务，持续发展商业、产业等新业务。以更加开放合作的姿态，迎接市场的机遇与挑战，打造高素质经营人才，通过多元化投资策略识别新的增长机遇，致力于成为一家中国领先的综合性房地产开发商。

表 3-483 2019 年中梁部分高管名录

姓名	职位
杨 剑	创始人、董事长
黄春雷	执行董事兼首席执行官
陈红亮	执行董事、地产业务联席总裁
李和栗	执行董事、地产业务联席总裁
游思嘉	执行董事、首席财务官

江苏中南建设集团股份有限公司
（Z 中南建设）

中南集团成立于 1988 年，下设中南置地、中南建筑、中南建投、中南土木、中南园林、中南高科、中南金融、中南资本、中南工业、中南教育十大产业板块，下有中南建设（SZ000961）和磐石新能（871460）两个上市公司。

2019 年，公司实现合同销售金额 1960.5 亿元，业务遍及全国 26 个省、160 多个城市及澳大利亚、阿尔及利亚等海外市场，全集团共有 763 个法人公司、941 个在建项目。

中南置地是中南集团旗下房地产旗舰品牌，依托母公司多产业链融合联动的优势，中南置地已打造出精品住宅、商业地产、特色小镇、旅游养生、产业园区五大业态，延承母公司的中国工匠精神，建构起“美好就现在”的企业理念，为全国 100 城、300 个项目、80 万业主提供健康、智慧、人文的新城市美好生活方式。

2019 年，中南集团位列“中国企业 500 强”第 94 位，“中国民营企业 500 强”第 19 位，“中国建筑企业 500 强”第 8 名；“中国房地产企业 17 强”“2019 年度中国房地产 100 强企业”第 20 名“2019 年度中国房地产开发企业商业地产运营 5 强”“2019 年度中国房地产百强企业运营效率 10 强”。

表 3-484 2019 年中南建设部分高管名录

姓名	职位
陈锦石	董事长、总经理
陈昱含	董事、副总经理
辛 琦	董事、副总经理、财务总监

苏州中锐投资集团有限公司
（Z 中锐）

中锐投资是一家以房地产开发为主营业务的企业集团，拥有国家房地产开发一级资质，连续多年跻身“中国房地产100强企业”行列，总部位于上海。

中锐投资坚持专业化、国际化的发展战略，专注于住宅开发、教育地产、商业运营、城市更新、海外投资等业务领域，开发项目覆盖上海、苏州、杭州、无锡、常熟、南京、徐州、宣城、张家港、武汉、厦门等城市，并在澳大利亚悉尼、布里斯班以及美国洛杉矶等海外城市投资了多个高品质房地产项目，累计开发面积近1000万平方米。

中锐投资秉承“品质地产，品位生活”的开发理念和企业使命，珍视每一块土地，在城市规划、建筑设计和景观布局上充分融入国际化技术，同时结合中国本土习性和文化涵养，为客户度身打造品质与人文并存的精品。

中锐深知教育的重要性，多年来，一直专注于特色教育和国际教育，依托独有的教育资源，以“教育+地产”双轮驱动，以育人者之心筑家，只为呈献最“懂你”的品位生活。近年来，荣获“中国特色地产运营优秀企业——教育+地产”“全国保障房建设优秀企业”“中国房地产百强企业”等多项国家级荣誉，入选“中国年度影响力地产企业”“中国房地产卓越100榜”“中国房地产管理与团队卓越榜”。

表3-485 2019年中锐部分高管名录

姓名	职位
钱建蓉	董事长
胡 俊	总裁
毛 恩	副总裁、中锐地产副董事长
高 远	首席财务官

中润资源投资股份有限公司
（Z 中润资源）

中润资源投资股份有限公司在深圳证券交易所主板挂牌上市，主要从事矿产开发与房地产业投资。集团公司拥有八家矿业子公司，一家房地产子公司。矿业方面拥有采矿权19个，黄金保有资源储量约148吨，白银约2778吨，铅锌约318万吨。房地产子公司为山东中润集团淄博置业有限公司。

公司自2009年开始进入矿业开发领域，投资开发的矿种以贵金属（金、银等）、有色金属为主。未来主要以多种方式联合境内外具有资源优势、资金优势及人才优势的企业共同开发，建立国内、国际矿业投资基地。

中润资源进入房地产投资领域后，经过二十年发展，已经成为山东房地产业著名品牌企业。目前正在开发的项目为淄博“中润华侨城”，开发面积150万平方米，是淄博地区最大、最优质项目。

中润资源特别注重现代企业管理体系建设工作，确定了公司中近期和长期发展战略；建立了适应上市公司矿业及房地产业务发展的科学组织架构；建立了现代全过程计划管理体系和绩效考核体系，进一步形成了科学的激励和约束机制。公司尤其注重员工职业生涯发展，建立了极具竞争力的薪酬福利体系。

表3-486 2019年中润资源部分高管名录

姓名	职位
卢 涛	董事长
李振川	总经理

中商控股集团有限公司
（Z 中商）

中商控股集团有限公司（简称“中商集团”）前身中商企业集团公司是1994年经原国家经济贸易委员会批准，在国家工商行政管理总局登记注册的大型商业集团公司。1998年至2011年期间，先后由中央企业工作委员会、国务院国有资产监督管理委员会直接管理。2011年经国务院批准，整体并入中国诚通控股集团有限公司，成为其全资控股企业。2018年5月，正式更名为“中商控股集团有限公司”。

中商集团主营业务为泛农产业、商业物产、资产经营、物流仓储服务、物业租赁服务及现代贸易流通业务，拥有全资、控股子企业25家，参股企业16家。其中，主要企业有：中商大厦有限公司（北京中商房地产开发有限公司）、中国百货纺织品有限公司、中商商业经济研究中心、中商科学技术信息研究所、秦皇岛华运物流有限公司、厦门华运物流有限公司、天津华运物流有限公司、青岛商业进出口物资接运有限公司、海南中商农产品中心市场有限公司、中诚草业有限责任公司。

中商集团服务于中国诚通发展战略，开展资产经营和资本运营，努力成为具有较强核心竞争力和特色的专业资本运作型公司。

表3-487 2019年中商部分高管名录

姓名	职位
顾来云	党委书记、总裁、总经理

中体产业集团股份有限公司
（Z 中体）

中体产业集团股份有限公司（股票代码：600158）成立于1998年3月，是由国家体育总局基金中心、彩票中心、装备中心和中华全国体育基金会等共同发起组建，体育总局控股的A股主板上市公司，具有雄厚的资金支持和丰富的业内运作经验。

公司是国家体育总局控股的唯一一家上市公司，主营业务包括体育产业和房地产业务，并涉足机票代理及传媒等业务。在体育产业方面，公司承办各类体育比赛，开发、经营体育健身项目，并参与建设体育主题社区，而且公司是北京申奥的策划主体之一。在房地产方面，公司在广州、上海、天津、北京等十多个大中城市开发奥林匹克花园项目，成为公司收益的主要来源。

公司是国内最早以发展体育产业为本体的上市公司，根植体育，聚焦体育产业，秉承成为“体育产业资源整合者、规则制定者和产业平台搭建者”的战略定位，积极倡导“客户至上，协作共赢，学习创新，追求卓越”的企业精神。

表3-488 2019年中体部分高管名录

姓名	职位
王卫东	董事长

中天城投集团有限公司
（Z 中天城投）

中天城投成立于1978年，为中天金融（SZ000540）全资子公司，有着40余年的开发运营经验，具有一级房地产开发资质、AAA信誉等级，资产规模超过1000亿元，是西南地区成长最快、规模最大的城市运营商。

根据克而瑞机构统计，2019年公司销售额达219.9亿元，在各项经营指标上，稳居贵州市场第一；累计服务30万业主，以成熟的城市建设及运营模式，成为区域乃至全国具有竞争力的城市运营商，被权威榜单评为“中国十大运营商”。

在“运营城市”理念的指导下，中天城投开发、开创了诸多优质项目和项目打造模式，其中以中天·未来方舟和贵州金融城为主要代表。中天·未来方舟项目是中天旗下典型的新城综合体代表作，未来方舟是全国首批8个国家绿色生态示范城区之一，是贵州省第一个以可再生能源进行集中供暖的绿建项目，引领了贵州的居住体验升级。贵州金融城是中天在贵州的又一代表作品，是贵州省“引金入黔”和贵州十三五重点规划项目。

凭借出色表现，中天城投2019年获评“改革开放40年·贵州房地产十大贡献力企业”“改革开放40年·贵州房地产慈善公益企业”以及“2009—2019年中国房地产10年稳健经营企业”“2019年度中国房地产开发企业品牌价值西南10强”等众多荣誉；旗下重点项目中天·未来方舟获评“改革开放40年·贵州房地产十大美好社区”。

表3-489 2019年中天城投部分高管名录

姓名	职位
罗玉平	董事长

续表

姓名	职位
张　智	执行总裁
李　凯	执行副总裁
李正南	执行副总裁、中天城投副总裁
张　弦	执行副总裁，中天城投副总裁，中天建设董事长、总经理
王昌忠	执行副总裁
张亦农	执行副总裁、品牌管理中心总经理
汤　旭	执行副总裁、中天城投副总裁

中天美好集团有限公司（Z　中天美好）

中天美好集团是中国企业500强——中天控股集团有限公司旗下“美好生活服务商”，具有国家一级房地产开发资质，总部设于杭州。2018年，集团顺应市场战略发展及品牌升级需求，由中天房产正式升级更名为中天美好集团，致力于成为“区域最具竞争力的美好生活服务商”，为广大客户和业主提供优质的产品和服务，筑就美好生活。

根据克而瑞机构统计，2019年公司销售额达248.1亿元。

中天美好集团下辖30多家房地产开发子公司和物业服务公司、资产管理公司、代建公司，业务覆盖环沪、环杭、浙中、苏北等多个核心区域市场和西安、乌鲁木齐、长沙等多个省会城市，产品类型涵盖住宅、写字楼、商业综合体、度假酒店、长租公寓、众创空间等，年开发商品房逾200万平方米，为美好生沽提供品质居所和配套服务。

在发展经营中，中天美好利用、整合中天集团内部突出的建筑施工能力和产业链资源，坚持“产品领先，品质至上，品牌发展”的发展战略和“每盘必优”的标准，以“精工、精诚”“全精工标准，全过程控制，全周期服务”为企业经营理念，引进PC工艺、铝模体系、BIM技术等产业尖端工艺，率先普及绿色建筑二星及以上标准，有机结合舒适空间和绿色科技，打造品质产品、提供优质服务。

多年来，中天美好集团开发产品在精工匠心、绿色健康、社区智慧、生活宜居等方面不断突破，在各类国家级、省市级试点上屡获殊荣，真心为广大业主、客户缔造美好生活而努力。

表3-490　2019年中天美好部分高管名录

姓名	职位
华学严	董事长
李国富	总裁
陈　霞	营销管理部总经理
干红军	投资发展部总经理

中新苏州工业园区置地有限公司（Z　中新）

中新苏州工业园区置地有限公司是中国房地产开发一级资质企业，2001年4月由中新苏州工业园区开发集团股份有限公司与苏州工业园区地产经营管理公司合资组建，注册资本12亿元，拥有控股子公司4家、参股子公司3家，2009年底资产总额达68亿元。

作为江苏省服务业名牌、江苏省著名商标企业，公司已连续7年荣获“江苏省房地产业综合实力50强”、连续8年荣获“苏州市房地产开发综合实力20强”称号，位居区域性品牌房地产开发商行列前茅。秉承“进取成就未来”的企业精神，不断增强“住宅专家”的企业核心价值，中新置地始终植根于园区、立足苏州、辐射苏南、放眼长三角，以开发中高端公寓、花园洋房、精品低密度住宅为产业核心，延伸商业、物业等利于提升产品附加值和公司品牌的关联产业，加快企业集团化建设，持续提升企业竞争力。

表3-491　2019年中新部分高管名录

姓名	职位
赵志松	董事长
马晓东	总经理

中信泰富（中国）投资有限公司
（Z　中信泰富）

中信泰富是一家领先的综合房地产投资、开发及运营商。中信泰富地产以中信泰富总部的实力为依托，凭借雄厚的资金保障与强大的资源整合能力，以“中信泰富（中国）投资有限公司”为平台统一管理中信泰富在中国内地的房地产开发业务。历经多年发展和不懈努力，立足上海，辐射全国，致力于为客户提供物超所值的产品和服务，创造超越建筑本身的理想生活方式。

根据克而瑞机构统计，2019年公司销售额达106.1亿元。

中信泰富地产是中信股份旗下专注于房地产行业的投资、开发及运营主体。中信股份有限公司在香港上市，是中国最大的综合性企业。中信股份涉足领域包括金融、资源能源、工程承包、制造、房地产以及其他行业，业务遍及中国及海外市场。近年来，中信泰富地产开发的城市综合体、旅游休闲、高端商业、优质住宅等地产项目主要集中于上海及长三角主要城市，包括位于上海的陆家嘴滨江金融城、中信泰富广场、中信泰富大厦、中信泰富科技财富广场、嘉定新城项目，位于江苏无锡的太湖锦园项目等，并不断向南京、武汉、深圳等重点城市开拓发展。

除地产开发之外，中信泰富地产还着力发展商业资产运营与物业管理服务，并以领先的意识不断吸收先进的运营及管理理念，将地产开发、商业运营和物业管理做到顶尖、专业和一流。

表3-492　2019年中信泰富部分高管名录

姓名	职位
刘明君	总裁
卢剑华	党委副书记、工会主席
鲍三中	执行副总裁
肖　飙	副总裁
樊明良	副总裁

杭州中兴房地产开发有限公司
（Z　中兴）

杭州中兴房地产开发有限公司创建于1993年，由西湖电子集团有限公司旗下上市公司数源科技股份有限公司及其全资子公司杭州易和网络有限公司共同投资的，注册资本2亿元，具房地产开发企业一级资质。

公司的母公司西湖电子集团是杭州市政府授权资产经营的国有独资公司，中国电子信息百强企业之一，数源科技是以数字电子信息、通信产品为主业的高科技上市公司。

历年来，公司秉承“中正仁和”的企业理念、“和者筑家”的开发宗旨，以建设精品楼盘，提升城市品位为己任，已先后开发建设杭州的中兴公寓、嘉绿苑、文都苑、景城花园、丁桥景园、景洲公寓、九洲芳园。诸暨市的景城嘉苑、合肥市的西湖花园、印象西湖等多个住宅小区和高档商住楼盘，累计开发各类房地产建筑面积200万平方米，建筑优质工程率达90%，销售率达100%，赢得了社会各界的广泛赞誉。公司在建项目有杭州下沙、长睦、花园岗、三墩北、新三墩北、下沙大学城五个项目保障性用房，合肥印象西湖项目、衢州金融大厦项目、德清秋山安置房项目，2019年底即将开工的杭州田园排屋项目。公司积极进取、开拓创新，在立足杭州市房地产开发经营的同时面向全国，开拓外地房地产领域。

近年来，公司通过了ISO9001质量管理体系认定、ISO14001环境管理体系、OHS18001职业健康安全管理体系认证审核。公司不断追求卓越与完美，脚踏实地、精心提升公司品牌，凭借实力和信誉真诚回报社会，为祖国城市的繁荣，提供优质人居环境，作出不懈的努力。

表3-493　2019年中兴部分高管名录

姓名	职位
尹建文	董事长

中冶置业集团有限公司
（Z　中冶置业）

中冶置业集团是新中国五矿、中冶集团独资的大型国有房地产开发企业，也是中冶集团房地产业务的核心企业，拥有房地产开发、物业管理两项一级资质。作为国务院国资委首批 16 家房地产央企之一，公司全力打造以项目开发能力、资本整合能力、产业整合能力为基础的核心竞争力，坚持走精品化、专业化、品牌化的发展路径，全面布局三大经济圈热点城市，开创了统一品牌与区域化经营相结合的发展新纪元。

根据克而瑞机构统计，2019 年公司销售额达 213.8 亿元。

2019 年，中冶置业稳步推进开发线、资产线、物业线、金融线等“四条业务主线”，巩固以中高端住宅开发为主，商业地产、物业管理为辅的“一主两翼”业务体系，倾力打造以“德贤系”“锦绣系”“逸璟系”为代表的高端地产、以“中冶·盛世国际广场”命名的商业综合体品牌、以“和悦系”为代表的商业品牌和“舍”字系长租公寓品牌，企业核心竞争力快速增强，经营业绩稳步上升，实现了从房地产开发商向城市开发运营商的跨越。

截至目前，中冶置业已先后荣膺“中国房地产 100 强企业”第 40 位、百强盈利能力第 5 位、“中国房地产公司品牌价值 10 强”、“全国绿色开发竞争力企业”第 14 位，荣获“中国城市开发运营优秀企业”称号；中冶物业跻身“全国物业服务 100 强企业”阵营，荣获“中国物业服务专业化运营领先品牌企业”“中国物业服务年度社会责任感企业”称号。中冶置业品牌价值达 148 亿元，主体长期信用被国内权威信用评级机构评为最高的 AAA 级。

表 3-494　2019 年中冶置业部分高管名录

姓名	职位
刘福明	董事长
冯祥利	总经理
孙建伟	副总经理
李美林	副总经理
吴国洪	总会计师
王新明	副总经理
丁志雄	副总经理
董　超	副总经理
李瑞峰	副总经理

中茵股份有限公司
（Z　中茵）

中茵公司在上海证券交易所挂牌，证券代码为 600745。

公司以“城市运营”为己任，遵循“创造明天价值”的发展理念，锐意进取，不断创新。公司项目主要集中在中国经济发展最活跃、最快速的长三角区域，目前已在苏州、连云港、徐州、淮安、昆山等多个城市和地区进行住宅、写字楼、酒店、商业等众多项目的开发。公司以精益求精的产品质量、真诚专注的企业信誉、先进的国际化管理模式，受到各级政府部门和消费者、媒体的广泛好评。

表 3-495　2019 年中茵部分高管名录

姓名	职位
徐庆华	总经理

中垠地产有限公司
（Z　中垠）

中垠地产是“世界 500 强”兖矿集团的全资子公司，注册成立于 2014 年 3 月 26 日，注册资本 5 亿元。

公司承载着集团做大做强地产板块的殷切希望与美好期许，按照“立足现有，以点带面，区域聚焦，辐射全国”的战略思路，以快速交通为导向，专注城市更新，致力绿色节能，以品质铸造品牌，以品牌成就价值，全力打造“资源优配，产投一体，业务互融”的城市综合地产运营商。公司具有房地产开发及物业管理一级资质，开发产品涉及商业、办公、住宅、旅游、养老等领域，具备 TOD、旧城改造等多种模式开发能力。

公司累计开发面积 800 余万平方米，项目辐射全国三省（山东、江苏、湖南）、两个自治区（广西、新疆）、两个直辖市（北京、上海），布局上海、济南、南京、青岛等 15 座城市，主要开展业务是物业管理和特种设备设施维保（电梯），主要有中高端住宅、办公、商业等服务项目类型，服务范围覆盖济南、南京、济宁、邹城、曲阜、日照、海阳、益阳、北海等9座城市，共12个项目。商投联营主要开展业务是酒店经营及房屋租赁。截至2018年末，中垠地产资产总额189.91亿元。

中垠地产公司作为中国房地产业协会会员单位、中国责任地产课题参编单位，先后获得“中国房地产名牌企业”“厚道房地产开发企业”等荣誉称号，在2017年度“中国房地产开发企业500强”榜单中位列第324位，2018年位列第290位，2019年度晋升位列第216位。

表3-496　2019年中垠部分高管名录

姓名	职位
王　健	董事长
张亚峰	总经理

中渝置地控股有限公司
（Z　中渝置地）

中渝置地（HK01224）1999年4月在香港上市，是一家主要从事物业发展及物业投资业务的中国香港投资控股公司。公司通过两个业务分部进行运营。物业发展及物业投资分部从事物业发展及物业投资业务。财务投资分部从事证券投资、应收票据业务以及提供融资服务。公司也通过其子公司从事物业持有及提供公司管理服务业务。

2006年11月，集团收购重庆中渝物业发展有限公司，为集团提供机遇充分发挥后者在策略位置及在中国物业市场早著先机的优势，从而将集团业务多元化拓展至中国物业发展及投资，并自此成为集团的核心业务。公司在重庆 、成都、贵阳及西安拥有约1410万平方米建筑面积的优质土地储备。

基于国内经济持续增长，中渝置地凭借管理层专业知识，优质土地储备及稳健财务状况，已具备成为中国西部具领导地位房地产发展商的优势。集团已被列入为恒生综合指数系列及摩根士丹利资本国际小型股指数中国指数系列。

表3-497　2019年中渝置地部分高管名录

姓名	职位
张松桥	董事会主席
林孝文	董事会副主席、董事总经理
黄志强	董事会副主席

云南中原实业集团有限公司
（Z　中原实业）

云南中原实业集团有限公司是一家以房地产开发、绿色产业为主，以房地产经纪代理、营销策划、装饰装修为辅的多元化集团公司。旗下公司有云南中天世纪房地产开发经营有限公司、昆明中天世纪房地产经纪有限公司、曲靖红石房地产开发有限责任公司、曲靖中天世纪房地产开发有限责任公司等子公司。集团公司开发的项目有曲靖中天国际、世纪花城，昆明中天花园、中天境界，文山中天世纪等。

表3-498　2019年中原实业部分高管名录

姓名	职位
闫政柏	董事长

河南中岳秀峰房地产集团有限公司
（Z　中岳秀峰）

河南中岳秀峰房地产集团有限公司创立于1992年，总部设在郑州，是河南地区成立最早的房地产开发公司之一。集团在澳大利亚、北京、河南、山东、湖南、福建、贵州、青海、湖北、江苏等地拥有二十多家子公司，员工1000余人，总资产近100亿元。

经过二十余年的发展，集团形成了以地产开发为核心，商业运营、酒业产销、互联网运营、物业服务、汽车贸易和股权管理等多领域稳健发展的产业格局。

在地产开发领域，集团凭借专业的运营团队和高标准的企业诉求，成功打造了郑州新天地项目、中岳·七里香堤、中岳·俪景湾、东熙汇、江苏中岳·融耀新城、湖北中岳·新天地等项目。在“六五”的开局之年，集团确立了进驻全国省会城市的战略布局，已成功进驻济南、福州、贵州。

2019年3月20日，“2019年度中国房地产500强”测评成果发布，中岳秀峰集团获“2019年度中国房地产开发企业500强”称号，成功跻身中国房地产领军企业行列。

近年来，集团实现资源全面整合，朝着“创一流品牌，做百年企业”的愿景，在稳健中求发展，坚守“道”和“利”的平衡，尽最大的努力为社会贡献物质和精神财富。

表3-499 2019年中岳秀峰部分高管名录

姓名	职位
王小颜	集团总裁
聂广华	副总裁

深圳市中洲投资控股股份有限公司（Z 中洲）

中洲控股（SZ000042）创立于1984年，于1994年在深交所上市，是国家房地产开发一级资质企业，其控股股东中洲集团是跨区域、跨行业、多元化发展的综合性集团企业。

根据克而瑞机构统计，2019年公司销售额达118.4亿元。

中洲作为城市综合运营商，以城市开发、城市建设、城市更新为主营业务，业务涵盖酒店经营、商业管理、产业运营、物业管理、资本运作等多个领域，聚焦粤港澳大湾区、上海大都市圈、成渝经济圈、环渤海经济区，“专注区域，深耕城市，多盘联动”。

近年来，中洲先后被评为“上市房企发展速度5强”及“地产上市公司综合实力50强”，荣膺“中国房地产100强企业”和“城市运营商品牌20强”，2019年被评为“蓝筹地产企业”。

未来，中洲将整合更多社会优质资源，全面提升城市综合投资运营能力，助力城市升级，智筑城市未来。

表3-500 2019年中洲部分高管名录

姓名	职位
姚日波	董事长
彭伟东	总裁
叶晓东	副总裁、财务总监
吴艳萍	副总裁
王玉林	副总裁

珠海中珠集团股份有限公司（Z 中珠）

中珠医疗控股股份有限公司前身为湖北潜江制药股份有限公司，2001年5月18日在上海交易所挂牌上市（股票代码：600568），是国家眼科用药生产基地及眼科医药上市公司。旗下珠海中珠集团股份有限公司成立于1991年3月，是由住房和城乡建设部、中国房地产协会联合全国70多家知名企业，共同出资组建的股份制企业，主要从事房地产、医药、金融、矿业等多元化领域，其房地产领域延伸至广东、北京、湖北、湖南、海南等多个省市，同时，中珠集团拥有国家一级资质的物业服务创品牌。通过上市子公司，在商业地产、旅游地产领域、金融、矿业领域，中珠集团正在积极探索。在珠海，中珠先后开发了中珠新村、中珠九悦、中珠上城、中珠上郡等众多项目。

表3-501 2019年中珠部分高管名录

姓名	职位
许德来	董事长、总裁

众安房产有限公司（Z 众安）

众安集团（HK00672）成立于1997年，2007年11月在香港上市，成为浙江省第二家在香港主板上市的房产企业，并创下当时浙江房企在港上市融资之“最”，是中国长江三角地区具领先地位的房地产发展商，开发专案涵盖中高端住宅、酒店及城市综合体等不同物业。

根据克而瑞机构统计，2019年公司销售额达

90.1亿元。

自1997年成立以来，逾13年房地产发展经验，众安集团以浙江本土市场为核心，率先进入合肥、淮北、苏州等长三角地区主要城市，并在当地建立了稳固的品牌优势。为使业务营运和收入来源更为多元化，集团同时开发及持有商用物业作长线投资，包括购物中心、办公大楼、酒店和服务式公寓等。

众安集团坚持“以人为本”的理念，秉承世界建筑的人文历史精髓，持续追求开发专案的高品质，建立卓越品牌，尤其专注于技术创新、结构完整、环境和谐以及景观效果。集团的多个开发项目荣获“杭州年度最具影响力楼盘”“淮北房地产十大品牌楼盘”“中国城市建筑新地标”等地方及国家级奖项及“住房和城乡建设部AA级住宅”。

表3-502 2019年众安部分高管名录

姓名	职位
施侃成	董事局主席兼总裁
汪水云	董事局副主席
张坚钢	首席执行官
沈条娟	副总裁
金建荣	副总裁

众美集团
（Z 众美）

众美成立于2001年，总部设在北京，是一家正在转型的定制生活服务商，业务涵盖房地产开发、物业管理、商业运营、传媒文化、养老服务等。众美以“携手伙伴·定制美好生活”为企业使命，以成为客户信赖的“定制生活服务商”为愿景，业务涵盖空间定制与服务定制。

在集团主营业务房地产开发领域，经过十余年的深耕细作和持续创新，形成了“服务导向，营销前置”的“创新型商品房合作建设”模式和“金钥匙”服务体系，先后开发了众美·凤凰城、众美·现代城等多个大型项目，打造了众美城·国际文化健康城、众美·欢乐汇等产品线品牌，开发规模约350万平方米（含在建），具备国家房地产开发一级资质和物业服务二级资质。

十余年来，众美始终坚持服务导向，以“服务全年龄结构”和“满足全方位需求”为目标，将质量过硬的住宅产品、舒适健康的居住环境、丰富实用的休闲娱乐配套、优秀的教育和医疗等优质生活资源加以整合，打造“全生活服务链”。不仅全面满足业主对居住的普遍需求，更加强对“一老一小”的特色服务。社区将配建老年公寓或进行物业服务升级，配备专业护理及服务人员，用心关爱老年群体；引入从幼儿园到中学的一站式优质教育资源，提升社区乃至区域的整体教育品质。

表3-503 2019年众美部分高管名录

姓名	职位
刘永凯	董事长兼总经理

广东珠光集团有限公司
（Z 珠光）

广东珠光集团有限公司(简称“珠光集团”)前身为广东珠光实业有限公司，创建于1996年，2005年经核准更名为“广东珠光集团有限公司”。经过14年的长足发展，珠光集团已发展成为在全国拥有30多家下属二级、项目公司的跨行业、跨地区的综合性大型企业集团。

表3-504 2019年珠光部分高管名录

姓名	职位
朱庆伊	董事兼行政总裁
饶富欣	总裁助理
利　瑛	市场经营管理中心总经理

广州珠江实业集团有限公司
（Z 珠江实业）

珠江实业开发股份有限公司（SH600684），前身为广州珠江房产公司，成立于1985年4月，1993年10月在上交所上市，是广州市成立最早的房地产综合开发企业之一，也是广州市第一批上市公司之一。公司主营房地产开发，下属全资、控股子公司共9家，分别涵盖物业投资、物业经营等业务。

经过二十多年的发展，珠江实业已经成为广州市房地产开发的骨干企业。公司以“成就蓝图之美”为使命，以“实现客户居住梦想，促进城市和谐构建”为目标，致力于构筑健康有序的生活空间，营造丰富多彩的居住文化。公司相继开发了华乐大厦、淘金北小区、站前路小区、昌岗中路小区、百事佳新村、文昌南路建筑组团、金山阁、金威大厦、珠江新岸公寓、珠江花城等项目，斩获“中国十大宜居楼盘”和“亚洲国际住宅人居环境范例”等殊荣。

珠江实业将坚持以住宅、商业地产开发为主，进一步加大对金融地产模的探索，加大股权投资力度，提升企业发展规模与盈利能力，并积极研究与推进养老、旅游等多元地产的战略，深耕广州，发展湖南，布局海南，进军安徽。

公司连续多次荣获国家、省、市和有关行业颁发的各种荣誉和奖项，先后被国家工商行政管理总局授予“全国守合同重信用企业”荣誉，被广东省工商局授予连续19年“守合同重信用企业”荣誉，被评为“广州房地产阳光企业”；多次获得“中国房地产行业最具竞争力100强企业”“广州地产年鉴年度品牌房企”等荣誉。

表3-505 2019年珠江实业部分高管名录

姓名	职位
答恒诚	总经理
甘耀华	副总经理
黄　静	副总经理

广东珠江投资股份有限公司
(Z 珠江投资)

珠江投资成立于1993年，是一家有雄厚投资实力和强烈社会责任感的多元化企业集团。以促进可持续发展为目标开发社会投资项目，全国布局城市更新、能源与基础设施、商业、产业、住宅、教育、医疗、文化、科技、金融十大业务板块。服务社会，回报社会，创造性地先行解决社会问题，提供前瞻性的解决方案，26年每一步稳步前行，成就“中国综合社会服务商”大理想。

根据克而瑞机构统计，2019年公司销售额达141.7亿元。

珠江投资携手珠江人寿、珠江投管共同组建全国最具影响力企业航母集群。迄今为止，珠江投资立足广州，迈向全国，战略版图已拓展至北京、上海、深圳、西安、成都等核心城市，形成以一线城市为重点、向二线城市延伸拓展的战略布局。

截至2018年底，珠江集团总资产超3000亿元，累计开发了150余个项目，包括83个住宅项目、13个大型购物中心、15栋星级酒店；与多所211、985大学联合办学，开办3所科院校、60余所中小学及幼儿园，累计全龄招生超25万人；计划开设近300间社区门诊，医疗健康版图逐步扩张；珠江红船累计接待游客21万人次；26年深耕发展，为百万业主带来珠江好生活；荣获“2019年度中国房地产开发企业100强”“2019年度中国房地产开发企业责任地产10强”“2019（第十六届）蓝筹地产”“第十八届（2019年度）广东地产资信20强”等多项殊荣。

表3-506 2019年珠江投资部分高管名录

姓名	职位
朱伟航	董事长兼联席总裁
余耀胜	总经理

北京住总集团有限公司
(Z 住总)

北京住总集团成立于1983年5月，是以改革创新为驱动、科技研发为先导，建安施工、地产开发、现代服务三业并举，跨地区、跨行业、跨国经营的大型企业集团，是首都国有经济重要骨干企业。集团拥有全资企业、控股企业、参股企业及事业部30余家，总资产近1000亿元，年综合经营额600亿元。

根据克而瑞机构统计，2019年公司销售额达76.4亿元。

北京住总以“建房人永远想着住房人”为宗旨，立足京津冀、布局全中国、拓展丝路经济带，打造城市建设投资运营服务商，经营地域遍布内陆省市和世界各地。成立30多年来，已建成各类建筑近1亿平方米；开发建设住宅小区75个，规模2000余万平方米。

北京住总拥有全产业链建安施工、地产开发和现代服务的行业顶级资质，拥有对外承包工程和对外贸易经营资格，取得了数十项省部级以上科技进步奖、国家级专利，编制了数十项国家级标准和工法，以“为生民安其居，为建筑立伟业”为使命，以“一体化经营”协同优势为社会各界客户提供咨询评估、投资开发、规划设计、技术研发、环境改造、施工建设、运营维护全方位、全过程、全周期的运营服务。

截至目前，北京住总已获得数十项“鲁班奖”“詹天佑奖”、国优金奖银奖和数百项市级以上建筑设计奖、优质工程奖；荣膺“中国经济百家诚信企业”和“全国建筑业诚信企业”等称号，位列“中国企业500强”和“全球最大250家国际工程承包商”。

表3-507　2019年住总部分高管名录

姓名	职位
王宝申	董事长、总经理
张伟泽	副总经理
周泽光	副总经理
顾　昱	副总经理
杨健康	总工程师

卓越置业集团有限公司
（Z　卓越）

卓越集团1996年成立于深圳，现已成为一家实力型企业集团，业务布局全国32座核心一、二线及高成长城市，业务领域涉及地产开发、城市更新、资产运营、金融投资四大核心板块，且均已处于行业领先地位。

根据克而瑞机构统计，2019年公司销售额达949.5亿元，位列“中国地产50强”。

目前，卓越集团已连续16年入选“中国房地产100强企业”，连续15年入选“中国蓝筹地产企业”。2019年，卓越集团坚持新版企业宪章《卓越之道》以及新五年发展战略，形成三大产业七大业务板块，以“共筑卓越人生”为使命，致力于成为“城市综合运营的世界级标杆”。

目前，卓越集团已经实现了从区域到全国化的战略布局，形成了以商务地产与住宅项目并举的丰富产品组合，从超甲级写字楼到城市综合体，从美学标杆大社区到城市豪宅定制，卓越始终引领商务与人居标杆。在住宅领域，卓越深入研究不同类型的客户需求，现已形成卓系、悦系、蔚蓝系三大产品线；在商务办公领域，卓越集团已布局深圳福田中心区、后海中心区、前海中心区、宝安中心区，是四个中心区最大的商务地产开发商。

截至目前，卓越已开发房地产面积超过2000万平方米。未来卓越将聚焦粤港澳湾区城市群、杭州湾城市群、京津冀城市群三大都市圈，因城施策，以客户的诉求为本，创造精致成熟的产品系列。

表3-508　2019年卓越部分高管名录

姓名	职位
李　华	董事局主席
李晓平	总裁
沙　骥	执行总裁
陈　林	副总裁
李宏耕	副总裁、上海公司总经理兼任南京公司董事长
牛　伟	战略运营部总经理

云南子元（集团）股份有限公司
（Z　子元）

云南子元（集团）股份有限公司是以房地产开发为支柱，集旅游开发、金融、物业服务于一体的大型集团。集团总资产逾100亿元，规模列居“云南省民营企业100强”之列。

云南子元（集团）股份有限公司创始于1994年，于1998年完成股份制改造。自创立以来，子元集团始终坚持“诚信、互利、创新、卓越”的企业精神，遵循“以人为本，诚信经营，科学决策，稳步开拓”经营管理理念，秉承“创造团结平等的工作环境，充分发挥人的主观能动性，实现最大价值奉献社会”的创业宗旨，不断发展壮大，实现了企业规模、结构、效率的逐年提升与优化，汇集了以云南子元投资有限公司、昆明润城投资有限公司、云南龙宇房地产开发有限公司、云南子元房地产开发股份有限公司、云南长水航城开发建设有限公司、西双版纳正元房地产开发有限公司、香格里拉县千湖山生态开发有限责任公司、香格里拉县子元房地产开发有限责任公司、保山子元房地产开发有限公司、云南建元生物开发有限公司和云南怡和物业管理集团等为主的核心企业群落。

子元集团是一家拥有国家房地产开发一级资质的地产企业，在云南省内多个州市开发多个精品项目，满足不同区域的人居梦想。多年以来，在社会各界的支持下，通过全体同仁多年来坚持不懈的努力，子元集团在城市综合体、小城镇开发、物业管理等经营领域取得了骄人的业绩，树立了良好的企业形象。在昆明开发的项目有“润城”“长水航城”“山水润城”等。在云南各地州开发的项目有弥勒王炽商业文化城、版纳丽水景苑一期、版纳智源上居、雨林畅享——别墅岭地、保山易乐上苑、香格里拉香巴拉小镇、日月星城等房地产项目，已完成开发和正在开发的面积500余万平方米。

在未来的发展过程中，子元人将一如既往地追求卓越、不断创新，不断进行经营变革和管理创新，增强企业的整体素质，力争把子元集团建设成为云南省名列前茅的房地产开发企业集团。

表3-509 2019年子元部分高管名录

姓名	职位
林立东	董事长
汪万生	集团总裁

西安紫薇地产开发有限公司
（Z 紫薇）

紫薇地产是西安高科（集团）公司直属核心企业，是一家具有国家一级开发资质的国有大型房地产开发企业。目前，紫薇已经逐步形成以商品住宅、保障型住宅开发、产业园区与城市公建配套、物业管理、社区服务等多个业态纵深发展的多元化企业集团，七大开发板块普惠大西安，旗下二十余社区、十多万业主群体，累计完成开发面积逾1000万平方米，为西安人居环境优化、城市建设发展带来积极推动。

表3-510 2019年紫薇部分高管名录

姓名	职位
李维东	董事长
赵 中	总经理

第四篇

2019中国地产年度人物

中国地产人物评选背景介绍

中国的城市化进程经历了一个漫长曲折的过程，取得了长足的进步，而中国房地产业也伴随着整个中国城市化进程而得认持续发展，日益成为中国城市化进程中最重要、最具研究价值的领域之一。在夺目光辉的成绩背后，那些影响了中国居住历史进程的杰出CEO和奋斗于行业一线的优秀经理人功不可没，他们是中国人居美好生活的中坚力量，是满载正能量的行业榜样。他们值得致敬，他们通过乐居财经主办的“中国地产经理人评选”而被历史铭记，他们的典型案例和示范精神将通过活动更好地展现、构筑、传递，成为房产行业的新时代英雄。

2017年至2019年，由乐居财经、新浪财经、中国企业家、中房网、中物研协联合主办，中国房地产业协会、中国物业管理协会、全国工商联家具装饰业商会的共同指导下的“中国地产经理人评选”已经连续举办了三届，覆盖中国约60个主要城市，每年参选人数达到近2000人，参与品牌企业数量共计1200家，网上有效投票在2019年突破4700万票数。

在主流媒体、权威专业机构组成的专家评审会综合评审下，最终评选出“中国十大地产年度CEO”和“中国地产经理人100强”。

评选紧扣行业发展主旋律，为实现美好生活的奋斗目标，以做强主业、稳健经营、高质发展和社会责任四项综合表现作为重要依据，坚持公开、公平和公正原则，通过网络票选、业绩数据和专家打分最后评定出榜单，旨在深度挖掘业内的优秀人才，通过标杆人物的示范和引领作用，充分激发业界全员正能量，促进企业结构优化，推动中国房地产人物库建设和行业健康发展，对行业的可持续发展产生深远的影响。

2019年中国地产人物评选榜单

2019年中国十大地产年度CEO

姓名	职位
张玉良	绿地控股集团股份有限公司董事长、总裁
李从瑞	中国金茂控股集团有限公司执行董事、首席执行官
许世坛	世茂集团董事局副主席、总裁
张亚东	绿城中国董事会主席、行政总裁
蒋思海	金科股份董事长
朱荣斌	阳光城执行董事长、总裁
王海洋	雅居乐地产集团总裁
甄立涛	恒大地产集团总裁
何金钢	中国葛洲坝地产党委书记、董事长
袁旭俊	建业地产首席执行官

2019年中国地产经理人100强

姓名	职位
薄禄伟	中骏集团重庆公司总经理
毕兴矿	中南置地苏北区域公司总裁
蔡亦忠	中骏集团福建公司总经理
曾标志	雅居乐地产集团海南区域总裁
陈德龙	北京嘉德集团董事、嘉都项目总经理
陈洁生	华侨城西部投资有限公司党委委员、副总经理
陈晓东	富力集团副总经理、东北区董事长
陈一平	海南南国控股集团总裁
丁宇星	红豆置业苏南事业部部长兼无锡公司总经理
董建民	哈尔滨鲁商置业总经理、书记
董　毅	旭辉北京公司总经理
鄂　宇	弘阳地产集团助理总裁
方力斌	碧桂园集团川西南区域总裁

续表

姓名	职位
伏云鹏	禹洲地产苏州公司总经理
高震极	中海地产长春公司总经理
郭浩淼	龙光地产肇庆公司总经理
郭　力	复地产业发展集团济南公司总经理
郭　伟	新城控股集团苏州区域公司总经理
韩　杰	中南置地西安区域总裁、郑州区域总裁
胡　进	越秀地产华中区域副总经理、长沙公司总经理
黄春梅	富力珠中江公司董事长
黄　晖	旭辉控股（集团）福建区域公司总经理
黄小达	阳光城广西区域总裁
贾　媛	金科股份陕西公司总经理
姜本鑫	华宇集团东北区域公司总经理
蒋必强	阳光城安徽区域总裁
解　嘉	苏州天地源房地产开发有限公司董事长
金定华	碧桂园集团广州区域总裁
况进林	金科股份湖南区域公司董事长
李　斌	银丰地产集团董事长
李　存	三盛集团福建区域总裁
李　非	蓝光发展重庆区域总裁
李建军	碧桂园鲁东区域执行总裁
李　江	海伦堡中国控股华东区域总裁
李　捷	星河湾集团西安公司总经理
李军辉	力高集团济南城市公司总经理
李　明	富力集团副总经理兼江苏公司董事长
李尚明	富力集团副总经理、浙江公司董事长
李双江	沈阳百益龙置业有限公司总经理

续表

姓名	职位
李 扬	山东旭辉银盛泰集团有限公司总裁
梁 俊	保利江苏无锡公司总经理
林 曈	万科集团东北管理中心总经理、长春万科地产总经理
刘全乐	太原华侨城房地产开发有限公司总经理
卢国鹏	泰禾集团总裁助理兼上海区域总裁
卢迅斌	龙光地产广西区域总裁
罗红军	华宇重庆公司总经理
马 健	辽宁白沙岛实业发展有限公司总经理
麦丽华	合景泰富城市更新集团总经理
梅 霖	蓝光发展海西区域董事长
潘永卓	碧桂园控股云南区域总裁
沈 仑	弘阳地产集团副总裁兼苏南区域总经理
沈 杨	嘉福地产集团营销商管中心总经理
沈宇嵩	珠江投资、合生创展上海区域公司总经理
苏萧龙	锦艺集团助理总裁兼城市公司总经理
苏 新	首开福州城市公司党支部书记、总经理
孙祥军	路劲地产副总裁、北京公司总经理
孙小烈	星河湾集团上海区域副总裁
唐俊飞	中南置地云贵区域总裁
涂俊涛	新希望地产成都公司总经理
屠俊良	华发股份北方区域公司副总经理
王敬伟	新力地产集团赣越城市公司总经理
王俊秀	山西文旅集团山投高新总经理
王 鹏	金科华东区域苏州城市公司总经理
王 强	新力地产集团赣西城市公司总经理
王 卫	融信集团第三事业部总裁
王晓艳	实力文旅地产集团总经理
温周平	吴中地产长春公司总经理
吴 乐	阳光城集团江西区域公司总裁
吴圣鹏	阳光城集团四川区域公司总裁
徐 春	卓越集团副总裁兼深圳地产公司总经理

续表

姓名	职位
徐国宏	阳光城集团副总裁兼福州区域公司总裁
徐玉军	星河湾集团太原城市公司总经理
严惠雄	海伦堡深圳区域总裁
晏 军	华发股份华南区域中山公司总经理
杨昌仁	黑龙江宏仁实业控股董事长
杨峻伟	华发股份上海公司总经理、华东资管公司总经理
姚 健	中铁建地产华中公司执行董事、党委书记
姚永茂	富力（大连）房地产开发有限公司总经理
翟朝锋	雅居乐集团地产云南区域总裁
张 播	旭辉集团副总裁、西南区域总裁
张 东	海南龙栖祥湾置业有限公司总经理
张海明	雅居乐地产集团广州区域总裁
张 宏	星河华南城市更新集团董事副总裁
张能迪	阳光城集团副总裁兼湖北区域总裁
张 涛	招商蛇口江南区域副总经理兼苏南公司总经理
张文硕	富力地产辽宁公司副董事长
张习军	河北润江投资集团有限公司执行总裁
赵 波	金科集团江西区域公司董事长
赵 磊	雅居乐地产南京区域总裁
钟百灵	华发股份珠海区域总经理
周 成	仁恒置地苏州公司总经理
周 达	金科股份重庆区域公司总经理
周双杰	九龙仓北京总经理
周长亮	金辉集团西北区域总裁
朱国刚	花样年地产成都区域公司区域总裁
朱 剑	富力集团贵州公司副董事长
朱永飞	珠海西部铁建开发有限公司总经理
祝 娜	德商地产川渝区域公司总经理
宗慧杰	碧桂园山西区域总裁
邹恩鹏	星河湾集团沈阳公司总经理

2019年中国十大地产年度CEO

张玉良　绿地控股集团股份有限公司董事长、总裁

男，1956年生于上海，高级经济师，现任绿地控股集团股份有限公司董事长、总裁。

【教育经历】

1982年9月参加工作，大学学历。

【工作经历】

先后担任上海市嘉定区江桥镇党委委员、副书记，上海市农委机关主任科员，上海市农委住宅办副主任等职务。

1992年创办上海绿地总公司（绿地集团前身），先后担任上海绿地总公司总经理，绿地集团董事长、总裁、党委书记等职务。现任绿地控股集团股份有限公司董事长、总裁。

【社会职务】

中国企业联合会副会长；

中国房地产业协会副会长；

国家住房和城乡建设部决策专家组成员；

复旦大学校董

【荣誉成就】

CCTV第十四届中国经济年度人物；

新浪财经2018十大经济年度人物；

2019年12月12日，荣获“2019中国十大地产年度CEO”称号。

【人物评价】

他，信奉天道酬勤，主动谋变，是中国企业界的混改标杆；他，坚持以地产为主业，形成“1+5>N”的协同效应，加速绿地向“城市建设运营商”全面转型；他，围绕双万亿目标，保持奔跑姿态，做新时代争创世界一流企业的追梦人。

李从瑞　中国金茂控股集团有限公司执行董事、首席执行官

男，1971年3月生，现任中国金茂控股集团有限公司执行董事、首席执行官。

【教育经历】

1994年毕业于中国地质大学（武汉）石油系，获得石油地质与勘查专业学士学位；

1997年毕业于石油勘探与开发研究院，获得石油开发专业硕士学位；

2007年毕业于中欧国际工商学院，获得高级工商管理硕士学位。

【工作经历】

1997年加入中国中化集团有限公司，历任上海东方储罐有限公司及中化国际实业公司多个高级管理职务；

2003年担任舟山国家石油储备基地有限责任公司董事兼总经理；

2009年4月加入中国金茂控股集团有限公司，出任公司副总裁；

2011年6月起出任公司执行董事；

2013年1月起出任公司执行董事兼首席执行官；

2014年3月起出任金茂（中国）酒店投资管理有限公司、金茂（中国）投资管理人有限公司非执行董事，自2016年4月起出任董事会主席。

【社会职务】

全联房地产商会副会长；

中国房地产业协会副会长

【荣誉成就】

2017年9月，荣获“中国房地产界25年荣誉殿堂最具价值职业经理人、最佳CEO”；

2017年12月，荣获“2017中国绿色建筑排行榜大绿色推动力人物”；

2019年1月，荣获“2018中国房地产年度十大风云人物”；

荣获2017、2018、2019年“中国十大地产年度CEO”。

【人物评价】

他，秉承科学至上，对标市场机制，激发改革创新活力；他，坚持品质引领，十年厚积薄发，锻造匠心金字招牌；他，聚焦城市运营，深化政企合作，推动金茂高质量可持续发展。

许世坛　世茂集团董事局副主席、总裁

男，1977 年生，现任世茂集团董事局副主席、总裁。以全球化及创新视野，秉承“有品质高速增长”的经营理念，带领企业于 2017 年迈入千亿阵营，已连续多年实现有品质的业绩增长。

【教育经历】

2001 年，取得英国格林尼治大学房地产管理专业硕士学位；

2004 年，在澳大利亚南澳大利亚大学取得工商管理硕士学位。

【工作经历】

2000 年，加盟世茂房地产控股有限公司；

自 2004 年 11 月 17 日、2008 年 4 月 21 日及 2019 年 1 月 30 日起，分别出任公司的执行董事、副主席及总裁。

【社会职务】

全国青联常务委员；

全国工商联房地产商会副会长；

香港新家园协会会长；

上海市政协委员；

上海市工商联执行委员；

上海市工商联房地产商会副会长；

上海市国际商会副会长

【荣誉成就】

中华慈善奖“爱心捐赠个人”；

上海市白玉兰纪念奖；

第九届上海市“慈善之星”；

上海十大青年经济人物；

首届上海房地产杰出青年企业家；

令人尊敬的上海房地产企业家；

国际住协绿色建筑奖“杰出推动人物”；

中国商业地产年度领袖人物；

2019 中国房地产年度风云人物；

2019 中国十大地产年度 CEO

【人物评价】

他，以领航者之姿，广布局，强深耕，连续三年实现有品质的高速增长，带领世茂稳步跨入第一梯队；他，以前瞻者之见，多元发力，拥抱未来，聚焦为城市赋能，致力于提供全产业链条的美好生活体验，为打造百年企业而奋进。

张亚东　绿城中国董事会主席、行政总裁

男，1968 年出生，现任绿城中国董事会主席、行政总裁，负责绿城中国整体经营管理工作。

【教育经历】

先后毕业于辽宁大学、大连工业大学、厦门大学，获得学士、硕士、博士学位。

【工作经历】

曾任大连大汽企业集团总经理助理、副总经理、总经理；

大连高新区管委会主任助理、副主任；

辽宁省普兰店市委副书记、市长；

大连经济技术开发区党工委副书记、管委会副主任；

大连市城建局党委书记、局长；

大连市建委党组书记、主任；

大连市政府副市长；

大连市委常委、统战部部长；

中国城乡建设发展有限公司（为中交集团全资附属公司）董事、总经理；

在担任大连市政府副市长期间，负责城市建设与管理工作，分管范围涉及大连市国土资源与房屋局、城乡建设委员会、规划局、城市建设管理局及其他相关城建部门等，在城乡建设和房地产管理方面具有丰富的经验。

2018 年 5 月加入绿城中国；

2018 年 8 月 1 日，被委任为公司执行董事及行政总裁；

2019 年 7 月 11 日，被委任为公司董事会主席。

【荣誉成就】

2019 中国房地产年度风云人物；

2019 年 12 月 12 日，荣获“2019 中国十大地产年度 CEO”。

【人物评价】

他，坚持文化为魂、品质为根，以“真善致美”之心塑六品绿城之魂；他力推“七弦”管理、“四化”建设，做有特长、全面发展的“优等生”；他，战略为先，创新为要，轻重并举，创设绿城“道术为”，打造理想生活综合服务商。

蒋思海　金科股份董事长

男，1966年出生，中共党员，EMBA。现任金科地产集团股份有限公司董事长、中国房地产业协会副会长。

【工作经历】

1998年7月，加入金科集团；

1998年7月—2011年8月，任金科集团董事、副总经理、总经理等职；

2011年9月—2016年8月，任金科集团董事会副主席；

2011年9月—2013年1月，兼任金科集团重庆公司董事长兼总经理；

2013年2月—2019年1月，任金科集团董事长、总裁；

2019年2月至今，辞去总裁职务，继续担任董事长职务。

【荣誉成就】

2018年12月12日，荣获“2018中国十大地产年度CEO”；

2019年12月12日，蝉联“2019中国十大地产年度CEO”。

【人物评价】

他，忠诚勤勉，从小梦想仗剑天涯，是一个有理想的现实主义者；他，谋定而后动，实施“四位一体”战略，为客户提供全生命周期的美好生活；他，功勋卓著，开创地产职业经理人董事长化先河，是金科的中流砥柱。

朱荣斌 阳光城执行董事长、总裁

男，1972年12月出生，任阳光城集团股份有限公司第九届董事局执行董事长、总裁，阳光控股有限公司执行董事；任广东省房地产协会常务副会长，拥有20余年房地产开发及相关业务经验，在业内享有较高声誉。

【教育经历】

清华大学土木工程系毕业，获得硕士学位；

国家注册监理工程师；

国家注册造价工程师及高级工程师

【工作经历】

1995—2008年任职于中海地产，历任香港中国海外集团有限公司国内部副总经理、中海发展（北京）有限公司董事副总经理、中海发展（广州）有限公司副总经理及总经理；

2008—2013年任职于富力地产，曾任副总裁兼华南地区总经理；

2013年起任职于碧桂园，曾任联席总裁、执行董事，为碧桂园拓展土地及推进产品标准化；

2017年11月，加入阳光城集团，任执行董事长；

【荣誉成就】

2018年12月12日，荣获“2018中国十大地产年度CEO”；

2019年12月12日，荣获“2019中国十大地产年度CEO”。

【人物评价】

他，壮心不已，少年情怀，繁花葳蕤阳光正好；他，初心不改，激情满怀，实现“规模上台阶，品质树标杆”承诺，致力推动行业品质革命；他，聚各路英雄，打造“梦之队”，在阳光城900天里缔造出中国地产界新的“双千亿”传奇。

王海洋　雅居乐地产集团总裁

男，49岁，中共党员，中国国家一级注册结构工程师、研究员级高级工程师。现任雅居乐控股集团副总裁兼地产集团总裁，全面负责地产集团的行政事务及经营管理工作，拥有房地产行业26年工作经验。

【工作经历】

2011年7月加入雅居乐集团，先后担任地产集团南京公司总经理及海南云南区域总裁；

2017年8月，担任雅居乐控股集团副总裁兼地产集团总裁。

【社会职务】

第十四届海南省陵水黎族自治县人大常务委员会委员；

广东省房地产协会副会长；

广东省商业地产投资协会常务副会长

【荣誉成就】

第六届海南省诚实守信道德模范；

2018年12月12日，荣获“2018中国十大地产年度CEO”；

2019年12月12日，蝉联“2019中国十大地产年度CEO”。

【人物评价】

他，勇于革新，善于顶层思考，通过主导区域裂变，铸造三级管理体系，2018年成功带领企业迈入千亿阵营；2019年，力推创新战略，带动企业高质量增长，仅用10个月，再次突破千亿大关。

他，稳中思变，打造地产“一核两翼”发展模式，构建了企业多元的利润增长结构；推动雅居乐文旅战略再度升级，文旅产业IP“乐活天地”全新落地。

他，以人为本，主导落地了行业领先的企业文化品牌乐家、乐创、乐行；2019年，带领雅居乐地产荣获“最佳雇主品牌实践奖”。

他，儒雅务实、稳健致远；他是“一生乐活”的践行者，是“第二人生”的建设者，是地产行业的远行者。

甄立涛　恒大地产集团总裁

男，1968 年 9 月出生，中国土木协会会员、国家一级注册建造师、高级工程师，现任恒大地产集团总裁。

【教育经历】

上海交通大学建筑学学士；

上海同济大学 MBA 工商管理硕士

【工作经历】

2009 年进入恒大集团，历任恒大集团长春公司、哈尔滨公司、大连公司、辽宁公司和北京公司董事长，现任恒大地产集团总裁；

2018 年 12 月 25 日，中国房地产业协会第八次会员代表大会上当选为新一届中国房地产业协会副会长。

【社会职务】

中国房地产企业家理事会理事；

长春市情市力调研指导编辑委员会委员；

吉林省整治和建设经济发展软环境领导小组监督员；

大连广东商会副会长

【荣誉成就】

2019 年 12 月 12 日，荣获“2019 中国十大地产年度 CEO”。

【人物评价】

他，低调务实，勤勉奋进，执掌恒大地产；他运筹帷幄，纵横捭阖，率领恒大地产突破 6000 亿元销售大关；他精准管控，提质增效，带领恒大地产蝉联利润王，续写中国地产新传奇。

何金钢　中国葛洲坝地产党委书记、董事长

男，1965 年 5 月出生，1998 年 6 月加入中国共产党，硕士研究生学历，高级经济师，现任中国葛洲坝地产党委书记、董事长。

【工作经历】

1990 年 7 月参加工作，历任葛洲坝佳鸿实业股份有限公司总经理、副董事长、董事长，葛洲坝集团房地产开发有限公司董事长、总经理、党委副书记。现任中国葛洲坝集团股份有限公司总经理助理，中国葛洲坝集团房地产开发有限公司董事长、法定代表人、党委书记。

【荣誉成就】

北京房地产行业年度人物；

中国房地产企业百强企业家；

中国品质地产领军人物；

2018 年 12 月 12 日，荣获“2018 中国地产年度 CEO 30 强”；

2019 年 12 月 12 日，荣获“2019 中国十大地产年度 CEO”。

【人物评价】

他，低调内敛，骨子里透着葛洲坝精神；他，倾注国匠之心，主导开创“5G 科技”体系，推动行业走向新的“绿色、健康、智慧”时代；他，是地产革新的坚定实践者，是绿色科技住宅的布道者，是中国高价值地产的引领者。

袁旭俊　建业地产首席执行官

男，51岁，硕士学历，拥有逾22年财务及管理经验，现任建业地产首席执行官。

【教育经历】

1986年毕业于上海市机电工业学校财务专业；

2001毕业于中国澳门科技大学，获得工商管理硕士学位。

【工作经历】

1994—2017年1月，担任万科企业下属公司总经理兼法人代表；

2017年2月加入建业地产股份有限公司，任建业中国总裁兼河南中原建业城市发展有限公司董事长；

2017年3月24日被任命为建业地产首席执行官；

2019年8月21日被任命为建业地产股份有限公司执行董事。

【荣誉成就】

2019年12月12日，荣获“2019中国十大地产年度CEO”。

【人物评价】

他，精通财务，善谋会算，是行业人眼中的“数字先生”；他，低调务实，轻重并举，引领企业保持均衡增长、稳健发展；三年来，他深度融入河南，对中原文化如数家珍，转型升级，攻守自如，他正带领建业走上“远谋之路”。

2019年中国地产经理人100强

姓名：毕兴矿

职位：中南置地苏北区域公司总裁

姓名：薄禄伟

职位：中骏集团重庆公司总经理

姓名：蔡亦忠

职位：中骏集团福建公司总经理

姓名：陈德龙

职位：北京嘉德集团董事、嘉都项目总经理

姓名：陈洁生

职位：华侨城西部投资有限公司党委委员、副总经理

姓名：陈晓东

职位：富力集团副总经理、东北区董事长

姓名：陈一平

职位：海南南国控股集团总裁

姓名：丁宇星

职位：红豆置业苏南事业部部长兼无锡公司总经理

姓名： 董建民

职位： 哈尔滨鲁商置业总经理、党委书记

姓名： 董　毅

职位： 旭辉北京公司总经理

姓名： 鄂　宇

职位： 弘阳地产集团助理总裁

姓名： 方力斌

职位： 碧桂园集团川西南区域总裁

姓名：伏云鹏

职位：禹洲地产苏州公司总经理

姓名：高震极

职位：中海地产长春公司总经理

姓名：郭浩淼

职位：龙光地产肇庆公司总经理

姓名：郭　力

职位：复地产业发展集团济南公司总经理

姓名：郭　伟

职位：新城控股集团苏州区域公司总经理

姓名：韩　杰

职位：中南置地西安区域总裁、郑州区域总裁

姓名：胡　进

职位：越秀地产华中区域副总经理、长沙公司总经理

姓名：黄春梅

职位：富力珠中江公司董事长

姓名：黄　晖

职位：旭辉控股（集团）福建区域公司总经理

姓名：黄小达

职位：阳光城广西区域总裁

姓名：贾　媛

职位：金科股份陕西公司总经理

姓名：姜本鑫

职位：华宇集团东北区域公司总经理

姓名：蒋必强

职位：阳光城安徽区域总裁

姓名：解　嘉

职位：苏州天地源房地产开发有限公司董事长

姓名：金定华

职位：碧桂园集团广州区域总裁

姓名：况进林

职位：金科股份湖南区域公司董事长

姓名：李　斌

职位：银丰地产集团董事长

姓名：李　存

职位：三盛集团福建区域总裁

姓名：李　非

职位：蓝光发展重庆区域总裁

姓名：李建军

职位：碧桂园鲁东区域执行总裁

姓名：李　江

职位：海伦堡中国控股华东区域总裁

姓名：李　捷

职位：星河湾集团西安公司总经理

姓名：李军辉

职位：力高集团济南城市公司总经理

姓名：李　明

职位：富力集团副总经理兼江苏公司董事长

姓名： 李尚明

职位： 富力集团副总经理、浙江公司董事长

姓名： 李双江

职位： 沈阳百益龙置业有限公司总经理

姓名： 李　扬

职位： 山东旭辉银盛泰集团有限公司总裁

姓名： 梁　俊

职位： 保利江苏无锡公司总经理

姓名：林　曈

职位：万科集团东北管理中心总经理、长春万科地产总经理

姓名：刘全乐

职位：太原华侨城房地产开发有限公司总经理

姓名：卢国鹏

职位：泰禾集团总裁助理兼上海区域总裁

姓名：卢迅斌

职位：龙光地产广西区域总裁

姓名：罗红军

职位：华宇重庆公司总经理

姓名：马　健

职位：辽宁白沙岛实业发展有限公司总经理

姓名：麦丽华

职位：合景泰富城市更新集团总经理

姓名：梅　霖

职位：蓝光发展海西区域董事长

姓名：唐俊飞

职位：中南置地云贵区域总裁

姓名：涂俊涛

职位：新希望地产成都公司总经理

姓名：屠俊良

职位：华发股份北方区域公司副总经理

姓名：王敬伟

职位：新力地产集团赣越城市公司总经理

姓名： 王俊秀

职位： 山西文旅集团山投高新总经理

姓名： 王　鹏

职位： 金科华东区域苏州城市公司总经理

姓名： 王　强

职位： 新力地产集团赣西城市公司总经理

姓名： 王　卫

职位： 融信集团第三事业部总裁

姓名： 王晓艳

职位： 实力文旅地产集团总经理

姓名： 温周平

职位： 吴中地产长春公司总经理

姓名： 吴　乐

职位： 阳光城集团江西区域公司总裁

姓名： 吴圣鹏

职位： 阳光城集团四川区域公司总裁

姓名：徐　春

职位：卓越集团副总裁兼深圳地产公司总经理

姓名：徐国宏

职位：阳光城集团副总裁兼福州区域公司总裁

姓名：徐玉军

职位：星河湾集团太原城市公司总经理

姓名：严惠雄

职位：海伦堡深圳区域总裁

姓名：晏　军

职位：华发股份华南区域中山公司总经理

姓名：杨昌仁

职位：黑龙江宏仁实业控股董事长

姓名：杨峻伟

职位：华发股份上海公司总经理、华东资管公司总经理

姓名：姚　健

职位：中铁建地产华中公司执行董事、党委书记

姓名：姚永茂

职位：富力（大连）房地产开发有限公司总经理

姓名：曾标志

职位：雅居乐地产集团海南区域总裁

姓名：翟朝锋

职位：雅居乐集团地产云南区域总裁

姓名：张　播

职位：旭辉集团副总裁、西南区域总裁

姓名：张　东

职位：海南龙栖祥湾置业有限公司总经理

姓名：张海明

职位：雅居乐地产集团广州区域总裁

姓名：张　宏

职位：星河华南城市更新集团董事、副总裁

姓名：张能迪

职位：阳光城集团副总裁兼湖北区域总裁

姓名：张　涛

职位：招商蛇口江南区域副总经理
兼苏南公司总经理

姓名：张文硕

职位：富力地产辽宁公司副董事长

姓名：张习军

职位：河北润江投资集团有限公司
执行总裁

姓名：赵　波

职位：金科集团江西区域公司董事长

姓名：赵　磊
职位：雅居乐地产南京区域总裁

姓名：钟百灵
职位：华发股份珠海区域总经理

姓名：周长亮
职位：金辉集团西北区域总裁

姓名：周　成
职位：仁恒置地苏州公司总经理

姓名：周　达

职位：金科股份重庆区域公司总经理

姓名：周双杰

职位：九龙仓北京总经理

姓名：朱国刚

职位：花样年地产成都公司区域总裁

姓名：朱　剑

职位：富力集团贵州公司副董事长

姓名：朱永飞

职位：珠海西部铁建开发有限公司总经理

姓名：祝　娜

职位：德商地产川渝区域公司总经理

姓名：宗慧杰

职位：碧桂园山西区域总裁

姓名：邹恩鹏

职位：星河湾集团沈阳公司总经理

附 录

2018 年中国地产人物评选榜单

2018 年中国十大地产年度 CEO

姓名	职位
夏海钧	恒大集团董事局副主席、总裁
莫　斌	碧桂园控股有限公司执行董事、总裁
李从瑞	中国金茂控股集团有限公司执行董事、首席执行官
林　峰	旭辉控股总裁
孟　惊	华夏幸福基业股份有限公司董事、总裁
朱荣斌	阳光城执行董事长、总裁
蒋思海	金科股份董事长、总裁
黄仙枝	正荣集团总裁，正荣地产董事长、总裁
王海洋	雅居乐地产集团总裁
麦　帆	佳兆业集团行政总裁

2018 年中国地产经理人 100 强

姓名	职位
薄禄伟	中骏集团重庆公司总经理
曹永忠	中南置地苏中区域公司总裁
陈德才	龙光地产集团珠中江区域总裁
陈　葛	蓝光地产浙江区域总经理
陈　亮	卓越置业集团（长沙）有限公司总经理
陈晓东	富力集团副总经理 富力集团北京公司董事、副总经理兼哈尔滨公司辽宁公司董事长
程　璞	保利发展福建公司总经理
崔金兆	中梁控股广佛区域董事长
崔　伟	富力地产集团辽宁公司总经理
邓　历	孔雀城住宅集团七分公司总经理
刁　露	路劲地产华北区域总裁
杜　洋	旭辉集团东北区域事业部总经理
范　炜	陕西保利房地产开发有限公司总经理

续表

姓名	职位
方铁群	旭辉副总裁兼上海区域事业部总裁
冯　威	华发股份中山公司总经理
高大鹏	路劲地产高级副总裁、沪浙区域公司总经理
高继红	中铁房地产集团北方有限公司大连事业部总经理
高　山	远洋集团北方区域事业部副总经理、天津公司总经理
高小帆	万达西安城市公司总经理
高震极	长春中海地产有限公司总经理
葛春华	弘阳地产集团副总裁兼南京区域公司总经理
耿旻黎	中南置地苏南区域公司总裁
龚　伟	华鸿嘉信执行总裁
郭京愔	阳光城集团河南区域总裁
韩　杰	中南置地西安区域公司总裁、陕西省房地产商会副会长
何　涛	中梁地产集团成都区域董事长
贺　明	华侨城西部投资有限公司党委副书记、副总经理，重庆华侨城实业发展有限公司党委书记、总经理
胡飞武	美的置业川渝区域成都公司总经理
黄鹏森	金茂无锡总经理
黄晓岚	蓝城地产北京桃李春风小镇镇长
贾鹏翔	远洋集团华东华中事业部总裁
简毓萍	雅居乐地产集团海南区域总裁
江　河	阳光城副总裁兼上海区域总裁
江　凯	蓝光地产金融集团江西区域总裁
蒋必强	阳光城集团安徽区域总裁
金艳龙	合景泰富华北总经理兼江苏区域总经理
雷若冰	凯盈房地产顾问集团有限公司董事长

续表

姓名	职位
李　斌	阳光城集团山西区域总裁
李　刚	旭辉集团南京区域事业部总经理
李宏耕	融信第二事业部总裁
李景文	万达地产集团沈阳城市公司总经理
李　明	富力地产副总经理兼江苏公司总经理
李　强	广州葛洲坝房地产开发有限公司 总经理
李心原	中南置地青岛区域公司总裁
李　扬	山东旭辉银盛泰集团有限公司总裁
李毅峰	阳光城集团江苏区域公司总裁
梁天辉	亿达中国大连公司总经理
梁延虎	和昌集团郑州公司总经理
刘　龙	珠海铁建大厦置业有限公司总经理
刘满军	金科集团南昌公司总经理
刘　岷	山东绿地泉控股集团董事长、总裁
刘　明	新力地产长沙城市公司 总经理
刘书健	绿地集团哈尔滨城市公司 总经理
刘　煜	阳光城集团广州公司总裁
罗　毅	新力地产集团成都城市公司总经理
罗泳杰	贵阳富力地产开发有限公司董事长
吕　翼	世茂集团副总裁、福建地区公司董事长兼总裁
乔晓建	雅居乐武汉区域总裁
屈国明	三盛宏业上海区域公司总经理
汝海林	旭辉集团浙江区域事业部区域总裁
沈　仑	弘阳地产无锡公司总经理
沈宇嵩	合生创展上海公司总经理
盛淑君	蓝光烟台公司总经理
石　御	福晟地产集团副总裁兼福州区域集团总裁
苏萧龙	锦艺集团郑州地产事业部总经理
苏　新	北京首都开发股份有限公司福州城市公司总经理
孙赫笛	北京中科俊泰投资有限公司执行董事
孙　煜	华发沈阳公司总经理
孙正军	碧桂园武汉区域总裁
谭　琪	路劲地产集团中南区域总裁

续表

姓名	职位
汤基军	华发股份珠海区域总经理助理兼 市场营销管理部总经理
汪　斌	中德成都公司总经理
王安竹	富力地产唐山公司总经理
王家羲	中南置地成渝区域公司总裁
王坤鹏	海伦堡控股集团昆明公司总经理
王　勇	深圳香江控股股份有限公司华中区域总经理
温　鑫	富力（辽宁）房地产开发有限公司副总经理、 鞍山公司总经理、鞍山房地产协会常务理事
吴　乐	阳光城集团江西区域公司总裁
吴晓龙	天山集团总裁助理
谢伟洲	碧桂园广西区域总裁
谢　怡	五矿地产湖南开发有限公司总经理
徐国宏	阳光城集团副总裁兼福州区域公司总裁
徐小兵	中南置地南京区域公司总裁
杨　冬	贵阳北大资源产业开发有限公司 CEO
杨建新	内蒙古育强房地产开发有限责任公司总经理
杨淑华	黑龙江汇龙房地产开发有限责任公司总经理
于胜利	祥隆地产总裁
俞能江	旭辉集团皖赣区域总裁
翟朝锋	雅居乐地产云南区域总裁
张　播	旭辉集团副总裁、重贵事业部区域总裁
张道龙	绿城管理集团海南公司总经理
张金玉	中建信和地产有限公司 党委书记、 总经理兼中建物业董事长
赵成涛	宇宏集团营销总经理
郑　重	雅居乐地产集团广州区域总裁
周文韬	中山市深中房地产开发有限公司董事总经理
周　兴	天恒集团地产运营事业部总经理
周轶群	仁恒置地上海公司总经理
朱　雷	碧桂园重庆区域总裁
朱　锐	江河地产总裁
祝　强	中骏集团南京公司总经理

2018 年中国十大地产年度 CEO

夏海钧　恒大集团董事局副主席、总裁

男，1964 年生，拥有近 30 年的大型集团企业管理经验，现任恒大集团董事局副主席、总裁。

【教育经历】

先后毕业于中南大学、暨南大学，获金属材料专业学士、工商管理硕士及产业经济学博士学位，高级经济师。

【工作经历】

2007 年 6 月，加入恒大集团，担任总裁；

2008 年 3 月 6 日，当选为执行董事。

【社会职务】

中国房地产业协会名誉副会长；

全联房地产商会副会长；

广东省房地产行业协会常务副会长；

广东省企业联合会副会长

【荣誉成就】

荣获“2017 中国十大地产年度 CEO”；

蝉联“2018 中国十大地产年度 CEO”。

【人物评价】

他，去杠杆、降成本、增效益，助推恒大集团实现从“规模之王”向“利润之王”的完美蜕变；他，运筹帷幄，擘画新蓝图，带领恒大集团实现从地产到多元产业的转型升级；他，低调务实，勤勉忠诚，是中国地产圈职业经理人的楷模。

莫斌　碧桂园控股有限公司执行董事、总裁

男，1967 年出生，硕士，教授级高级工程师。现为碧桂园集团执行董事、总裁，主要负责集团的日常营运管理及行政管理，对房地产开发、建筑业务、施工管理、市场营销、成本控制、企业管理等领域拥有 27 年丰富经验。

【教育经历】

毕业于衡阳工学院（现为南华大学）工业与民用建筑专业，获得学士学位；中南财经政法大学硕士。

【工作经历】

1989 年起就职于中国建筑第五工程局有限公司，离职前为董事及总经理；

2010 年 7 月 22 日至今，任碧桂园控股有限公司总裁及执行董事；

2018 年 3 月 16 日，担任易居（中国）企业控股有限公司非执行董事。

【荣誉成就】

福布斯“2013 年中国最佳 CEO”第 10 名；

2017 年 12 月 12 日，荣获“2017 中国十大地产年度 CEO”；

2018 年 12 月 12 日，蝉联“2018 中国十大地产年度 CEO”。

【人物评价】

他，务实创新，追求卓越，践行民生地产理念，稳坐行业销售额榜首；

他，行稳致远，敢于担当，“提质控速”引领行业转型升级；

他，责任为先，将扶贫作为第二主业，带领碧桂园成为中国精准扶贫样本，成就百年企业愿景。

李从瑞　中国金茂控股集团有限公司执行董事、首席执行官

男，1971 年 3 月生，现任中国金茂控股集团有限公司执行董事、首席执行官。

【教育经历】

1994 年毕业于中国地质大学（武汉）石油系，获得石油地质与勘查专业学士学位；

1997 年毕业于石油勘探与开发研究院，获得石油开发专业硕士学位；

2007 年毕业于中欧国际工商学院，获得高级工商管理硕士学位。

【工作经历】

1997 年加入中国中化集团有限公司，历任上海东方储罐有限公司及中化国际实业公司多个高级管理职务；

2003 年担任舟山国家石油储备基地有限责任公司董事兼总经理；

2009 年 4 月加入中国金茂控股集团有限公司，出任公司副总裁；

2011 年 6 月起出任公司执行董事；

2013 年 1 月起出任公司执行董事兼首席执行官；

2014 年 3 月起出任金茂（中国）酒店投资管理有限公司（股票代码：06139）、金茂（中国）投资管理人有限公司非执行董事，自 2016 年 4 月起出任董事会主席。

【社会职务】

全联房地产商会副会长；

中国房地产业协会副会长

【荣誉成就】

2017 年 9 月，荣获“中国房地产界 25 年荣誉殿堂最具价值职业经理人、最佳 CEO”；

2017 年 12 月，荣获“2017 中国绿色建筑排行榜大绿色推动力人物”；

荣获 2017、2018 年“中国十大地产年度 CEO”。

【人物评价】

他，秉承科学至上，对标市场机制，激发改革创新活力；他，坚持品质引领，十年厚积薄发，锻造匠心金字招牌；他，聚焦城市运营，深化政企合作，推动金茂高质量可持续发展。

林峰　旭辉控股总裁

男，现任旭辉控股（集团）有限公司执行董事兼行政总裁，拥有房地产行业18年经验。

【教育经历】

1998年7月毕业于厦门大学国际贸易系，获得学士学位；

2001年7月毕业于英国邓迪大学，获得工商管理硕士学位；

2017年9月至今，上海交通大学高级金融学院全球金融DBA博士在读。

【工作经历】

2001年加入旭辉控股集团，2006年被委任为旭辉中国董事；

2011年5月20日被委任为旭辉控股董事，同时成为集团控股股东茂福及Rain-Mountain董事；

2018年7月25日，被委任为永升生活服务集团有限公司非执行董事及董事会副主席。

【荣誉成就】

2013年被授予“上海市五四青年奖章”，被评为“上海市普陀区优秀中国特色社会主义事业建设者”；

2017年12月12日，荣获“2017中国十大地产年度CEO”；

2018年12月12日，蝉联“2018中国十大地产年度CEO”；

2018年，荣膺《哈佛商业评论》“中国百佳CEO”。

【人物评价】

他，凭着骨子里的阿甘精神，七次徒步戈壁，令旭辉成为一家“走”出来的企业；他，坚持有质量地增长，实现了销售额5年翻8倍的佳绩，从“黑马”蜕变为“白马”；他，立足地产主业，开拓“房地产+创新”，要在未来五年冲击3000亿元，誓做资本市场的“三好生”。

孟惊　华夏幸福基业股份有限公司董事、总裁

孟惊，男，1967 年 10 月出生于河北霸州，现任华夏幸福基业股份有限公司董事、总裁。

【教育经历】

1996 年，毕业于河北师范大学；

2011 年，获得清华大学 EMBA 学位。

【工作经历】

1988 年 7 月—2000 年 7 月，为河北霸州市一中数学教师；

2000 年 7 月—2014 年 5 月，历任华夏幸福人力资源经理，产业新城事业部总经理、副总裁；

2013 年 12 月起，任华夏幸福董事；

2014 年 5 月至今，任华夏幸福基业股份有限公司董事、总裁。

【荣誉成就】

2018 年 12 月 12 日，获得“2018 中国十大地产年度 CEO”称号。

【人物评价】

他，视野开阔，走出京津冀，布局 13 省，诚意正心干好产业新城；他，合作开放，强强联合，开创出一条高效运营的“幸福平安”大道；他，崇尚市场机制，主张产城融合，是中国产业新城模式的关键探索者和践行者。

朱荣斌　阳光城执行董事长、总裁

男，1972 年 12 月出生，任阳光城集团股份有限公司第九届董事局执行董事长、总裁，阳光控股有限公司执行董事；任广东省房地产协会常务副会长，拥有 20 余年房地产开发及相关业务经验，在业内享有较高声誉。

【教育经历】

清华大学土木工程系毕业，获得硕士学位；

国家注册监理工程师；

国家注册造价工程师及高级工程师。

【工作经历】

1995—2008 年任职于中海地产，历任香港中国海外集团有限公司国内部副总经理、中海发展（北京）有限公司董事副总经理、中海发展（广州）有限公司副总经理及总经理；

2008—2013 年任职于富力地产，曾任副总裁兼华南地区总经理；

2013 年起任职于碧桂园，曾任联席总裁、执行董事，为碧桂园拓展土地及推进产品标准化；

2017 年 11 月，加入阳光城集团，任执行董事长。

【荣誉成就】

2018 年 12 月 12 日，荣获“2018 中国十大地产年度 CEO”。

【人物评价】

他，壮心不已，少年情怀，繁花葳蕤阳光正好；他，初心不改，激情满怀，实现“规模上台阶，品质树标杆”承诺，致力推动行业品质革命；他，聚各路英雄，打造“梦之队”，在阳光城 900 天里缔造出中国地产界新的“双千亿”传奇。

蒋思海　金科股份董事长、总裁

男，1966年出生，中共党员，EMBA。现任金科地产集团股份有限公司董事长、中国房地产业协会副会长。

【工作经历】

1998年7月，加入金科集团；

1998年7月—2011年8月，任金科集团董事、副总经理、总经理等职；

2011年9月—2016年8月，任金科集团董事会副主席；

2011年9月—2013年1月，兼任金科集团重庆公司董事长兼总经理；

2013年2月—2018年底，任金科集团董事长、总裁。

【荣誉成就】

2018年12月12日，荣获“2018中国十大地产年度CEO”。

【人物评价】

他，忠诚勤勉，从小梦想仗剑天涯，是一个有理想的现实主义者；他，谋定而后动，实施“四位一体”战略，为客户提供全生命周期的美好生活；他，功勋卓著，开创地产职业经理人董事长化先河，是金科的中流砥柱。

黄仙枝　正荣集团总裁，正荣地产董事长、总裁

男，1968年8月出生，福建莆田人。现任正荣集团董事、总裁，正荣地产董事长、执行董事。主要负责集团的投资战略及业务发展的全面管理，拥有20多年房地产行业经验。

【教育经历】

1997年12月，获中华人民共和国人事部认可的会计师资格；

2012年11月，获得香港大学工商管理硕士学位。

【工作经历】

1998年10月加入正荣集团，历任财务总监、总裁助理、副总裁（主管财务事宜）及常务副总裁（负责整体管理）；

2014年起，担任正荣集团有限公司董事、副总裁；

2015年12月起，担任正荣地产控股的执行董事兼董事长；

2017年9月20日，被委任为正荣地产集团有限公司执行董事兼董事长。

【荣誉成就】

2008年10月，获中国人力资源管理年度评选组委会颁发的“2008年度中国杰出职业经理人”；

2011年12月，获中国总会计师协会颁发的“2011中国总会计师年度人物奖”；

2015年9月，获评为“2015中国房地产品牌贡献人物”；

2016年3月，获“中国房地产10强”研究组评选的“2016中国房地产100强贡献人物”；

2018年12月12日，荣获“2018中国十大地产年度CEO”。

【人物评价】

他，韬略满腹，张弛有度，带领正荣驰骋地产、产业、资本三大领域；他，熟稔金融，沉着择时，亲率正荣地产闯关IPO，成功登陆香港资本市场；他，从容有道，躬耕正荣十余年，广纳群贤，知人善用，携手共攀事业巅峰。

王海洋 雅居乐地产集团总裁

男，中共党员，中国国家一级注册结构工程师、研究员级高级工程师。现任雅居乐控股集团副总裁兼地产集团总裁，全面负责地产集团的行政事务及经营管理工作，拥有房地产行业 26 年工作经验。

【工作经历】

2011 年 7 月加入雅居乐集团，先后担任地产集团南京公司总经理及海南云南区域总裁。

2017 年 8 月，担任雅居乐控股集团副总裁兼地产集团总裁；

【社会职务】

第十四届海南省陵水黎族自治县人大常务委员会委员；

广东省房地产协会副会长；

广东省商业地产投资协会常务副会长

【荣誉成就】

第六届海南省诚实守信道德模范；

2018 年 12 月 12 日，荣获“2018 中国十大地产年度 CEO”。

【人物评价】

他，勇于革新，善于顶层思考，通过主导区域裂变，铸造三级管理体系，2018 年成功带领企业迈入千亿阵营；2019 年，力推创新战略，带动企业高质量增长，仅用 10 个月，再次突破千亿大关。

他，稳中思变，打造地产“一核两翼”发展模式，构建了企业多元的利润增长结构；推动雅居乐文旅战略再度升级，文旅产业 IP “乐活天地”全新落地。

他，以人为本，主导落地了行业领先的企业文化品牌乐家、乐创、乐行；2019 年，带领雅居乐地产荣获“最佳雇主品牌实践奖”。

他，儒雅务实、稳健致远；他是“一生乐活”的践行者，是“第二人生”的建设者，是地产行业的远行者。

麦帆　佳兆业集团行政总裁

男，现任佳兆业集团控股有限公司执行董事、行政总裁，主要负责集团控股各部门管理工作及物业、文体旅游、足球俱乐部、教育等业务板块工作。

【教育经历】

2001年毕业于中山大学，取得法学学士学位；

2002年，取得法律职业资格证书。

【工作经历】

2001年7月至2015年7月，先后在深圳市公路局和深圳市福田区政府工作；

2015年，加入佳兆业，先后担任集团办公室总经理、集团风险管理部总经理、集团总裁助理等职务；

2017年7月4日，被委任为佳兆业集团控股有限公司执行董事；

2017年9月19日，被委任为佳兆业集团控股有限公司行政总裁。

【社会职务】

广东省房地产业协会常务副会长；

深圳市房地产业协会副会长

【荣誉成就】

2018年12月12日，获得“2018中国十大地产年度CEO”称号。

2018年12月14日，获得“看见新时代·榜样2019”系列评选“时代人物·前行者”称号。

【人物评价】

他，沉稳持重，亲和谦逊，拥有独树一帜的管理理念；他，思维开阔，执行力强，推动佳兆业重回发展巅峰；他，不辱使命，接棒总裁一年，推动佳兆业物业成功上市，深足重返中超，地产业绩再创新高，是佳兆业集团千亿“长城”的守夜人。

2018 年中国地产经理人 100 强

姓名：薄禄伟

职位：中骏集团重庆公司总经理

姓名：曹永忠

职位：中南置地苏中区域公司董事长兼总经理

姓名：陈德才

职位：龙光地产集团珠中江区域总裁

姓名：陈　葛

职位：蓝光地产浙江区域总经理

姓名：陈　亮

职位：卓越置业集团（长沙）有限公司总经理

姓名：陈晓东

职位：富力集团副总经理，富力集团北京公司董事、副总经理兼哈尔滨公司辽宁公司董事长

姓名：程　璞

职位：保利发展福建公司总经理

姓名：崔金兆

职位：中梁控股广佛区域董事长

姓名：崔　伟

职位：富力地产集团辽宁公司总经理

姓名：邓　历

职位：孔雀城住宅集团七分公司总经理

姓名：刁　露

职位：路劲地产华北区域总裁

姓名：杜　洋

职位：旭辉集团东北区域事业部总经理

姓名：范　炜

职位：陕西保利房地产开发有限公司总经理

姓名：方轶群

职位：旭辉副总裁兼上海区域事业部总裁

姓名：冯　威

职位：华发股份中山公司总经理

姓名：高大鹏

职位：路劲地产高级副总裁、沪浙区域公司总经理

姓名：高继红

职位：中铁房地产集团北方有限公司大连事业部总经理

姓名：高　山

职位：远洋集团北方区域事业部副总经理、天津公司总经理

姓名：高小帆

职位：万达西安城市公司总经理

姓名：高震极

职位：长春中海地产有限公司总经理

姓名： 葛春华

职位： 弘阳地产集团副总裁兼南京区域公司总经理

姓名： 耿昱黎

职位： 中南置地苏南区域公司总裁

姓名： 龚　伟

职位： 华鸿嘉信执行总裁

姓名： 郭京愔

职位： 阳光城集团河南区域总裁

姓名：韩　杰

职位：中南置地西安区域公司总裁、陕西省房地产商会副会长

姓名：何　涛

职位：中梁地产集团成都区域董事长

姓名：贺　明

职位：华侨城西部投资有限公司党委副书记、副总经理，重庆华侨城实业发展有限公司党委书记、总经理

姓名：胡飞武

职位：美的置业川渝区域成都公司总经理

姓名： 黄鹏森

职位： 金茂无锡总经理

姓名： 黄晓岚

职位： 蓝城地产北京桃李春风小镇镇长

姓名： 贾鹏翔

职位： 远洋集团华东华中事业部总裁

姓名： 简毓萍

职位： 雅居乐地产集团海南区域总裁

姓名：江　河

职位：阳光城副总裁兼上海区域总裁

姓名：江　凯

职位：蓝光地产金融集团江西区域总裁

姓名：蒋必强

职位：阳光城集团安徽区域总裁

姓名：金艳龙

职位：合景泰富华北总经理兼江苏区域总经理

姓名：雷若冰

职位：凯盈房地产顾问集团有限公司董事长

姓名：李　斌

职位：阳光城集团山西区域总裁

姓名：李　刚

职位：旭辉集团南京区域事业部总经理

姓名：李宏耕

职位：融信中国第二事业部总裁

姓名： 李景文

职位： 万达地产集团沈阳城市公司总经理

姓名： 李　明

职位： 富力地产副总经理兼江苏公司总经理

姓名： 李　强

职位： 广州葛洲坝房地产开发有限公司总经理

姓名： 李心原

职位： 中南置地青岛区域公司总裁

姓名：李　扬

职位：山东旭辉银盛泰集团有限公司总裁

姓名：李毅峰

职位：阳光城集团江苏区域公司总裁

姓名：梁天辉

职位：亿达中国大连公司总经理

姓名：梁延虎

职位：和昌集团郑州公司总经理

姓名：刘　龙

职位：珠海铁建大厦置业有限公司总经理

姓名：刘满军

职位：金科集团南昌公司总经理

姓名：刘　岷

职位：山东绿地泉控股集团董事长、总裁

姓名：刘　明

职位：新力地产长沙城市公司总经理

姓名：刘书健

职位：绿地集团哈尔滨城市公司总经理

姓名：刘　煜

职位：阳光城集团广州公司总裁

姓名：吕　翼

职位：世茂集团副总裁、福建地区公司董事长兼总裁

姓名：罗　毅

职位：新力地产集团成都城市公司总经理

姓名： 罗泳杰

职位： 贵阳富力地产开发有限公司董事长

姓名： 乔晓建

职位： 雅居乐武汉区域总裁

姓名： 屈国明

职位： 三盛宏业上海区域公司总经理

姓名： 汝海林

职位： 旭辉集团浙江区域事业部区域总裁

姓名：沈　仑

职位：弘阳地产无锡公司总经理

姓名：沈宇嵩

职位：合生创展上海公司总经理

姓名：盛淑君

职位：蓝光烟台公司总经理

姓名：石　御

职位：福晟地产集团副总裁兼
福州区域集团总裁

姓名： 苏萧龙

职位： 锦艺集团郑州地产事业部总经理

姓名： 苏 新

职位： 北京首都开发股份有限公司福州城市公司总经理

姓名： 孙赫笛

职位： 北京中科俊泰投资有限公司执行董事

姓名： 孙 煜

职位： 华发沈阳公司总经理

姓名：孙正军

职位：碧桂园武汉区域总裁

姓名：谭　琪

职位：路劲地产集团中南区域总裁

姓名：汤基军

职位：华发股份珠海区域总经理助理
兼市场营销管理部总经理

姓名：汪　斌

职位：中德成都公司总经理

姓名：王安竹

职位：富力地产唐山公司总经理

姓名：王家羲

职位：中南置地成渝区域公司总裁

姓名：王坤鹏

职位：海伦堡控股集团昆明公司总经理

姓名：王　勇

职位：深圳香江控股股份有限公司华中区域总经理

姓名：温　鑫

职位：富力（辽宁）房地产开发有限公司副总经理、鞍山公司总经理、鞍山房地产协会常务理事

姓名：吴　乐

职位：阳光城集团江西区域公司总裁

姓名：吴晓龙

职位：天山集团总裁助理

姓名：谢伟洲

职位：碧桂园广西区域总裁

姓名：谢　怡

职位：五矿地产湖南开发有限公司总经理

姓名：徐国宏

职位：阳光城集团副总裁兼福州区域公司总裁

姓名：徐小兵

职位：中南置地南京区域公司总裁

姓名：杨　冬

职位：贵阳北大资源产业开发有限公司 CEO

姓名：杨建新

职位：内蒙古育强房地产开发有限责任公司总经理

姓名：杨淑华

职位：黑龙江汇龙房地产开发有限责任公司总经理

姓名：于胜利

职位：祥隆地产总裁

姓名：俞能江

职位：旭辉集团皖赣区域总裁

姓名： 翟朝锋

职位： 雅居乐地产云南区域总裁

姓名： 张　播

职位： 旭辉集团副总裁、重贵事业部区域总裁

姓名： 张道龙

职位： 绿城管理集团海南公司总经理

姓名： 张金玉

职位： 中建信和地产有限公司党委书记、总经理兼中建物业董事长

姓名：赵成涛
职位：宇宏集团营销总经理

姓名：郑　重
职位：雅居乐地产集团广州区域总裁

姓名：周文韬
职位：中山市深中房地产开发有限公司董事、总经理

姓名：周　兴
职位：天恒集团地产运营事业部总经理

姓名：周轶群

职位：仁恒置地上海公司总经理

姓名：朱　雷

职位：碧桂园重庆区域总裁

姓名：朱　锐

职位：江河地产总裁

姓名：祝　强

职位：中骏集团南京公司总经理

2017年中国地产人物评选榜单

2017年中国十大地产年度CEO

姓名	职位
夏海钧	恒大集团董事局副主席、总裁
莫　斌	碧桂园控股有限公司执行董事、总裁
郁　亮	万科集团董事会主席
汪孟德	融创中国执行董事、行政总裁
刘　平	保利发展总经理
颜建国	中海董事局主席、行政总裁
邵明晓	龙湖集团执行董事、首席执行官
林　峰	旭辉控股执行董事、行政总裁
周　政	中粮集团党组成员、副总裁，大悦城控股董事长，大悦城地产董事会主席、执行董事
李从瑞	中国金茂控股集团有限公司执行董事、首席执行官

2017年中国地产经理人100强

姓名	职位
蔡小鹏	雅居乐地产广州区域副总裁
曹永忠	中南置地苏中区域公司董事长兼总经理
曾　巍	烟台万科总经理
陈德全	阳光城集团陕甘区域公司总裁
陈铁身	汉京集团总裁
陈　伟	远洋集团总裁助理兼开发事业一部总经理
陈　喆	金地华东区域副总经理
刁　露	路劲地产集团华北区域总裁
丁国民	碧桂园集团广清区域执行总裁兼广州东城市公司总经理
段胜利	恒大集团北京公司（京津冀）兼广西、内蒙古董事长
范成东	金地集团华北区域副总经理
范雪梅	美的地产辽宁区域公司总经理
方轶群	旭辉集团副总裁，皖赣区域事业部区域总裁

续表

姓名	职位
高大鹏	路劲地产集团有限公司上海及浙江区域总经理
贡　明	中锐控股集团常务副总裁兼苏州中锐投资集团总经理
顾国华	融创无锡公司总经理
管庆华	融侨集团助理总裁、福州区域总裁
何　建	福晟集团董事、常务副总裁兼福州区域、天津区域董事长
何智韬	保利地产大连公司总经理
贺　明	重庆华侨城实业发展有限公司党委书记、总经理
胡　俊	中南置地苏南区域总经理
胡雨波	世茂集团助理总裁兼南京区域总裁
黄祖武	中弘集团三亚区域总经理
简毓萍	雅居乐地产集团海南云南区域副总裁
姜　晗	绿城集团北京区域公司副总经理、绿城集团东北项目组总经理
蒋达强	旭辉集团副总裁、上海区域事业部总裁
蒋智生	华润置地副总裁、北京大区总经理
孔　鹏	旭辉集团副总裁 北京区域事业部总裁
黎晓林	碧桂园集团副总裁兼湖南区域总裁
李　军	绿城管理集团董事、总经理
李　军	阳光城北京区域公司总裁
李　俊	和记黄埔地产集团武汉公司总经理
李　亮	金融街控股公司副总经理，金融街北京置业、天津置业执行董事兼总经理
李　明	富力地产集团副总经理兼江苏公司总经理
李　伟	金地集团东南区域总经理
李卫锋	旭辉集团副总裁、北京区域事业部总裁
李晓冬	阳光城集团厦门区域总裁
李心原	中南置地青岛区域总经理
林　盛	海南恒迅地产集团的副总裁

续表

姓名	职位
林　曈	长春万科房地产开发有限公司总经理
刘满军	力高江西区域总经理
刘森峰	碧桂园集团副总裁、江苏区域总裁
刘　肖	万科北方区域首席执行官、万科集团高级副总裁
刘　雨	保利置业黑龙江董事总经理
刘　煜	阳光城广州区域公司总裁
刘渊涛	碧桂园集团广清区域执行总裁兼 广州南城市公司总经理
刘　臻	富力地产集团副总裁、华南区域总经理
娄文华	远洋地产武汉公司总经理
罗　锟	雅居乐地产集团中山区域副总裁兼 营销管理部总监
罗泳杰	贵阳富力地产开发有限公司
马保华	银城地产集团股份有限公司总裁
屈国明	三盛宏业上海公司总经理
任　强	路劲地产集团副总裁、南京常州区域总经理
汝海林	旭辉集团副总裁、旭辉集团浙江区域 事业部区域总裁
商　羽	融创中国执行董事、执行总裁、 西南区域公司总裁
宋海林	北京龙湖公司总经理
宋　雨	海伦堡地产成都公司总经理
苏　新	北京首都开发股份有限公司福州城市公司总经理
孙小烈	星河湾上海公司总经理
童　渊	凯盈房地产建设服务集团总裁
王凤友	旭辉集团副总裁、苏南区域事业部区域总裁
王　鹏	融创中国控股有限公司执行总裁、 融创中国东南区域公司总裁
王　晓	万达集团南京城市公司总经理
魏　浙	中国金茂高级副总裁
吴光明	保利置业集团副总经理、 广西保利置业集团公司董事长
吴立峰	武汉中央商务区建设投资股份有限公司总裁
吴守状	华地置业集团执行总裁
夏　溧	禹洲地产助理总裁、上海公司总经理
肖春和	正荣地产控股股份有限公司副总裁、 南京公司总经理

续表

姓名	职位
谢伟洲	碧桂园集团广西区域总裁
谢　鑫	当代置业（中国）山西地区公司、 山西当代红华置业有限公司总经理
徐　春	卓越集团助理总裁兼深圳地产总经理
徐　刚	新城控股苏州总经理
许智来	华远地产副总经理兼长沙城市公司总经理
薛欣雨	保利贵州置业集团有限公司总经理助理
闫　冲	中铁房地产集团宁波京平置业有限公司董事长
严家荣	金地（集团）股份有限公司高级副总裁兼 华中区域公司董事长、总经理
杨　斌	中国重汽集团房地产开发有限公司 党委书记、董事长
杨程钧	金科地产西部区域公司执行总经理
杨海波	碧桂园集团河南区域总裁
杨　华	重庆华宇集团地产集团总裁助理
杨　健	宝华企业集团副总裁
杨瑞峰	北大资源湖南地产有限公司兼 开封投资有限公司总裁
杨绍锋	哈尔滨汇智成功地产总经理
杨　瑛	恒威集团副总裁
易平安	东莞万科房地产公司营销管理中心总经理
余安定	凤岗天安数码城总经理
喻林强	金科股份重庆区域公司董事长兼总经理
张安民	中铁置业集团副总工程师、上海公司总经理
张　俊	奥园集团副总裁兼奥园商业地产集团总裁
张旭忠	龙湖集团副总裁、龙湖集团浙江区域总经理
张　毅	唐山新华联置地总经理
张智涛	湖南福晟集团总经理
赵　敏	路劲地产天津区域总裁
郑长胜	金辉集团董事兼东南区域总裁
周山洪	深圳市时代财富集团副总裁
周轶群	仁恒置地上海公司总经理
周长亮	金辉集团西北区域总裁
朱庆丰	成都北大资源地产有限公司副总裁
庄青峰	碧桂园集团助理总裁、山东区域总裁

2017年中国十大地产年度CEO

夏海钧　恒大集团董事局副主席、总裁

男，1964年生，拥有近30年的大型集团企业管理经验，全面负责恒大集团的日常运营管理及资本市场运作，现任恒大集团董事局副主席、总裁。

【教育经历】

先后毕业于中南大学、暨南大学，获金属材料专业学士、工商管理硕士及产业经济学博士学位，高级经济师。

【工作经历】

2007年6月，加入恒大集团，担任总裁；

2008年3月6日，当选为执行董事。

【社会职务】

中国房地产业协会名誉副会长；

全联房地产商会副会长；

广东省房地产行业协会常务副会长；

广东省企业联合会副会长

【荣誉成就】

2017年12月12日，荣获“2017中国十大地产年度CEO”。

【人物评价】

他，去杠杆、降成本、增效益，助推恒大集团实现从“规模之王”向“利润之王”的完美蜕变；他，运筹帷幄，擘画新蓝图，带领恒大集团实现从地产到多元产业的转型升级；他，低调务实，勤勉忠诚，是中国地产圈职业经理人的楷模。

莫斌　碧桂园控股有限公司执行董事、总裁

男，1967 年出生，硕士，教授级高级工程师。现为碧桂园集团执行董事、总裁，主要负责集团的日常营运管理及行政管理，对房地产开发、建筑业务、施工管理、市场营销、成本控制、企业管理等领域拥有 27 年丰富经验。

【教育经历】

毕业于衡阳工学院（现为南华大学）工业与民用建筑专业，获得学士学位；中南财经政法大学硕士。

【工作经历】

1989 年起就职于中国建筑第五工程局有限公司，离职前为董事及总经理；

2010 年 7 月 22 日至今，任碧桂园控股有限公司总裁及执行董事。

【荣誉成就】

福布斯“2013 年中国最佳 CEO”第 10 名；

2017 年 12 月 12 日，荣获“2017 中国十大地产年度 CEO”。

【人物评价】

他，务实创新，追求卓越，践行民生地产理念，稳坐行业销售额榜首。

他，行稳致远，敢于担当，“提质控速”引领行业转型升级。

他，责任为先，将扶贫作为第二主业，带领碧桂园成为中国精准扶贫样本，成就百年企业愿景。

郁亮　万科集团董事会主席

男，1965年出生，现任万科企业股份有限公司董事会主席、法定代表人、非独立董事。

【教育经历】

1988年毕业于北京大学国际经济学系，获得经济学学士学位；

1997年获得北京大学经济学硕士学位。

【工作经历】

1990年，加入万科企业股份有限公司；

1993年，担任深圳市万科财务顾问有限公司总经理；

1994年，担任万科企业股份有限公司董事；

1996年，担任万科企业股份有限公司副总经理；

1999年，担任公司常务副总经理兼财务负责人。

2001年，担任公司总裁、首席执行官；

2017年，担任公司董事会主席。

【荣誉成就】

2012年，入选《财富》“2012中国最具影响力的50位商界领袖排行榜”，排名第4名；

2012年12月，被提名为“2012CCTV中国经济年度人物”候选人；

2012年12月，跻身“2012中国A股上市公司CEO薪酬榜”位居第1名；

2013年12月，跻身“2013福布斯中国A股上市公司CEO薪酬榜”，以年薪1368万元位居第1名；

2015年12月，被评为“2015年度中国十大经济年度人物”；

2017年12月12日，荣获“2017中国十大地产年度CEO”。

【人物评价】

他，众望所归，在董事会换届中成功接棒王石执掌新万科；他，重新定义了万科，要成为美好生活场景师、创新探索试验田、实体经济生力军、和谐生态建设者；而他最钟情的事，除了跑步，就是“当好农民种好地”。

汪孟德　融创中国执行董事、行政总裁

男，现任融创中国控股有限公司执行董事、行政总裁，主管集团全面工作。

【教育经历】

1997 年毕业于南开大学审计专业，获得学士学位。

【工作经历】

1997—1999 年，任职于天津三星毛纺织有限公司，负责企业融资及会计管理工作；

1999—2002 年，任职于顺驰集团，先后担任财务负责人、天津顺驰地产副总经理、天津顺驰投资总经理；

2003—2005 年，任顺驰中国 · 华东集团总经理，负责顺驰华东市场开发和创建；

2006 年任顺驰中国控股有限公司首席运营官（COO）、副总裁，集团首席财政官；

2006 年 10 月加入融创中国控股有限公司，担任财务副总裁、财务总监，主管集团财务工作；

2006 年 10 月—2010 年 9 月，担任融创中国控股有限公司副总裁、财务总监；

2010 年 10 月—2011 年 9 月，担任融创中国控股有限公司执行董事、副总裁、集团首席财务官；

2011 年 10 月—2012 年 11 月，担任融创中国控股有限公司执行董事、执行总裁、集团首席财务官；

2012 年 11 月—2015 年 9 月，担任融创中国控股有限公司执行董事、执行总裁，主管集团全面工作；

2015 年 9 月 7 日，担任融创中国控股有限公司行政总裁。

【荣誉成就】

2017 年 12 月 12 日，荣获“2017 中国十大地产年度 CEO”。

【人物评价】

他，运筹帷幄，地产主业与多元化战略并进，探索新时代的美好生活；他，丰备粮草，手握 2 亿平方米土地储备；他，儒雅内敛，从容不迫，是“并购王”孙宏斌背后的“智多星”，是融创中国的“财神爷”。

刘平　保利发展总经理

男，1968 年出生，经济学学士、高级审计师，现任保利发展董事、总经理。

【工作经历】

1989 年参加工作，历任广东省审计厅直属分局科长，保利地产计划审计部经理、总经理办公室主任、总经理助理、董事会秘书、副总经理。

【荣誉成就】

2017 年 12 月 12 日，荣获“2017 中国十大地产年度 CEO”。

【人物评价】

他，让大象也能起舞，以“一主两翼”战略构筑保利地产多元利润增长模式；他，稳中求变，坚定主业全球化布局，率先试水资产证券化；他，锐意进取，践行民生保障的社会责任，是中央企业地产业务整合和业务创新的先锋官。

颜建国　中海董事局主席、行政总裁

男，现任中海地产主席兼行政总裁、中海宏洋主席兼非执行董事、中海物业主席兼非执行董事、中建国际主席兼非执行董事。

【教育经历】

1989年毕业于重庆建筑工程学院（现重庆大学），2000年获得北京大学工商管理硕士学位，2007年取得武汉大学市场营销专业博士学位。

【工作经历】

曾担任中海地产苏州、上海公司总经理、中海地产集团董事副总经理、中国建筑股份有限公司首席信息官、助理总经理等重要岗位，同时也是中国房地产业协会副会长；

2014年6月26日，加入龙湖地产；

2014年12月16日，担任龙湖地产执行董事及董事会投资委员会委员；

2016年底，辞职龙湖地产；

2017年5月8日，当选为中海董事局主席、行政总裁；

2017年6月16日，担任中海地产集团董事长，并继续担任总经理。同时，担任中海宏洋、中海物业董事局主席及非执行董事。

【荣誉成就】

荣获“2017中国十大地产年度CEO”。

【人物评价】

他，回归中海，稳定军心，构建三大产业群，打造卓越的国际化不动产开发运营集团；他，优化顶层设计，捍卫“利润王”荣誉，稳健定调2020年跨越4000亿元；他，抓住千年大计，挺进雄安新区，是一位勤奋务实的完美主义者。

邵明晓　龙湖集团执行董事、首席执行官

男，1965年出生，现任龙湖集团执行董事、首席执行官。

【教育经历】

毕业于中国人民大学，获得经济学硕士学位。

【工作经历】

航宇经济发展有限公司（北京首都创业集团附属公司）副总经理；

北京新联协创房地产开发有限公司副总经理；

北京中京艺苑房地产开发有限公司总经理；

北京华联集团地产开发部总监；

2006年加入龙湖集团；

2011年6月3日，被任命为龙湖集团执行董事，担任集团首席执行官及投资委员会委员。

【荣誉成就】

2017年12月12日，荣获“2017中国十大地产年度CEO”。

【人物评价】

他，稳健提速，强调有质量地增长，坚定布局持有型物业；他，低调克制，低权力距离，有着坚决的战略执行力和开创进取的企业家精神；在他的治理下，龙湖四大主航道全面开花，备受产品和资本市场追捧，成为地产界的长跑者。

林峰　旭辉控股执行董事、行政总裁

男，现任旭辉控股（集团）有限公司执行董事兼行政总裁，拥有房地产行业18年经验。

【教育经历】

1998年7月毕业于厦门大学国际贸易系，获得学士学位；

2001年7月毕业于英国邓迪大学，获得工商管理硕士学位；

2017年9月至今，上海交通大学高级金融学院全球金融DBA博士在读。

【工作经历】

2001年加入旭辉控股集团，2006年被委任为旭辉中国董事；

2011年5月20日被委任为旭辉控股董事，同时成为集团控股股东茂福及Rain-Mountain董事。

【荣誉成就】

2013年被授予“上海市五四青年奖章”，被评为“上海市普陀区优秀中国特色社会主义事业建设者”；

2017年12月12日，荣获“2017中国十大地产年度CEO”。

【人物评价】

他，凭着骨子里的阿甘精神，七次徒步戈壁，令旭辉成为一家“走”出来的企业；他，坚持有质量地增长，实现了销售额5年翻8倍的佳绩，从“黑马”蜕变为“白马”；他，立足地产主业，开拓“房地产+创新”，要在未来五年冲击3000亿元，誓做资本市场的“三好生”。

周政　中粮集团党组成员、副总裁，大悦城控股董事长，大悦城地产董事会主席、执行董事

男，1963年3月出生，工商管理硕士、航空宇航制造工程硕士，高级工程师，享受国务院政府特殊津贴专家。现任中粮集团副总裁、中粮地产董事长、大悦城地产主席。

【工作经历】

曾在航空航天部第609研究所工作；

1993年4月—1994年10月，先后担任中粮南方包装有限公司副总经理、总经理；

1994年11月—2008年6月，历任中粮杭州美特容器有限公司副总经理、常务副总经理、总经理，中粮集团包装实业部总经理、中粮发展有限公司副总经理；

2008年6月—2010年12月，担任中粮地产（集团）有限公司总经理；

2010年12月—2019年3月，担任中粮地产（集团）股份有限公司董事长；

2012年1月至今，担任中粮集团有限公司副总裁；

2013年2月至今，担任大悦城地产有限公司董事会主席、执行董事；

2013年12月至今，为中粮集团有限公司党组成员。

【荣誉成就】

2017年12月12日，荣获“2017中国十大地产年度CEO”。

【人物评价】

他，作为中粮集团地产业务的领航者，凭借多年房地产管理经验，带领公司不断实现规模、销售、利润的持续增长；他，秉承忠良之心，坚持用保障人民粮食安全的态度来建造房屋；他，勇于求变、匠心运营，坚持双轮驱动战略，让商业板块成为时尚生活引领者；他，牢记使命、薪火相传，布局20余座核心城市，铸就中粮地产品牌24年新辉煌。

李从瑞　中国金茂控股集团有限公司执行董事、首席执行官

男，1971年3月生，现任中国金茂控股集团有限公司执行董事、首席执行官。

【教育经历】

1994年毕业于中国地质大学（武汉）石油系，获得石油地质与勘查专业学士学位；

1997年毕业于石油勘探与开发研究院，获得石油开发专业硕士学位；

2007年毕业于中欧国际工商学院，获得高级工商管理硕士学位。

【工作经历】

1997年加入中国中化集团有限公司，历任上海东方储罐有限公司及中化国际实业公司多个高级管理职务；

2003年担任舟山国家石油储备基地有限责任公司董事兼总经理；

2009年4月加入中国金茂控股集团有限公司，出任公司副总裁；

2011年6月起出任公司执行董事；

2013年1月起出任公司执行董事兼首席执行官；

2014年3月起出任金茂（中国）酒店投资管理有限公司、金茂（中国）投资管理人有限公司非执行董事，自2016年4月起出任董事会主席。

【社会职务】

全联房地产商会副会长；

中国房地产业协会副会长

【荣誉成就】

2017年9月，荣获“中国房地产界25年荣誉殿堂最具价值职业经理人、最佳CEO”；

2017年12月，荣获“2017中国绿色建筑排行榜大绿色推动力人物”；

荣获2017年“中国十大地产年度CEO”。

【人物评价】

他，秉承科学至上，对标市场机制，激发改革创新活力；他，坚持品质引领，十年厚积薄发，锻造匠心金字招牌；他，聚焦城市运营，深化政企合作，推动金茂高质量可持续发展。

2017年中国地产经理人100强

姓名：蔡小鹏

职位：雅居乐地产广州区域副总裁

姓名：曹永忠

职位：中南置地苏中区域公司董事长兼总经理

姓名：陈德全

职位：阳光城集团陕甘区域公司总裁

姓名：陈铁身

职位：汉京集团总裁

姓名：陈　伟

职位：远洋集团总裁助理兼开发事业一部总经理

姓名：陈　喆

职位：金地华东区域副总经理

姓名：刁　露

职位：路劲地产集团华北区域总裁

姓名：丁国民

职位：碧桂园集团广清区域执行总裁兼广州东城市公司总经理

姓名：段胜利

职位：恒大集团北京公司（京津冀）兼广西、内蒙古区域董事长

姓名：范成东

职位：金地集团华北区域副总经理

姓名：范雪梅

职位：美的地产辽宁区域公司总经理

姓名：方轶群

职位：旭辉集团副总裁、皖赣区域事业部区域总裁

姓名：高大鹏

职位：路劲地产集团有限公司上海、浙江区域总经理

姓名：贡　明

职位：中锐控股集团常务副总裁兼苏州中锐投资集团总经理

姓名：顾国华

职位：融创无锡公司总经理

姓名：管庆华

职位：融侨集团助理总裁、福州区域总裁

姓名：何　建

职位：福晟集团董事、常务副总裁兼福州、天津区域董事长

姓名：何智韬

职位：保利地产大连公司总经理

姓名：贺　明

职位：重庆华侨城实业发展有限公司党委书记、总经理

姓名：胡　俊

职位：中南置地苏南区域总经理

姓名：胡雨波

职位：世茂集团助理总裁兼南京区域总裁

姓名：黄祖武

职位：中弘集团三亚区域总经理

姓名：简毓萍

职位：雅居乐地产集团海南云南区域副总裁

姓名：姜　晗

职位：绿城集团北京区域公司副总经理、绿城集团东北项目组总经理

姓名：蒋达强

职位：旭辉集团副总裁、上海区域事业部总裁

姓名：蒋智生

职位：华润置地副总裁、北京大区总经理

姓名：孔　鹏

职位：旭辉集团副总裁、北京区域事业部总裁

姓名：黎晓林

职位：碧桂园集团副总裁兼湖南区域总裁

姓名：李　军

职位：绿城管理集团董事、总经理

姓名：李　军

职位：阳光城北京区域公司总裁

姓名：李　俊

职位：和记黄埔地产集团武汉公司总经理

姓名：李　亮

职位：金融街控股公司副总经理，金融街北京置业、天津置业执行董事兼总经理

姓名：李　明

职位：富力地产集团副总经理兼江苏公司总经理

姓名：李卫锋

职位：旭辉集团副总裁、北京区域事业部总裁

姓名：李　伟

职位：金地集团东南区域总经理

姓名：李晓冬

职位：阳光城集团厦门区域总裁

姓名： 李心原

职位： 中南置地青岛区域总经理

姓名： 林　盛

职位： 海南恒迅地产集团副总裁

姓名： 林　曈

职位： 长春万科房地产开发有限公司总经理

姓名： 刘满军

职位： 力高江西区域总经理

姓名：刘森峰

职位：碧桂园集团副总裁、江苏区域总裁

姓名：刘　肖

职位：万科北方区域首席执行官、万科集团高级副总裁

姓名：刘　雨

职位：保利置业黑龙江区域董事、总经理

姓名：刘　煜

职位：阳光城广州区域公司总裁

姓名： 刘渊涛

职位： 碧桂园集团广清区域执行总裁兼广州南城市公司总经理

姓名： 刘　臻

职位： 富力地产集团副总裁、华南区域总经理

姓名： 娄文华

职位： 远洋地产武汉公司总经理

姓名： 罗　锟

职位： 雅居乐地产集团中山区域副总裁兼营销管理部总监

姓名：罗泳杰

职位：贵阳富力地产开发有限公司

姓名：马保华

职位：银城地产集团股份有限公司总裁

姓名：屈国明

职位：三盛宏业上海公司总经理

姓名：任　强

职位：路劲地产集团副总裁、南京常州区域总经理

姓名：汝海林

职位：旭辉集团副总裁、旭辉集团浙江区域事业部总裁

姓名：商　羽

职位：融创中国执行董事、执行总裁、西南公司总裁

姓名：宋海林

职位：北京龙湖公司总经理

姓名：宋　雨

职位：海伦堡地产成都公司总经理

姓名：苏　新

职位：北京首都开发股份有限公司
福州城市公司总经理

姓名：孙小烈

职位：星河湾上海公司总经理

姓名：童　渊

职位：凯盈房地产建设服务集团总裁

姓名：王凤友

职位：旭辉集团副总裁、苏南区域
事业部区域总裁

姓名： 王　鹏

职位： 融创中国控股有限公司执行总裁、融创中国东南区域公司总裁

姓名： 王　晓

职位： 万达集团南京城市公司总经理

姓名： 魏　浙

职位： 中国金茂高级副总裁

姓名： 吴光明

职位： 保利置业集团副总经理、广西保利置业集团公司董事长

姓名：吴立峰

职位：武汉中央商务区建设投资股份有限公司总裁

姓名：吴守状

职位：华地置业集团执行总裁

姓名：夏　溧

职位：禹洲地产助理总裁、上海公司总经理

姓名：肖春和

职位：正荣地产控股股份有限公司副总裁、南京公司总经理

姓名： 谢伟洲

职位： 碧桂园集团广西区域总裁

姓名： 谢　鑫

职位： 当代置业（中国）山西地区公司、山西当代红华置业有限公司总经理

姓名： 徐　春

职位： 卓越集团助理总裁兼深圳地产总经理

姓名： 徐　刚

职位： 新城控股苏州总经理

姓名：许智来

职位：华远地产副总经理兼长沙公司总经理

姓名：薛欣雨

职位：保利贵州置业集团有限公司总经理助理

姓名：闫　冲

职位：中铁房地产集团宁波京平置业有限公司董事长

姓名：严家荣

职位：金地（集团）股份有限公司高级副总裁兼华中区域公司董事长、总经理

姓名：杨　斌

职位：中国重汽集团房地产开发有限公司党委书记、董事长

姓名：杨程钧

职位：金科地产西部区域公司执行总经理

姓名：杨海波

职位：碧桂园集团河南区域总裁

姓名：杨　华

职位：重庆华宇集团地产集团总裁助理

姓名： 杨　健

职位： 宝华企业集团副总裁

姓名： 杨瑞峰

职位： 北大资源湖南地产有限公司
兼开封投资有限公司总裁

姓名： 杨绍锋

职位： 哈尔滨汇智成功地产总经理

姓名： 杨　瑛

职位： 恒威集团副总裁

姓名： 易平安

职位： 万科房地产公司东莞营销管理中心总经理

姓名： 余安定

职位： 凤岗天安数码城总经理

姓名： 喻林强

职位： 金科股份重庆区域公司董事长兼总经理

姓名： 曾　巍

职位： 万科房地产公司烟台分公司总经理

姓名： 张安民

职位： 中铁置业集团副总工程师、上海公司总经理

姓名： 张　俊

职位： 奥园集团副总裁兼奥园商业地产集团总裁

姓名： 张旭忠

职位： 龙湖集团副总裁、龙湖集团浙江区域总经理

姓名： 张　毅

职位： 新华联置地唐山公司总经理

姓名：张智涛

职位：湖南福晟集团总经理

姓名：赵　敏

职位：路劲地产天津区域总裁

姓名：郑长胜

职位：金辉集团董事兼东南区域总裁

姓名：周长亮

职位：金辉集团西北区域总裁

姓名： 周山洪

职位： 深圳市时代财富集团副总裁

姓名： 周轶群

职位： 仁恒置地上海公司总经理

姓名： 朱庆丰

职位： 成都北大资源地产有限公司副总裁

姓名： 庄青峰

职位： 碧桂园集团助理总裁、山东区域总裁

索 引

企业索引

（按企业名称首字母排序）

A

B

C

D

J

K

L

M

N

P

Q

R

X

Y

Z

人物索引

（按姓氏首字母顺序排序）

A

B

C

D

E

F

G

H

J

K

L

M

N

O

P

Q

R

S

T

W

X

Y

Z